# 第一章

# 本质安全概述

# 第一节　本质安全概念及内涵

## 一、本质安全概念

“本质”之“本”即“根本”，是自有的、固有的，不是外界赋予的；“本质”之“质”即“特质、特性、特有”。因此，“本质”即“固有的、根本的特质”。“本质”是指“存在于事物之中的永久的、不可分割的要素、质量或属性”，或者说是“事物本身所固有的、决定事物性质、面貌和发展的根本属性”。本质安全的定义有狭义和广义之分。

定义1(狭义，以技术或设备为对象)：本质安全是指设备、设施或技术工艺含有内在的能够从根本上防止发生事故的功能。本质安全是从根源上消除或减小生产过程中的危险。本质安全方法与传统安全方法不同，即不依靠附加的安全系统实现安全保障。

定义2(广义，以系统为对象)：本质安全化是指安全系统中人、机、环境等要素从根本上防范事故的能力及功能。本质安全化的特征表现为根本性、实质性、主体性、主动性、超前性，“化”的特征表现为系统性、全面性、普及性。

## 二、本质安全内涵

本质安全的内涵包括四个层次：一是早期原始的“设备本质安全”概念；二是针对行业或专业领域提出的“技术本质安全”概念；三是基于系统思想提出的“系统本质安全”概念；四是针对组织或企业提出的“企业本质安全”概念。从企业本质安全系统出发，把组织生产过程中人、物、环境作为一个系统来考虑，本质安全就是追求各要素的安全可靠、和谐统一。在这三个系统要素中，机器设备和环境相对来说比较稳定，而由于人的特殊性，事故具有随机性特征。事实上，通过多年对安全事故的分析，绝大部分安全事故的直接原因是人的不安全习惯、意识和知识。

安全技术仅仅是保障安全生产的一个因素，技术是重要的，但是，仅有技术是不够的。基于安全系统原理和事故致因的要素理论，企业本质安全需要站在系统、综合、全面的角度来认识和理解。因此，本质安全型企业的创建要从安全系统的四个要素来全面地建立和实施。本质安全企业的创建第一层次有如下三个基本体系。

(1) 人的本质安全化体系。即培塑本质安全型员工，实现人人都是“安全人”。“人本”是创建本质安全型企业的核心，即企业的决策者、管理者和执行层全员的本质安全化。要求人人都具有正确的安全观念、强烈的安全意识、充分的安全知识、合格的安全技能，人人安全素质达标，都能落实责任、遵章守纪、依规管理、按章行为，干标准活，做规矩事，杜绝“三违”，实现从个体到群体的本质安全。

(2) 物(装备、设施、原材料等)的本质安全化体系。即有效管控技术系统的危险源、风险点，实现技术危险、危险因素的风险最小化。任何工艺过程和作业岗位，生产技术都始终处在安全运行的状态，具有“失误-安全”(Fool-Proof)功能和“故障-安全”(Fail-Safe)功能两个本质安全模式。

失误-安全(Fool-Proof)功能：指操作者即使操作失误，也不会发生事故或伤害。

故障-安全(Fail-Safe)功能：指设备、设施或技术工艺发生故障或损坏时，还能暂时维持正常工作或自动转变为安全状态。

(3) 生产环境的本质安全化体系。即物化环境、自然环境、生产作业条件危害最小化。在功能上，一是生产环境、工艺性能先进、可靠、安全，高危生产系统具有闭锁、联动、监控、自动监测等安全装置；二是对温度、气压、气流、光线等物理环境和空气中的有毒有害物质、化学环境，具有监测、监控功能，有提升、运输、通风、压风、排水、供电等主要系统及分支的单元系统，以及具备检测、自控功能。在作用上，能够有效避免因环境因素造成的人的不安全行为。

## 第二节 本质安全管理

本质安全管理是安全科学技术的重要组成部分，管理也有技术，是软技术。安全管理的技术通过安全管理模式或安全管理机制来呈现。安全管理机制也就是安全管理的程式和方式。安全管理的模式科学、机制合理，是保证安全管理效能和事故防范有效的重要基础和前提。

随着安全科学的发展，安全管理的模式和机制也在不断进步与发展。20 世纪 80 年代以来，世界范围内的工业安全管理模式的进步表现出如下方面：变结果管理为过程管理；变经验管理为科学管理(变事后型为预防型)；变制度管理为系统管理；变静态管理为动态管理；变纵向单因素管理为横向综合管理；变管理的对象为管理的动力；变成本管理为价值管理；变效率管理为效益管理。现代安全管理技术的进步和发展反映出如下特点：

安全管理理论：事故致因理论→风险管理理论、安全系统原理；

安全管理方式：静态的经验型管理→动态全过程预防型管理；

安全管理对象：事故单一对象管理→全面风险要素(隐患、危险源、危害因素)管理；

安全管理目标：老三零的结果性指标(零死亡、零伤害、零污染等)→新三零预防性指标(零风险、零隐患、零三违等)；

安全管理系统：事故问责体系→OHSMS、HSE 管理体系、企业安全生产标准化科学体系；

安全管理技巧手段：单一行政手段→法治、经济、科学、文化等综合对策手段；技术制胜→文化兴安。

由此，依从安全管理的发展脉络，安全管理模式的进步经历了四个层次：一是迫于教训的经验型安全管理；二是依据法规的制度化安全管理；三是基于系统理论的科学化安全管理；四是人本物协调机制的本质型安全管理。

模式是反映事物要素及其关系的科学方法，是揭示事物规律的重要方法论。安全管理模式可揭示安全管理要素及其关系，通过安全管理模式可以掌握安全管理规律和关键技术，能够指导科学、合理、有效地运行、实施安全管理活动，提高安全管理效能。

企业或社会组织掌握四个层次安全管理模式的关键技术，对提升安全管理的能力和水平具有现实意义。基于系统科学的建模理论，可归纳出如下四种安全管理模式及其关键技术要素。

安全管理方法从管理的对象划分，可分为对单位组织的管理法、对个人行为的管理法、对项目的管理法、对时间阶段的管理法等；从管理功能角度划分，可分为监察类管理法、监督类管理法、检查类管理法等；从系统学的角度，安全管理方法可划分为宏观与微观、局部与全面、定性与定量、综合与具体等各种管理方法。在安全生产管理实践中，一般从管理功能原理的维度，将安全管理方法体系划分为政治、行政、法治、经济、科学、文化管理方法等六个方面。安全管理的进步和提升是一个永恒的过程。在相当一段时期内，安全管理的方法将向着法治管理、科学管理、文化管理的趋势发展和完善。

## 第三节　国内外本质安全研究现状

### 一、国外本质安全研究现状

本质安全的概念最早于 1914 年提出，起源于世界宇航技术界，主要指电气设备通过对自身原件的电流和电压控制，使其不会导致可燃物质燃烧引起爆炸的可靠稳定性。因此，本质安全主要是指内在安全。根据西方有关本质安全的文献资料中记载，本质安全最早使用的是系统可靠性的概念，主要偏重研究系统安全性的临界状态。1944 年，德国在试制火箭时提出了火箭的可靠度是所有元器件可靠度的乘积，这是最早有关系统可靠性的概念。1977 年，Trevor Kletz 在向英国化工协会提交的报告中引入了本质安全的概念，随后他提出了“预防事故的最佳方法是通过消除危险源或减小风险来降低事故发生的可能性和严重性，而不是依靠可靠的附加安全装置”，并称该理念为本质安全。

1990 年以后，本质安全成为美国、日本、英国、芬兰、德国等国家研究热点之一，明确指出各国未来工业是否具有国际竞争力，需考虑本质安全设计研发状况。各工业发达国家对本质安全研究从早期的对单一设备稳定性的设计逐渐发展到对复杂系统的可靠性设计。

1985 年，Trevor Kletz 把工艺过程的本质安全设计归纳为消除、最小化、替代、缓和及简化 5 项技术原则。OSHA 标准《Job Hazard Analysis》中将危害控制措施分为三类：①工程控制。包括：消除/最小化危害设计设施、设备或工艺以消除危害，或替代工艺、设备、材料或其他因素以减轻危害；使用封闭式操作室、噪声设备外壳或其他方式封闭危险区域；通过联锁装置、机器防护装置、防爆罩、焊接帘或其他方式隔离危险；通过局部通风和排气通风等方式消除或重新定向危险。②行政控制。包括：书面操作程序、工作许可证和安全工作实践；暴露时间限制（最常用于控制极端温度和人体工程学危害）；监测高潜在危害材料的使用情况；警报、标识和警告；班组管理和培训。③个人防护装备。包括：当工程控制不可行或不能完全消除危险时；开发工程控制时；当安全工作实践不能提供足够的额外保护时；在工程控制可能不可行的紧急情况下。

Michela Gentile、王旭、高吉峰等认为，化工工艺设计途径应采取的本质安全层级措施如下：①最小化。减少生产装置内危险化学品的数量，减少库存或使用量。只有装置内没有危险化学品，才不存在危险品泄漏的危险。②替代。使用相对安全的材料代替比较危险的材料。使用非可燃物质代替可燃物质，或者使用非毒性物质代替有毒物质，这都是可能的。③弱化或缓和。用较安全的条件、材料、形式或使用可以减少危险材料或能量释放的设施。④限制影响。通过改变设计或者工艺参数的方式来取代新增可能导致新故障的防护性设备的方式。如果前三种方法都不能达到一种可接受的状态，那么就要限制失效导致的后果。⑤简化。工艺简单的装置要比工艺复杂的装置安全。简化的工艺装置可以减少出错的概率，并且包含较少的可能出现故障的设备。避免组装错误以及避免间接影响等原理也是本质安全设计概念的范畴。一个简单的工厂要比一个复杂工厂的本质安全程度高，而且，简单工厂的成本也要比复杂工厂的成本低。综上，目前针对本质安全控制层级理论国际、国内尚未达成共识，这使得安全从业者在考虑控制措施的阶段未能采取统一的理念及方法论来策划风险控制方案，因此，亟须提供一套逻辑清晰、层级分明、定义明确的方法论供安全从业者作为策划风险控制方案的依据。

## 二、国内本质安全研究现状

我国对本质安全的研究较晚，最先主要发端于借鉴和吸收国外的研究成果。从国内的文献资料来看，对于“本质安全”，一方面，学术界认同通过本质安全手段可以对系统风险进行有效预防和控制。另一方面，对其具体内涵尚存两种争议。一种观点认为，只要系统中人、机、环境三者均达到和谐统一的优化配置，不依靠附加的安全系统也可以实现本质安全；另一种观点认为，本质安全是无法实现的，考虑到人的随机性，因此只能以设备安全设计和安全保护设施为手段来保证人员的安全。目前本质安全不只应用于电气产品的设计，电力、煤矿、建筑、化工等行业的人员也进行了应用探索，其中电力、煤矿、化工、交通等行业均拥有自己对本质安全含义的界定。部分企业将本质安全的基本原理和方法应用于安全生产管控中，取得了一定的成效，国内针对本质安全管理体系已有较多研究，这些体系模型的形成大多参考了 PDCA 持续改进循环及项目管理、全生命周期管理的理念，综合考虑了所在行业实际情况，但由于体系模型及要素设置并未充分参考国际通用管理体系（如 GB/T 45001—2020《职业健康安全管理体系 要求及使用指南》等）及国际最佳实践，因此大多本质安全管理体系的系统性、全面性有待进一步验证，同时，需要通过引入国际先进安全管理理念来进一步深化本质安全管理体系要素之间的逻辑关系。

## 第四节 长北项目本质安全现状

长北项目生产工艺系统本质安全化体现在项目的设计、施工以及生产运行和维护管理的整个过程，通过在不同阶段采取不同的措施，来实现整个生产工艺系统的本质安全化。长北项目的天然气生产工艺有很强的安全保护功能，达到了较高的安全等级，其原因是在设计阶段就应用了多种配套的安全技术，使工艺设施在设计阶段就实现了本质工艺安全的要求。

长北项目重视设计前的专项评估，在概念设计、初步设计和施工图设计阶段，先后开展了一系列由第三方完成的专项评估和 HAZOP 分析，如电气安全性操作分析、仪表保护功能研究、价值工程研究、安全工程研究、噪声研究、危险性分析、危险与可操作性分析、消防分析、火灾爆炸性分析等。通过前期专题论证，对确定合理的工艺模式和设备选型提供了可靠的依据，提高了整个工程的安全性、可靠性、经济性、实用性。

长北项目采用双重标准，从工程的实用性、安全性和先进性出发，在设计时除了遵循中国国家和行业标准外，同时还满足了壳牌公司 DEP（设计与工程实践）的最低要求标准，两者比较按规定严格者执行。

大量使用定量风险评估（QRA），在设计场站布局时采用定量风险评估，评估潜在风险及其发生可能性和后果，通过对比标准的定义，确定出一个量化的风险。它强调了由于故障导致操作员、环境或资产受损的可能性，为设计和操作提供决策。定量风险评估使用的工具有事件树、事故树、物理模型、QRA 数据库及计算机软件等。

在结构完整性设计方面，运用定量风险评估分析，并根据 GB 50183《石油天然气工程设计防火规范》的要求，将长北天然气处理厂主要划分为主装置区、辅助装置区、公用设施区、消防区、办公及生活区 5 个功能区。总平面布置按危险等级不同分区布置，主装置区在厂区的中央，其他功能区块围绕主装置区而建，办公及生活区在厂区的上风向，两套主装置区之间以及主装置区和其他功能区之间的距离都远大于行业标准要求，并且在入口区设置防爆墙，近厂区侧办公楼采用全封闭设计，达到了安全可靠、布局合理的目的。

定量风险评估（QRA）在长北项目生产工艺设计中主要起到了三个方面的决策作用：

（1）对 CPF 厂区及井丛设备设施的合理布局进行决策；

（2）对 CPF 厂区及井丛安全区域的界定进行决策；

（3）对 CPF 周边建设其他建筑提供决策。

对于工艺系统设计（图 1-1），在设计时已经充分考虑到整个气田生命周期的产能，在满足工艺安全的基础上，选择最佳的工艺设计，此设计兼顾投资、收益以及维护生产操作的各方面因素。合理的工艺流程，降低了操作风险和维护维修费用。工艺系统设计实现高度自动化，重要设备实现远程启停，节省人力。

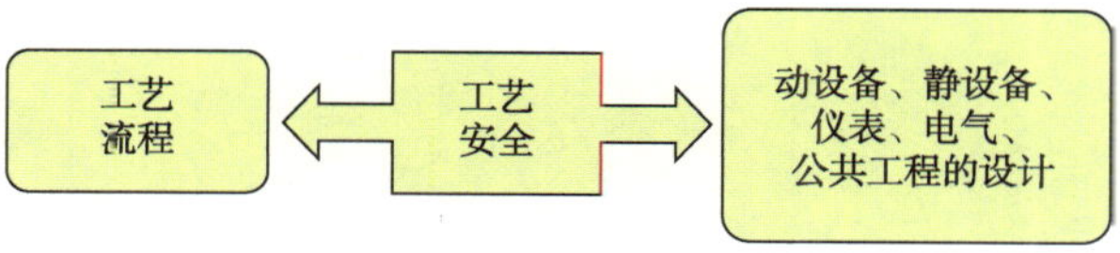


图 1-1 工艺系统设计

长北项目的天然气处理厂及井丛的自动控制系统采用了 DCS、IPS、FGS 相结合的控制、监测、保护系统。与国内较早的控制系统不同之处在于，将联锁保护功能和火焰及气体探测功能彻底地从 DCS 系统中分离出来，分别形成独立的 IPS、FGS 系统。不仅减轻了 DCS 的负担，也大大提高了联锁保护功能和火焰及气体探测功能的灵敏度和可靠性。

# 第二章

# 危险源辨识与隐患排查治理

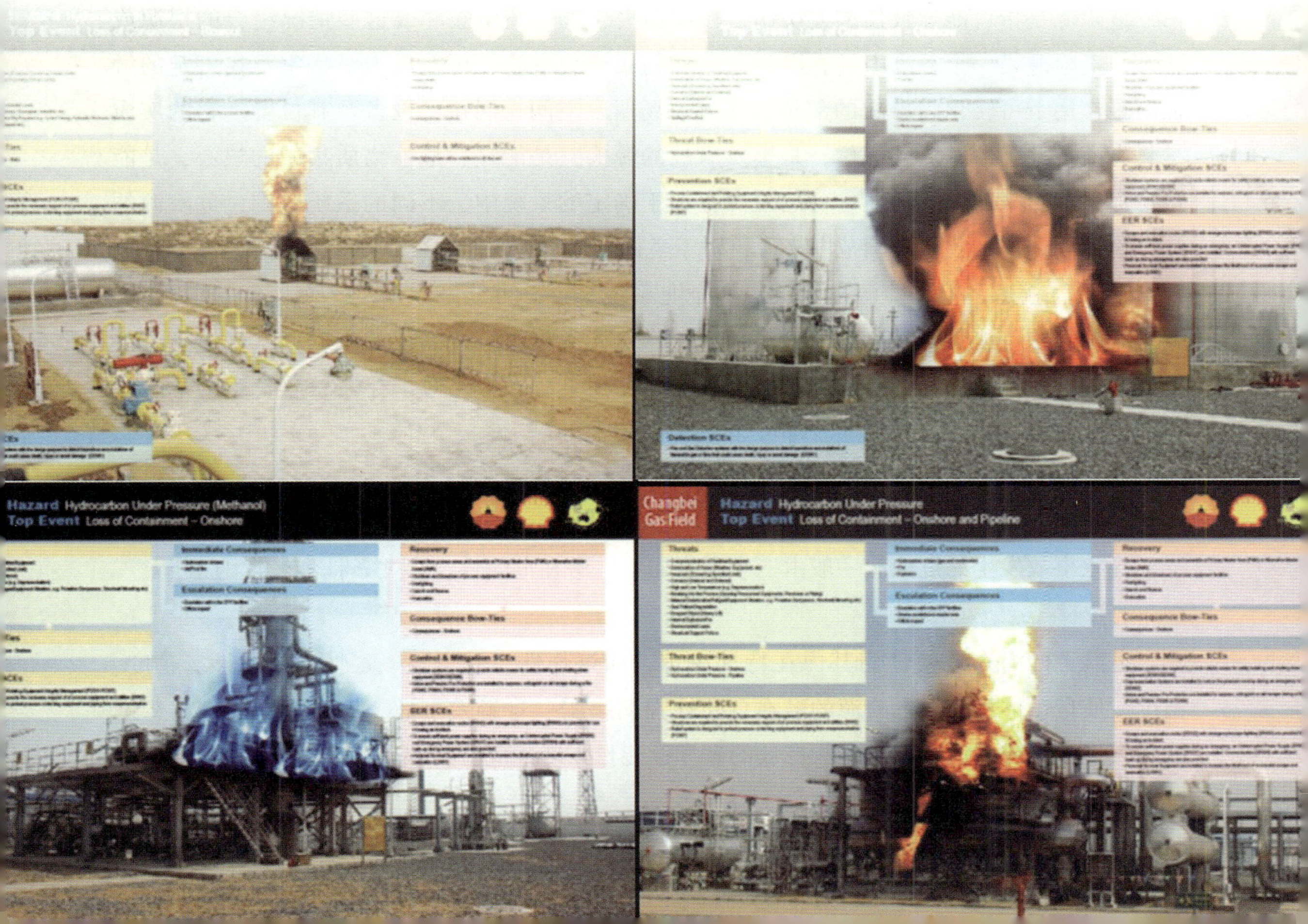

随着工业生产技术、设备等的不断更新，以及生产环境、生产管理的不断改善，生产中的安全程度得到很大的提高。但事故还是不断发生，不安全因素仍然大量存在。因此，为了建立安全生产事故隐患排查治理长效机制，强化安全生产主体责任，加强安全生产隐患监督管理，防止和减少事故发生，保障人民群众生命财产安全，必须严格进行危险源隐患排查治理，且对于企业而言，可以减少财产损失；对于劳动者而言，可以有效预防人身伤害事故。

# 第一节 危 险 源

## 一、危险源定义

广义的危险源是指危险的根源，包括危险载体和事故隐患。狭义的危险源是指可能造成人员死亡、伤害、职业病、财产损失、环境破坏或其他损失的根源和状态。

危险源是事故发生的根本原因。若从能量释放的角度分析，危险源可理解为系统存在的可能发生意外能量释放的危险物质。

危险源是指可能导致伤害或疾病、财产损失、工作环境破坏或这些情况组合的根源或状态。危险源是一个系统中具有潜在能量和物质释放危险、可造成人员伤害、在一定的触发因素作用下可转化为事故的部位、区域、场所、空间、岗位、设备及其位置。它的实质是具有潜在危险的源点或部位，是爆发事故的源头，是能量、危险物质集中的核心，是能量从那里传出来或爆发的地方。危险源存在于确定的系统中，不同的系统范围，危险源的区域也不同。例如，从全国范围来说，对于危险行业（如石油、化工等），具体的一个企业（如炼油厂）就是一个危险源。而从一个企业系统来说，可能某个车间、仓库就是危险源，一个车间系统可能某台设备是危险源；因此，分析危险源应按系统的不同层次来进行。一般来说，危险源可能存在事故隐患，也可能不存在事故隐患，对于存在事故隐患的危险源一定要及时加以整改，否则随时都可能导致事故。

## 二、危险源构成要素及基本属性

导致事故发生的危险源一般由三个要素构成：潜在危险性、存在条件和触发因素。

### 1. 潜在危险性

危险源的潜在危险性由其内在特性决定，如爆炸性、燃烧性、毒性、放射性、密度、温度、质量、体积等，危险源的潜在危险性强弱是指一旦触发事故，可能带来的危害程度或损失大小，或者说危险源可能释放的破坏性能量强度或危险物本身价值的大小。

### 2. 存在条件

危险源的存在条件是指危险源所处的物理、化学状态和约束条件状态，如物质的压力、温度、化学稳定性，盛装压力容器的坚固性，周围环境障碍物等情况。

### 3. 触发因素

危险源的触发因素虽然不属于危险源的内在固有属性，但它是危险源转化为事故的外因，而且每一类型的危险源都有相应的敏感触发因素。例如，易爆物质的敏感触发因素是热能，压力容器的敏感触发因素是压力升高，遇湿易燃品的触发因素是水和空气(缺一不可)，过氧化物的触发因素有浓度和外能(缺一不可)。因此，一定的危险源总是与相应的触发因素相关联。在触发因素的作用下，危险源转化为危险状态，继而转化为事故。很多情况下，危险源的存在条件和触发因素可以理解为外部因素。在危险源构成的三个要素中，具备潜在危险性以及存在条件的危险源可称为安全隐患，如果没有触发因素的作用，这个危险源就不会被触发造成事故。

危险源发展成为事故，如同种子发芽的过程。危险源的潜在危险性好比种子，存在条件好比水和空气，触发因素好比温度，光有种子而没有水、空气和温度，种子不会发芽；有了种子、水和空气，而没有温度，或者有了种子和温度而没有水和空气，种子也不会发芽。有水、空气和温度而没有种子，更和发芽搭不上边。内因(种子)是核心要素，外因(水、空气和温度)是必要条件，缺一不可。

危险源有三个基本属性，即决定性、可能性和隐蔽性。

## 三、危险源分类

系统中存在的危险源是事故发生的根本原因。防止事故就是消除、控制系统中的危险源。根据危险源在事故发生、发展过程中的作用，把危险源划分为两大类，即第一类危险源和第二类危险源。

### 1. 第一类危险源

根据能量意外释放论，事故是能量或危险物质的意外释放，作用于人体的过量能量或干扰人体与外界能量交换的危险物质是造成人员伤害的直接原因。把生产过程中存在的、可能发生意外释放的能量或危险物质称作第一类危险源。正常情况下，生产过程中的能量或危险物质受到约束或限制能量或危险物质的措施受到破坏或失效(故障)，则将发生事故。实际工作中往往把产生能量的能量源或拥有能量的能量载体作为第一类危险源来处理。第一类危险源具有的能量越多或包含的物质越多，一旦发生事故，其危险性就越大。

### 2. 第二类危险源

在生产、生活中，为了利用能量，让能量按照人们的意图在系统中流动、转换和做功，必须采取措施约束、限制能量，即必须控制危险源。导致约束、限制能量的措施失效或破坏的各种不安全因素称作第二类危险源。第二类危险源主要包括人、物、环境三个方面的问题。

在安全工作中涉及人的因素问题时，采用的术语有不安全行为和人为失误。不安全行为一般指明显违反安全操作规程的行为，这种行为往往直接导致事故发生。人为失误是指人的行为结果偏离了预定的标准，例如，合错了开关使检修中的线路带电；误开阀门使有害气体泄放等。不安全行为、人为失误可能直接破坏对第一类危险源的控制，造成能量或危险物质的意外释放；也可能造成物的因素问题，进而导致事故。例如，超载起吊重物造成钢丝绳断裂，发生重物坠落事故。

物的因素问题可以概括为物的不安全状态和物的故障(或失效)。物的不安全状态是指机械设备、物质等明显不符合安全要求的状态。例如，没有防护装置的传动齿轮、裸露的带电体等。物的障碍(或失效)是指机械设备零部件等由于性能低下而不能实现预定功能的现象。物的不安全状态和物的故障(或失效)可能直接使约束、限制能量或危险物质的措施失效而发生事故。有时一种物的故障可能导致另一种物的故障，使容器内部介质压力上升，最终导致容器破裂。物的因素问题有时会诱发人的因素问题；人的因素问题有时会造成物的因素问题，实际情况比较复杂。

环境因素主要指系统运行的环境，包括温度、湿度、照明粉尘、通风换气、噪声和振动等物理环境，以及企业和社会的软环境。不良的物理环境会引起物的因素问题或人的因素问题。例如，潮湿的环境会加速金属腐蚀而降低结构或容器的强度；工作场所强烈的噪声影响人的情绪，分散人的注意力而发生人为失误。企业管理制度、人际关系或社会环境影响人的心理，可能造成人的不安全行为或人为失误。一起事故的发生是两类危险源共同作用的结果。第一类危险源的存在是事故发生的前提，第二类危险源的出现是第一类危险源导致事故的必要条件。在事故的发生、发展过程中，两类危险源相互依存、相辅相成。第一类危险源在事故发生时释放出的能量是导致人员伤害或财产损坏的能量主体，决定事故后果的严重程度；第二类危险源出现的难易程度决定事故发生的可能性大小。两类危险源共同决定危险源的危险性。危险源辨识的首要任务是辨识第一类危险源，在此基础上再辨识第二类危险源。

## 第二节　危险源辨识方法

危险源辨识就是识别危险源并确定其特性的过程。危险源辨识不但包括对危险源的识别，而且必须对其性质加以判断。辨识完之后要做的工作就是危险源管理。危险源辨识的意义在于可有效地预防事故发生，减少财产损失、人员伤亡和伤害。危险源辨识是从技术上带来的负效应出发，分析、论证和评估由此产生的损失和伤害的可能性、影响范围、严重程度及应采取的对策措施等。

## 一、危险源辨识的意义

危险源辨识作为企业管理的重要组成部分，无论是从降低企业的经济损失、提高企业的生产效率，还是从提高企业的诚信度和全体员工的素质等方面，都具有十分重要的意义。

### 1. 危险源辨识是安全生产管理的一个重要组成部分

“安全第一、预防为主、综合治理”是我国安全生产的基本方针，作为预防事故重要手段的危险源辨识，在贯彻安全生产方针中起着十分重要的作用，通过危险源辨识可确认企业(项目)是否具备了安全生产条件，是否在生产过程中贯彻安全生产方针和“以人为本”的管理理念。

### 2. 有助于重视安全投入

危险源辨识不仅能确认系统的危险性，而且还能进一步考虑危险性发展为事故的可能性及事故造成损失的严重程度，进而计算事故造成的危害，即风险率。并以此说明系统危险可能造成负效益的大小，以便合理地选择控制、消除事故发生的措施，确定安全投入的多少，从而使安全投入和可能减少的负效益达到合理的平衡。

### 3. 有助于提高企业(项目)的安全管理水平

危险源辨识可以促使企业(项目)的安全管理模式的转变。

① 将“事后处理”转变为“事先预防”。

② 将“单一管理”转变为“全面管理”。

危险源辨识使企业(项目)的安全管理实现全过程、全方位及贯穿于整个企业(项目)时间的系统安全管理。

③ 将“经验管理”转变为“目标管理”。

仅凭经验、主观意志和思想意识进行安全管理，没有统一的标准、目标，而危险源辨识可使各部门、全体员工明确各自的安全指标要求，在明确的目标下，统一步调，分头进行，从而使安全管理工作做到科学化、系统化和标准化。

## 二、危险源辨识具体方法

危险源辨识方法有几十种之多，如安全检查表法、预先危险性分析、危险与可操作性分析、故障类型和影响性分析、事件树分析法、故障树分析法、LEC 评价法、储存量比对法等。但是比较常见的危险源辨识方法为以下五种。

**(1) 安全检查表法**

安全检查表法是将一系列项目列出检查表进行分析，以确定系统、场所的状态是否符合安全要求，通过检查发现系统中存在的安全隐患，提出改进措施的一种方法。检查项目包括场地、周边环境、设施、设备、操作、管理等各方面。

**（2）预先危险性分析**

预先危险性分析（PHA）也称初始危险分析，是安全评价的一种方法。是在每项生产活动之前，特别是在设计的开始阶段，对系统存在危险类别、出现条件、事故后果等进行概略的分析，尽可能评价出潜在的危险性。

**（3）危险与可操作性分析**

危险与可操作性分析又称 HAZOP，是英国帝国化学工业公司（ICI）蒙德分部于 20 世纪 60 年代发展起来的以引导词为核心的系统危险分析方法，已经有 60 年应用历史。

**（4）故障树分析法**

故障树分析法（FTA）又称事故树分析法，是安全系统工程中最重要的分析方法。事故树分析从一个可能的事故开始，自上而下、一层层地寻找顶事件的直接原因和间接原因事件，直到基本原因事件，并用逻辑图把这些事件之间的逻辑关系表达出来。

**（5）LEC 评价法**

LEC 评价法是采用与系统风险有关的三种因素指标值的乘积来评价操作人员伤亡风险大小，这三种因素分别是：L（likelihood，事故发生的可能性）、E（exposure，人员暴露于危险环境中的频繁程度）和 C（consequence，一旦发生事故可能造成的后果）。给三种因素的不同等级分别确定不同的分值，再以三个分值的乘积 D（danger，危险性）来评价作业条件危险性的大小。

# 第三节 危险源管理

## 一、危险源安全管理监控方法

（1）重大危险源的生产岗位人员必须持证上岗，单位应对生产岗位人员进行定期的安全教育和安全技术培训，使其掌握本岗位的安全操作技能和紧急情况下应当采取的应急措施，生产岗位员工必须经过安全能力评估合格后方准上岗。

（2）作业人员在重大危险源场所施工作业时，一旦发现直接危及人身安全的紧急情况，有权停止作业。

（3）存在重大危险源的单位，应当在重大危险源现场设置明显的安全警示标志，悬挂重大危险源风险提示牌。重大危险源风险提示牌主要内容应包括：重大危险源名称、具体位置、危险物质及储存数量、风险及控制措施、紧急情况下的应急措施等。

（4）重大危险源实行分级管理与监控。一级重大危险源由油田监控，所属二级单位管理；二级重大危险源由所属二级单位监控与管理；三级、四级重大危险源由基层单位监控与管理。

（5）重大危险源管理单位应利用 HSE 信息系统进行有效的动态监控，定期对重大危险源的安全状况进行检查，随时掌握危险物质和能量有关参数的变化情况，发现问题立即整改。

（6）重大危险源管理单位应定期向上级主管部门报告重大危险源安全运行情况。一级重大危险源每月报告一次；二级重大危险源每季度报告一次；三级和四级重大危险源每半年报告一次。

（7）安全运行情况在 HSE 信息系统危险源管理中录入，包括开始时间、结束时间和安全运行情况描述 3 个字段；一级重大危险源的开始时间可以是月初，结束时间为月末；二级重大危险源的开始时间是季初，结束时间为季末；三级、四级重大危险源的开始时间是半年初，结束时间为半年末。

（8）存在重大危险源的单位应当制定重大危险源应急救援预案，保持应急救援装备、器材的有效性，落实应急救援预案的各项措施，并加强重大危险源的监控和有关安全设施、设备的管理，确保安全设施、设备的完整性。

① 对于一级或二级重大危险源，每半年至少进行一次；

② 对于三级或四级重大危险源，每一年至少进行一次。

重大危险源单位应当记录和评价重大危险源事故应急演练情况，并根据记录和评价的情况，及时修订完善重大危险源事故应急预案。

（9）重大危险源应急救援预案应当包括以下主要内容：

① 应急救援机构及职责；

② 危险辨识与评价；

③ 应急设备与设施；

④ 员工应急能力评价与应急资源保障；

⑤ 报警、救护和通信联络方式；

⑥ 事故应急程序与行动方案；

⑦ 安全环境保护措施与程序；

⑧ 事故后的恢复与程序；

⑨ 培训与演练。

（10）重大危险源管理单位应对存在事故隐患的重大危险源立即进行整改，整改前和整改中应采取切实可行的安全措施，要严格执行《长庆油田安全环保隐患排查治理管理规定》的有关规定要求。

## 二、危险源信息系统管理

（1）重大危险源安全评估报告完成后，存在重大危险源的单位应当立即把相关信息录入 HSE 信息系统和重大危险源管理系统。

（2）信息的录入需要遵循 HSE 信息系统和重大危险源管理系统录入的要求，保证系统中重大危险源的信息完整有效。

（3）重大危险源在 HSE 信息系统中录入规定如下：①一级重大危险源至少每月在系统内录入安全运行情况；②二级重大危险源至少每季度在系统内录入安全运行情况；③三级和四级重大危险源至少每半年在系统内更新相关信息一次。

（4）重大危险源的相关信息变更时，相关单位需及时更新 HSE 信息系统和自治区重大危险源管理系统。

（5）没有及时录入重大危险源信息，按照 HSE 信息系统考核办法考核。

# 第四节　企业现场隐患排查

## 一、排查隐患意义

随着社会的进步和科学技术的发展，人类社会面临的事故和灾害种类越来越复杂，所造成的损失也越来越严重。惨痛的生产事故教训使企业和员工都清醒地认识到，在防范生产事故工作中，要主动预测和排查可能发生的重大生产安全事故，制定相应的生产安全管理制度，建立和完善生产健康、安全、环境（HSE）管理体系。在发生重大生产安全事故时，就能够沉着应对，及时采取应急救援措施，按照正确的方法和程序对事故进行迅速响应与有效控制，救助和疏散人员，最大限度地减少人身和财产损失，降低事故的危害后果。

安全生产事故隐患排查治理工作是《安全生产法》所规定的重要内容之一，是安全生产标准化建设的重要基础。《安全生产事故隐患排查治理暂行规定》（国家安全生产监督管理总局令第 16 号）对此项工作作出了具体的规定。建立健全安全隐患排查治理体系，贯彻落实了以人为本的科学发展观，充分体现了“安全第一、预防为主、综合治理”的方针，是安全生产工作理念、监管机制、监管手段和方法的创新与发展，把隐患排查治理和安全生产工作逐步纳入了科学化、制度化、规范化的轨道。

## 二、安全生产隐患排查要点

石油天然气企业存在的主要危险有害因素有火灾、爆炸、泄漏、井喷、中毒、机械伤害、高处坠落、触电等，企业安全检查应重点关注以下内容：

（1）防井喷失控。井场安全距离，井控设计，防喷器、节流压井管汇的配套和使用，起、下钻操作，压井材料储备，钻开油气层前的检查验收，油气藏钻井过程中的井控措施，井涌、溢流的处理等，是否符合相关规程、标准要求。

（2）防硫化氢中毒。含硫油气井的地质及钻井工程设计，井场及钻井设备的布置，井控装置、井下工具的选材，硫化氢探测、报警和人员防护设备的配套，点火程序的制定和点火设备的配置等，是否符合相关规程、标准要求。

(3) 石油天然气工程的防火、防爆。油气田集输管道、油气处理站场、天然气净化厂、油库群、地下储气库等主要基础设施的防火间距设计，泄压放空设施、消防设施、防爆设施的设置，泄漏监测系统和防雷防静电措施，超期服役设备的更换，以及管道占压等方面，是否符合有关法规和规程、标准的要求。

(4) 海洋石油生产作业设施。设施的设计，在施工和试生产期间执行的检查制度，专业设备的检测检验，劳动组织的定员，外来人员的登记和监控，消防、救生和逃生的定期演练，防台风、防风暴潮应急救援预案的编制和落实，以及人工岛、通井路高程的设计等方面，是否符合相关安全规程、标准要求。

(5) 放射源和民用爆炸物。放射源的储存、领取、使用和废物处置，民用爆炸物品的购买、运输、使用和销毁等环节，是否符合相关法规、标准要求。

(6) 直接作业环节安全防范。动火作业、起重作业、高处作业、舷外作业、临时用电作业、受限空间作业、平台浮拖作业等的作业许可证、安全防范措施和现场监控的情况。

(7) 安全基础管理。安全生产责任制、安全生产规章制度的建立，安全教育培训和持证上岗人员，健康、安全、环境(HSE)管理体系的实施和审核，建设项目"三同时"制度的执行，事故处理和责任追究，防井喷、防硫化氢中毒应急预案制定、应急物资储备和演练等方面，是否达到要求。

## 三、日常工作隐患排查要点

企业对于每一个日常工作隐患都应依据或参照相关规定严格排查，以确保发生突发事故时，作业人员能及时脱离危险区域，具体内容如下：

### 1. 安全出口

(1) 应加装"安全出口"标志；

(2) "安全出口"标志应符合国家标准，自制标志一般不符合要求；

(3) 应加装应急照明灯；

(4) 不得锁闭；

(5) 不得堵占；

(6) 不得设置栅栏等影响疏散的设施；

(7) 疏散门应向外(疏散方向)开启；

(8) 电子门、旋转门、卷帘门不得作为疏散门使用；

(9) 安全出口两侧 1.4m 范围内不得设置踏步；

(10) 安全出口宽度应符合要求。

### 2. 疏散通道

（1）不得堵占；

（2）通道宽度应符合要求（商场、车间）；

（3）应设置疏散指示标志；

（4）车间横向主要通道根据需要设置其宽度不应小于2000mm，机床之间的次要通道宽度一般不应小于1000mm，主要疏散走道的净宽度不应小于3.0m，其他疏散走道的净宽度不应小于2.0m；当一层的营业厅建筑面积小于500$m^2$时，主要疏散走道的净宽度可为2.0m，其他疏散走道的净宽度可为1.5m。

### 3. 安全标志

（1）符合国家标准；

（2）在规定和需要的位置设置；

（3）安全标志牌应采用坚固耐用的材料制作，一般不宜使用遇水变形、变质或易燃的材料；

（4）有触电危险的作业场所应使用绝缘材料；

（5）悬挂式和柱式的环境信息标志牌的下缘距地面的高度不宜小于2m；

（6）标志牌不应设在门、窗、架等可移动的物体上，以免标志牌随母体物体相应移动，影响认读；

（7）标志牌前不得放置妨碍认读的障碍物；

（8）安全标志牌至少每半年检查一次，如发现有破损、变形、褪色等不符合要求时应及时修整或更换；

（9）多个标志牌在一起设置时，应按警告、禁止、指令、提示类型的顺序，先左后右、先上后下地排列。

### 4. 配电箱

（1）应配有铭牌；

（2）应设有安全警示标志；

（3）安装强度应牢固；

（4）配电箱内部应干净，无杂物；

（5）控制回路标识齐全；

（6）配线整齐，无绞线现象；

（7）同一端子只能敷接一根导线；

（8）箱（盘）内宜分别设置中性导体（N）和保护接地导体（PE）汇流排；

（9）暗装配电箱箱盖应紧贴墙面，箱（盘）涂层应完整；

（10）照明配电箱（盘）应采用不燃材料制作；

（11）导线颜色使用正确；

（12）箱门与箱体做跨接；

（13）应留有足够的操作空间；

（14）强弱点端子应分开布置。

### 5. 插头插座

（1）插座的面板应完整，无碎裂；

（2）插座零件应齐全；

（3）灯座只能用于灯头的连接；

（4）器具的电源插头应完全插入固定的电源插座内，且保证电源插头与电源插座接触良好；

（5）插头与插座应按规定正确接线；

（6）不得在插头插座内将保护接地极与工作中性线连接在一起；

（7）不得使用万能插座。

### 6. 照明灯具

（1）敞开式灯具的灯头与地面距离应大于2.5m；

（2）质量大于0.5kg的软线吊灯，灯具的电源线不应受力；

（3）由接线盒引至嵌入式灯具或槽灯的绝缘寻线应采用柔性导管保护，不得裸露；

（4）灯具及其配件应齐全，不应有机械损伤、变形、涂层剥落和灯罩破裂等缺陷；

（5）不应从带插座的灯头上引接电源供给器具；

（6）固定灯具带电部件及提供防触电保护的部位应为绝缘材料，且应耐燃烧和防引燃；

（7）各种灯具距离周围窗帘、幕布、布景等可燃物不应小于0.5m。

# 第五节　现场隐患安全排查记录与通报

## 一、施工现场隐患安全排查记录（表2-1）

**表2-1　施工现场隐患安全排查记录表**

| 工程名称 | | | 项目经理 | |
|---|---|---|---|---|
| 序号 | | 排查内容 | 排查要求 | 检查情况 |
| 施工安全管理 | 1 | 安全操作规程 | （1）项目部制定各工种或各分部（项）工程安全技术操作规程；（2）操作规程进行悬挂 | |
| | 2 | 安全检查 | （1）制定定期安全检查制度；（2）按定期安全检查制度的时间和内容进行安全检查并进行记录；（3）对检查出的隐患制定措施，定人定时进行有效整改，并记录 | |

续表

| 工程名称 | | | 项目经理 | |
|---|---|---|---|---|
| 序号 | | 排查内容 | 排查要求 | 检查情况 |
| 施工安全管理 | 3 | 安全教育 | (1)建立三级安全教育卡，并按现场人员名册填写；(2)经常性安全教育情况；(3)各工种及变换工种的安全操作技能等安全教育情况 | |
| | 4 | 班组活动 | 各班组的安全活动记录 | |
| | 5 | 持证上岗 | 特种作业人员名册及与之对应的上岗证复印件，特种作业人员资质无过期情况。其他操作工由企业培训发证上岗并建立档案 | |
| 文明施工 | 1 | 现场围挡 | (1)围挡材料选用坚固、稳定、美观；(2)围挡必须连续设置，围挡边不得堆放重压物 | |
| | 2 | 施工场地 | (1)有排水措施，现场无明显积水；(2)工程施工的废水，经沉淀处理后排放；(3)设置吸烟室或吸烟处；(4)有作业防护棚且符合要求 | |
| | 3 | 材料堆放 | (1)有材料堆放平面布置图，并按图堆放；(2)作业区及建筑物楼层内建筑垃圾及时清理；(3)易燃易爆物品存放符合规定 | |
| | 4 | 生活设施 | (1)厕所符合卫生要求，并有冲水设施及专人管理；(2)食堂使用洁净燃料符合卫生要求，并取得卫生许可证，炊事员有健康证，并穿戴工作服上岗；(3)生熟食分开存放，有食堂卫生管理制度 | |
| 施工现场临时用电 | 1 | 外电防护 | 建筑物与外电距离小于安全距离时采取外电防护措施。要求封闭严密，防护脚手架搭设规范 | |
| | 2 | 总配电箱 | (1)有专用变压器的现场采用TN-S系统配电；(2)总配电箱有总漏电保护装置；(3)总配电箱的动力和照明分设线路引出 | |
| | 3 | 保护接零 | 有专用保护零线；现场设置重复接地；配电箱按要求固定；配电箱有防护棚 | |
| | 4 | 分配电箱 | (1)分配电箱位置设置合理；(2)无一闸多用现象；(3)有多路配电标记；(4)有门锁和防雨措施；(5)配电线路接线正确；(6)设置消防器材 | |
| | 5 | 开关箱 | (1)漏电保护器选型恰当，并动作灵敏；(2)开关箱设置位置合理；(3)有门锁和防雨措施 | |

续表

| 工程名称 | | | 项目经理 | |
|---|---|---|---|---|
| 序号 | | 排查内容 | 排查要求 | 检查情况 |
| 施工现场临时用电 | 6 | 现场照明 | (1)照明专用回路有漏电保护器；(2)灯具金属外壳做接零保护；(3)室内线路及灯具高度低于2.4m时使用安全电压供电；(4)潮湿场所使用36V以下电压供电；(5)照明线路与动力线路分设 | |
| | 7 | 配电线路 | (1)架空线路符合要求；(2)埋地线路引出部位符合要求，有接地做法的验收记录；(3)电缆线无破损、老化现象 | |
| | 8 | 用电档案 | (1)有临时用电专项施工方案；(2)有接地电阻测试记录；(3)有电工巡视检查维修记录；(4)有施工用电专项检查记录；(5)有施工用电验收记录 | |
| 三宝四口 | 1 | 安全帽 | (1)安全帽符合国家有关标准规定要求；(2)现场人员按规定佩戴安全帽 | |
| | 2 | 安全网 | 安全网的规格、材质符合国家标准有关规定的要求 | |
| | 3 | 安全带 | (1)安全带符合国家标准有关规定的要求；(2)高处作业人员佩戴安全带作业 | |
| | 4 | 楼(电)梯井口 | (1)防护措施形成定型化、工具化；(2)电梯井内每隔两层(不大于10m)设置一道水平防护；(3)电梯井口设置安全防护门 | |
| | 5 | 预留洞口、坑井防护 | (1)对洞口(水平孔洞短边尺寸大于25cm，竖向孔洞高度大于75cm)应采取防护措施；(2)防护措施形成定型化、工具化；(3)防护措施严密、坚固、稳定，并标有警示标志 | |
| | 6 | 通道口防护 | (1)通道口应搭设防护棚；(2)用竹笆作防护棚材料时应采用双层防护棚 | |

## 二、安全通报及改进措施

### 1. 原因分析

(1) 直接原因：各部门没有认真落实管生产必须管安全的基本职责，思想麻痹大意，对眼前的隐患视而不见。没有认真落实隐患排查职责，对提出的问题没有认真落实整改，同一隐患点反复出现，相同隐患点各部门不知道举一反三，组织管理安排不到位。

（2）间接原因：对员工的安全培训不到位，个别员工不知安全是何物，乱摆乱放时有发生；发现问题不知道及时报告上级。

2. 改进措施

（1）将相关安全隐患点在每月安全例会上进行通报，每个人要牢固树立“安全第一”的正确思想。

（2）加强安全投入的力度，如增加安全疏散出口灯等。

（3）加强对部门员工的安全培训，通过5S早会，提升每一个员工的安全素养，真正落实到时时、处处能发现安全隐患、报告隐患、解决安全隐患。将不安全行为、不安全设备、影响安全生产的人和事消灭在萌芽状态，使安全管理更上一层楼。

# 第三章

# 设计本质安全

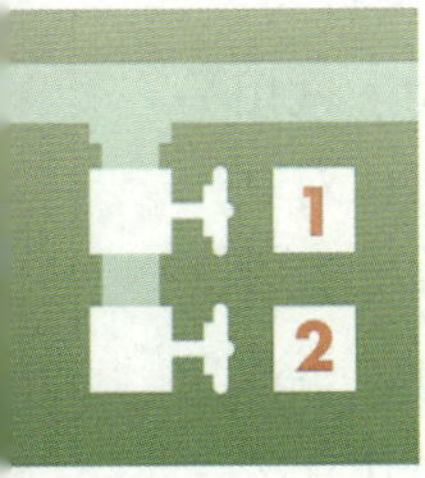


ways use two barriers for
drocarbon and chemical
drains & vents

Do not leave an open drain
or critical transfer unattended

Take interim mitigating
measures in case of failure
of Safety Critical Equipment

For all defined high risk
activities, follow the procedures
and sign off after each step

Walk the Line –
Verify and validate
any line up change

Do not make a change
without a proper MOC

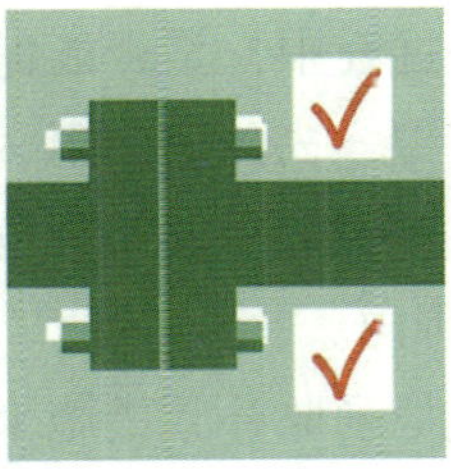

Verify for complete tightness
after maintenance work

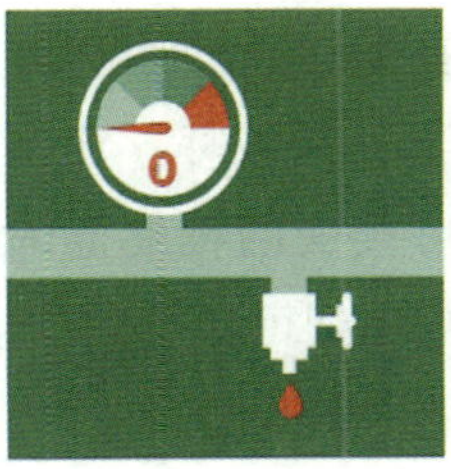


Always check that equipment
is pressure free and drained,
and provides safe isolation
before starting maintenance work

Perform MOC and install
backflow protection when
connecting utilities to process

Respond to critical alarms

# 第一节 概 述

## 一、本质安全理念

本质安全的理念产生于第二次世界大战之后，自20世纪中叶以来逐渐成为许多工业发达国家的主流安全理念。一般意义上的本质安全，是指相对于依靠对人的管理实现的安全，工艺过程、机械设备、装置等生产条件的安全才是本质上的安全。这涉及对人和物在事故致因中地位的认识，涉及如何采取措施防止事故发生，以及谁应该对事故负责等一系列重大认识问题。本质安全主张通过工程技术措施消除、控制系统中的危险源，创造安全的生产作业条件。这就要求企业采用先进的、安全的生产工艺、机械设备、装置等，为操作者提供安全的生产作业条件。企业必须承担主要的安全生产责任，保证足够的安全投入以提高企业的本质安全程度。

同时本质安全理念也认为，所有事故都是可以预防和避免的。如何实现本质安全理念所提出的零安全事故的目标，途径如下：一是人的安全可靠性。不论在何种作业环境和条件下，都能按规程操作，杜绝“三违”，实现个体安全。二是物的安全可靠性。不论在动态过程中，还是静态过程中，物始终处在能够安全运行的状态。三是系统的安全可靠性。在日常安全生产中，不因人的不安全行为或物的不安全状况而发生重大事故，形成“人机互补、人机制约”的安全系统。四是管理规范和持续改进。通过规范制度、科学管理，杜绝管理上的失误，在生产中实现零缺陷、零事故。

根据统计分析结果，80%的事故是由于人的不安全行为造成的。如何消除不安全行为，杜绝“三违”，实现“人的安全可靠”呢？应从以下措施着手：①人员的甄选。在招聘、试用过程中，借助人员考评机制，以评价新员工是否具备基本的安全工作素养，是否可以对其展开进阶性的安全教育培训。该措施是保障系统安全的一项非常重要的前期工作。②教育培训。这是提升人员安全素质最主要的办法。具体如安全意识培养，安全技能培训，事故案例学习，经验分享，应急处理培训，考核测评等。③合理的劳动组织、合理的工作任务分配。注意个人的情绪波动规律，克服情绪低潮期，防止安全事故。

物的安全可靠性依赖于：物本身安全性能的优劣。这里的“物”既包括单一某种物质，更多的情况下则指某种设备或产品。在搬运、使用、储存等过程中，是否能保持物始终处于受控的状态下。在极端或意外情况下，如破坏、泄漏、高温、高压、辐射、冰冻等，不会造成严重后果，或者产生的后果在可接受的程度范围内。对于单一的某种危险物质，通过管理和技术手段，完全规避风险或减小到可接受的程度范围内。

本质安全理念认为，产品安全性能是设计出来的，而不是采取补救措施来防范的。因此，除了人之外，安全保障的另一重要环节就是产品本身——产品的设计。统计结果表明，10%的事故是由于物的不安全状态造成的。

## 二、长北本质安全设计

长北气田由中国石油与壳牌石油公司合作开发。在该合作项目实施过程中，合作双方始终将HSE“零事故”作为首要目标，并为此制定了相应的程序和管理制度，尤其是在生产系统本质安全化管理方面有独特之处。为此，对比了中国石油与壳牌石油公司在生产工艺系统本质安全化方面的差异，总结出长北项目生产系统的本质安全。

本质安全化贯穿于整个项目的设计、施工以及生产运行和维护全过程，且有相应的控制和管理方法。

本质安全化的费用投入最低、合理、可行；安全仪表系统性能稳定、故障率低，能够实现对生产工艺系统的联锁保护；生产工艺系统建成后按照设计要求进行严格试车，确保后期操作安全平稳；利用先进的SAP系统对工艺设备进行维护管理，保证工艺系统安全可靠。

2005年，长北合作项目正式进入商业开发。该项目是目前中国陆上天然气勘探开发领域最大的对外合作项目，壳牌（中国）勘探与生产有限公司与中国石油共同承担了开发作业任务，具备年供气$30\times10^8m^3$、稳产10年的能力。项目实施过程中，合作双方始终将HSE业绩表现作为首要目标，并制定了一系列相关程序、措施和管理制度，尤其是在生产系统本质安全化管理方面独具特色。

高度集成的数字化管理和追求持续的本质安全，是长北生产操作管理的主要特征。长北天然气处理厂和井丛采用高度集成的数据采集和自动化监控系统，实现了“现场数据在线采集、逐级上传”和“无人值守、在线监视、定期巡检”的现代企业生产管理模式；同时，集合分区隔断开关，缩小事故面，提高安全操作性，实现了本质安全生产，提升了气田的管理水平。其中本质安全的完整性理念包括了三个方面：设计完整性、操作完整性以及技术完整性，设计完整性是指从资产组设计和建造的层面去确定资产完整性，操作完整性是指在现场作业中从操作角度去保证一切按照规范运行，技术完整性是指从维护维修的角度对资产组硬件设备的完整性保证。

长北作业分公司接手作业权后持续严格的HSE管理，并成功地与中国石油长庆油田分公司的管理经验相结合，构建了独特的HSE管理体系，形成了浓郁的HSE文化，并将HSE融入项目运营的每一个环节，成为项目开发建设和经营管理的首要原则，特别是在作业风险管控、工艺安全、设备设施完整性、生产运行安全、安全文化建设、员工能力提升、事故事件管理、绿色矿山建设等方面形成了一套行之有效的安全管理工具和实践做法，创造了超1100万“无损失工时记录”和“零事故”天数超过2200天的纪录，HSE管理已成为推动长北项目安全高效发展、实现项目价值最大化的引擎。

## 三、本质安全设计基础

本质安全设计(inherently safety design，ISD)是降低风险实现可持续化学设施最有效的方法之一。本质安全一词产生于20世纪60年代，源于电气设备防爆构造设计。狭义的本质安全一般是指机器、设备本身所具有的安全性能，即是指机器、设备等自身物质和工艺设计条件能够自动防止操作失误或引发事故。本质安全实质是指通过设计等手段使生产设备或生产系统本身具有安全性，即使在误操作或发生故障的情况下也不会造成事故。其核心是从根源上消除或减少危险，而不是依靠附加的安全防护和管理控制措施来减少危险源和风险。本质安全设计是实现本质安全的一种技术理念，被广泛应用于各个工程技术领域。

本质安全设计作为危险源控制的基本方法，是通过选择安全的物料、工艺路线、机械设备、装置等在源头上消除或控制危险源。进行本质安全设计，首先要通过系统安全分析辨识系统中可能出现的危险源，其次针对辨识出来的危险源选择消除、控制危险源效果最好的技术方案，并在工程设计中体现出来。不同的工程技术领域需要消除、控制的危险源不同，采取的具体技术原则也不尽相同。

1974年，英国的Trevor Kletz提出了过程工业本质安全设计的理念。在弗里克斯保罗(Flix borough)、塞维索(Seveso)等重大工业事故之后，本质安全设计的理念在化工、石油化工领域受到广泛重视。

1998年，欧盟颁布的《塞维索指令Ⅱ》(Severso Directive Ⅱ)要求作为重大危险源的重大危险设施优先采用本质安全设计。化工、石油化工等过程工业领域的主要危险源是易燃、易爆、有毒有害的危险物质，相应地涉及生产、加工、处理它们的工艺过程和生产装置。1985年，Trevor Kletz把工艺过程的本质安全设计归纳为消除、最小化、替代、缓和及简化5项技术原则。

应该注意，采用“消除”原则时人们只能消除某种或某几种选定的危险物质，而不能消除所有危险物质。特别是许多物质的某种危险特性往往也是我们将要加以利用的特性，如可燃性物质虽然可能发生火灾、爆炸却可以为我们提供能源，我们不能将其消除。因此，有些文献中只提后面的4项原则。工业生产装置本质安全设计的技术原则主要有：

(1) 避免产生多米诺效应。

(2) 使得不正确安装不能进行。

(3) 使状态清楚，使操作者清楚了解装置、设备的状态。

(4) 容错。容忍操作失误、安装不良和设备故障。

(5) 容易控制。采用较少的仪表和较简单的控制系统。

(6) 软件简单，便于使用和理解，所有装置的控制系统软件应该一致等。

在机械安全领域，在欧盟标准基础上的国际标准ISO 12100《机械安全 基本概念与设计

通则 技术原则》中贯穿了“人员误操作时机械不规范动作”等本质安全要求。在机械设计中，要充分考虑人的特性，遵从人机学的设计原则。除了考虑人的生理、心理特征要减少操作者生理、精神方面的紧张等因素之外，还要“合理地”预见可能的错误使用机械的情况。必须考虑由于机械故障、运转不正常等情况发生时操作者的反射行为以及操作中图快、怕麻烦而走捷径等造成的危险。为了防止机械在意外启动、失速、危险出现时不能停止运行，对于当工作掉落或飞出时会伤害人员的机械的控制系统也要进行本质安全设计。根据 ISO 12100 国际标准，机械本体的本质安全设计思路为：

(1) 采取措施消除或削减危险源；

(2) 尽可能减少人体进入危险区域的可能性。

主要技术原则包括以下内容：

(1) 消除锐利的端部、角和突起物等；

(2) 机械的形状、尺寸以及驱动力等保证操作者身体或一部分不被挤伤、撞伤；

(3) 足够的机械强度；

(4) 采用无害材料、本质安全型防爆电气等本质安全技术；

(5) 良好的人机学设计减轻操作者负担、防止误操作；

(6) 防止控制系统故障产生的危险；

(7) 避免人体或人体一部分进入机械危险区域作业等。

经过本质安全设计后虽然系统中的危险源被消除、控制了，危险性降低了，但是仍然有危险源和危险性，即有“残余危险(residual risk)”。于是有人建议使用术语“本质较安全设计(inherently safer design)”取代“本质安全设计”，提醒人们不要产生误解。

本质安全设计遵循以下原则：

最小化原理，采用措施消除或者减少系统中的危险因素。系统中的危险因素越少，发生事故的可能性越小，危险物质的数量越少，发生事故可能造成的严重程度越小。

替代原理，在系统中使用相对更加安全的物质替代危险的物质。

缓和原理，必须使用危险物质时，采用危险、有害物质的最小危害形态或造成最小危险的环境、工艺等条件。

简化原理，保证系统中的工艺、设备、管理程序、制度等保持最简洁、科学、合理(标准化、科学化、合理化)。

## 四、本质安全设计原则

自 20 世纪 50 年代本质安全理论诞生以来，大致经历了经验、制度和预控三个阶段。预控即本质安全阶段，是安全管理的最高阶段，其基本的原理是运用风险管理技术，采用技术和管理综合措施，以预测潜在风险源来控制事故，从而实现一切意外和风险均可控的目标。本质安全设计是实现该目标的主要前提和保证。本质安全设计是从项目规划、工艺开发、过程控制等源头消除或降低危险、有害因素，从而实现安全生产的目的，因此，必须遵守以下设计原则。

### 1. 安全第一、预防为主的原则

“以人为本、安全第一”是本质安全设计的最高目标。生产和安全相互依存，不可分割。离开生产活动，安全就失去了意义，没有安全保障，生产就不能顺利进行。安全和生产的辩证关系要求石油化工装置本质安全设计过程中必须执行有效性服从安全性原则。有效性是装置正常运行时间占总时间的百分比。任何装置都不能排除出现故障的可能性，本质安全装置也不例外，关键是在故障出现时，能否及时诊断、定位、排除和报警。为了得到好的有效性，本质安全装置必须具备容错和诊断功能，以减少停车时间。为此，应在设计中采用分散和冗余技术。分散包括本质安全装置各组成单元的结构分散、设备物理位置分散、控制系统信号采集点来源分散和网络分散等。冗余包括装置结构化及其数量冗余、控制系统冗余、通信模件冗余、连接介质冗余和电源冗余等。容错是提高装置有效性的重要手段。容错是指装置在出现故障时仍能继续工作，同时又能查出故障的能力。容错包括三种功能：故障检测、故障鉴别、故障隔离。冗余、容错、重化结构装置的配置，在提高装置安全性和诊断覆盖率的同时，也提高了装置的有效性。有效性不影响系统的安全性，但装置的有效性低可能会导致装置和工厂无法进行正常生产。

### 2. 设备技术优先原则

安全和危险是一对互为存在的概念，安全度和危险度分别是这对概念的定性和定量的度量。人的操作和管理失误、设备故障、意外因素等引发事故是不可避免的。大量事故和试验证明，人的失误率相对较高，以十分计(单位：次/年，后同)；而设备的失误率(故障率)较低，以百分计、千分计。经过特别、专门技术的设计和加工，设备的失误率可低于万分之一或更低。因此，创造失误率很低的技术条件来保障安全生产，就成为必然的选择。要保障安全生产，工艺技术、工艺设备、控制系统和建筑设施等应具有预防人为失误和设备故障引发事故的功能，最低限度也要做到即使发生事故，也能保证人员不受伤害或能保证人员安全撤离，同时控制事故的影响范围，以降低事故的严重程度。这就是本质安全设计的设备技术优先原则。

### 3. 目标故障原则

事故是指造成人员死亡、受伤，引发职业病，造成财产损失或其他损失的意外事件。造成事故的根本原因是存在危险有害物质、能量和危险有害物质、能量失去控制的综合作用，并导致危险有害物质的泄漏、散发和能量的意外释放。故障(Failure)是功能单元终止执行要求功能的能力，根据故障的表现形式可分为显形故障和隐形故障。显形故障是指能够显示自身存在的故障，属于安全故障。隐形故障是指不能显示自身存在的故障，属于危险故障。危险故障是使本质安全系统处于危险并使其功能失效的潜在故障，隐形故障一旦出现，可能使生产装置陷入危险。本质安全系统的设计目标就是使系统具有零隐形故障，并且尽量少地影响有效性的显形故障，从而降低装置生产的事故率。

## 五、本质安全设计内容

### 1. 工艺路线的安全设计

首先要保证安全，对原料和辅料有选择余地时，要尽量选择危险性较小的物料。还可以完善工艺过程的条件使反应剧烈程度降低，在可能产生高温、高压环境的位置设置不同形式的温度、压力、液位、流量检测仪表，必要时设置安全泄放设施和事故收集装置，提升工艺设计的本质安全。其次，使流程尽量简单化，这样干扰也会变小。值得注意的是危险介质的储存量，储量越大，发生事故时的危害及影响范围就会越大。

### 2. 工艺流程的安全设计

提前考虑好正常操作、事故操作以及紧急事故处理时安全有效的措施；有火灾爆炸可能性的工艺过程，一定要定期进行检查，并采取一定措施防止危险的发生；设计火炬系统时，考虑泄放物料的最大泄放量、物料压力、物料性质、可能发生的爆炸、堵塞及超温等问题；流程设计要全面考虑检测仪表、自动控制回路的设计，还要注意危险物料的储量；对于泄压系统的设计，要全面考虑被保护设备的最高工作压力与安全阀、爆破片设定压力的关系，做好火灾、公用工程中断等事故时的安全泄放量计算，进而选择合适的安全泄压设备；对于供电、供水等设施的设计，不仅要满足正常状态的要求，还要满足事故状态的要求。例如，供水发生中断，冷却系统维持正常冷却的时间要在 10min 以上；控制室的设计要尽量保证事故状态下也不致受到破坏，而且能控制事故的蔓延；设置自控检测仪表、集散控制系统（DCS）及安全仪表系统（SIS），关键部位还应设置常规和异常双重检测系统。

### 3. 装置布置的安全设计

（1）尽量将设备布置在露天或宽敞的建筑物内，防止事故发生时造成严重的损坏。处理同类危险物料的设备尽量分区集中布置，有利于工作的开展。

（2）要按照流程设计装置的平面布置，并考虑预防工作的相关要求及预留维修、消防等操作空间。

（3）一些危险的生产设备要单独布置，且要尽量靠近厂房外墙，同时，休息室、办公室等不应设置在危险厂房内。

（4）危险的生产厂房还应设置一定的防爆、泄爆措施，必要时可安装防护挡板。危险性大的反应器和其他设备间要布置防爆隔离墙，若是多个反应器，则各反应器间也要设置隔离墙。

（5）各类设备的布置间距要满足 GB 50160《石油化工企业设计防火标准》中的防火间距要求，同时设置消防通道，消防作业不能出现死角，为方便人员的操作和撤离，建筑物要根据规范设计逃生通道，同时要注意设备及通道间的连接性。

## 六、本质安全案例

### 1. 案例1：入口分离器1V2000清管来液处置

背景：长北作业分公司长输管道运行过程中为湿气输送，在管输过程中随着时间的积累输气管道会聚集地层水和泥沙影响输气效率以及管道腐蚀从而影响设备完整性，所以每季度会对输气干线发送清管器进行清管。

案例过程：当清管器距离入口分离器较近时会有大量管道内液体涌入1V2000，此时020LIC011检测到液位异常升高，首先发出指令，020LCV011液位控制阀门持续开大，当来液量大于排液量或者来液太猛入口分离器满液位时，020LI014发出第二道保护指令，来液量超过设定值550mm后给020FCV014主气路控制阀门发送关闭信号，020FCV014在自动模式下的阀门关闭调节速度满足不了来液速度，则会导致020LZ013HH（900mm高高液位保护停车）触发逻辑自动单元停车，以达到保护下游设备的目的。此时系统将会触发红色高级警报提醒操作员，中控室操作员手动接管液体处理流程，根据入口分离器液位，打开排液020LCV011进行排液，液位排低至设定值400mm时，可根据来液情况微调入口020FCV014开度，这样交替操作直至清管液收完将系统重新设置成为自动模式。

### 2. 案例2：甲醇再生单元加热器E2502导热油TCV的联锁控制

背景：TCV，即温度控制阀，是为了依据温度对导热油流量进行控制的阀门。TCV受区域温度控制器的控制，会根据各个节点温度传感器的反馈不断控制TCV的阀门开度以对导热油流量进行干预，从而达到控制温度的作用。

案例过程：甲醇再生单元E2502加热器通过025TIC103开度调节来控制025TZ112的温度，为了保证加热器平稳运行将温度控制器输入正常工作温度为70℃，在自动状态下025TCV103会自动控制导热油流量使其保持在较为平稳的温度范围以内，当E2502换热器进料持续降低时025TIC103检测到温度高于设定值后将持续给025TCV103关闭信号，在关闭的过程中，不能满足要求时，025TZ112触发温度高高停车指令，此时025SDV601关闭，这时候联锁保护装置将会联锁停车，从而达到安全保护的作用。

# 第二节　长北本质安全管理

## 一、长北本质安全系统构成及现状分析

### 1. 安全管理现状

长北作业分公司设置了安全管理组织机构，配备有安全生产管理人员，建立了安全管

理体系，重大危险源设专人管理；建立了各项安全管理制度和应急救援预案，主要负责人和安全管理人员经过有关部门的安全培训持证上岗，生产人员经过了厂内安全教育和培训，特种作业人员、特种设备作业人员均能持证上岗，设备设施运行正常，安全装置和附件完好有效，基本满足安全生产的需要。

### 2. 安全管理制度及操作规程

长北作业分公司针对安全生产管理制定了完善的 HSE 规章制度和操作规程，具体的名录见表 3-1、表 3-2。

表 3-1 安全管理制度表

| 序号 | 编　　号 | 文件名称 |
|---|---|---|
| 1 | CQ/CBOFHSECX-01-001 | 行为安全观察与沟通程序 |
| 2 | CQ/CBOFHSECX-03-01-001 | 危害因素辨识与评价控制管理程序 |
| 3 | CQ/CBOFHSECX-03-01-002 | 重大危险源管理程序 |
| 4 | CQ/CBOFHSECX-03-01-003 | 重要环境因素登记管理程序 |
| 5 | CQ/CBOFHSECX-03-01-004 | 工作危害分析程序 |
| 6 | CQ/CBOFHSECX-03-02-001 | HSE 法规及遵法管理程序 |
| 7 | CQ/CBOFHSECX-03-03-001 | 目标与指标管理程序 |
| 8 | CQ/CBOFHSECX-03-03-002 | 数据控制保障程序 |
| 9 | CQ/CBOFHSECX-03-04-001 | 管理方案制定与实施程序 |
| 10 | CQ/CBOFHSECX-03-04-002 | 隐患报告与整改程序 |
| 11 | CQ/CBOFHSECX-04-02-001 | 安全生产费用预算与使用管理程序 |
| 12 | CQ/CBOFHSECX-04-03-001 | HSE 培训管理程序 |
| 13 | CQ/CBOFHSECX-04-04-001 | 协商与交流管理程序 |
| 14 | CQ/CBOFHSECX-04-06-001 | 文件控制程序 |
| 15 | CQ/CBOFHSECX-05-01-001 | 操作完整性登记管理程序 |
| 16 | CQ/CBOFHSECX-05-01-002 | 操作完整性关键文件管理程序 |
| 17 | CQ/CBOFHSECX-05-01-003 | 完整性声明程序 |
| 18 | CQ/CBOFHSECX-05-01-004 | 资产完整性和工艺安全管理程序 |
| 19 | CQ/CBOFHSECX-05-02-001 | 承包商 HSE 管理程序 |
| 20 | CQ/CBOFHSECX-05-03-001 | 产品责任管理程序 |
| 21 | CQ/CBOFHSECX-05-04-001 | 社区申诉管理程序 |

续表

| 序号 | 编　　号 | 文件名称 |
|---|---|---|
| 22 | CQ/CBOFHSECX-05-04-002 | 文物处置管理程序 |
| 23 | CQ/CBOFHSECX-05-05-001 | 作业许可执行管理程序 |
| 24 | CQ/CBOFHSECX-05-05-002 | 电气安全管理程序 |
| 25 | CQ/CBOFHSECX-05-05-003 | 脚手架安全管理程序 |
| 26 | CQ/CBOFHSECX-05-05-004 | 高处作业管理程序 |
| 27 | CQ/CBOFHSECX-05-05-005 | 受限空间作业程序 |
| 28 | CQ/CBOFHSECX-05-05-006 | 管线打开安全管理程序 |
| 29 | CQ/CBOFHSECX-05-05-007 | 挖掘作业管理程序 |
| 30 | CQ/CBOFHSECX-05-05-008 | 吊装与起重作业管理程序 |
| 31 | CQ/CBOFHSECX-05-05-009 | 动火作业程序 |
| 32 | CQ/CBOFHSECX-05-05-010 | 清罐作业管理程序 |
| 33 | CQ/CBOFHSECX-05-06-001 | 工作适应性管理程序 |
| 34 | CQ/CBOFHSECX-05-06-002 | 职业健康管理程序 |
| 35 | CQ/CBOFHSECX-05-06-003 | 个人劳保用品管理程序 |
| 36 | CQ/CBOFHSECX-05-07-001 | 清洁生产与节能减排管理程序 |
| 37 | CQ/CBOFHSECX-05-07-002 | 废弃物管理与处置程序 |
| 38 | CQ/CBOFHSECX-05-07-003 | 环境管理程序 |
| 39 | CQ/CBOFHSECX-05-07-004 | 环境水资源管理程序 |
| 40 | CQ/CBOFHSECX-05-08-001 | 运行控制管理程序 |
| 41 | CQ/CBOFHSECX-05-08-002 | 交叉作业管理程序 |
| 42 | CQ/CBOFHSECX-05-08-003 | 安全保护系统旁通管理程序 |
| 43 | CQ/CBOFHSECX-05-08-004 | 安全标识与标签程序 |
| 44 | CQ/CBOFHSECX-05-08-005 | 安全隔离上锁挂牌程序 |
| 45 | CQ/CBOFHSECX-05-08-006 | 爆炸品管理程序 |
| 46 | CQ/CBOFHSECX-05-08-007 | 车间机械与工具管理程序 |
| 47 | CQ/CBOFHSECX-05-08-008 | 通用工器具安全管理程序 |
| 48 | CQ/CBOFHSECX-05-08-009 | 电动气动工具安全管理程序 |
| 49 | CQ/CBOFHSECX-05-08-010 | 便携式梯子使用安全管理程序 |

续表

| 序号 | 编　　号 | 文件名称 |
|---|---|---|
| 50 | CQ/CBOFHSECX-05-08-011 | 电离辐射作业管理程序 |
| 51 | CQ/CBOFHSECX-05-08-012 | 恶劣天气安全管理程序 |
| 52 | CQ/CBOFHSECX-05-08-013 | 公司活动管理程序 |
| 53 | CQ/CBOFHSECX-05-08-014 | 公务旅行管理程序 |
| 54 | CQ/CBOFHSECX-05-08-015 | 化学品管理程序 |
| 55 | CQ/CBOFHSECX-05-08-016 | 硫化氢安全与防护管理程序 |
| 56 | CQ/CBOFHSECX-05-08-017 | 喷砂与涂装管理程序 |
| 57 | CQ/CBOFHSECX-05-08-018 | 气体检测管理程序 |
| 58 | CQ/CBOFHSECX-05-08-019 | 食品与饮用水安全管理程序 |
| 59 | CQ/CBOFHSECX-05-08-020 | 土建工程程序 |
| 60 | CQ/CBOFHSECX-05-08-021 | 反违章禁令及救命规则违规后果管理程序 |
| 61 | CQ/CBOFHSECX-05-08-022 | 无监管不准作业程序 |
| 62 | CQ/CBOFHSECX-05-08-023 | 现场通用 HSE 规章程序 |
| 63 | CQ/CBOFHSECX-05-08-024 | 现场住宿和卫生管理程序 |
| 64 | CQ/CBOFHSECX-05-08-025 | 项目 HSE 和社会业绩管理程序 |
| 65 | CQ/CBOFHSECX-05-08-026 | 压缩气体气瓶安全管理程序 |
| 66 | CQ/CBOFHSECX-05-08-027 | 移动设备检查程序 |
| 67 | CQ/CBOFHSECX-05-08-028 | 饮酒和滥用药物管理程序 |
| 68 | CQ/CBOFHSECX-05-08-029 | 运输安全管理程序 |
| 69 | CQ/CBOFHSECX-05-08-030 | 工作循环分析管理程序 |
| 70 | CQ/CBOFHSECX-05-08-031 | 防雷防静电装置管理程序 |
| 71 | CQ/CBOFHSECX-05-08-032 | 安全目视化管理程序 |
| 72 | CQ/CBOFHSECX-05-08-033 | 启动前安全检查管理程序 |
| 73 | CQ/CBOFHSECX-05-08-034 | 特种设备安全管理程序 |
| 74 | CQ/CBOFHSECX-05-08-035 | 消防安全管理程序 |
| 75 | CQ/CBOFHSECX-05-08-036 | 氮气使用安全管理程序 |
| 76 | CQ/CBOFHSECX-05-09-001 | 变更管理程序 |
| 77 | CQ/CBOFHSECX-05-10-001 | 应急响应程序 |

续表

| 序号 | 编　号 | 文件名称 |
|---|---|---|
| 78 | CQ/CBOFHSECX-05-10-002 | 医疗应急程序 |
| 79 | CQ/CBOFHSECX-06-01-001 | 绩效测量和监视程序 |
| 80 | CQ/CBOFHSECX-06-02-001 | 合规性评价控制程序 |
| 81 | CQ/CBOFHSECX-06-03-001 | 不符合、纠正措施和预防措施控制程序 |
| 82 | CQ/CBOFHSECX-06-04-001 | 事故调查、报告与学习程序 |
| 83 | CQ/CBOFHSECX-06-05-001 | 记录控制程序 |
| 84 | CQ/CBOFHSECX-06-06-001 | 内部审核管理程序 |
| 85 | CQ/CBOFHSECX-07-001 | 管理评审程序 |
| 86 | | “STOP”停工政策 |
| 87 | | 健康安全环境管理体系管理手册 |

**表 3-2　安全生产操作规程表**

| 序号 | 名　称 | 序号 | 名　称 |
|---|---|---|---|
| 1 | 空气压缩机启停操作规程 | 16 | 装卸车鹤管操作规程 |
| 2 | 制氮装置操作规程 | 17 | 凝析油装车操作规程 |
| 3 | 电动消防泵操作规程 | 18 | 甲醇卸车操作规程 |
| 4 | 柴油消防泵操作规程 | 19 | 变频供水系统投用操作规程 |
| 5 | 消防炮操作规程 | 20 | 变频供水泵启、停操作规程 |
| 6 | 消防栓操作规程 | 21 | 泡沫消防泵操作规程 |
| 7 | 油水换热机组操作规程 | 22 | 导热油炉操作规程 |
| 8 | 火炬点火操作规程 | 23 | 凝析油稳定操作规程 |
| 9 | 10kV 母线送电操作规程 | 24 | 甲醇再生操作规程 |
| 10 | 低压电动机检修操作规程 | 25 | 天然气生产系统操作规程 |
| 11 | 电力线路操作规程 | 26 | 自用气系统投产操作规程 |
| 12 | 水源井操作规程 | 27 | SCSSV 操作规程 |
| 13 | 米顿罗计量泵操作规程 | 28 | SSV 操作规程 |
| 14 | 苏尔寿离心泵操作规程 | 29 | 启停流量计操作规程 |
| 15 | 罐区氮封操作规程 | 30 | 节流阀操作规程 |

续表

| 序号 | 名　称 | 序号 | 名　称 |
|---|---|---|---|
| 31 | 套压放空操作规程 | 45 | 出沙测试仪(固定式)安装步骤 |
| 32 | 除沙过滤器操作规程 | 46 | 移动计量橇操作手册 |
| 33 | 启停注醇泵操作规程 | 47 | 南北干线腐蚀检测数据录取 |
| 34 | PS 操作规程 | 48 | S2501 更换滤芯操作规程 |
| 35 | ESD 操作规程 | 49 | S2502 更换滤芯操作规程 |
| 36 | 应急照明操作规程 | 50 | S2504 更换滤芯操作规程 |
| 37 | 洗眼器操作规程 | 51 | S213 井口控制柜的操作规程 |
| 38 | 开、关井操作规程 | 52 | 北干线清管操作规程 |
| 39 | 甲醇罐操作规程 | 53 | 南干线清管操作规程 |
| 40 | 缓蚀剂罐操作规程 | 54 | 北干线清管操作程序 |
| 41 | 氮气系统操作规程 | 55 | TPO 北干线清管作业方案 |
| 42 | SDV 阀操作规程 | 56 | TPO 榆 2 支线清管作业方案 |
| 43 | 配电柜操作规程 | 57 | 处理厂生产污水临时加药方案 |
| 44 | DCS 系统启停操作规程 | | |

### 3. 安全教育培训及人员取证

（1）长北作业分公司的主要负责人、安全管理人员均参加了主要负责人和安全管理人员安全生产知识和管理能力的安全培训，并取得了陕西省应急管理厅出具的“安全生产知识和管理能力考核合格证”。

（2）特种作业人员、特种设备作业人员等掌握安全知识、专业技术、职业卫生防护和应急救援知识的情况。长北作业分公司包括固定压力容器作业、压力管道作业、气瓶充装、高压电工、低压电工、高处作业等从业人员，均考核合格后持证上岗。

### 4. 特种设备的管理

长北作业分公司对特种设备管理建立了完善的管理体系，严格履行陕西省榆林市质量技术监督局榆阳分局《特种设备使用单位安全责任告知书》中的明确责任，签订了《特种设备使用单位安全使用承诺书》，根据《长北作业分公司生产应急程序》编制了《长北作业分公司特种设备应急预案流程图》和《特种设备管理制度汇编》。长北作业分公司已对特种设备进行送检。

### 5. 应急管理及物资配备

长北作业分公司应急处置体系由内外双方联合组成；由站点紧急反应队、紧急情况协调组和危机管理队组成；配备了消防车、救护车、应急指挥车、医疗急救器材等硬件设施；实施 ACT 卡管理，为应急和急救提供准确信息；高度重视应急演练，尤其是管理层的桌面演练，每周开展一次。在现场演练中设置专门演习观察员，评审演练过程，提出改进方法；同时与榆林市当地职能部门和采气二厂以及长庆油田建立了应急保障机制，并且配备了应急救援所必需的设备设施。长北作业分公司编制了《中国石油天然气股份有限公司长庆油田长北作业分公司生产安全事故应急预案》，该预案于 2019 年 12 月 5 日取得陕西省应急管理厅出具的《生产经营单位生产安全事故应急预案备案登记表》（备案编号：610000〔2019〕第 35 号）。同时，每年制订应急演练计划，每月进行一次应急演练，并作记录和总结。长北作业分公司为一级库、二级库配置了应急器材。

#### 6. 劳动防护用品配备

按照《用人单位劳动防护用品管理规范》（安监总厅安健〔2015〕124 号）及《长庆油田公司劳动防护用品管理办法》，长北作业分公司为了保证员工的安全与健康，实行定期发放劳动防护用品和健康设施的制度。针对生产岗位的不同特点，每年发放防静电服、防静电鞋、耳塞、耳罩、安全帽、护目镜、防酸（碱）手套等防护用具，并制定了劳动防护用品管理制度，为员工安全生产和健康提供了良好的保障。

#### 7. 安全投入

长北作业分公司的安全专项投资包括安全防范措施、检测装备和设施、安全教育装备和设施、事故应急措施和物资储备、消防设施购置费用等，安全经费用于井丛、管线、处理厂等防护设施建设，油田道路硬化，建设项目安全“三同时”投入，安全教育支出和消防设施更新、购置等支出。长北作业分公司在安全设施如可燃气体报警器、防爆窗、防爆门等方面投入达 1000 万元以上。

## 二、长北气田地面工程自动化控制系统管理

#### 1. 管理模式

长北气田地面工程自动化控制系统，是为整个气田生产配套的专用系统。它以建立整个气田地面工程完整统一的自动化监督管理系统为原则，充分考虑近年来计算机技术、信息技术和自动化技术的发展，结合长北气田地面工艺和生产操作管理的特点，以达到生产操作全面自动化控制和实现现代化管理水平的目的。整个自控系统，分为三个层次：数据采集、生产控制过程和紧急停车联锁控制，即长北气田中央处理厂 DCS、IPS 和 FGS 系统，井丛 RTU/IPS 系统，集气站控制系统和其他辅助生产装置控制系统为第一层；生产过程监视、生产过程控制、生产调度、区域生产管理、优化配产和辅助决策，即长北气田控制中心系统为第二层；长庆油田公司西安生产管理调度中心和位于北京的壳牌中国（北京）总部为第三层，完成对长北气田地面工程各生产过程的集中监视和管理，其为生产辅助决策，不做具体的操作控制，负责与其他相关系统的数据交换等。如图 3-1 所示。

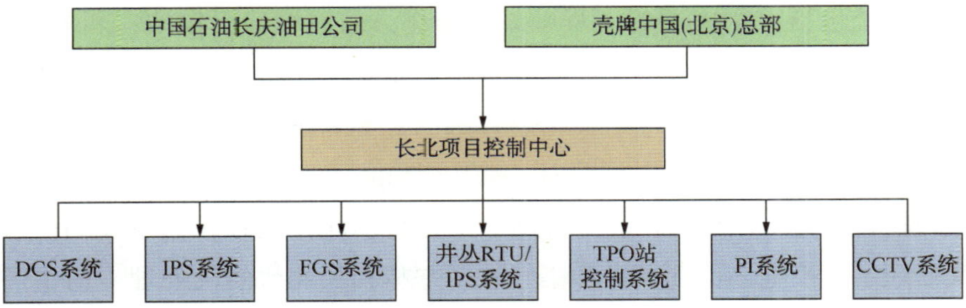


图 3-1 长北气田地面工程自动化控制系统管理模式框图

## 2. 网络结构

长北气田地面工程自动化控制系统，结合长北项目的实际情况，采用总体设计和规划，具有长北项目中外合作的特点。其主体框架结构长北气田控制中心 SCADA 系统、中央处理厂控制和联锁保护系统、井丛控制系统、视频监控系统以及配套的网络通信系统，于 2006 年一次性建成。整个控制系统虽然包括的控制类型较多，但结构清晰，扩展性强。随着长北气田井丛数量的不断增加，只需将新增加的井丛控制系统接入已有的控制系统即可，不用对主体框架结构进行改造。系统总体网络结构设计为分散型控制系统结构，通过支持标准 TCP/IP 协议的局域网连接，从地理上分散的各个区域采集数据。

按照现有的管理模式和气田分布，长北气田自动化控制系统网络结构可简单划分为长北气田控制中心和处理厂、集气站、井丛控制系统两级，如图 3-2 所示。

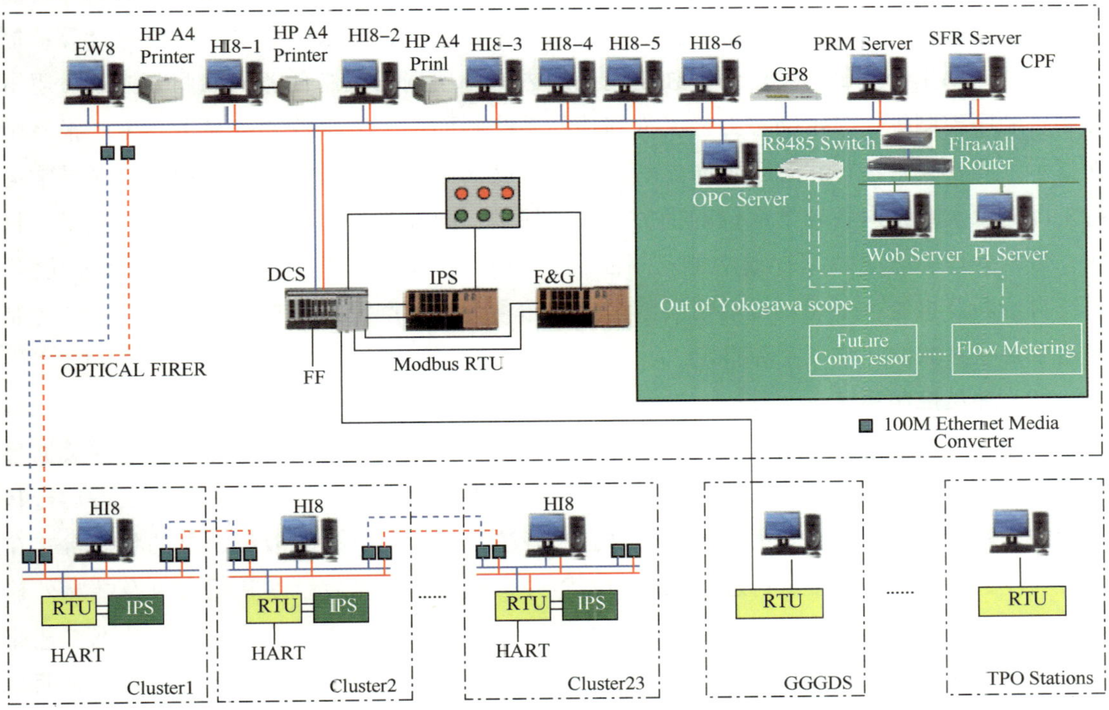


图 3-2 长北气田地面工程自动化控制系统网络结构图

自动控制系统包括控制中心的工程师站、操作员站、培训工作站、冗余数据服务器、冗余历史磁盘阵列、GPS 时钟同步系统、PI 实施数据库；长北天然气处理厂 DCS（集散控制系统）、IPS（仪表保护系统）、FGS（火灾报警及气体检测系统）、井丛 RTU/IPS、集气站 RTU 等。各个子系统分散在全气田范围内，既互相独立，又互相联系。

长北气田控制中心，是整个长北气田地面工程自动化控制系统最重要的一级，其设于长北天然气处理厂中控室，负责采集各集气站、井丛和长北天然气处理厂的生产数据和信息，对相应的生产工艺过程进行监视和控制，建立相应的生产数据库，对生产过程进行分析、数据处理并作出决策和判断；根据生产需要实时调整气田的自控仪表，作出最优的生产决策，给集气站、井丛、天然气处理厂下达控制指令和决策指令。

长北天然气处理厂 DCS、IPS、FGS、井丛 RTU/IPS、集气站 RTU 等系统为气田主要的生产控制单元，主要负责采集生产过程中的各类生产数据和信息，对生产过程进行自动控制、报警管理和联锁保护，集中完成各种生产操作，对全部数据、信息进行处理并上传 SCADA 中心控制系统；独立完成长北气田的生产过程监视、控制、操作、数据采集和处理。其较高的自动化程度，实现了井丛无人值守等长北气田特色。

### 3. 功能设置

#### （1）集气站站控系统

集气站站控系统是指长北气田试生产作业区各集配气站站控系统，它实现了对各集配气站现场生产过程参数和设备状况的数据采集、控制、报警管理和联锁保护。其具体功能为：监测站内各主要设备运行状态；在线自动计量多路符合国家标准要求的流量计算；控制和调整主要生产变量的设定值，独立完成站内的各项现场控制任务，如调节控制、逻辑控制、顺序控制等；显示动态工艺流程和辅助系统画面，工艺参数趋势显示，生产报警画面显示，测控设备运行状态总画面显示，站场可燃气体及火灾报警画面显示等；在异常运行工况时，实现站内各异常部位的报警、联锁保护；向控制中心传送数据；事件记录、打印；数据处理和历史数据存储功能；画面及菜单汉字显示、打印及屏幕菜单提示等功能；系统自诊断及报警；手动、自动切换；实现操作参数、生产报表的自动中文打印；各控制回路中各项参数的在线设定和整定。

#### （2）井丛控制系统

长北气田井丛控制系统，实现了对各井丛现场生产过程参数和设备状况的远程数据采集、远程控制、报警管理和联锁保护。其具体功能为：远程监测井丛内各主要设备运行状态，如井口压力、温度、流量、外输压力、井口注醇量、甲醇罐的液位、泵的状态等；在线自动计量各单井井口流量；远程控制和调整井口流量、节流后温度和压力以及井丛外输压力；远程开关阀门和启停泵；单井紧急关停和井丛生产工艺紧急停车；显示动态工艺流程和辅助系统画面，工艺参数趋势显示，生产报警画面显示，测控设备运行状态总画面显示；向控制中心传送数据和接收控制中心调度命令；事件记录、打印；数据处理和历史数据存储功能；系统自诊断及报警；手动、自动切换，实现操作参数、生产报表的自动中文打印；各控制回路中各项参数的在线设定和整定，在线管理和远程诊断能力，各站控系统随时向中心控制系统报告I/O卡失效的信号。

**（3）天然气处理厂控制系统**

长北天然气处理厂DCS（集散控制系统）主要实现对处理厂内工艺设备、公用辅助系统的参数采集、控制与监视，历史数据的保存，报表的生成、报警的处理等功能。其具体功能为：监测处理厂内各主要设备运行状态，如压力、温度、流量、液位、泵的状态等；在线自动计量各套装置的流量；控制和调整压力、流量、温度；远程开关阀门和启停泵；显示动态工艺流程和辅助系统画面，工艺参数趋势显示，生产报警画面显示，测控设备运行状态总画面显示；事件记录、打印，数据处理和历史数据存储功能；系统自诊断及报警；实现操作参数、生产报表的自动打印，各控制回路中各项参数的在线设定和整定；在线管理和远程诊断能力。

长北天然气处理厂IPS（仪表保护系统）是在生产工艺参数非正常时，为保护处理厂人员和工艺设备的安全而进行紧急停车的控制系统。根据生产工艺要求，可实现以下逻辑功能：

① 中央处理厂紧急停车；

② 中央处理厂过程停车；

③ 脱水脱烃装置单元紧急停车；

④ 脱水脱烃装置单元过程停车；

⑤ 凝析油稳定装置单元停车；

⑥ 甲醇再生装置单元停车；

⑦ 井丛紧急停车（单个井丛紧急停车不会影响其他井丛和CPF的正常生产）；

⑧ 井丛过程停车；

⑨ CPF消防设备远程启动；

⑩ 操作旁路开关及指示。

为了保证系统的安全可靠，长北天然气处理厂IPS与DCS在处理器、逻辑程序、功能模块、现场仪表等方面相对独立，但在网络通信和数据处理方面又相互联系。且安全仪表系统的现场仪表均采用两线制的连接方式，而未采用现场总线连接方式，仪表回路中间安装有安全隔离栅。

FGS（火灾报警及气体检测系统）被用来监测生产现场火焰信号和测量可燃气体浓度。当有气体泄漏和火灾发生时，系统就会报警，中控室人员经过确认后就可以进行相应的处理，必要时可以从中控室的操作台上远程启动消防泵。FGS与IPS、DCS在硬件和控制逻辑上相互独立。FGS的数据可以传至DCS，通过DCS来监控，与DCS、IPS并列运行。

**（4）长北气田控制中心**

长北气田控制中心是整个长北气田地面工程正常生产的重要控制管理层，它直接收集各控制系统的生产数据，建立相应的生产数据，并实时地向更高一层生产调度管理中心传送现场信息。其主要功能为：监视长北中央处理厂、各井丛及集气站的工作状态及设备运行情况，采集各控制系统主要生产运行数据和状态信息，建立实时、历史数据库；为各控制系统提供必备的生产运行参数；发布生产调度指令和事故决策指令；随时提供全厂的生产信息图形显示及历史资料的对比和趋势显示。实现了对整个气田进行集中监控、统一调度管理，井从装置无人值守、操作，中央处理厂各装置无人值守，确保操作人员的人身安全和气田的安全运行。

### 4. 控制系统配置

**（1）集气站站控系统**

集气站站控系统采用美国 TRICONEX 公司开发的 TRICON 系统，从硬件上实现容错功能 HIFT（Hardware Implemented Fault Tolerance）和三重化模块冗余结构 TMR（Triple Modular Redundancy）。TPO 榆 2、榆 3、榆 4 站的生产数据，通过微波通信的方式，传到榆总站控制器，榆总站控制器与长北天然气处理厂的 FCS 之间通过专用光纤连接，采用 Modbus 协议交换数据。

**（2）井丛和处理厂工艺控制系统**

井丛和处理厂工艺控制系统采用日本横河公司的 CENTUM-CS3000 集散控制系统，硬件主要包括工程师站（Engineer Station）、操作员站（Operator HIS）和现场控制系统（Field Control System/Remote Terminal Unit）。现场控制系统 FCS 采用横河公司的具有 VNET/IP 功能的 CP451-11 控制器，处理器均采用双冗余容错结构，其他硬件从外部电源到内部的电源模块、通信线路、I/O 卡件等均采用冗余结构。系统采用热切换技术、容错技术等一系列措施，可用性已达到 99.99999%。各井丛 FCS、操作员站、工程师站通过专用冗余光纤与中央处理厂控制中心交换机连接，采用横河公司自行开发的 VNET/IP 协议，实现控制中心的操作员站、工程师站和各井丛之间的数据交换。

**（3）处理厂 IPS、FGS**

处理厂 IPS、FGS 由安全控制站（Safety Control Station，SCS）、安全工程师站（Safety Engineering PC，SENG）和实时控制网构成。其中，安全控制站 SCS 采用日本横河公司的 SSC10D-S 控制器，由冗余容错 CPU、冗余电源卡件、通信卡和 I/O 卡件等构成。软件采用日本横河公司的 ProSafe-RS。

为了确保 DCS 和 IPS、FGS 之间数据通信的稳定性和可靠性，中央处理厂 DCS 与 IPS、FGS 之间分别通过电缆线连接，采用比较成熟的 Modbus 协议交换数据，而未采用 VNET/IP 协议。DCS 直接通过冗余网线与中央处理厂控制中心交换机连接，采用 VNET/IP 协议，实现控制中心的操作员站、工程师站和处理厂 DCS、IPS、FGS 之间的数据交换。

**（4）长北气田控制中心**

设置操作员站 4 台、工程师站 2 台、冗余数据服务器 1 套、冗余历史磁盘阵列 1 套、GPS 时钟同步系统 1 套、PI 实施数据库、各类打印机。操作员站和工程师站选月高性能工控计算机，操作系统为 Windows XP，安装有 CENTUM-CS3000 监控软件。服务器和磁盘阵列采用高性能的工作站。在控制中心，还设置了紧急控制盘，如果出现紧急情况，在中央控制室可采取手动方式进行控制。

长庆油田公司西安生产管理调度中心和位于北京的壳牌中国总部通过广域网与长北气田中心系统相连，完成实时监督和指挥调度，方便实现生产协调和同步管理，极大提高供气输气的可靠性，保证了生产的安全和平稳。

### 5. 系统运行效果评价

从长北气田多年的生产运行情况来看，现有的这套地面工程自动化控制系统运行稳定，保证了生产的安全、平稳运行。长北气田地面工程自动化控制系统打破了原有集气站点对点式单一的管理模式，采用 DCS、IPS、FGS 相结合的系统理念，构建成为一套立体的控制、监测、保护系统，从而形成了具有长北气田特色的系统管理模式。

DCS、IPS、FGS 相结合的控制、监测、保护系统大大提高了长北气田的工艺设备及人员操作的安全性，能够大大减轻操作员工的工作量，提高生产管理水平。可实现：井丛装置无人值守、操作，人员只做定期巡查；中央处理厂各装置无人值守，在控制室配备少量生产管理、操作人员对工艺流程进行全天候监视和控制；中央控制室能对整个气田进行集中监控、统一调度管理；通过 IPS、FGS 系统，确保操作人员的人身安全和气田的安全运行。

长北地面工程自动化控制系统在长北气田的整体开发上，也有着长远考虑。整套系统采用整体与局部相结合的设计方案，这种方案的优势就在于灵活多变，现用的横河 CS3000 系统与之前 PRC 系统相比，具有较好可扩展性及与既有系统兼容性的特点，随着气田的发展需要，可任意添加新的子系统到整个控制系统里，且不影响其他各系统的正常运行，简化了技术，节约了成本，为今后气田的发展奠定了良好的基础。

## 三、安全管理机构框架与职责（图 3-3）

各个机构职能如下：

综合办公室（党委办公室、对外合作部）：主要负责行政、党委日常工作协调及督查督办，政策研究、文件管理、联络接待、文档信印、党风廉政建设、保密管理、资料档案、外事管理、联管会事务，干部管理、员工管理、劳动组织、劳动合同、员工培训、社会保险、业绩考核、人才队伍建设、职业技能鉴定联合项目部人事管理等综合性管理业务。

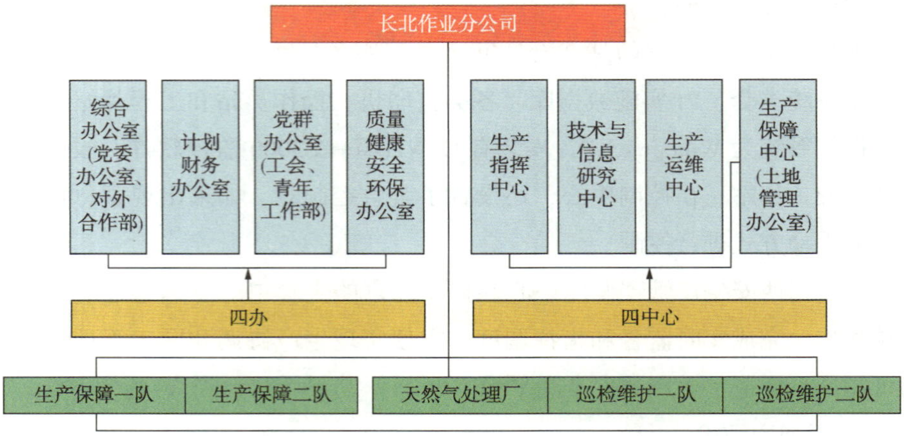


图 3-3 安全管理机构框架与职责

计划财务办公室：主要负责中方账及联合账财务预算、会计核算、成本控制、资金运营、税务和资产管理物资核算、财务监督，规划计划、统计、销售、审计、工程造价、概预算管理，企业管理、基层建设、对标管理、决策支持类课题项目管理、法律事务、合规管理、内控体系建设、风险管理、制度管理、合同及招投标管理等企业管理和经营财务业务。

党群办公室(工会、青年工作部)：主要负责党组织建设、党员管理、党建考核、思想政治理论教育及宣传、思想作风建设、企业文化建设、新闻舆情、意识形态信访维稳、统战、工会、共青团、青年等工作。

质量健康安全环保办公室：主要负责生产安全、交通安全、环境保护、员工健康、QHSE 管理体系建设、质量、计量、节能节水管理、水土保持质量监督、井下作业监督、安全环保监督、现场施工作业监督以及对承包商进行监督等工作。

生产指挥中心：主要负责生产管理、气区道路、防洪防汛、水电讯、设备管理、交通运输管理、工程项目管理以及井下作业队伍市场准入、资质审查、生产调度、应急管理、信息采集报送、生产应急监控、数据信息诊断及异常应急处置、运行及值班、新能源现场施工组织与协调等工作。

技术与信息研究中心：按照地质工程、地上地下一体化协同研究的原则，主要负责气藏评价、井位部署、方案编制、气田开发管理，动态监测计划、采气工艺、井下作业设计，集输工艺、地面建设、项目改造方案设计，新能源设计及技术支持，新工艺、新技术推广应用，科技、标准、网络信息以及生产网络、通信系统设备、数字化应用系统管理、数字化系统建设运维、仪器仪表和自控系统技术支持等工作。

生产运维中心：主要负责生产现场组织、集输现场组织、地面工程项目、井口及井下作业组织、生产运行监控及现场组织、应急作业、故障巡检、设备设施巡检维护，新能源现场施工票据办理与监护等，以及天然气处理厂的日常生产、运行和管理，长北区块集气站、井丛的机电仪各专业应急保障，巡检维护、生产作业应急抢险等。

生产保障中心（土地管理办公室）：主要负责外部关系协调、土地征借、物资采购及供应、库房管理、治安保卫、综合治理、防火、消防安全、食堂管理、计划生育、房产管理、办公场所管理、榆林前指设施维护维修、宿舍管理等工作。

## 四、规章制度

长北作业分公司安全文化与安全领导力规章制度主要由以下几方面确定。

（1）长北作业公司在程序中规定无论是报告还是开会，第一个话题必须是安全。开会一定首先谈谈如何应急，如逃生门在哪里，逃生路线是什么，应急集合点在什么地方，如何安全到达，到达了如何维持集合安全等。报告中第一议题是安全，如近期的安全形势是什么，公司月度/季度/年度的安全状况怎么样，最近发生了什么安全险兆事件或潜在高后果的事件等。

（2）将"零"目标定义为损工事件（人员受伤超过一天上不了班的，安全"零"目标就失效，需要重新统计）即破坏。与传统的以"亡人事故"不死人定义的"零"目标相比，从海因里希的事故金字塔模型，严格了一至二个数量级，控制了受伤损工，"亡人事故"受到了控制。

（3）明确将"零"目标是能够实现的作为深信的价值观，并要求所有的行为、工作计划安排按此价值观开展。

（4）为实现"零"目标制定对应 7 条工作准则：

① 花费必要的时间从一开始就将工作做对；

② 不要屈服于匆忙赶工的压力；

③ 在开始任何工作前都试用 HEMP 工具；

④ 必要时停止工作并确保遵守所有的程序；

⑤ 工作前考虑问题并相互沟通；

⑥ 对意外或程序未提及的情况作出正确判断；

⑦ 有问题不要害怕停止工作，并且积极询问他人。

（5）明确作业分公司对安全的承诺、政策，明确停工政策、吸烟政策、酒精与药物政策、道路交通安全政策并为实现这些政策明确了 9 条场地 HSE 守则：

① 我会干涉任何不安全的行为；

② 我会注意并遵照所有与 HSE 有关的标志、方针和指示；

③ 我会向现场管理人员汇报所有的不安全行为和状况；

④ 开始一项工作之前确保理解所有的工作指示；

⑤ 遵守现场的个人防护用品使用要求；

⑥ 遵守工作许可制定的所有要求；

⑦ 选用合适的工具，并且正确使用工具；

⑧ 保持工作地点干净、整洁、无障碍物；

⑨ 使用安全带，并确保所有其他乘车人员也使用安全带。

(6) 持续合作伙伴壳牌全球的“安全日”活动，每年根据上年和前些年的弱项，有不同的安全主题，停下来用半天时间，所有员工包括承包商都结合主题思考讨论自身相关的安全话题，关注本年度安全重点，签署安全誓言等。

(7) 开展“向跑冒滴漏宣战”的活动，全员提升工艺安全的意识和具体行动。

(8) 所有风险作业活动，必须开展工作危害及后果分析(风险评估)并制定出对应危害及后果(风险)的控制及补救措施，然后再允许按作业许可批准管理流程开展工作。

(9) 明确规定“无监管不工作”(No Supervision，No Work)的政策，所有风险工作必须在监督下开展。

(10) 应用十大工艺基本安全原则的要求，与员工一起对现场开展巡视，发现问题，讨论问题，共商解决做法，引领影响员工。

(11) 在程序中规定定期的安全行动计划，并按计划实施，实施过程中注重与员工的交流。

(12) 程序中规定了领导、管理技术干部带头开展专项审核如参加作业许可审核等，并在过程中与员工开展沟通交流，影响、改变、固化员工的良好行为与做法。

(13) 定期的安全会议，如周、月、季、年度安全会。

(14) 根据发生的潜在高后果事件或近期作业区发生的事件，组织向事故事件学习(Learn from Incident)、讨论、改进，全员受到触动和影响，进而提升自己行为。

(15) 逐步开展因果学习法(Causal Learning)，从导致事故事件的系统问题进行改进，进一步查漏补缺，全员学习，提升和改进安全绩效。

(16) 年度的承包商总经理安全会议，影响相关的承包商高级管理层，推动承包商作业安全。

(17) 领导亲自带头讲授安全课，巩固安全知识、理念，形成层层带动。

## 五、强化一线屏障管理与能力建设

2014 年开始，长北项目强化生产和维修维护的 HSE 能力并开展 FLBM 项目，安排 COACH 教练进行培训知识的转化、强化和固化过程。

经过多年的能力建设，长北作业分公司员工、管理技术干部、领导干部的履职能力得到极大的提升，为确保长北作业分公司持续的安全生产运行，提供了强有力的保障。

## 六、员工安全能力提升

长北作业区将员工的能力视为事故预防的一道重要保障屏障，特别注重员工能力的培养与建设及评估，对各岗位都建立能力要求和培训矩阵，特别是 HSE 关键岗位，对其需要掌握的知识、技能按照“了解、技能、精通”三个级别建立标准，并建立教练辅导机制对培训后的知识按照“转化、强化、固化、内化”的流程进行持续不断的评估直至确认员工具有相应的岗位能力。

### 1. 关键 HSE 岗位辨识

依据屏障管理理论，采用常用的蝴蝶结方法(Bow-tie)，对高风险作业(评估后潜在风险在红色区域或 5a、5b 黄色区域内的高风险作业活动)从事前预防(主动安全)和事后补救(被动安全)两个部分，以程序、硬件、人员、行为四个方面为主，进行风险管控措施(屏障)的识别，并将识别出的风险管控措施进行分类，与相应的人员 HSE 职责对应，辨识出实施和管理风险管控措施(屏障)的责任人。可分为三类人员，包括管理人员如部门经理或主管；授权的技术专家；风险控制措施执行人员如专业技术工程师、监督人员和高风险作业管理人员(作业许可授权人员)等，识别为 HSE 关键岗位。

识别出的 HSE 关键岗位人员，依据其在风险管控中的 HSE 岗位职责，应具备相应的 HSE 能力要求，通过培训和评估，确保 HSE 关键岗位人员具备相应的能力，有效地实施风险管控，防止事故的发生。

### 2. HSE 岗位能力矩阵

HSE 关键岗位人员包括高风险业务部门领导、授权的技术专家或顾问、高风险管控措施的实施员。

**(1) 高风险业务部门领导**

作业部经理和监督、采油厂厂长和总监、地面工程部经理和总监、作业部经理和主管、管道运行部经理和总监、设备部主管、HSE 部主管、安保部经理和消防部门主管等。培训的主要内容包括作业许可管理、应急预案和重大应急管理。

**(2) 授权的技术专家或顾问**

技术部主管、总监。该部分人员应经过公司授权，熟悉工艺安全管理和相应的 HSE 标准和规范，并具备一定的实践工作经验。

**(3) 高风险管控措施的实施员**

专业工程师(如电气、仪表、机械等)、监督人员、生产操作人员、作业许可相应的授权人员如批准人、申请人、气体检测员、能量隔离人员、看火员、急救员和吊装方案制定人员等。主要培训内容为 8 类高风险作业安全管理、作业许可管理流程和授权人员培训等。

### 3. 能力级别标准

(1) 建立各 HSE 关键岗位的能力需求培训矩阵。

(2) 根据能力需求培训矩阵开发课程并开展培训。根据能力需求培训矩阵所列课程，开发课程并开展培训。长北作业分公司根据不同岗位，共开发了 110 门课程，放入培训矩阵。不同的岗位，根据岗位 HSE 能力要求，点击自己的岗位选择，在培训矩阵中自动列出本岗位需要参加培训的课程清单，并根据作业区开展的培训计划参加相应的培训。

（3）能力级别标准确定。将培训知识掌握程度列为三个标准，需要知道了解的知识程度（Knowledgeable），需要会做的技能程度（Skill）和掌握精通的程度（Master），具体标准描述参见表 3-3。

**表 3-3　能力级别标准**

| 能　　力 | 描　　述 |
| --- | --- |
| 知识（K） | 能够解释和评估专家在专业领域的信息和建议 |
| | 能够正确使用专业领域的术语（词汇） |
| | 能够与专业领域的专家进行知情辩论 |
| | 能够提出问题，以测试建议在专业领域的可行性 |
| | 能够借助帮助开展一些活动 |
| 技能（S） | 做得到 |
| | 能够持续和令人满意地执行某一专门领域的大多数活动 |
| | 能够翻译该领域专业知识的指导方针和标准 |
| | 能够富有想象力地解决专业领域中常见的技术/操作问题 |
| | 能够在专业领域的技术/业务方面指导和建议他人 |
| 掌握（M） | 故障排除/适应 |
| | 能够诊断和解决专业领域的重大、复杂和非常规问题 |
| | 能够创造性地解决专业领域的重大、非常规问题 |
| | 能够适应其他市场或国家的做法，以便在专门知识领域使用 |
| | 能够对专门知识领域的当地做法和程序作出重大改进 |

### 4. 员工的能力提升

按照 7∶2∶1 的比例进行能力建设提升，70%在岗位工作中提升，20%通过反馈或经验分享参考阅读资料，10%来源于参加课程培训，教练教会指导并评估。

### 5. 能力形成保障

设置 AA（Assist and Assure，帮助与确保）角色，指导培训知识转化成岗位应用，并定期地评估是否达到技能（Skill）的程度，然后每三年一评估，检验 HSE 关键岗位达到的程度（如仍然在 Skill 级别或达到了 Master 级别）。

借鉴壳牌的导师（Mentor）/教练（Coach）方式，以员工找导师（Mentor）或指定教练/师傅（Coach）的形式进一步帮助员工融入和能力建设提升。

作业区为每个员工建立工作能力档案(Job competence profile，JCP)，在每年年初，员工和自己的领导坐在一起，讨论工作能力差距，根据差距分析，制订个人发展计划(IDP)，列出需要参加的培训、实践等，放在人力资源网上，然后每半年与自己的领导一起回顾、找差距，持续提升(Mid-Year Review，Annually Review)，同时公司也会给员工发邮件提醒，如图 3-4 所示。

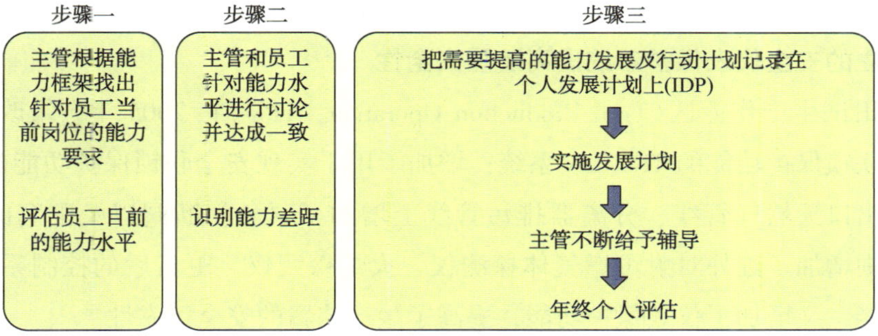


图 3-4 能力发展流程

2017—2019 年，对长北作业分公司所有在岗员工开展了履职能力评估工作，科级及以上干部履职能力评估 37 人，覆盖率 100%，达标率 100%。一般管理干部覆盖率 100%。操作人员在岗人员覆盖率 100%。2020 年按照长庆油田统一部署，参加统一的履职能力考评。

# 第三节 工艺系统本质安全

## 一、工艺系统本质安全设计

### 1. 项目设计阶段

**(1)重视设计前的专项评估**

长北项目在概念设计、初步设计和施工图设计阶段，先后开展了一系列由第三方完成的专项评估，如电气安全性操作分析、仪表保护功能研究、价值工程研究、安全工程研究、噪声研究、危险性分析、危险及可操作性分析、消防分析、火灾爆炸性分析、定量危险性分析、人力因素工程研究、设备 HSE 案例分析、安全性评估等。通过前期专题论证，对确定合理的工艺模式和设备选型提供了可靠的依据，提高了整个工程的安全性、可靠性、经济性、实用性。

**(2)采用双重标准**

长北项目从工程的实用性、安全性和先进性出发，在设计时除了遵循中国国家和行业标准外，同时还满足了壳牌公司 DEP(设计与工程实践)的最低标准，两者比较按规定严格者执行。根据 GB 50183《石油天然气工程设计防火规范》的要求，将长北天然气处理厂主要划分为主装置区、辅助装置区、公用设施区、消防区、办公及生活区 5 个功能区。总平面布置按危险等级分区布置，主装置区在厂区的中央，其他功能区块围绕主装置区而建，办公及生活区在厂区的上风向，两套主装置区之间以及主装置区与其他功能区之间的距离都远大于行业标准要求，达到了安全可靠、布局合理的目的。

**(3) 独立的安全仪表保护系统提高装置安全性**

长北气田试生产作业区(Trial Production Operation，TPO)在 2005 年升级改造时，采用了具有安全联锁保护功能的 TRICON 系统；增加了用于实现安全联锁保护功能的检测仪表；在集气站进出口天然气管线、分离器排污管线上增加了紧急切断阀以及配套的仪表系统；在装置区周围增加了红外对射可燃气体探测仪、火焰探测仪。更新后的控制系统既保留了过程控制功能，又增加了仪表保护功能，提高了生产装置的安全可靠性。

长北气田天然气处理厂及井丛的自动控制系统采用了 DCS、IPS、FGS 相结合的控制、监测、保护系统。与国内较早的控制系统不同之处在于，将联锁保护功能和火焰及气体探测功能彻底地从 DCS 系统中分离出来，分别形成独立的 IPS、FGS 系统。不仅减轻了 DCS 的负担，也大大提高了联锁保护功能和火焰及气体探测功能的灵敏度和可靠性。DCS 主要实现井丛、中央处理厂的生产控制、数据监控；IPS 是在生产出现异常时，为保护人员和工艺设备的安全而进行的停车控制系统；FGS 用来监测生产现场的火陷信号和检测可燃气体浓度。DCS、IPS、FGS 在控理器、功能模块、现场仪表、执行机构等方面相对独立，相互补充，并有冗余备份，各系统之间通过 MODBUS 协议进行通信，实现了井丛及长北天然气处理厂的远程控制。

**(4) 合理的工艺流程，降低了操作风险和难度**

针对长北气田天然气不含硫化氢，但含有微量凝析油的特点，我们先后在 TPO 榆林集配气总站进行了两套低温分离工艺设备的试验，分别为：一级分离—板翅式换热器—节流—二级分离—预过滤器—气液聚结器—低温三级分离器—板翅式换热器外输；分离—三组管翅式换热器—节流—低温分离器—三组管翅式换热器—外输。通过对比，确定了长北气田天然气处理厂前期采用分离、预冷、JT 阀节流、低温分离的处理工艺，后期采用分离、增压、预冷、丙烷制冷低温分离的处理工艺。此套低温分离工艺流程不仅换热效果更好，而且设备数量大幅度减少，操作难度和风险以及运行费大大降低。

**(5) 重点设备选型先进、留有备用**

为了确保长北气田生产工艺系统安全可靠、高效运行，在低温分离工艺设备选型时，选用了国内外成熟、先进的固定管板式换热器和装有壳牌专利产品——SMS 高效分离元件的低温分离器，减少了系统的故障率；同时对空压机、导热油炉、重点机泵等辅助设备采取一备一用，即使出现故障，也不至于影响到整个系统的安全运行。

### 2. 项目建设阶段

#### （1）严把材料采购及项目施工质量关

长北项目天然气处理厂和井丛生产工艺系统采用EPC总包合同，承包商为中国石油集团工程设计有限责任公司西南分公司，施工单位为四川石油工程建设公司。为了能够确保设备质量及施工质量达到设计要求，长北项目采取了以下措施：

① 低温分离器、导热油炉、空压机、丙烷压缩机、天然气压缩机等关键设备由壳牌公司独立采购；

② 聘请国际知名监理公司挪威船级社（DNV）进行全程监理；

③ 安排资深专家代表操作组参与项目建设，对项目建设中存在的问题及时进行督促整改；

④ 壳牌公司亚太区专家定期来长北项目，审查项目施工质量。

#### （2）试车组参与项目建设确保系统安全移交

项目建设完成后，并不是马上就交给操作组进行生产，而是交给试车组，由试车组进行验收，合格后按照设计要求进行系统调试和试运行，对存在的问题进行整改。系统试运行正常后，操作组才正式接收。试车组的参与，不仅能够及时发现建设过程中存在的问题，还能够减少由操作组直接进行试车投运的风险。

### 3. 生产运行和维护管理阶段

从安全管理学角度来看，本质安全是安全管理理念的转变，表现为对事故由被动接受到积极事先预防，以实现从源头杜绝事故、保护人类自身安全。过去人们普遍认为，高危险行业发生事故是必然的，不发生事故是偶然的。而本质安全理论则认为，如果在工作中处处按照标准和规程作业，提前进行控制，加强对人和设备的管理，就可以把事故发生率降低到最低甚至实现零事故。发生事故是偶然的，不发生事故是必然的。

#### （1）规范生产操作程序，确保按章操作

长北项目生产系统在正式移交给操作组时，不仅仅是将设备按照设计要求完整地移交，还包括全厂生产工艺系统完整的操作手册。操作手册是经过设计方、项目组和试车组相关专业负责人共同编写审核，在试车过程中进行实践验证过的。操作组在正式运行半年后还要对操作手册进行更新（目前长北项目生产系统操作手册已进行过两次正式修订）。此外，操作组还专门组织技术人员，编写了生产工艺系统中单体设备的操作规程。这样，能够保证操作人员在生产操作时做到有章可循、有据可依，确保了操作安全进行。

#### （2）加强生产操作管理，提高员工的安全意识

一般的生产操作都需要人去完成，因此，人的因素对工艺系统本质安全化有重要的影响。在长北项目，为了避免人为因素引起事故，我们采取了很多管理制度，如工作许可证（PTW）、工作危害分析（JHA）、班前会、退后五步法、A. C. T事故控制卡等。

此外，还通过建立 HSE 准则、对操作人员进行安全技能培训、宣传安全文化、A. C. T 事故控制卡奖励等方法来提高大家的安全意识，实现人的本质安全化。

**(3) 利用 SAP 系统实现对生产系统的维护和管理**

SAP(Systems Application Products)是应用较为普遍的一种 ERP(Enterprise Resource Planning，企业资源规划)软件系统，它涵盖了企业的人事、财务、生产/运行、原材料供应等方面。

在生产操作中，主要使用了 SAP 系统的工厂维护管理模块，包括如下功能：预防性维护(Preventive Maintenance)、矫正性维护(Corrective Maintenance)、工厂维护符合率计算、工厂总的可靠性分析、报告分析等。维护人员根据 PM 工单要求进行维护，并将维护结果填写齐全，上交并录入数据库。如果某台设备出现故障，就要按照 CM 工作程序进行维修，维修人员将故障部件、维修结果以及使用的物料等信息填写在 CM 工单上，上交并录入数据库。维修工程师在 SAP 系统中可以对维修完成率、工厂整体以及单体设备的可靠性进行分析，对于经常出现故障的设备，可进一步分析原因，提出针对性的改进建议。SAP 系统的实施，实现了对生产工艺系统安全状态的定期监控和全面了解，出现故障可以提前处理、确保设备不带病运行、无安全隐患。

**(4) 定期专项审核，确保生产系统整体安全可靠**

作为壳牌公司在亚太区的重点合作项目，长北项目在技术方面得到了壳牌公司亚太区的大力支持。壳牌公司亚太区先后派来一些技术专家，对长北项目进行了一系列专项审查，包括 HSE 审查、资产完整性及可操作性审查、操作完整性审查等。通过这些审查，使得长北项目生产工艺系统的安全性能不断完善。

**(5) 合作双方生产工艺系统本质安全化对比**

① 壳牌公司将生产系统的本质安全化贯穿于整个项目的设计、施工以及生产运行和维护管理的全过程，而且有相应的控制程序和管理制度；中国石油对本质安全化的理解主要侧重于生产阶段和维护阶段，而且侧重于人的本质安全和安全管理制度方面。

② 壳牌公司在本质安全化方面的费用投入较高，但并非无限制，而是要达到最低、合理、可行，即费用最低、符合安全和法律要求、实际操作可行；中国石油以前在本质安全化方面的投入比较少，近年来有所增加，但总体费用还远远不及壳牌公司。

③ 壳牌公司选用的安全仪表系统性能稳定，故障率低，并且定期测试，能够实现对生产工艺系统的联锁保护；中国石油有些生产装置安装的仪表保护系统故障率较高，而且不定期进行测试，关键时刻不能完全起到联锁保护作用。

④ 壳牌公司让试车组参与项目建设，能够尽早暴露生产系统中存在的问题，保证将生产系统安全完整地移交给操作组。同时，试车过程也为操作人员积累了丰富的操作经验，确保后期操作安全平稳。

⑤ 在设备的维护管理方面，壳牌公司和中国石油有各自的运行制度，而且各有所长。

壳牌公司利用 SAP 系统对工艺设备进行的预防性维护和根源分析值得学习，中国石油所采取的设备维护保养承包到人的做法还是应继续坚持。

## 二、井丛及阀室安全设计

### 1. 井丛安全设计

长北气田地面工程有 28 组丛式井丛，每组井丛有 1~8 口单井，以及 10 口单井，主要用于将井底天然气采出，经过简单计量、节流后输往各集气支线，最后汇入南北两条集气干线，每组井丛配备了井下安全阀。为了防止水合物堵塞和气体产物腐蚀，井口设有缓蚀剂储罐、甲醇储罐，设置比气井数多一台的相应注入泵。每组井丛安装的主要设备有采气树、甲醇储罐($40m^3$)、截断阀(主阀、翼阀及井下安全阀)、孔板流量计、自动节流阀、开工加热器、清管阀，见表 3-4。

表 3-4 井丛主要设备

| 序号 | 设备名称 | 型号参数 | 单位 | 数量 |
|---|---|---|---|---|
| 1 | 甲醇储罐 | $40m^3$ | 台 | 1 |
| 2 | 缓蚀剂储罐 | $1m^3$ | 台 | 1 |
| 3 | 电动计量泵(注醇) | 额定排量：40L/h；最大排量：100L/h；<br>额定压力：13MPa；最大压力：23MPa | 台 | 3~4 |
| 4 | 电动计量泵(注缓蚀剂) | 额定排量：2L/h；最大排量：6L/h；<br>额定压力：18MPa；最大压力：23MPa | 台 | 3~4 |
| 5 | 清管阀 | *PN*10MPa，*DN*250 | 套 | 1 |
| 6 | 井口安全阀 | *PN*10MPa，*DN*80×*DN*100 | 套 | 2 |
| 7 | 氮气瓶组(包括 4 只氮气瓶) | 单只氮气瓶规格：*PN*12.5MPa，40L | 套 | 2 |
| 8 | 放空立管 | *PN*1.6，*DN*300 | 套 | 1 |
| 9 | 截断阀 | 气动紧急关断阀：*PN*10，*CL*600，*DN*25 | 套 | 1 |

23 组井丛站场均为无人值守站场，井丛站场采用砖砌围墙维护，围墙高度不低于 2.5m，大门为 4m 宽型钢大门，井丛自动控制是通过设在中央处理厂的 DCS 系统进行集中连续控制与监视；井丛用电由高架电缆从中心处理厂总变电所 10.5kV 架空线路专线引接。放空区布置在站场 40m 以外地势较高处，位于最小频率风向的上风侧。井丛通向放空区的门为 1.5m 宽型。

### 2. 阀室安全设计

长北作业分公司每个井丛到干线之间都有一个阀室，北/南干线到中央处理厂也各有一个阀室，如图 3-5 所示。

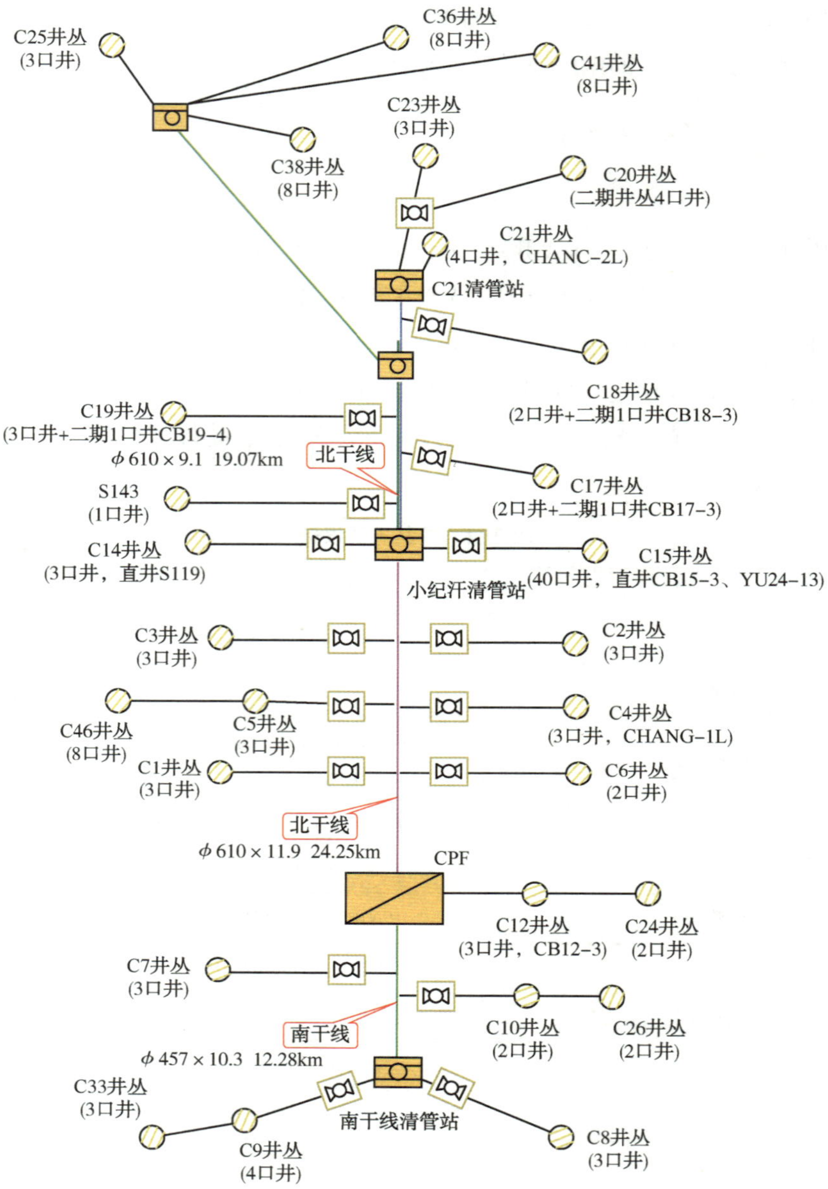


图 3-5　阀室布置示意

## 三、集输管线安全设计

### 1. 管线穿越

长北作业分公司集输管线在保证天然气开发不受影响的前提下，优化线路走向，避让了长城遗址、圪求河汇水区等重要环境敏感目标。输气管线不涉及跨越工程，全部为穿越工程；管道敷设区域多为沙丘地带，地貌单一，沿线人口分布稀少；南干线穿越榆靖高速公路一次，北干线穿越中型河流白河、小型河流圪求河及榆乌公路、榆补公路各一次，沿线间或有零星村庄分布。

穿越方式：

（1）河流穿越采用大开挖的方式，利用沟埋穿越敷设，并辅以稳管措施；

（2）南干线穿越榆林—靖边高速公路，采用钢筋砼套管顶管方式；

（3）穿越县级以上公路采用钢筋砼套管顶管穿越或大开挖穿越。

穿越情况见表 3-5。

**表 3-5 穿越工程实施情况统计**

| 名称 | 穿越/(m/处) | 穿越位置 | 备注 |
|---|---|---|---|
| 圪求河 | 10 | 38°35′7.29″N，109°35′18.88″E | 小河流 |
| 白河 | 100 | 38°29′42.27″N，109°34′49.94″E | 中等河流 |
| 榆乌公路 | 10 | 38°26′25.88″N，109°34′42.12″E | |
| 榆补公路 | 10 | 38°16′35.77″N，109°32′51.91″E | |
| 榆靖高速公路 | 80 | 38°12′55.09″N，109°31′42.66″E | |

### 2. 管线区域占线情况

长北作业分公司自 2005 年开工建设至今，随着天然气产量的提升，以及榆林周边地区其他项目开发建设的提速，天然气管道安全管理工作也随之加大。存在长北作业分公司部分管线被占压、与建构筑物间距不合理等情况。针对该类情况，长北作业分公司已对该部分管线进行改线，间距不够、占压情况已消除。

### 3. 管道保护法和管道安全管理

自建设开始就非常重视天然气管线安全管理工作，管线的设计和分布都严格按照国家法律法规要求执行。在管线生产运行阶段严格管线保养和巡护制度，对管线进行操作清管和智能清管，并对管线阴极保护系统进行定期检查，对管线壁厚进行定期检测，从技术上保障管线安全运行。同时，在管线区域周边加大《石油天然气管道保护法》的宣传和普法力度。通过在人口密集城镇区域集中组织开展专项《石油天然气管道保护法》宣传活动，在偏远管线和井丛周边老乡家通过上门宣传、发放传单等方式进行宣传和教育。确保管线安全运行。同时，面对近期管线跨域大，涉及区域广，矿区交叉项目施工多等特点，长北作业分公司积极着手更新管线安全巡护检查力度，对所辖的支干线、单井管线、回注井管线以及电力线进行巡护，包括新建的支干线。单井管线每周巡护一次，支干线每周巡护一次，雨季单井管线和支干线每周各加密巡护一次。针对目前日益严峻的天然气管理安全管理形势，长北作业分公司在积极做好管线巡护和保养工作的同时，针对以上隐患和问题制定了立即整改的措施，并积极和地方主管部门沟通协调，确保天然气管线安全平稳运行；并对所存在的多处管线隐患制定整改方案，加大资金投入，签订专门巡线合同，设定专人进行跟踪处理，确保不遗漏任何管线问题。

## 四、给排水设计

### 1. 概述

中央处理厂给水系统包括厂外水源站和厂内生产、生活给水站两部分，厂外水源站设有4口水源井，用深井泵将井水送至厂区生产、生活给水站，处理后水质达到GB 5749—2022《生活饮用水卫生标准》的要求，再供全厂各用水点使用。

### 2. 工艺

水源站由水源井及供水管线等组成。在中央处理厂（CPF）外沿公路分布有4口水源井，最远的水源井距厂区2km。每口水源井均设有深井泵房及1台深井泵、供配电及自控系统等，正常情况下单口井的供水量即能满足厂内的用水要求。水源井水经泵输至厂区生产、生活给水站后，进入站内清水罐，通过供水设备供全厂各用水点使用，同时兼顾消防管网的稳压。因地下水水质较好，经紫外线净水仪消毒处理后，已达到GB 5749—2022《生活饮用水卫生标准》的要求，故未设其他水处理设备。

### 3. 规模

水源井共有4口：2口（井1、井3）取地下浅层水，单口水源井的供水量为20$m^3$/h；2口（井2-1、井2-2）取地下深层水，单口水源井的供水量为5$m^3$/h。正常生产情况下，取地下深层水的1口井即能满足厂内用水量要求。当发生火灾等异常情况后，需要在4天内将消防水罐（总容量为1400$m^3$）充满时，启动取地下浅层水的1口井（日供水量400$m^3$）即可满足使用要求。井水经泵提升出井口后，经除砂器（该设备无人员值守，定期排污即可）后输往中央处理厂（CPF）。水源井至厂区输水管道采用PE塑料管，施工操作简便，不须作内外防腐措施。井水进入生产、生活给水站的清水罐后，由立式离心泵供全厂使用。立式离心泵共6台，分为2组，即P-5101/A、B、C和P-5102/A、B、C，泵组间互为备用，并根据水压高、低变化联锁改变运行状态。水泵出口设有紫外线净水仪，对出水进行消毒。对在通向生产、生活用水和消防用水的管网上分别设有流量计，以监测管网工作情况。

## 五、采暖和通风设计

### 1. 供热

（1）CPF内设供热站1座，供热站内设置7800kW全自动燃气导热油炉2台，一用一备。热油炉一方面提供CPF工艺装置所需的热油（240℃/180℃），另一方面高温热油经“热油-水换热机组”换热后提供95℃/70℃的热水，供给生产建筑及其辅助用房冬季采暖和冬季污水防冻加热。

（2）井丛所需的蒸汽，由移动式蒸汽发生器（蒸汽压力：1.0MPa，蒸汽量：150kg/h）提供。使用时移动式蒸汽发生器置于非防爆区域。

### 2. 采暖

(1) 采用机械闭式循环热水采暖。采暖散热器选用灰铸铁散热器，采暖系统采用落地式膨胀水箱，其系统定压采用补水泵定压。

(2) CPF 变配电间等电气用房，分别设置电采暖器采暖。

(3) 井丛注醇泵房、仪控室、值班室均设置电采暖器采暖。

### 3. 空调

(1) 控制中心、分析化验楼、值班休息室的空调方案采用电制冷分体式空调(一拖多)。

(2) 控制中心的仪表控制室、机柜间、通信机房、传输机房设恒温恒湿空调机将回风和新风空气处理后用风道送入室内，恒温恒湿空调机设于空调机房内。

(3) 仪表维修办公室、UPS 室由于建筑面积较小，且布置较分散，因此采用分体壁挂式或柜式空调器。

### 4. 通风

(1) 分析化验室、泵房、变配电室、压缩机厂房、空气氮气站等建筑单体采用机械通风的强制通风方式，设置轴流风机或屋顶风机全面换气，并考虑沙尘暴等气象条件，风口作防风沙处理。

(2) 柴油发电机房设储油及供油系统。采用轴流风机对厂房进行全面通风换气。

(3) 中央处理厂值班休息室内的厨房设排油烟系统。

## 六、供气系统设计

企业供气包含燃料气、仪表风及氮气三部分。

### 1. 燃料气系统

**(1) 概述**

本工程设置一套燃料气系统，主要是为了满足厂内增压站、供热站、火炬及放空系统和甲醇再生装置在正常生产时的燃料气需求。在工厂正常运行期间，本系统燃料气来源主要包括：脱水脱烃装置(22 单元)(闪蒸气)、凝析油稳定装置(23 单元)(闪蒸气)及净化天然气(干气)。在工厂首次开车或停车检修后再开车时，燃料气由经过初步分离的原料气(湿气)供给，供应量根据各个用户对燃料气的需求情况来定，本系统设计供气能力为 9200$m^3$/h。表 3-6 为全厂燃料气平衡表。

**表 3-6 全厂燃料气平衡表**

| 燃料气来源或用气点 | 温度/℃ | 压力/MPa(g) | 流量/($m^3$/h，标态) |
|---|---|---|---|
| 装置生产燃料气 | | | |
| 脱水脱烃装置 | 45 | 1.5 | 71.3~159.5 |
| 凝析油稳定装置 | 35~44 | 0.35 | 48.0~70.0 |
| 合计 | | | 119.3~229.5 |

续表

| 燃料气来源或用气点 | 温度/℃ | 压力/MPa(g) | 流量/($m^3$/h，标态) |
|---|---|---|---|
| 装置需要燃料气 | | | |
| 增压站① | 常温 | 1.2 | 0~1800(7800) |
| 供热站② | 常温 | 0.15~0.18 | 100~960 |
| 火炬及放空系统 | 常温 | 0.35 | 300~320 |
| 甲醇再生装置 | 常温 | 0.35 | 5.0~7.5 |
| 合计 | | | 405.0~3087.5(9087.5) |
| 向装置补充燃料气 | | | |
| 净化天然气 | 17 | 4.5 | 285.7~2858(8858) |

注：①增压站为缓建工程，在气田进入稳产期时才投入运行，括号内气量含压缩机组启动气量。

②供热站在夏季时用气量约 100$m^3$/h，冬季时用气量约 960$m^3$/h。燃料气系统包括以下设备：高压燃料气罐（V-6001），提供高压燃料气；低压燃料气罐（V-6002），提供低压燃料气。各燃料气罐对液滴和固体杂质具有分离作用，且高压燃料气罐对低压燃料气还具有缓冲作用。

**（2）工艺流程简述**

正常生产时，净化天然气[17℃，4.5MPa(g)]自干气管道进入本系统(在工厂首次开车或停车检修后再开车时，则由原料气管道进入本系统)，经 60-PCV-003A(003B)调压至 1.2MPa(g)后进入高压燃料气罐 V-6001。高压燃料气出 V-6001 后给增压站供气；部分高压燃料气经 60-PCV-202A(202B)调压至 0.35MPa(g)，与来自脱水脱烃装置、凝析油稳定装置、甲醇再生装置产生的闪蒸气[出装置时已降压为 0.35MPa(g)]混合后进入低压燃料气罐 V-6002。低压燃料气出 V-6002 后一部分经 60-PCV-006、60-PCV-007 输送到火炬及放空系统，另一部分经 60-PCV-005A、60-PCV-005B 调压至 0.15~0.18MPa(g)后输送到供热站，低压燃料气总管上为将来发展预留一个接头。

**（3）处理量**

在中央处理厂设置一套燃料气系统，设计规模为 9200$m^3$/h。正常生产时实际需要燃料气量为 3087.5$m^3$/h，设计规模为正常需要量的 298%，由于考虑压缩机启动时需要的燃料气量为 6000$m^3$/h，在压缩机启动时燃料气的需要量为 9087.5$m^3$/h，设计规模为压缩机启动时需要量的 101%。即使在压缩机启动时，燃料气也完全满足生产需要。

## 2. 仪表风系统

**（1）概述**

本工程建有仪表风系统一套，为全厂各装置提供正常生产使用的净化空气、非净化空气。考虑到长北冬季气温较低，厂内用于吹扫的非净化空气也是经过干燥的净化空气。为以示区别，仍然称为非净化空气。本系统空气主要用于全厂仪表用风、全厂吹扫用风及制氮用压缩空气。根据各个用户对空气的需求情况，本系统设计最大供气能力为 3396$m^3$/h。见表 3-7、表 3-8。

表 3-7 全厂空气供需平衡表

| 项目 | 消耗量/($m^3$/h) | 项目 | 消耗量/($m^3$/h) |
|---|---|---|---|
| 非净化空气 | 300 | 制氮用压缩空气 | 2746 |
| 净化空气 | 350 | 合计 | 3396 |

表 3-8 净化风各装置用量表

| 装置 | 消耗量/($m^3$/h) | 装置 | 消耗量/($m^3$/h) |
|---|---|---|---|
| 脱水脱烃装置 | 70 | 凝析油稳定 | 30 |
| 甲醇再生装置 | 35 | 火炬放空 | 10 |
| 燃料气系统 | 30 | 清管装置 | 10 |
| 预处理装置 | 25 | 外输计量 | 10 |
| 消防系统 | 20 | 水源站 | 10 |
| 污水回注 | 40 | 二期预留 | 50 |
| 罐区 | 10 | | |

注：本表中用量为大致估算用量，实际用量要根据阀门的操作情况来确定。

空气系统包括以下设备：

① 空气压缩机及干燥器橇块(K/X-5401/A.B)：提供干燥后的压缩空气(0.6~0.75MPa)。

② 非净化空气储罐(V-5401)：提供吹扫用(0.70MPa)空气及制氮压缩用空气。

③ 净化空气储罐(V-5402)：提供仪表用(0.6MPa)空气。各空气罐对液滴和固体杂质具有分离及储存的作用。

**(2) 工艺流程简述**

当空压机出来的饱和状态的压缩空气经气动阀进入 A 塔吸附干燥处理，出口空气含水降至露点温度-40℃(即成为干燥成品空气)，88%干燥空气经止回阀进入除尘过滤器过滤。另一部分干燥空气(再生气)通过孔板进入 B 塔对吸附剂进行解吸再生，经另一只气动阀通过消声器排至大气，此为半个周期，约为 5min。下半周期则 B 塔进行吸附干燥，A 塔进行解吸再生，一个周期时间约为 10min。除尘过滤器过滤出来的经调压后(常温，约 0.75MPa)进入非净化风稳压罐 V-5401，直接进入系统作为工厂使用及进入制氮系统。另一部分净化空气经止回阀进入净化空气稳压罐 V-5402，经调压后(常温，约 0.6MPa)进入系统作为仪表风使用。

**(3) 处理量**

该系统设置螺杆式空压机与吸附式干燥系统一体化机组 2 台，每台压缩机排气量为 25$m^3$/min，排气压力为 0.65~0.8MPa。1 用 1 备，可同时供净化空气、非净化空气及制氮用压缩空气。另还设置了 1 台 52$m^3$的非净化空气储罐和 1 台 52$m^3$的净化空气储罐。空氮站设置的净化空气、非净化空气储罐容量可满足工厂一期停电后 48min 的仪表供风量和二期停电后 16min 的仪表供风量。

### 3. 氮气系统

#### (1) 概述

本工程建有氮气系统一套，为全厂各装置提供保护用氮气及吹扫用氮气。采用吸附式气体吸附分离工艺将空气中的氮气和氧气分离制氮。

本系统氮气主要用于：

① 全厂各装置停工吹扫用氮气；

② 罐区甲醇富液罐 T-0602A/B，甲醇贫液罐 T-0601，沉降除油罐 T-0620，未稳定凝析油罐 T-0604、V-0601，凝析油罐 T-0603，污水调节罐 T-4001A/B，净水罐 T-4002 的氮封保护。根据各个用户对氮气的需求情况，本系统设计最大供气能力为 $300m^3/h$(标准状态)，消耗压缩空气压力为 0.6~0.75MPa。

氮气系统包括以下设备：

① 变压吸附式制氮系统橇块(X-5901)：提供纯度为 99.5%的氮气(0.6MPa)；

② 氮气储罐(V-5901)：提供吹扫和密封用(0.6MPa)氮气；

③ 氮气缓冲罐(V-5902)：为制氮橇缓冲由 PSA 过程后引起的压力波动及保证吸附塔 T101 和 T102 在吸附开始时的压力最小值。

#### (2) 工艺流程简述

仪表空气罐 B103 提供所有气动控制(PC)阀的气源。压缩及提纯后的空气通过 59PCV001 调压到 0.6MPa 进入制氮橇。吸附塔生成的氮气通过 PC 阀 KV2B 或 KV2A 进入氮气缓冲罐 V-5902，以减少 PSA 过程的压力波动。制氮橇出来的氮气进入氮气储罐 V-5901，经 59PCV002、59PCV003(备用)调压后(常温，约 0.6MPa)进入系统使用。PSA 工艺是由 PC 阀 KV1A、KV1B、KV2A、KV2B、KV3A、KV3B、KV4 和 KV5 控制的。完整周期见表 3-9。

表 3-9 完整周期

| 状 态 | 打开阀门 | 说 明 |
| --- | --- | --- |
| 吸附塔 T101 吸附，T102 解吸 | KV1A、KV2A、KV3B | T101 内分离空气，T102 内碳分子筛再生 |
| T101 和 T102 进行压力平衡 | KV4、KV5 | T102 加压以减少空气需求 |
| 吸附塔 T102 吸附，T101 解吸 | KV1B、KV2B、KV3A | T102 内分离空气，T101 内碳分子筛再生 |
| T101 内停止再生(切断) | KV1B、KV2B | 在周期结束前关闭排气阀以减少空气需求 |
| T101 和 T102 进行压力平衡 | KV4、KV5 | T101 加压以减少空气需求 |

#### (3) 处理量

氮气系统设置 1 套 PSA 变压吸附氮气发生器，产品氮气流量为 $300m^3/h$(标准状态)，产品氮气纯度为 99.5%(体积)。另外还设置了 1 台 $10m^3$的氮气储罐和 1 台 $10m^3$的氮气缓冲罐。氮气站设置的氮气储罐容量可满足工厂一期停电后 22min 的氮气供风量。氮气最大生产能力为 $300m^3/h$(标准状态)。

## 七、污水处理装置及回注站

### 1. 概述

中央处理厂(CPF)排水包括正常生产污水、检修污水和生活污水。正常生产污水及检修污水主要来自主体工艺装置及辅助装置；生活污水主要来自厂区值班休息室、控制中心等处的卫生间。根据水质不同分别收集后，由生产污水处理装置和生活污水处理装置进行处理。正常生产污水和检修污水进入生产污水处理装置处理，水质达到污水回注指标后，回注地层。中央处理厂(CPF)开工后，初期的水量较小，采用2台三柱塞往复高压泵(P-4004/A、B，1用1备)进行回注；随着排水量的增大，已增设1台三柱塞往复高压泵(P-4004/C)，加大回注水量。生活污水进入生活污水处理装置处理，水质达到《污水综合排放标准》中二级排放指标后，平时用于厂区绿化用水，冬季外运至当地市政排水管网。

### 2. 工艺流程简述

**(1) 污水处理装置、回注站**

全厂的生产污水收集采用重力流铸铁排水管网，排水井均为水封井，防止火灾沿排水管蔓延。生产污水处理装置、回注站主要由生产污水池(PT-4003)、卧式自吸泵(P-4003/A、B)、污水调节罐(T-4001/A、B)、卧式化工屏蔽防爆泵(P-4001/A、B)、高效聚结斜管除油器(TE-4001)、气浮装置(TE-4020)、核桃壳过滤器(TE-4002-1)、纤维球过滤器(TE-4002-2)、双桶过滤器(TE-4021)、卧式离心泵(P-4008/A、B)、净水罐(T-4002)、三柱塞往复高压泵(P-4004/A、B、C)、污油罐(T-4003)、KQD系列多级离心泵(P-4007)、泥水池(PT-4001)、自吸泵(P-4002/A、B)、泥水罐(T-4004)、潜水搅拌机(TE-4005)、螺压脱水机(TE-4004)、加药设备(CI-4001、CI-4002、CI-4003)及相应管线、阀门等组成。其任务是将厂内生产污水汇集、净化，出水达标后回注。根据PMT提供的资料，参照长庆采气二厂中心处理站的污水回注指标，拟定污水中污染物排放浓度控制指标见表3-10。

**表3-10 浓度控制指标**

| 项目 | 酸不溶SS | 含油率 | 甲醇 | pH | SRB | TGB |
|---|---|---|---|---|---|---|
| 设计进水水质 | ≤500mg/L | ≤500mg/L | ≤0.1% | | | |
| 设计出水水质 | ≤10mg/L | ≤30mg/L | ≤0.1% | 6.5~7.5 | ≤$10^3$个/mL | ≤$10^3$个/mL |

生产污水进入生产污水池(PT-4003)后，卧式自吸泵(P-4003/A、B)将其提升至污水调节罐(T-4001/A、B)；再由卧式化工屏蔽防爆泵(P-4001/A、B)将污水加压，依次经过高效聚结斜管除油器(TE-4001)、气浮装置(TE-4020)、纤维球过滤器(TE-4002-2)、核桃壳过滤器(TE-4002-1)、双桶过滤器(TE-4021)进行沉降、除油和过滤处理后，进入净水罐(T-4002)，再由三柱塞往复高压泵(P-4004/A、B、C)回注地层。由高效聚结斜管除

油器(TE-4001)分离出的油利用设备余压进入污油罐(T-4003)，再由 KQD 系列多级离心泵(P-4007)加压送至凝析油稳定装置(23 单元)。装置运行期间，在污水处理设备进行排污以及设备检修排污时，污水进入泥水池(PT-4001)，再通过自吸泵(P-4002/A、B)加压送至泥水罐(T-4004)，最后进入螺压脱水机(TE-4004)，形成的固体废渣外运，滤出的清液进入生产污水管网。

**(2) 生活污水处理装置**

全厂的生产污水收集采用重力流中空壁缠绕排水管网，排水井均为普通排水检查井。生活污水处理装置主要由化粪池(PT-4002)、生活污水调节池(PT-4004)、生活污水处理池(PT-4006)、生活污水回用池(PT-4005)、污泥池(PT-4007)、卧式自吸泵(P-4005/A、B)、卧式自吸泵(P-4006/A、B)及相应管线、阀门等组成。其任务是将厂内生活污水汇集、净化，出水达到符合 GB 8978—1996《污水综合排放标准》中的二级排放标准后排放或回用，水质情况详见表 3-11。

**表 3-11 水质情况**

| 项目 | 酸不溶 SS | 色度 | pH | $BOD_5$ | COD |
|---|---|---|---|---|---|
| 设计出水水质 | 150mg/L | 80 度 | 6~9 | 30mg/L | 150mg/L |

生活污水进入化粪池(PT-4002)后，自流进入生活污水调节池(PT-4004)再由卧式自吸泵(P-4005/A、B)提升进入生活污水处理池(PT-4006)，该池功能包括生物接触氧化、沉淀等，处理后水自流进入生活污水回用池(PT-4005)，最后由卧式自吸泵(P-4006/A、B)加压供全厂绿化用水或外运。本工艺过程中，生活污水处理池(PT-4006)是关键。池中先进行生物接触氧化反应，在好氧微生物作用下，有机组分被降解，再进行重力沉降分离，最后投药消毒，处理达标。整个处理装置产生的污泥应定期排入生活污水管道，最终流入化粪池进行消化处理。

# 第四节 仪表系统本质安全

## 一、安全仪表系统设计原则

### 1. 概述

安全仪表系统的设计原则包括可靠性、稳定性和便捷性。

**(1) 可靠性**

可靠性是安全仪表设计系统必然要重视的一个问题，随着石油化工企业生产规模和生产方式正在向着自动化进程的领域所发展，必然要重视这一领域的相关内容。一般而言，注重仪表的安全性，需要从结构硬件和软件程序两个方面共同入手，如此才可以更好地解决其中存在的问题。

**（2）稳定性**

石油化工领域的生产环境非常复杂，所以在进行仪表设计时，为了提升仪表的稳定性，保证其在各种突发情况下，都可能够凭借正确的工作方式，解决问题或者缓解突发情况所带来的损失。一般而言，稳定性的设计要求，除需要充分地考虑到工作环境外，还需要对操作人员的具体能力进行考量。

**（3）便捷性**

安全仪表在石油化工生产中有着不可替代的地位，这是企业在发展中必然要面对的一个问题。为此，在仪表的设计中，除需要增加仪表的稳定性以及质量之外，还需要对仪表内的维修方式进行考量，也就是在该情况下，需要及时解决仪表在设计中存在的相关问题，及时对各种问题进行解决。在仪表的设计中，必须从方便维修和拓展的领域进行分析，确保安全仪表有着更大的适应能力。

### 2. 安全仪表系统的传感器设计原则

传感器对于安全仪表的工作性能有着巨大的影响，一般而言，安全仪表中的传感器性能优越，必然会让安全仪器的精度和灵敏度受到良好的影响，为此，在对其进行设计时，需要技术人员进行慎重考量。一般而言，采取独立设计原则以及冗余设置原则是提升传感器质量的重要方式。即一级安全仪表传感器是单独的，与 DCS 共用，二级安全仪表传感器冗余，与 DCS 分离，三级安全仪表传感器是冗余的，与 DCS 分开，对于逻辑结构的选择，可以将其设置为应用程序性能、采用或结构，对于安全性能、采用和结构，当两种性能都需要保证时，需要采用两到三种格式。

逻辑运算器的设计常用的逻辑运算符主要由三种类型组成，即可编程电子系统、中继系统和两者的混合系统。当所选计算器为中继系统时，整个系统的逻辑计算相对简单，当所选计算器为可编程电子系统时，能很好地实现复杂功能的设计，并与其他通信系统相匹配。因此，许多石化公司都配备了 SIL3 冗余或容错可编程控制器。

### 3. 长北仪表保护系统设计与应用

油气生产场站的设计除了考虑正常生产工艺的安全保护，同时也要考虑紧急情况下的系统工艺保护，特别是在无人值守的生产站库，紧急停车、关断、放空泄压、消防设备远程启动、操作旁路开关、报警等一系列联动技术应用在设计中，这样的设计才能实现本质安全的要求。

长北项目的仪表保护系统，分为 CPF 安全仪表系统和井丛安全仪表保护系统两大部分，是根据 DEP 设计标准，以实现工艺系统本质安全为目的，分别应用于紧急停车系统（ESD）、过程停车系统（PSD）、火气系统（F&G）和燃烧管理系统（BMS）等领域。

长北项目生产站库在设计时，仪表保护系统按照安全级别可分为紧急停车（ESD）、过程停车（PSD）、单元停车（USD）。根据生产工艺要求，设计了如下的逻辑功能：中央处理厂紧急停车、中央处理厂过程停车；脱水脱烃装置单元紧急停车、脱水脱烃装置单元过程停车；凝析油稳定装置单元停车、甲醇再生装置单元停车、CPF 消防设备远程启动；操作旁路开关等。

井丛的仪表保护系统设计为：井丛所有气井的井下安全阀（SCSSV）、井口主阀（SSV）、流量控制阀（FCV）、井丛出口紧急切断阀（SDV）关闭，甲醇、缓蚀剂注入泵停止，井口液压控制盘内的变频泵停止。

## 二、网络系统及安全防护设计

### 1. 网络系统及安全防护设计本质安全

网络系统及安全防护设计本质安全包括主机层安全、数据层安全、应用层安全、网络层安全、安全咨询和安全运维等各个方面。根据国家和集团公司相关要求以及相关行业标准，制订切实可行的网络和网络安全整体解决方案，在此基础上进行实施，最终建立起可靠、高效的信息系统安全整体框架。

系统安全包括以下几个方面：

**（1）资产管理**

以服务器、网站两个维度对资产进行管理，掌握自身所有资产的安全运营情况。持续自动化跟踪每台服务器安全状态，并对每台服务器建立风险档案及风险评分。

汇总所有服务器状态，对整个业务环境的安全风险进行评估，更好地了解整个业务系统及每台服务器当前的安全状态。

**（2）动态防御**

防御手段由被动式变为主动式防御，将所有行为都视为不可信。逐步放开可信的行为，在这些可信行为上采用非常特殊的可信标记，并采用足够细的粒度能够很容易判别出符合安全要求的行为。

**（3）危险预警**

全面捕捉网络层针对该服务器的所有访问行为，实时发现恶意用户对重要的服务器系统进行的非法访问、恶意攻击及蠕虫传播等行为并及时进行报警和采取一定的响应操作。

**（4）流量控制**

通过可视化的方式，帮助用户自定义业务系统的安全边界，减少风险暴露面。采用微隔离与流量可视化技术重新定义虚拟网络边界，监控内部网络信息流动，细粒度控制每台主机与外部及业务内部网络间的网络通信，防止攻击者入侵内部业务网络后的东西向移动。自定义基于角色的访问控制策略，快速配置海量服务器的访问规则。

**（5）攻击溯源**

通过网络攻击的追踪溯源功能指在对安全事件中的攻击方进行反追踪。通过全面分析挖掘防护日志数据，可得到攻击方 IP 地址等重要信息，为安全事件的侦破提供坚实有力的证据。

**（6）网络安全设计**

通过边界防护、内部网络防护、网络远程接入和云化 DMZ 的网络安全防护措施，建立起网络安全整体解决方案，形成网络安全纵深防御体系，实现全方位的网络安全防护。

网络安全防护策略和整体防护建设策略设计，首先应梳理各个核心业务系统间访问关系及访问人员、应用、组件和数据库之间的数据流向，明确防护目标、安全架构和重点保护核心系统，根据系统等级情况，划分安全域，部署访问控制、协议过滤、入侵检测、安全审计等措施，实现防护，形成"监控预警、防御控制和审查追溯"安全防御体系。在区域边界建立边界防护区域，在数据中心边界（机房）建立安全防护区，经过安全检测后转发给对方，实现边界安全防护。网络内部重新划分安全域，安全域应采用"垂直分层、水平分区"的方法进行区域划分，安全域划分包括专线接入区、专网接入区、无线接入区、管理区等区域。内部网络应实现对潜在威胁实现过滤控制，并通过防护与监测手段加以实现。

长北项目贯彻本质安全的设计理念，将安全工作无死角地贯彻落实到实处，为项目的长期安全稳定运行打下了坚实的基础。

### 2. 360 天擎终端安全管理系统

长北项目采用的 360 天擎终端安全管理系统是 360 公司面向政府、企业、金融、军队、医疗、教育、制造业等大型企事业单位推出的集防病毒与终端安全管控于一体的解决方案。360 天擎终端安全管理系统，以大数据技术为支撑、以可靠服务为保障，它能够为用户精确检测已知病毒木马、未知恶意代码，有效防御 APT 攻击，并提供终端资产管理、漏洞补丁管理、安全运维管控、网络安全准入、移动存储管理、终端安全审计、XP 盾甲防护等诸多功能。

360 天擎终端安全管理系统设计理念包括以下三个方面：

**（1）威胁发现**

天擎终端可以收集终端上的各种安全状态信息，包括漏洞修复情况、病毒木马情况、危险项情况、安全配置以及终端各种软硬件信息等。这些安全状态信息会汇集到服务器端的控制中心，使管理员全面了解网内所有终端的安全情况、硬件状态以及软件安装情况等。

**（2）立体防护**

天擎终端具有漏洞修复、病毒木马查杀、黑白名单、硬件准入、软件准入、安全审计等多样化的防护手段，从准入、防黑加固、病毒查杀、软件和终端行为控制等多个层次，为用户构建立体防护网，确保企业终端安全。

**（3）安全管控**

天擎控制中心为管理员提供了统一修复漏洞、统一杀毒、统一升级、流量管理、软件统一分发卸载、终端安全策略管理等多种管理功能，管理员可以通过控制台直接对网内所有终端进行统一管控。

## 三、计算机监控系统本质安全设计

### 1. 长北项目计算机系统简介

长北气田中央处理厂(CPF)的井丛及配套工程由28个井丛及一个中央处理厂构成，分别通过南北干线将井丛湿天然气引入中央处理厂加工处理，将合格的产品天然气通过外输计量装置计量后，输送到陕京二线的压气站，再输送到用户，同时处理厂对附属产物进行处理，分别是甲醇再生装置、凝析油稳定装置、污水处理装置，并配套设置有水源站、给水系统、消防水系统、燃料气系统、导热油系统、热水系统、仪表风系统、氮气系统、紧急放空系统。

为了对上述装置及系统有效地控制及监测，并对操作人员进行有效保护，长北气田中央处理厂(CPF)中央控制室设置一套DCS系统对各装置及井丛进行检测及控制，设置一套IPS系统对各装置的关键参数进行检测及对重要设备进行保护，并设置一套FGS系统对全厂有毒气体、可燃气体的泄漏进行检测，并在可能发生火灾的地区设置火焰检测。在有人值守的中央控制室及主配电室设置有独立的FAP盘监测感烟检测器及报警系统。

长北项目的天然气处理厂及井丛的自动控制系统采用了DCS、IPS、FGS结合的控制、监测、保护系统。与国内较早的控制系统不同之处在于，将联锁保护功能和火焰及气体探测功能彻底地从DCS系统中分离出来，分别形成独立的IPS、FGS系统。不仅减轻了DCS的负担，也大大提高了联锁保护功能和火焰及气体探测功能的灵敏度和可靠性。

目前，长北项目生产操作系统在用两套工艺控制系统，长北气田中央处理厂及井丛采用的是日本横河公司的CENTUM-CS3000集散控制系统(DCS)，集气站采用的是美国TRICONEX公司开发的TRICON站控系统，目前共设置报警参数419个，其中DCS系统349个，站控系统70个。

### 2. 桌面系统安全设计

桌面安全管理(又称终端安全管理)是为企业级用户提供的全面高效的计算机设备管理手段，监控企业内IT环境的变化，保障计算机设备正常运行，大幅度降低维护成本，帮助企业用户管理好计算机设备。

其中包括：SAV是单独的杀毒软件不带防火墙模块；SCS是杀毒软件和防火墙的套装，但仅仅是简单的整合；SEP是杀毒软件和防火墙的无缝整合，并且带有主动防御模块；VRV是北信源公司打造的终端安全产品的知名品牌，现在通常指代北信源公司，公司主要产品也从最初的杀毒软件“VRV”蜕变成终端安全管理产品“VRV”。

中国石油集团公司2010年发布了6个信息安全相关管理规范，对信息系统安全风险评估、信息系统密码安全管理、信息系统用户的管理、终端计算机的安全管理、信息系统的安全管理、计算机病毒与网络入侵应急响应的管理给出了明确要求。《集团公司“十一五”信息技术总体规划》对中国石油信息安全建设做了详细部署，桌面安全管理项目(IST-3)是信息安全建设的重要组成部分。

桌面系统安全设计包括：防病毒子系统、补丁分发子系统、端点准入子系统、后台管理子系统、电子文档保护子系统、信息安全等级保护综合管理子系统。

**（1）防病毒子系统**

包括防病毒和反间谍软件防护、主动威胁防护、网络威胁防护三个功能。

防病毒和反间谍软件防护：提供更高级别的实时防护，来识别端点设备上的病毒、蠕虫、特洛伊木马、间谍软件和其他恶意软件。

主动威胁防护：防御利用已知漏洞的多种变种和前所未见的威胁，它具有主机入侵防御功能，抵御未知或零日威胁。

网络威胁防护：包含多种先进防护技术，包括入侵防御以及先进的网络通信控制功能，并兼备防火墙功能。

**（2）补丁分发子系统**

为桌面计算机提供安全补丁更新，通过补丁的安装，减少操作系统漏洞，防止病毒和木马通过系统漏洞传播。

补丁获取：定期从微软获取同步补丁目录信息，获取微软最新发布的安全补丁。

补丁筛选与测试：对获取的安全补丁进行测试与筛选，确定补丁的有效性和影响，优先播发威胁级别高、影响严重的安全补丁。

补丁检测：检测桌面计算机缺乏哪些安全补丁，为补丁播发提供基础数据，数量最缺乏的、影响严重的补丁优先播发。

漏洞检测：检测桌面计算机操作系统存在哪些安全漏洞，给出安全漏洞对应的安全补丁，安全级别为严重的漏洞对应的补丁优先播发。

补丁分发与安装：将筛选、测试过的操作系统安全补丁播发到桌面计算机，桌面计算机接收到播发的补丁后自动进行安装，保证计算机安全补丁及时更新。

补丁安装统计：统计补丁播发数量、补丁名称、补丁安装成功率、未安装补丁列表等信息。

**（3）端点准入子系统**

对桌面计算机的网络接入管理，满足安全策略要求的计算机允许接入网络，防止不满足安全策略计算机接入网络导致的病毒木马暴发。

策略制定：制定桌面计算机准入策略，计算机要满足哪些要求才能够接入网络，策略制定完毕，下发到计算机执行。

安全性检测：按照制定的准入策略对接入网络的计算机进行检测，判断计算机是否符合要求，如果满足要求，允许计算机接入。

隔离修复：对于不满足策略要求的计算机，对该计算机进行隔离，仅能访问有限资源进行修复，计算机完成修复，满足策略要求后才允许其接入网络。

周期性检测：周期性对已经接入网络的桌面计算机进行检测，一旦发现计算机不合规，立即进行隔离，确保策略执行无漏洞出现。

统计报告：按照设定条件生成统计信息报告。

**（4）后台管理子系统**

提供计算机用户管理、策略管理、安全事件分析、数据查询、日志统计与分析功能，实现桌面计算机实名制、非法外联和移动存储介质管理，统一下发安全策略，加固系统防护能力。

**（5）电子文档保护子系统**

为计算机用户提供计算机登录保护，提供电子文件在创建、使用、传输、销毁等各个阶段管理和保护，提供重要文件处理区、文件输出审计、电子文件销毁和桌面健康检查等功能。

**（6）信息安全等级保护综合管理子系统**

通过信息安全等级保护综合管理子系统，实现定级、备案、整改、测评和检查等信息化管理工作，提升等级保护工作的效率和管理水平。建立完善的评价体系，对信息系统的安全性和等级保护工作的安全效果进行评价。结构关系图如图 3-6 所示。

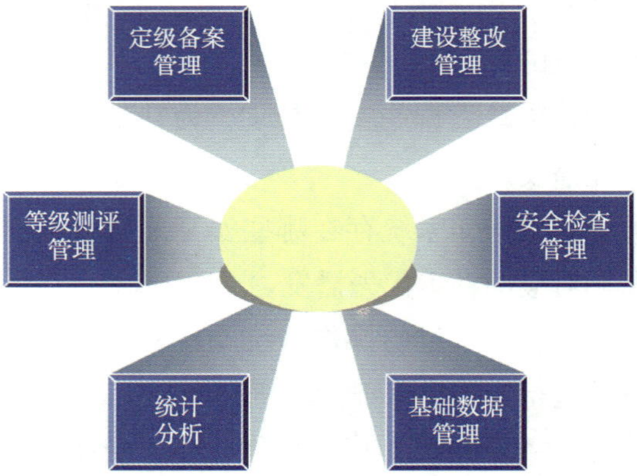


图 3-6 结构关系图

## 四、自控及监控系统设计

长北作业分公司设置了先进实用和高效运营管理模式的 SCADA 系统，利用计算机及通信网络技术对整个气田生产运行和输气进行集中监视控制和调度管理，CPF 的生产、监视、控制由 DCS 系统完成；事故情况下的安全保护由独立的仪表保护系统（IPS）完成；火灾及气体泄漏检测由火灾报警及气体检测系统（FGS）完成。每个井丛设有独立的 IPS 系统，井丛的火灾检测采用感温电缆，并将信号连接到井丛 IPS。每个井丛设置了 RTU，具有控制功能、流量计算功能和监视功能；RTU 通过光纤网络与 CPF 的控制中心进行通信。

气田 SCADA 系统对井丛、中央处理厂的生产运行集中监视控制和调度管理。CPF 的

DCS、IPS、FGS 系统，以及井丛 RTU 通过网络通信相互连接，构成一个完整的管理、控制一体化的综合自动化控制系统。

（1）井丛无人值守，定期巡查。井丛装置的信息，经 RTU 通过通信设备经光纤线路传送到 CPF 中控室；井丛设有独立的控制与联锁系统，当中控室 SCADA 系统与井丛 RTU 之间通信中断时，井丛仍可按 RTU 预设的程序进行控制，维持正常生产。

（2）CPF 厂内各装置无人值守，在控制室配备少量生产管理人员和操作人员对工艺过程进行全天候监视和控制，装置信息通过控制电缆或数据通信线传送到控制中心。

（3）CPF 控制中心能对整个气田进行集中监控、统一调度管理。壳牌公司北京总部能监视气田实时数据。

（4）CPF 设有 IPS 和 FGS，确保操作人员的人身安全和气田的安全运行。

### 1. DCS 系统

CPF 内 DCS 系统由多个控制站组合而成，控制整个生产过程，实现控制功能分散，危险分散。人机接口采用带彩色显示器的操作站进行监视、操作和管理，系统各个节点通过双重化高速数据网络连接起来。现场仪表与 DCS 系统之间采用总线通信方式连接，通过总线电缆提供多个现场仪表与 DCS 系统之间智能双向通信联系。

### 2. 紧急停车系统(ESD)

（1）全气田关断(一级关断)CPF 内的 IPS 系统操作台上设置了全厂关闭、泄压按钮，当火灾或地震等险情发生、仪表风中断和电源中断、外输管道中断时，手动触发按钮，关断所有的装置、设备、设施，全厂 IPS 系统启动，全厂联锁停车，并打开相关站场、装置泄压阀。

（2）区域关断(二级关断)分别设置了集气干线、预处理装置切断、泄压按钮，当管线或设备发生故障时，手动触发后，部分或全部切断装置，并对上述区域进行泄压。

（3）单体关断(三级关断)设置了单井关闭按钮，手动触发后，可分别关闭各个单井。

### 3. 火灾报警及气体检测系统(FGS)

CPF 设置可燃气体、火灾报警系统，当出现可燃气体或火灾报警时，将以声、光报警形式提醒值班人员和现场操作人员，必要时向上级部门及急救单位发出报警信号。

在可能发生可燃气体泄漏的地方，如油罐区、油罐区泵房、装车台、脱水脱烃装置区、凝析油稳定装置区、预处理装置区、外输计量装置区、火炬入口分离器等附近设置红外线式可燃气体泄漏检测仪和火焰探测报警器；在甲醇回收装置区和甲醇罐区设置红外线式甲醇泄漏检测仪。红外线式可燃气体泄漏检测仪的气体浓度范围为：0~100%LEL，一级报警设定值为小于或等于 25%LEL，二级报警设定值小于或等于 50%LEL。在上述场所，还分区设置了人工报警柱。操作人员发现有火灾险情发生时，可以现场人工报警，信号同时传进控制室和消防控制室。

#### 4. 控制系统设置

**（1）单井和井丛**

① 井丛装置安全系统每一井口设置了采气装置安全切断阀，切断阀为三级，由井下安全阀、井口主阀、井口节流阀组成。当节流控制阀下游压力超高或压力超低(可能是集输管线破裂所致)时，通过 IPS 联锁系统自动关闭安全切断阀，关闭顺序为主阀—井下阀。

② 火灾检测井口控制阀的液压管线上安装有易熔塞，当火灾发生时，易熔塞熔化并卸压，自动关闭气井。在井口采气树上设置感温电缆，当温度差超过设定值时可自动对气井进行关闭。井丛装置设置监控电视，在中央处理厂控制中心可观测到是否发生火灾，当火灾发生时，可遥控启动关井。

③ 检测仪表节流控制阀采用单井流量和集输系统压力自动选择控制，正常时为压力控制，当流量超过流量设定值时，自动切换为流量控制。

**（2）清管器收发装置**

① 清管接收器设置入口压力低信号控制，关断井口、预处理装置、工艺装置，及对线路、站场泄压。

② 检测进站管线压力、温度，以及入口管线埋深 1.5m 处的地温。

③ 收球筒入口设置清管器通过指示仪。

**（3）预处理装置**

① 入口分离器上设置远传液位计，根据液位信号控制含油污水调节阀。

② 入口分离器液相出口管线上设置切断阀，当液位出现低低信号时，关断该切断阀。

**（4）脱水脱烃装置**

① 为控制低温分离器的温度，采用压差控制节流膨胀调节阀。

② 为保证三相分离器的压力稳定，对闪蒸气进行压力控制。

③ 出装置设置压力放空调节阀。

④ 低温分离器、三相分离器出口设置液位调节阀。

⑤ 三相分离器出口燃料气、甲醇和凝析油分别进行计量。

⑥ 单套装置的注醇量计量。

⑦ 单套装置出装置干气用孔板计量。

⑧ 为保证低温分离器、三相分离器出口高压系统不串入低压系统，设置液位低低联锁出口切断阀。

⑨ 装置内设置紧急泄压放空阀。

⑩ 低温分离器设置液位高高联锁，三相分离器设置液位高高联锁。

**（5）凝析油稳定装置**

① 三相分离器设置液位检测控制。

② 三相分离器设置闪蒸气压力控制。

③ 凝析油稳定塔分别设置液位和压力控制。

④ 换热系统设置温度控制。

⑤ 稳定凝析油罐出口设置液位控制。

⑥ 装置出口设置凝析油去罐区计量。

**(6) 甲醇再生装置**

① 设置塔顶回流温度和回流流量串级调节。

② 设置回流罐液位调节出装置甲醇量。

③ 甲醇再生塔重沸器设置甲醇负荷和热载体流量串级调节。

**(7) 外输计量装置**

① 采用 3 路 *DN*300 的超声波流量计对外输气量进行计量，计量精度优于±0.5%。

② 在每路计量的出口处设置电动强制密封球阀，可根据外输流量的需求情况对流路进行选择。

③ 设置压力测量检测出站压力参数。

**(8) 燃料气系统**

① 设置进气调节阀和放空调节阀，分程调节高压气罐压力。

② 低压气罐设置液位调节，当出现液位低低时，切断出口阀。

③ 为避免高压系统串入低压系统管线，中间设置气动切断阀。

**(9) 仪表风系统**

仪表风出口设置 3 个压力低低报警，当有 2 个压力变送器低低报警时，全厂 ESD 动作。

**(10) 氮气系统**

① 制氮装置自带控制系统，可根据压力高低自动启停，其状态信号送至 DCS 显示、报警。

② 制氮装置出口设自力式调节阀，并设置压力低报警。

**(11) 火炬放空系统**

① 火炬入口分离器设置液位高低启停污水泵。液位低低关断排污切断阀，液位高高全厂 ESD 启动。

② 火炬自带自动点火系统控制盘及检测仪表；火炬就地控制盘接受 DCS 系统提供的远程点火信号，并通过通信接传火炬状信号。

**(12) 罐区、装车及注醇装置**

① 凝析油罐、甲醇罐分别设置液位、温度检测报警。

② 装车计量凝析油采用体积流量计；甲醇采用涡轮流量计。

③ 所有泵可以远程及就地启停，泵状态信号在 DCS 系统显示。

**(13) 污水处理装置**

① 设置罐液位指示高低报警，水泵能实现远程/就地启动，泵的状态信号在 DCS 系统显示。

② 水泵出口设置流量、压力就地显示仪表，并送至控制中心显示及报警。

**（14）给水站**

① 原水罐设液位显示和液位高、低报警；进水总管上设进水计量。

② 给水罐设液位显示和液位高、低报警；出水总管上设出水计量；管网设置压力检测。

③ 所有泵可以远程及就地启停，泵状态信号在 DCS 系统显示。

**（15）消防给水**

① 消防水罐设液位显示和液位高、低报警；设置罐内水温度显示，以避免在冬季消防用水时水冻结。

② 消防水管网设置压力指示和高低报警，设自动启停泵；压力高时停泵，压力低时启泵。

③ 在消防水管网不同消防区布置消防水炮，根据不同区域火警信号自动开启不同消防水阀。

**（16）导热油供热站**

① 导热油炉自带 PLC 控制柜，其信号可通过 RS485 上传至 DCS 系统。

② 当全厂 ESD 动作时，通过 IPS 硬接线关闭导热油系统。

**（17）自控仪表**

爆炸危险场所采用相应防爆等级的自控电气仪表和设备，仪表控制系统的输入输出接口及现场变送器设置了防浪涌保护设备。

## 五、安全风险智能监控平台安全设计

### 1. 建设背景

国家和属地政府要求企业建立双重预防机制，创新安全技术和管理方式；《安全生产法》明确提出“三管三必须”“双重预防”“量化审核”以及安全信息化管理要求。

中国石油集团公司对安全管理提出远程监控视频化、监督管理智能化要求；油气与新能源分公司加快推进数字化、智能化“安眼工程”，并将长庆油田纳入 3 家“安眼工程”试点单位。

油田公司生产区域点多、线长、面广，面临的安全风险和管理特点决定了急需升级监管方式和建设智能化风险管控平台。生产区域点多、线长、面广，安全管理难度大，管理方式亟待升级，设备设施多、工艺复杂，安全风险大，数字化智能化水平有待提高。

管网庞大，泄漏风险高，紧急情况下的自动化、智能化处置手段缺乏，安全监管面广、层级多，共享型信息化系统性的监管平台急需建立。

### 2. 建设基础

目前，油田公司已建成国内最大规模的油气生产物联网（A11）系统，上线油气水井 9 万余口，覆盖率 98. 2%，场站数字化 100%全覆盖，基本实现了井站生产数据自动采集、作业现场视频监控、设备设施的远程管控以及异常工况的自动报警，为安全风险智能管控平台建设提供了坚实的数字化基础。见图 3-7 和图 3-8。

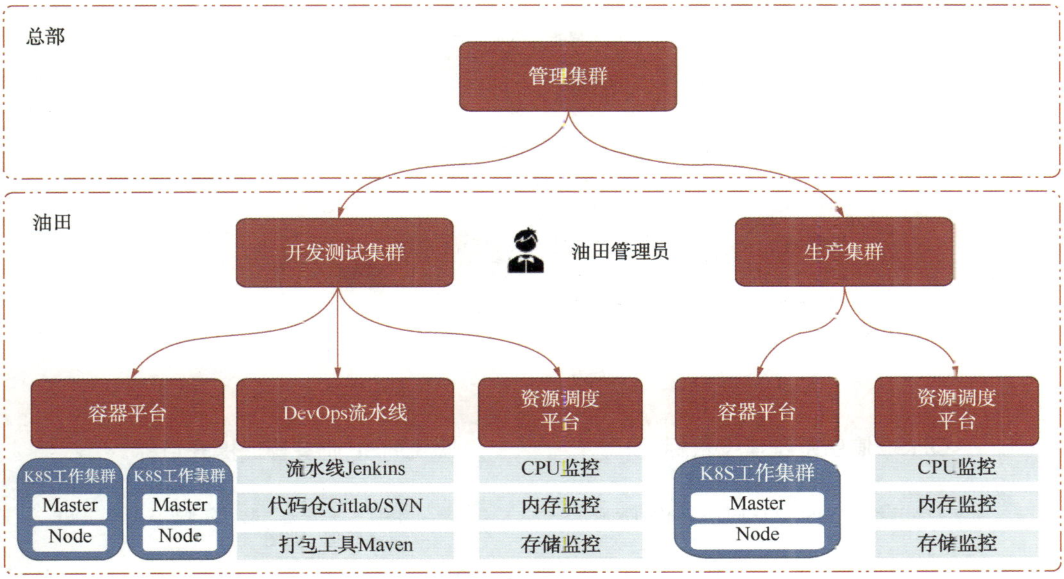


图 3-7 长庆梦想云本地化部署架构

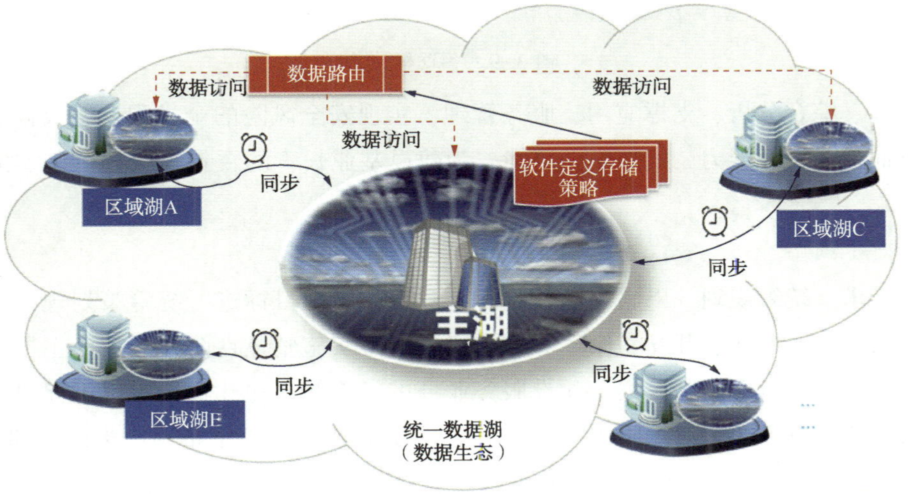


图 3-8 长庆区域数据湖

### 3. 技术支持

近年来，以大数据、云计算、人工智能等为代表的新一代信息技术发展迅猛，已成为改变生产组织方式、降低安全风险、提高生产效率的重要保障，为数字化安全风险管控平台的建设提供有力的技术支撑，见图 3-9。

### 4. 建设目标

以 QHSE 管理体系为三线，依据制度文件，运用数字化、智能化技术推动全员安全责任落实。借助安全风险智能管控平台对生产现场感知数据、AI 视频以及预警评估等信息进

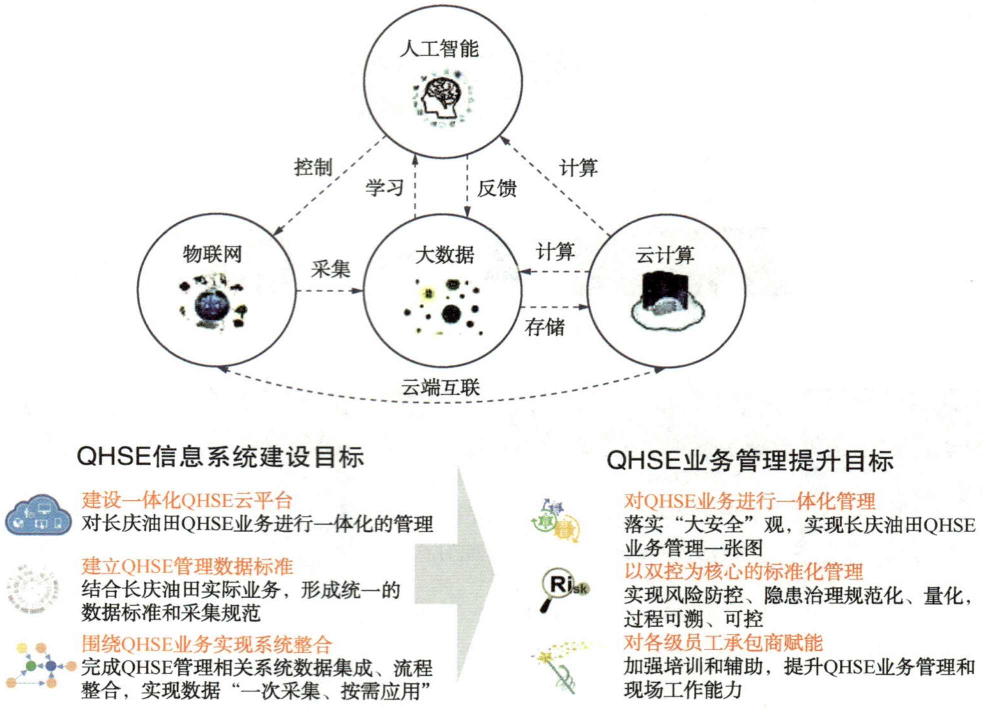


图 3-9　各逻辑关系

行分类统计、综合分析、支撑应用、服务管理，实现安全风险的全过程、全天候、全方位管理，进而提升管控能力，筑牢安全屏障，为建设基业长青的百年长庆提供坚实的安全发展保障。

5. 建设原则

紧扣需求、统筹规划，以满足业务监管与基层应用为目标进行统筹策划规划、整体设计、统一组织，对勘探、开发、保障等领域安全风险实施整体性防控，业务主导、分类建设，业务部门结合自身需求，主导建设服务业务的子系统。边建边用、以用促建：突出重点、急用先建、分步实施，在应用中持续完善。集成整合、优化布局：集成已建成 QHSE 资源，按照体系要素优化监管框架。数据入湖、资源共享：实现数据统一入湖，“好找、好用、好看、实时和共享”。充分授权、分级管理：按照监管责任授权管理，基于风险等级实行层级化管理。强化试用、持续改进：共性问题集中解决、难点问题聚力攻关、长期问题分段解决。

6. 建设路径

通过梳理油田公司 QHSE 监管业务，借助数字化、信息化、智能化技术，结合已建、在建、拟建的 QHSE 相关系统，按照“集成整合一批、优化提升一批、开发建设一批”思路，以“安眼工程”为依托，建设服务于二级单位应用、业务部门监管、公司领导决策的智能化风险识别、感知、跟踪、监控的一体化监管平台。见图 3-10。

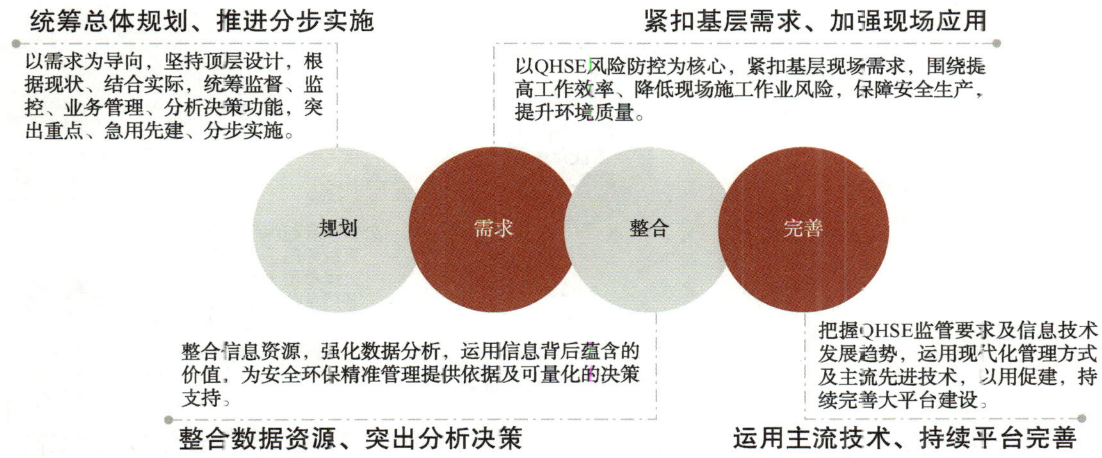


图 3-10 建设路径

## 7. 平台架构

按照 QHSE 业务全覆盖、体系要素全覆盖原则，以服务管理与应用为主线，突出“实时监控、过程监督、风险防控”，构建以“监控、监督、业务、专项以及综合管理”5 大监管方面为干；以井筒工程、地面监理以及非常规作业等 33 项业务模块为枝；以 478 项具体岗位要素为叶的平台建设框架。见图 3-11。

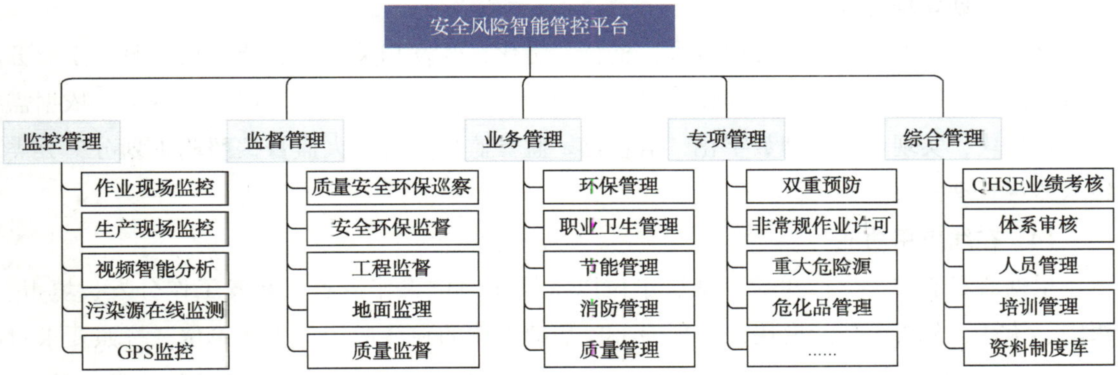


图 3-11 平台架构

## 8. 平台组成

平台主要由四级功能界面组成。针对不同应用场景、层级以及权限，安全风险智能管控平台按照“三个场景、四级界面、五层权限、六级应用”进行建设。见图 3-12。

安全风险智能化管控平台主要具有“监视监控、智能预警、辅助管理、在线应用、协同决策、展示共享”等六大功能。

**（1）监视监控功能**

主要依托作业、生产现场固定视频摄像头和移动布控球，通过平台集成，实现对作业过程、生产状况、“双高”风险点等现场的实时监视监控。在作业现场，对“钻、试、测、

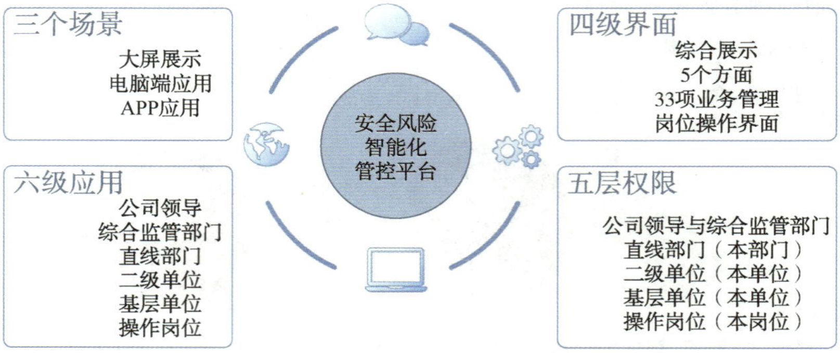


图 3-12　平台组成

录、修”以及非常规作业进行实时监控，在生产现场，对生产过程、设备设施以及“双高”区域进行实时监控。

**（2）智能预警功能**

依托生产现场附加 AI 算法的高清摄像头和监测仪器、感应探头(泄漏监测、可燃气检测、火焰探测、气云成像)等设备，实现对风险点的预警防控。智能预警：对人员、动物、车辆、设备、烟火、漏油、动作等异常状态识别并预警。感知预警：对原油、可燃气体、$H_2S$ 泄漏及液位、温度、震动等进行感知预警。

**（3）辅助管理功能**

结合各层级 QHSE 业务管理需求，整合、优化、开发相关业务功能模块，服务于业务主管部门、直线部门、监督监理和二级单位管理需要。部门监管：按照业务分类，依据需求开发模块，实现业务管理数字化、信息化。监督监理：将五大监督按照职责划分，分类纳入监督管理模块。

**（4）在线应用功能**

根据监督监理、生产单位、基层单位以及操作岗位工作需求，开发工作分发、填报、跟踪、统计、分析等功能模块，实现 QHSE 基础工作的在线应用。生产单位：按照要求对 QHSE 业务进行在线填报、审查、上传。监督监理：通过平台实现工作任务的分发、开展、上传、跟踪、销项等管理。见图 3-13。

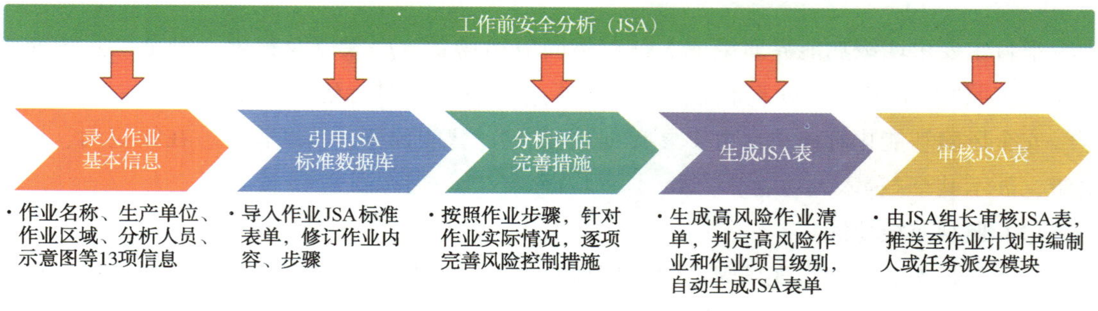


图 3-13　非常规作业许可管理流程图

(5) 协同决策功能

运用平台的各类监管信息(图 3-14)，结合属地政府、集团公司、油田公司工作要求，结合大数据分析结果，及时向公司领导和业务主管部门提供工作建议与决策依据。协作分析：实现部门、单位、专业、岗位间的信息共享、互联互通。决策支持：为油田公司决策管理提供实时、连续、准确的基础数据与管理信息。

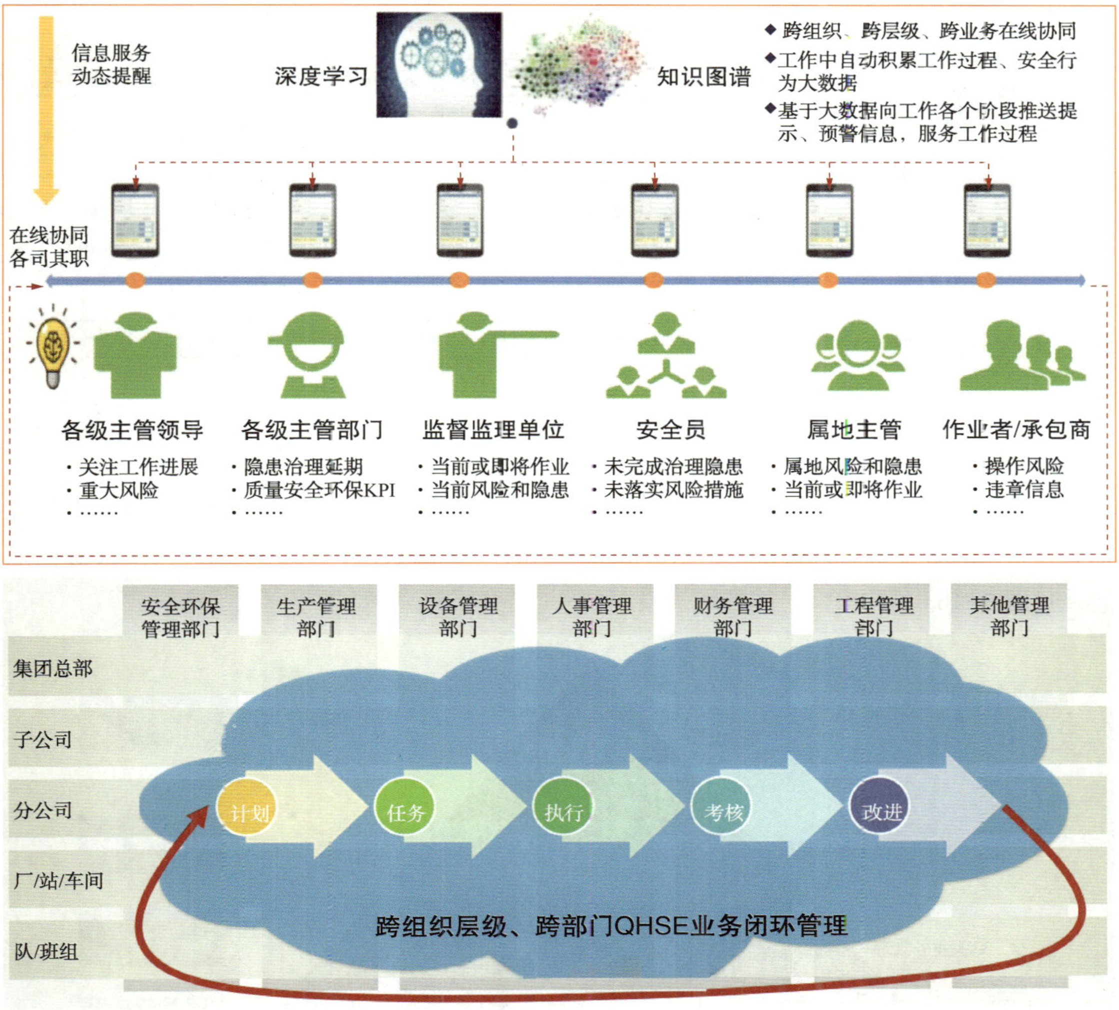


图 3-14 信息共享平台

(6) 展示共享功能

对各层级普遍关注的指标、要素、参数，集成在不同层级的管理与应用界面，便于各层级的实时掌握、分析，同时实现各级管理层的信息共享。信息展示：按照指标的重要性，分类在相应级别的功能模块进行展示、管控。信息共享：打破信息壁垒，在相应的授权下，实现各类信息的互联互通。见图 3-15。

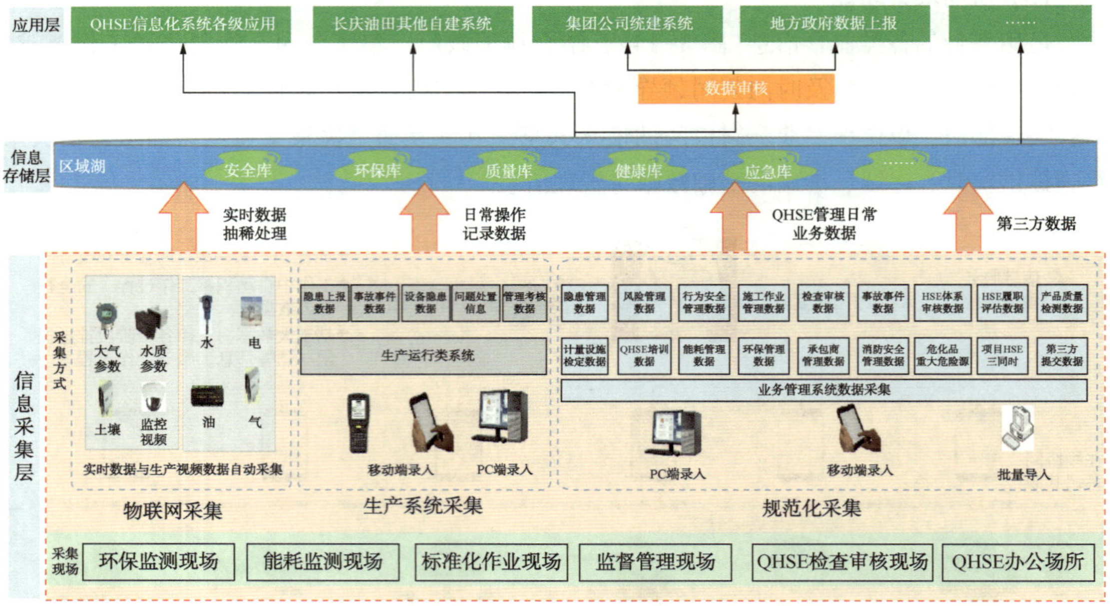


图 3-15 共享功能

## 9. 平台分级

智能管控平台自上而下分为四级监管界面，分别为一级综合监管模块、二级 5 个领域监管模块、三级业务管理模块、四级岗位操作模块。管理权限可根据不同应用层级分别配置。见图 3-16。

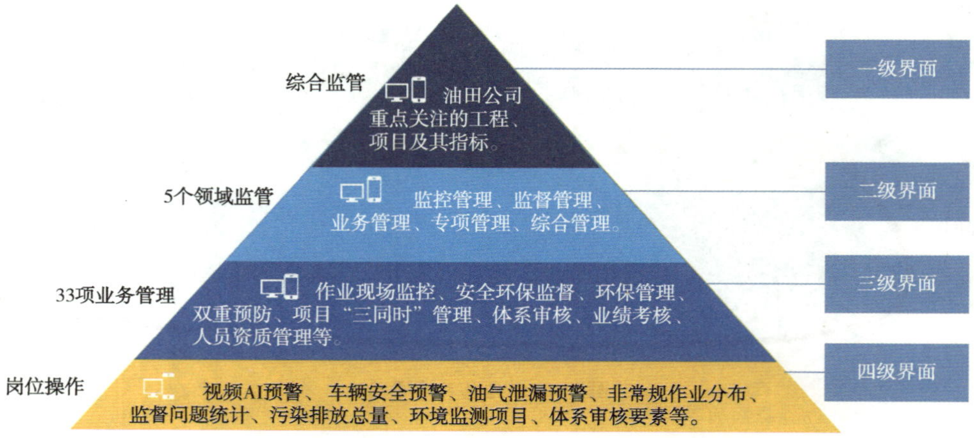


图 3-16 平台分级

## 10. 模块介绍

平台主要以“监控、监督、业务、专项、综合”五大监管模块为核心，分类分级管理 QHSE 33 项主要业务模块和 478 个岗位操作模块。见图 3-17。

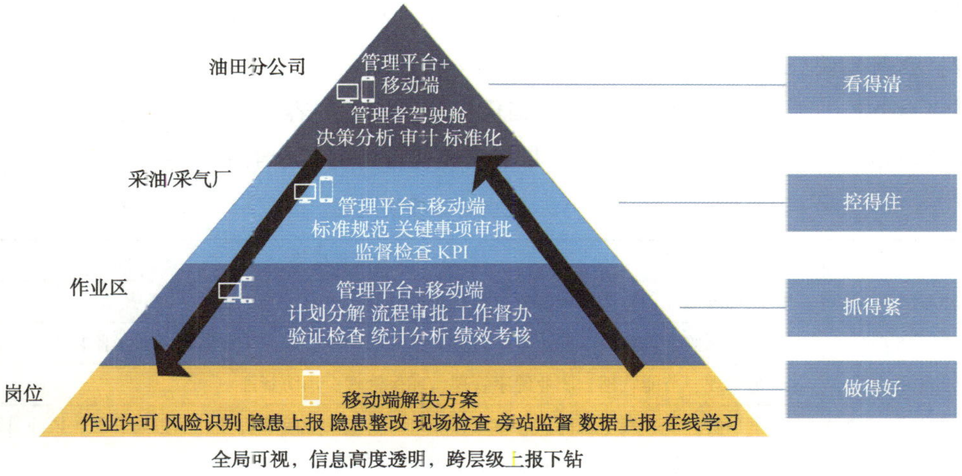


图 3-17 平台实现全局性监管示意图

### (1) 五大监管模块(二级监管)

主要集成生产指挥系统(OCEM)相关视频、感知数据等信息源，重点对作业现场、生产现场、AI 视频、泄漏监控、车辆交通等 5 个领域涉及重要作业过程、重点部位风险管控状态以及相关预警报警的处置情况进行在线监视监控。见图 3-18。

图 3-18 五大监管模块

管控信息：

① 地图看板显示当日非常规作业情况；

② 作业现场监控显示钻、试、测、录、修作业的视频接入及监控情况；

③ 高风险作业显示高风险作业分类、分单位实施情况；

④ 应急预警监控显示油气泄漏、气云成像、光纤振动等应急预警监控情况；

⑤ 智慧交通显示交通异常信息预警情况；

⑥ 智能视频显示 AI 预警信息及处置情况；

⑦ 生产现场监控显示井场、站库及“双高区”的视频接入及监控情况。

**（2）业务模块(三级监管)**

围绕 QHSE 五大监管模块框架设计，细化、延伸监管内容至 33 项重点业务(表 3-12)。以下选取视频 AI 预警、井筒工程监督、非常规作业许可等 6 个业务模块简要介绍。

**表 3-12 业务管理模块组成**

| 五大监管模块 | 33 个业务管理模块 |
|---|---|
| 监控管理(5 项) | 作业现场监控、生产现场监控、智慧交通预警、应急预警、视频 AI 预警 |
| 监督管理(5 项) | 安全环保监督、井筒工程监督、质量安全环保巡察、地面工程监理、质量监督 |
| 业务管理(5 项) | 质量管理、节能管理、职业健康管理、环保管理、消防管理 |
| 专项管理(13 项) | 双重预防、HSE 履职职能、非常规作业许可、重大危险源管理、承包商管理、风险管理、隐患管理、设备管理、危化品管理、建设项目“三同时”管理、事故事件管理、绿色矿山建设、生态红线管控 |
| 综合管理(5 项) | 体系审核、业绩考核管理、QHSE 人员管理、培训管理、资料制度库 |

**（3）岗位操作模块(四级监管)**

结合 33 项业务模块监管内容，开发出 478 个可满足操作岗位员工数据填报、信息处理以及基层领导审批确认等工作的操作界面。

### 11. 初步成效与认识

构建了 QHSE 业务一体化信息监管框架。针对 QHSE 业务流、数据流，统筹整合勘探开发、项目建设、生产组织、运行维护等管理指标，形成业务归集、数据规范、标准统一的信息化监管框架。

形成了一套 QHSE 信息监管机制。围绕公司级、厂处级和作业区三级监管需求，研究 QHSE 业务全面上云、数据全面入湖、风险预警报警机制，确保监管流程在线化、数据可视化、分析智能化。

健全了各层级 QHSE 智能化监管信息。建立 QHSE 信息监管指标集合，其中综合展示界面涉及 9 项重点监管业务的 24 个指标集；业务监管界面涉及 5 个监管方面、33 项监管业务的 478 个指标集。

完成了安全风险智能管控平台开发。开发了初步满足公司、业务部门、厂处、基层单位、操作岗位应用、监管、展示、决策于一体的信息监管平台，实现了与集团公司安全环保统建系统、地方政府相关系统的初步互联互通，数据共享。

## 六、长北安全仪表系统

### 1. 概述

长北气田试生产作业区(Trial Production Operation，TPO)在 2005 年升级改造时，采用了具有安全联锁保护功能的 TRICON 系统；增加了用于实现安全联锁保护功能的检测仪表，在集气站进出口天然气管线、分离器排污管线上增加了紧急切断阀以及配套的仪表系统，在装置区周围增加了红外对射可燃气体探测仪、火焰探测仪。更新后的控制系统既保留了过程控制功能，又增加了仪表保护功能，提高了生产装置的安全可靠性。

长北气田天然气处理厂及井丛的自动控制系统采用了DCS、IPS、FGS相结合的控制、监测、保护系统。与国内较早的控制系统不同之处在于，将联锁保护功能和火焰及气体探测功能彻底地从DCS系统中分离出来，分别形成独立的IPS、FGS系统。不仅减轻了DCS的负担，也大大提高了联锁保护功能和火焰及气体探测功能的灵敏度和可靠性。DCS主要实现井丛、中央处理厂的生产控制、数据监控，IPS是在生产出现异常时，为保护人员和工艺设备的安全而进行的停车控制系统；FGS用来监测生产现场的火陷信号和检测可燃气体浓度。DCS、IPS、FGS在控理器、功能模块、现场仪表、执行机构等方面相对独立，相互补充，并有冗余备份，各系统之间通过MODBUS协议进行通信，实现了井丛及长北天然气处理厂的远程控制。

### 2. 安全仪表系统在长北气田的应用与研究

安全仪表系统也称安全联锁系统（Safety Interlocks）、紧急停车系统（Emergency Shutdown System，ESD）、安全关联系统（Safety Related System）、安全停车系统（Safety Shutdcwn System）等等，是由国际电工委员会（IEC）标准IEC 61508及IEC 61511定义的专门用于安全的控制系统。它独立于生产过程控制系统，但又凌驾于生产过程控制系统之上，不需要人为干预。可以避免和限制由于工艺条件或者仪表故障及其他一些事故对工艺设备、生产系统、操作人员及环境的损害，保证生产系统安全运行。在正常情况下，安全仪表系统监视生产过程的状态；当生产装置出现危险条件时，安全仪表系统就会采取相应措施，发出联锁保护信号，对现场设备进行安全保护，而不需要经过生产过程控制系统。

长北气田所采用的横河ProSafe-RS安全仪表系统，主要应用于紧急停车系统（ESD）、过程停车系统（PSD）、火气系统（F&G）和燃烧管理系统（BMS）等领域，是首套符合IEC 61511国际标准且提供非冗余配置达到SIL3安全等级的安全仪表系统。它打破了以往SIS系统与DCS平行设置的陈规，做到与其DCS系统CENTUM-CS3000技术上的兼容，实现与DCS系统的无缝集成，从而进一步增强了DCS的安全功能。它具有以下优点：

ProSafe-RS系统具有与CENTUM-CS3000系统相统一的硬件结构和网络平台，两者可在同一个控制网络间采用基于以太网的Vnet/IP协议进行数据交换，不再需要网关或其他网络接口。此种设计，不但确保了DCS和SIS在物理上集成、逻辑上分离，还简化了工厂。

自动化设计提高了设备的集成化程度，实现了工厂的最优化操作。ProSafe-RS系统硬件配置采用“Pair&Spare（双重化冗余）”机构和技术，每块非冗余卡件（电源、处理器、通信、输入或输出）都达到SIL3级，并且是双重化的内部结构。

双重化冗余卡件的设计，可以提高系统的可用性和故障容错能力，实现高运转率，对

SIL3 没有影响，ProSafe-RS 系统的 SOE 功能可以将安全系统的报警和过程控制器的报警合并显示，时间分辨率仅为 1ms，为紧急停车后的事故原因分析提供了有力的手段。ProSafe-RS 系统既可作 Master 站通过 RS232C、RS-422/RS-485 通信协议（通信卡件分别为 ALR111、ALR121）与 Slave 站通信，又可作 Slave 站与其他 Master 站实现通信。ProSafe-RS 系统采用安全型 I/O 卡的接线方式，各种模块在设计上与 CS3000 的硬件形状相同，能够放入 CS3000 的控制机架中。与传统的安全 PLC 相比，硬件体积更加小型化，不仅节省了空间，还降低了维护技术成本。

ProSafe-RS 与 CENTUM-CS3000 在软件上也有一部分是通用的，任何一方的数据都可以通过 DCS 的工程站台和操作站进行访问，两者的报警显示在同一个窗口，非常容易区分安全报警和 FCS 报警。控制系统和安全仪表系统在统一的人机界面下进行维护作业有助于防止误操作。至于安全与访问控制，它们也是彼此分离的。ProSafe-RS 使用 IEC 61131-3 功能块图和梯形图，可运行 PC 上的仿真软件进行虚拟测试，能自动生成文档。现场调试时，可强制变量（输入、输出、逻辑变量），并能在线修改控制程序。

### 3. 系统各逻辑功能的实现

长北气田安全仪表系统按照安全级别可分为紧急停车（ESD）、过程停车（PSD）、单元停车（USD）。根据生产工艺要求，可实现以下逻辑功能：

中央处理厂紧急停车、中央处理厂过程停车；脱水脱烃装置单元紧急停车、脱水脱烃装置单元过程停车；凝析油稳定装置单元停车、甲醇再生装置单元停车；井丛紧急停车（单个井丛紧急停车不会影响其他井丛和 CPF 的正常生产）、井丛过程停车、CPF 消防设备远程启动、操作旁路开关及指示等。由于篇幅原因，在此只以中央处理厂紧急停车；燃料气单元、凝析油稳定装置、甲醇再生装置、导热油炉单元停车；井丛紧急停车为例进行说明。

**（1）中央处理厂紧急停车**

当中央处理厂出现大量天然气、凝析油、甲醇泄漏，以及火灾、爆炸等人员无法控制的情况时，中控室值班人员手动触发 ESD 紧急停车按钮，安全仪表系统将自动对 CPF 紧急停车；当空压机仪表风出口的三个压力变送器中，有两个压力低低报警时，安全仪表系统将自动对 CPF 紧急停车，操作人员无法干预。CPF 全厂紧急停车程序启动后，南、北干线进 CPF 的入口联锁阀关闭，两套脱水脱烃装置的入口分离器入口联锁阀、液相出口阀、气相出口联锁阀关闭，气相入口放空阀、出口放空阀打开，低温分离器液相出口联锁阀、气相出口放空阀关闭，醇烃液加热器导热油入口联锁阀关闭，三相分离器凝析油出口联锁阀、甲醇出口联锁阀、闪蒸气出口联锁阀关闭，醇烃液换热器稳定凝析油入口联锁阀关闭，三相分离器放空阀打开，CPF 装置出口关断阀关闭，出口放空阀打开，高、低压放空分液罐输液泵停止；高、低压放空分液罐液体出口阀关闭，高压燃料气罐进口管线放空阀打开。

**（2）燃料气单元、凝析油稳定装置、甲醇再生装置、导热油炉单元停车**

所有运行的机泵停止运行。井丛所有气井的井下安全阀 SCSSV、井口主阀 SSV、流量控制阀 FCV、井丛出口紧急切断阀 SDV 关闭，甲醇、缓蚀剂注入泵停止，井口液压控制盘内的变频泵停止。同时，CPF 和井丛现场声光报警启动，DCS 的操作界面上有报警信息和提示。正常时，所有的输入信号都为高电平，当输入信号中有一个是低电平时，逻辑联锁动作，并且要自保联锁，当联锁条件被解除时，用 RESET 恢复正常。正常时按 RESET 按钮无效。这样实现的作用是符合失电安全的要求，并且操作人员在报警条件未清除情况下，按下 RESET 按钮也不会导致现场设备的误动作。

**（3）井丛紧急停车**

当中央处理厂紧急停车时，所有井丛的安全仪表系统将自动对井丛进行紧急停车；当某个井口的温度感应开关报警时(认为此井口着火)，该井丛的安全仪表系统将自动对此井丛进行紧急停车；当操作员工发现某个井丛有大量天然气、甲醇泄漏，人员无法控制时，可手动触发现场的 ESD 按钮，该井丛的安全仪表系统将对此井丛进行紧急停车。井丛紧急停车程序启动后，井丛所有气井的井下安全阀 SCSSV、井口主阀 SSV、流量控制阀 FCV、井丛出口紧急切断阀 SDV 关闭，甲醇、缓蚀剂注入泵停止，井口液压控制盘内的变频泵停止工作。同时，井丛现场声光报警启动，DCS 的操作界面上有报警信息和提示。

## 七、长北电力系统安全设计

长北作业分公司中央处理厂工艺装置有入口分离、丙烷制冷、压力提升、热油炉及辅助设施等部分。本节主要描述其各流程的用电设备供电、配电、防雷、防静电及接地。

根据国家标准 GB 50052—2009《供配电系统设计规范》中有关负荷分级的规定，企业大部分用电属三级负荷；少部分为一级负荷；仪表信息系统及报警电源为特别重要负荷。

### 1. 供电

电源陕京二线榆林电驱压气站 110kV 变电所可满足长庆油田榆林南区和长北气田的用电要求。从陕京二线榆林压气站 110kV 变电所 10kV 侧两段母线上各取 1 回电源，采用 110/10kV 交联聚乙烯绝缘聚氯乙烯护套铠装电力电缆直埋引至中央处理厂(CPF)。处理厂建有一座 10/0.4kV 变电所作供电，从 CPF 引出双回路 10kV 架空线路专线至井丛。污水处理、罐区配电室供电电源由装置区变电所提供，给水站电源由控制中心变电所提供。

CPF 内消防控制系统、部分内部通信系统、部分应急照明等，采用 UPS 或直流电源装置供电。在变电所内设有 740kW 发电机，为一级负荷供电；30kV · A UPS 不间断电源为仪表用电负荷、厂区报警控制器、通信、电视监控、安防等提供不间断电源。仪表、通信用电负荷采用 UPS 供电，供电时间为 30min。井丛装置停电时间要求小于 1.5s 的特别重要负荷，采取小容量 UPS 不间断电源装置(3kV · A)供电。

### 2. 变配电

(1) CPF 界区内设有一座 10kV 变、配电所，位于厂区西侧，靠近上级 110kV 变电所；该主配电所与装置区变电所合建，建筑物内包括高低压配电室、高压电容器室、控制室、

10/0.4kV 变压器室、备品备件室、卫生间、柴油发电机房、储油间等；10kV 开关柜及电容器柜均采用成套配电装置，10kV 侧结线型式与低压侧结线均为单母线分段，由 4 台(控制中心变电所 2 台)变压器承担 CPF 界区内全部用电负荷。10kV 用电设备由 10kV 母线直接供电，10kV 开关柜与低压成套开关柜户内双列布置，变压器室内设 10/0.4kV、1600kV · A 干式变压器柜 2 台。

（2）控制中心变电所设独立变压器室，变压器为 2 台 10/0.4kV、400kV · A 干式变压器，低压成套开关柜配电室内双列布置，UPS 室内设 UPS 一套。

（3）污水处理低压配电室供电电源由装置区变电所提供，低压成套开关柜户内单列布置，UPS 室内设 UPS 一套。

（4）罐区低压配电室电源由装置区变电所提供，低压成套开关柜户内单列布置。

（5）给水站低压配电室电源由控制中心变电所提供，低压成套开关柜户内单列布置。

（6）井丛站外设 10kV 杆上变电所 2 座，变压器容量为 50kV · A，电压为 10/0.4kV。

（7）爆炸危险区域划分、防雷、防静电及接地情况：

CPF、井丛的主要建筑物、构筑物按第二类防雷建筑物的要求设防，工艺设备、塔架、地面管道、建筑物、配电机柜、中控仪器仪表等均设置。

对于防静电接地，装置区以释放源为中心，7.5m 半径范围内为爆炸危险区域 2 区，如遇沟坑、封闭场所为 1 区。全厂接地装置的接地干线和支线采用镀锌扁钢，接地极采用镀锌角钢，变配电间设避雷针保护，避雷针设独立接地装置；全厂共用接地电阻不大于 1Ω。厂区接地系统为 TN-S；配电方式采用放射式。断路器设有短路及过载保护。插座回路设有漏电保护。采用调谐滤波电抗电容补偿装置在变电所集中补偿，补偿后的功率因数达到 0.9 以上。

### 3. 增加井丛双电源供电控制回路的保护功能

由于井丛双电源供电的交流接触器在它的供电电压异常时工作，才导致接触器被烧毁，井丛供电异常，这就要确保交流接触器的工作电压在它的允许范围内，对交流接触器的控制回路工作电源采取保护装置，确保交流接触器控制回路的工作电压在它的工作范围内，井丛配电柜使用的是 ABB 成套配电柜，通过网上查找、选型、对比、筛选，长北采取在交流接触器的控制回路上加装品牌为 ABB 的三相电压监视器。

原理：当 ABB 三相电压监视器的 L1、L2、L3 任意一相缺相或异常时，它的工作电压就不正常，超出了三相电压监视器的工作电压，这样三相电压监视器就停止工作，它工作时闭合的触点断开，切断它控制的回路。

三相电压监视器的工作电压：当 L1、L2、L3、-N，为 185~265V，正常工作，它的常开触点闭合。

三相电压监视器的保护值：当 $U>265$V，或 $U<185$V 时，三相电压监视器将停止工作，它的闭合触点断开，控制回路断电，停止工作。

4. 三相电压监视器在控制回路中的安全设计

在交流接触器控制回路中，将三相电压监视器的常开触点串联到交流接触器的控制回路中，当电压正常，三相电压监视器工作时，常开触点闭合，接通交流接触器控制回路，交流接触器正常工作，主电源投用。当电压异常，电压超过三相电压监视器的工作电压时，三相电压监视器停止工作，闭合触点断开，切断交流接触器的控制回路，使交流接触器停止工作。同时，备用供电电源通过自动控制投入运行，不仅保证了在主电源供电异常的情况下，井丛双电源供电交流接触器不被烧毁，而且，井丛用电能安全地切换到备用供电电源，保证正常生产。

改造前后井丛双电源供电接触器及控制回路的安装图对比见图 3-19、图 3-20。

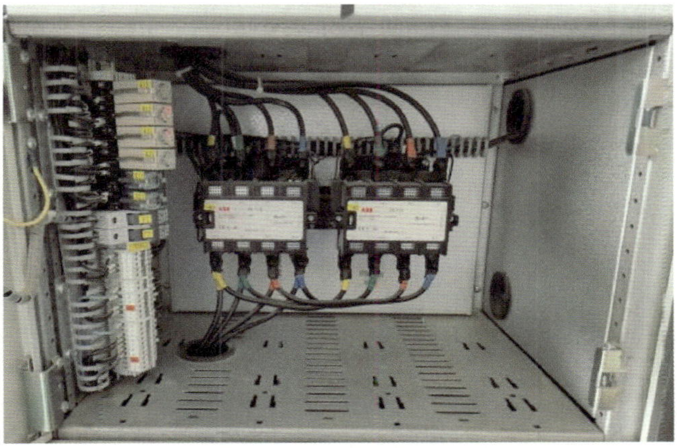

图 3-19 改造前井丛双电源供电接触器及控制回路的安装图

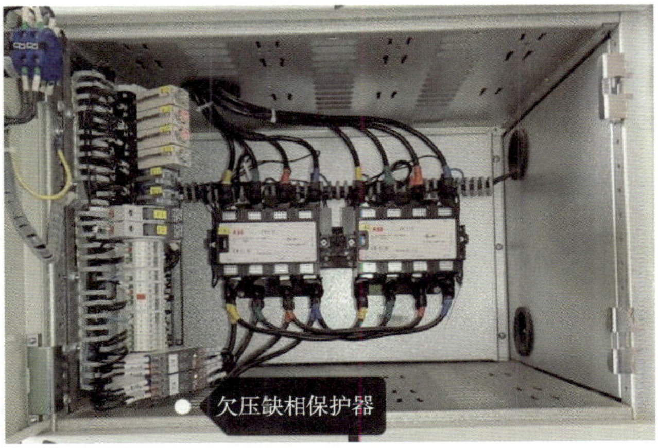


图 3-20 改造后井丛双电源供电接触器及控制回路的安装图

改造完成后，增加的三相电压监视器安装位置足够，几乎不占用控制柜的空间，不影响原有配电柜的整体安全性能及周边电气元件的散热情况，配电柜内电气元件的性能完好。

改造完成后，通过后期使用，三相电压监视器工作正常。在高压线路发生高压跌落保险掉相，缺相运行时，低压端的控制回路中的三相电压监视器能及时起到保护作用，能够及时停止工作，将井丛双电源供电主电交流接触器控制回路切断，使交流接触器停止工作，保护交流接触器不被烧毁，同时投用备用电源给井丛供电，保证了井丛配电系统供电正常，正常生产。通过对控制回路的改造，达到了小投入、小改造、大产出的效果，解决了电气供电回路存在的安全风险和井丛供电异常的情况。

改造完成后，通过使用，没有再发生交流接触器因缺相而烧毁或供电不正常烧毁电气设备的现象，避免了购买更换交流接触器和更换人工费用，节约了生产成本。也避免了夜间井丛供电异常抢修时的安全风险，同时彻底消除了因停电造成产量损失的风险，有力保障了天然气生产正常运行。

# 第四章

# 设备本质安全

# 第一节 设备本质安全管理

设备本质安全管理是针对设备如何实现或尽可能接近本质安全而实施的一系列调节、控制行为或过程的总称，用以保持和持续提升设备的本质安全水平，是一种基于“本质安全”理念的安全管理模式，重视企业设备的“固有安全能力”的保持和提升，着眼于提升企业事故预防能力建设，强调对事故的“根源控制”和“超前预防”。

## 一、设备安全

设备安全管理的目的是要在设备寿命周期的全过程中，采用各种技术措施，如设计阶段采取安全设计，提高防护标准，使用维修阶段制订安全操作规程、安全改造、改善维修等；组织措施，如安全教育、事故分析处理、安全考核审查等，消除一切使机械设备遭受损坏，避免事故的发生，实现安全生产，保护职工的人身安全与健康，提高企业经营管理的经济效益。

通常导致事故的原因有人的不安全行为、物的不安全状态、环境的不良因素及管理上的缺陷。因此消除设备和环境的不安全状态是确保生产系统安全的物质基础，消除设备的不安全状态首先要消除其有害因素。

设备的危害因素分为机械性与非机械性两大类。机械性危害因素包括静态危险，如刀具的刀刃、机械设备突出部分、飞边等；运动状态下的危险，如接近危险、经过危险、卷进危险、打击危险、振动夹住危险、飞扬打击危险等。非机械性危害因素包括电击伤、灼烫和冷冻危害、振动危害、噪声危害、电离辐射危害、化学物危害、粉尘危害等。

### 1. 设备安全遵循的原则

（1）消除潜在危险原则：在工艺流程中和生产设备上设置安全防护装置，增加系统的安全可靠性，即使人的不安全行为发生，也会由于安全装置的发挥作用而避免伤亡事故的发生。

（2）减弱原则：当危险和有害因素无法根除时，应采取措施使之降低到人们可以接受的水平。

（3）距离防护原则：生产中的危险因素对人体的伤害往往与距离远近有关，依照距离危害因素越远，事故的伤害越小的道理，采取安全距离防护显然是有效的。

（4）坚固原则：以安全为目的，提高设备的结构强度，提高安全系数，尤其是在设计时充分运用。

（5）设置薄弱环节原则：是指利用薄弱的元件，在设备上设置薄弱环节，在危险因素未达到危险以前，已先将薄弱元件破坏，使危险范围缩小或使危险终止。

(6) 互锁原则：是指以某种方法使一些元件强制发生相互作用，以保证安全运行或操作。如高压配电屏的网门，当合闸送电后就自动锁上，维修时只有拉闸停电后网门才能打开，以防止触电。

(7) 自动化原则：在不能用其他办法消除危险因素的条件下，为摆脱危险因素对操作人员的伤害，可用机器或自动控制装置操作。

### 2. 实现设备安全的途径

实现设备安全的途径主要有：设备的本质安全化；面向设备使用过程的安全管理；采用安全防护装置；采用控制技术消除或减弱不安全因素；加强设备的安全管理。

设备的本质安全化是为使设备达到本质安全而进行的研究、设计、改造和采取的各种措施的最佳组合。本质安全的设备具有高度的可靠性和安全性，可以杜绝或减少伤亡事故，减少设备故障，从而提高设备利用率，实现安全生产。本质安全化要求对人—机—环境系统作出完善的安全设计，使系统中物的安全性能和质量达到本质安全程度。要实现设备的本质安全，需从以下三个方面入手。

(1) 设计阶段：采用技术措施来消除危险因素，使人不可能接触或接近危险区，如将危险区域完全封闭，采用安全装置，实现自动化等都是设计阶段应该解决的问题。

第一，设备的设计必须具备完善的安全卫生技术措施，设备及其零部件必须有足够的强度、刚度、稳定性和可靠性；不准向工作场所和大气排放超过国家标准规定的有害物质，不应产生超过国家标准规定的噪声、振动、辐射和其他污染，对有可能产生的有害因素，必须在设计时采取有效措施加以防护，必须有直接安全卫生措施、间接安全卫生技术措施以及提示安全卫生技术措施。第二，设备的设计必须具有良好的适应性。第三，设备设计使用的材料要具有良好的安全卫生性能，即用于制造生产设备的材料，在规定的使用期限内必须能承受在规定使用条件下的物理、化学和生物作用；在正常使用环境下，对人有危害的材料不用来制造设备；禁止使用能与工作介质发生反应而造成危害的材料；处理可燃气体、易燃和可燃液体的设备，其基础和本体应使用非可燃材料制造。第四，设备应具有良好的稳定性。第五，设备的操纵器、信号和显示器应满足安全技术并符合人类工效学原则。

(2) 操作阶段：建立有计划的维护保养和预防性维修制度，利用故障诊断技术，及时发现故障并处理。对安全装置进行定期检查，保障安全装置始终处于可靠状态，以及提供必要的个人防护用品等。

(3) 管理措施：指导设备的安全使用，向用户及操作人员提供有关设备危险因素的资料、安全操作规程、维修安全手册等技术文件；加强对操作人员的教育和培训，提高操作人员发现及处理不安全因素的能力。

设备使用要求做到安全、合理。一方面要制止设备使用中的蛮干、滥用、超负荷、超性能、超范围，造成设备过度磨损、寿命降低，导致安全事故。另一方面要提高设备使用效率，避免设备因闲置而造成的无形磨损。实行设备使用保养责任制；实行操作证制度；操作人员必须按规程要求搞好设备保养，保持设备处于良好技术状态；创造良好的设备使用环境；合理组织生产；培养设备使用、维修、管理队伍；建设设备资料档案管理制度。

## 二、设备维修

在现代企业管理中，设备维修已成为企业安全、可靠生产的重要保障。随着生产的机械化、自动化程度越来越高，任何一台设备、任何一个环节出现异常都有可能会导致整个企业生产过程的停滞甚至瘫痪，造成以往所不可比的严重影响，对企业的经营战略目标构成直接威胁。石油天然气属于易燃物品，从保障人员安全、保护环境、承担企业社会责任等方面考虑，保障设备的安全、可靠运行对石油天然气生产企业就显得尤为重要。

### 1. 设备维修的意义

设备维修是以企业生产经营目标为依据，以提高设备效能为目的，在调查研究的基础上，运用各种技术、经济和组织措施，对设备在使用与运行、维护与修理、改造、更新直至报废的过程进行的管理。实质上，设备维修研究就是对设备运动过程中存在的物质运动和价值运动形态进行研究。

物质运动形态是指设备在使用过程中发生的磨损、疲劳、腐蚀等性能劣化，需要检测、修复、改造、更换，直至报废处理的过程，其重点是设备的可靠性、维修性和工艺性；价值运动形态是指设备在生产过程中的资金转化，即将设备原有的价值和维修费用通过提取折旧和计入生产费用，逐步转移到产品成本中去，从而导致设备净值不断减少，其重点是设备价值的转换和资金的补偿、维修费用的经济性、新设备投资与设备技术改造的经济性评价等。因此，设备维修的研究领域十分广泛，并与现代工程技术和管理科学的理论发展密切相关。

目前，随着机械化和自动化的发展以及设备复杂性的增加，设备维修成本在企业总成本中的比重大大增加，欧美一些国家企业的设备维修成本平均每年增长 10%~17%。美国自 1979 年开始，工业企业的维修费用每年提高 10%~15%，在有些企业里甚至已成为仅次于能源消耗的预算部分，一般占 30% 左右。良好的设备状态成为确保企业生产安全、稳定、长久、满意、优质运行的前提，也是确保产品质量的关键。在这种环境下，许多企业开始认识到，它们需要一个可操作、实用、有效的维修管理系统，以便对生产经营系统、生产设施及相应的产品实施及时有效的维修，确保企业安全、可靠地运行。由此，设备维修管理就由过去的幕后二线走到了今天竞争焦点的台前，设备维修成为企业安全、可靠生产的重要保障。

### 2. 设备维修发展阶段

18 世纪资产阶级工业革命，改变了企业原有的生产方式，机械设备逐步加入工业生产中，并且发挥越来越大的作用。随着设备复杂程度的增加，企业对设备维修能力的要求也逐步提高，设备维修逐渐成为一个独立的专业。在泰勒的科学管理思想被普遍接受的同时，设备维修管理作为企业管理的一个单独组成部分而独立出来。随着工业生产的发展，设备现代化水平的不断提高，设备维修模式大致经历了四个发展阶段：

**（1）事后维修阶段（1950 年之前）**

该模式存在于 1950 年之前，其特点是在设备发生故障以后才进行维修。事后维修模式的特点是认为机械设备在使用中发生故障是不可预知的，只有等出了故障再去维修它，不坏不修。因此，这一阶段的维修不被认为是什么科学，只是一门技术，这个阶段没有系统的维修工程理论，只有一些相关的维修概念。

事后维修模式又分为兼修方式和专修方式。20 世纪 40 年代以前采用的是兼修方式，即设备的操作人员也就是维修人员。由于当时设备简单，机械化程度不高，日常除了简单的清洁、润滑等维护工作以外，很少进行系统的维修，只是凭经验来排除故障。操作人员通过眼看、耳听、手摸等直观判断来发现和排除故障。随着设备技术复杂程度的不断提高，操作人员兼任维修工作显示出在能力和时间上的局限性，因此有了分工，即操作人员专门操作，维修人员专门维修，形成了专修方式。

**（2）预防维修阶段（1950~1960 年）**

这一阶段技术设备基本上属于机械设备，因此设备出现的故障大多数是磨损类型的机械故障，也就是说设备的可靠性是随工作时间的增加而下降的。随着生产对这些设备依赖性的增长，停机就变成了至关重要的问题。为了预防故障的发生，逐渐形成了预防性维修的概念，维修发展到了预防维修阶段。这种维修与事后维修相比，明显在预防故障、减少停机、提高效益等方面有较大的优越性，逐渐成为技术设备维修中的主要方式。

预防维修模式有两大分支，一个是以苏联为首的计划预修体制，另一个是以美国为首的预防维修体制。计划预修体制以固定保养期为特征，旨在通过计划对设备进行周期性的维修。其中包括按照不同设备和不同使用周期安排的大修、中修和小修。一般情况下设备一出厂，其维修周期基本上就确定下来，这种模式的优点是可以减少非计划故障停机，将潜在故障消灭在萌芽状态，缺点是维修的经济性和设备基础保养考虑不够。由于计划固定，较少考虑设备使用的实际、负荷情况，容易产生维修过剩或维修不足。我国自 20 世纪五六十年代以来的工业受苏联影响较多，也基本采用这种维修体制。

以美国为首的预防维修体制，是以定期检查为特征，通过周期性的检查、分析来制定维修计划的管理方法，其优点是可以减少非计划的故障停机，检查后的计划维修可以部分减少维修的盲目性；其缺点是由于当时检查手段、仪器仍比较落后，受检查手段和检查人员经验的制约，可能使检查失误，进一步使维修计划不准确，仍可能造成维修冗余或不足。

虽然这两大体系在形式和做法上有所不同，效果上也有差异，但是这两大体制本质相同，都是以摩擦学为理论基础，具体实施可以概括为：“定期检查、按时保养、计划修理”。

**（3）生产维修阶段（1960~1970 年）**

这一阶段，设备的维修发展为生产维修制。生产维修制是以预防性维修为中心，兼顾生产和设备设计制造而采用的多样、综合的设备管理方法，以美国为代表的西方国家多采用此维修管理体制。在这一阶段，以预防维修为中心，开始考虑设备生产、设计等环节的可靠性，出现了可靠性、无维修性设计的思想。对重点设备实行预防维修，对一般设备实行事后维修。

生产维修由四部分内容组成，即事后维修、预防维修、改善维修、维修预防。这一维修体制突出了维修策略的灵活性，吸收了后勤工程学的内容，提出了维修预防、提高设备可靠性设计水平以及无维修设计思想。

**（4）各种设备维修管理模式并存阶段（1970 年至今）**

从 1970 年开始，随着生产过程自动化、无人化水平的不断提高，如何提高设备综合效能的问题已经越来越受到企业的关注，企业不再只考虑设备的某些单一方面内容，而是从经济、技术等多方面加以综合考虑，设备综合管理的作用和重要性与日俱增，设备维修进入各种设备维修管理模式并存的阶段。

该时期主要的代表理论有英国的设备综合工程学（Terotechnology）、日本的全员生产维修（Total Productive Maintenance，TPM）和美国的后勤学（Logistics）。这三种典型的现代设备管理理论都是以设备的生命周期为研究对象，追求设备寿命周期费用的最优化，同时，这三种理论都涉及可靠性的问题。三者的区别是后勤学的范围最广，不仅对设备，而且还谋求降低产品、系统、程序的寿命周期费用；设备综合工程学虽然是仅针对设备，但也涉及从制造到设备维修的全过程；而全员生产维修制则是以主动、积极的态度进行设备的保养和维修，管理的范围主要是企业内部，微观的设备管理和具体的管理方法。这一阶段总的特点是不仅仅局限于技术方面的考虑，而且从经济、管理等多方面入手。

设备维修理念的演变过程可用维修期望值的增长来说明，如图 4-1 所示。

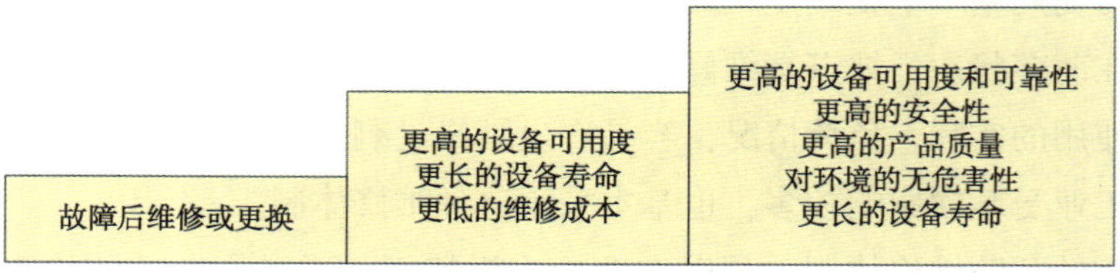


图 4-1　维修期望值的增长

## 3. 国内设备维修现状

从总体上讲，我国石油企业设备维修管理许多方面还是传统经验型的、规定型的，长期以来形成的旧的维修观念很难改变。在设备维修管理中，普遍存在着维修成本偏高、维修资源配置不合理的现象，生产装置的长周期运转水平与世界跨国石油公司相比差距明显，其原因主要有以下几个方面：

**（1）维修方式以事后维修和定期预防维修为主**

在过去几十年中，受国家计划经济体制的影响，我国石油企业一直沿用事后维修和定期预防维修的方式，虽然部分企业采用了状态监测与故障诊断技术，但该技术在石油企业的应用还未成熟，有待于进一步的探索，而且由于实际生产过程中影响设备运行状态的因素很多，如设备的使用工艺条件、设备的操作、维修/保养的水平和备件的质量等，这些因素很难进行定量的评价，所以设备的实际运行状况很难准确地估计。而且随着生产规模的不断扩大，设备结构越来越复杂，对维修技术要求也越来越高，传统维修方式未按设备的实际状态来进行维修，容易产生"维修过剩"和"维修不足"的现象。

维修过剩是指对状态较好的设备，进行不必要的维修，造成设备有效利用时间减少，人力物力财力相对浪费，甚至引发维修故障。维修不足是指由于多种原因在检修期未到时产生局部故障，但受维修计划制约，不得不带病运行，有时故障的恶化造成维修代价和维修费用增大以及不必要的事故损失。

在当前企业所处的宏观背景和微观环境下，传统的粗放型的维修管理模式已经不适应现代化设备管理的需要。

**（2）维修决策缺乏科学的定量分析依据**

在传统的维修决策中，主要依据设备制造厂的建议和维修人员的经验，缺乏科学有效的定量分析，因而设备的维修方式缺乏针对性和精确性，维修人力、物力资源不能得到合理配置，维修的经济性和有效性、设备的安全性和可靠性不能得到真正的保证。维修的盲目性、计划检修标准项目和非标准项目及其执行频度基本依靠经验制订，而不是建立在科学、系统地分析设备故障的基础上，维修项目不能做到对症下药，维修中认为所有的项目都很重要，不可忽视，维修重点不突出，资源分配不合理，不该修的修得太过，该修的却未能引起足够重视。

**（3）基础资料的保存不完善，查询困难**

在大部分石油企业，设备相关信息的记录和保存还采用传统的手工管理方式，效率低下，信息的保存不完善，而且维修管理各个部门各自为政，易形成"信息孤岛"。对于设备数量多和技术密集型油(气)生产企业来说，海量设备相关数据的存储和查询困难，造成各部门之间信息沟通不及时，同时各个部门之间的利益冲突也导致维修管理比较混乱，故障的处理和维修的效率不高，结果带来了较多的故障损失。

**（4）石油天然气生产设备结构和工艺条件复杂**

石油天然气生产装置是一个人—机—过程—环境相互作用的复杂系统，石油天然气生产装备备件品种多、型号多、数量大，实现标准化困难，存在着大量的非标产品。由于物料、环境、操作工况不尽相同，再加上工艺过程参数经常变动，安装维修和运行操作中，由于操作、维修人员素质的差异造成随机性设备故障的比例加大。

# 第二节　长北设备本质安全

近年来，世界上越来越多的企业认识到设备维修维护在企业生产中的重要性，“维修是生产力”已被许多大型生产企业，特别是跨国公司所认同。进入21世纪，世界工业面临着新的挑战，“一个成功的企业必须具备世界级的维修管理”。对于石油天然气企业来说，加强设备维修与管理，对提高设备的可靠度、保证安全生产、提高生产率、降低原材料损耗、减少环境污染、节约能源、降低成本、增加企业的经济效益等方面，具有非常重要的作用。

长北项目属于天然气上游企业，其生产工艺系统中广泛使用机泵、压缩机、风机、控制阀、压力容器等设备，这些设备与人、环境等共同构成一个由人—机—过程—环境组成的复杂系统。在此系统中，由于天然气开采、输送等为连续化作业，其工艺介质为易燃、易爆的化学物质，系统中设备一旦发生故障，不仅会造成巨大经济损失，而且可能导致重大的人员伤亡和环境污染事件。因此，要确保设备安全、可靠以及资产的完整有效，维修维护是最重要的技术手段。长北项目管理体系中的设备维护维修管理采用了维护维修完整性实施(Maintenance Integrity Execution，MIE)管理体系。MIE管理体系是生产过程中一个先进的、系统的设备资产安全运行管理体系，其管理思想、管理技术和管理方法代表着目前和未来国际顶尖石油公司的管理方向，其作用发挥在保证资产完整性目标中居于核心位置。

## 一、长北项目实施MIE的必要性

长北项目作为中国石油与壳牌石油的合作项目，其在设备维修管理方面运用和实施OE-MIE管理体系前，采用的是长庆油田天然气企业设备维修的通用模式，与国内企业传统的设备维修模式相比，具有一定的优势，具体表现在以下几个方面：

(1) 初步树立新的设备综合管理的概念，追求设备的综合效益，研究设备寿命周期费用问题。

(2) 改变原来的对设备只满足于恢复原状、不重视采用新技术改造设备的做法，采用新的修理和改造相结合的方式，以提高设施的性能。

(3) 初步建立了设备预防维修制，以设备技术状态为基础，与计划修理相结合，开始应用设备状态检测和故障诊断的科学手段，采用了比较灵活的维修方式。

(4) 设备维修管理横向联系有了新的发展，各种形式的设备维修联合体、专业维修公司、维修和改装技术服务中心以及闲置设备的调节利用等正在发挥着作用。

然而，与先进的设备维修管理相比，原来的维修模式仍存在着一些缺陷和局限性，其管理总体上仍然采用的是传统集中维修体制。这种维修体制存在一些弊端，具体表现在以下几个方面：

（1）企业设备维修目标还不十分明确，这容易产生维修预算分配不适宜问题。由于缺乏明确的目标，企业难以建立系统的组织或无法搭建符合设备维修实际的组织基础平台，而设备维修组织是改进设备维修效能的先决条件。

（2）多数企业缺少完整的设备维修计划系统，缺乏对设备维修管理的系统研究和开发。多数情况下，设备维修只是简单地更换一下不能再使用的零部件，几乎不进行任何的失效分析。此外，企业经常把计划和监控功能混淆起来，造成设备维修管理系统失灵，常常是被动式的而不是主动式的维修。

（3）维修不及时。由于维修部门管得面宽，有时只重视大修和大型维修项目，对生产过程中发生的故障维修照顾不过来，给生产带来影响。各工种之间有时发生互相推诿现象，易发生互相间工作不协调的矛盾，影响了维修效率，耽误了生产。

（4）维修部门不参与生产系统的开发，维修和生产这两个功能部门之间普遍地缺乏集成。维修和生产职能部门之间协调难度大，反映在调度冲突、停产、人员培训、过量库存等方面。

（5）维修费用高。在日常维修过程中，存在维修不彻底或维修过剩现象，通常用大量的维修库存办法来解决要求及时维修的问题；维修人员的加班时间占维修总时间的比例为20%~40%。不进行适当维修所造成的生产损失常常是维修所用费用的几倍、十几倍甚至上百倍。

（6）企业缺乏维修资源。由于这种例子司空见惯，企业对执行日常操作的偏重，削弱了进行长期维修计划的能力。而且，维修计划与维修监督的职能混淆不清，造成监督多于计划，激励维修人员进行主动维修的力度不够。

（7）在大多数场合，维修尚处于手动阶段，自动化程度较低；维修系统的智能性和开放性不强，拓展和升级困难，技术使用寿命较短。

以上存在的种种设备维修问题，一方面制约了企业设备维修的发展，另一方面，则加大了企业发生风险、事故的概率，降低了企业效益和竞争力。长北项目要成为中国石油与国外著名石油公司合作的成功典范，其在设备维修方面需要采用国际上设备维修先进的管理技术和模式，因此，长北项目在设备维修中采用了壳牌公司 OE 管理系统的维护维修完整性实施（MIE）管理体系。其体系中融入了目前各种先进的设备维修管理理念、方法和技术，是目前第四代设备维修理论的综合体现。MIE 管理体系能有效地提高设备的完好率和可靠性，保证油（气）田企业正常、安全地生产运行，是石油天然气生产企业设备维修管理的一个行之有效的管理模式。

## 二、MIE 基本框架

### 1. OE-MIE 管理体系内涵

MIE 必须将其翻译为维护维修完整性实施，因为维护管理与维修管理是两个不同的概念。Maintenance planner 在做全年计划时只是做全年的 PM 计划，也叫预防性维护或者叫维护管理计划，维修是在后面通过检查设备发现问题而进行修理，指的是 CM。

OE-MIE 又称维护维修完整性实施（MIE），属于第四代维修管理模式。OE-MIE 管理体系是指按照成熟的维修体系，以生产设施的预防性维修和矫正性维修为核心，以实现生产设施的安全可靠运行，确保设备的完整性，避免不安全事故的发生为目标，基于 SAP 系统建立的综合性设备维修管理体系。

从系统论的观点来看，OE-MIE 管理是将设备维护维修管理作为一个系统工程，以维护维修管理理论为基础，运用系统化的方法和步骤，从系统集成的角度出发，综合考虑资源的合理利用、环境保护、安全生产等问题，通过组织、技术、经济三个方面，进行设备维修和维护的综合管理系统。

### 2. OE-MIE 管理体系实质

**（1）OE-MIE 管理体系的目标是实现资产完整性**

对 OE-MIE 来说，资产完整性主要体现在四个方面，一是没有设备故障造成的各种生产责任事故；二是各种设备都在良好的状态下按照设计要求工作；三是尽可能减少由于设备故障或者设备检修造成的停工时间；四是各种设备达到最大的使用寿命周期。

**（2）OE-MIE 是一套综合的设备维护维修管理模式**

OE-MIE 是一套建立在科学技术进步，尤其是监测和诊断技术发展的基础之上的、优化的综合设备维修管理模式，它根据不同设备的重要性、可控性和可维修性，科学合理地选择不同的维修方式。OE-MIE 的实施是以设备当前的工作状况和设备使用时间为依据，通过先进的状态监测手段、可靠性评价手段及寿命预测手段，判断设备的状态，识别故障的早期征兆，对故障部位及其严重程度、故障发展趋势作出判断，并根据分析诊断结果进行维修和维护。这种维修模式明确了维修目标和维修时机，提高了设备的可用率，降低了设备的故障率，减少了维修费用。

**（3）OE-MIE 是针对性维护维修**

OE-MIE 着眼于每一台设备的具体运行状况，以设备的真实状态以及设备的实际使用时间作为维修的依据，通过状态监测技术收集设备状态信息，并利用各种先进的技术和方法对被监测设备的真实状态进行评估，根据评估的结果来决定是否维修，何时维修。

OE-MIE 克服了维修的盲目性，缩短了维修时间，提高了设备利用率，并有效减少了由于维修不足而引起的意外故障，同时也有效减少了由于过度维修所带来的资源浪费。

**（4）OE-MIE 是完整的技术管理活动**

OE-MIE 的管理活动是从资源需求开始，再通过定义目标（即使得企业能够卓越运行），定义维修工作的要求，即建立维修标准，制定具体、详细的操作规范，建立相应的评价体系等。然后，根据目标和要求，建立维修程序，落实行动计划，执行工作指令（工单），使设备达到生产需要的技术状态。此后要报告故障状态，评价设备技术水平，准备改善任务，进一步执行改善维修，即实现整个资产的技术完整性。

OE-MIE 管理活动如图 4-2 所示。

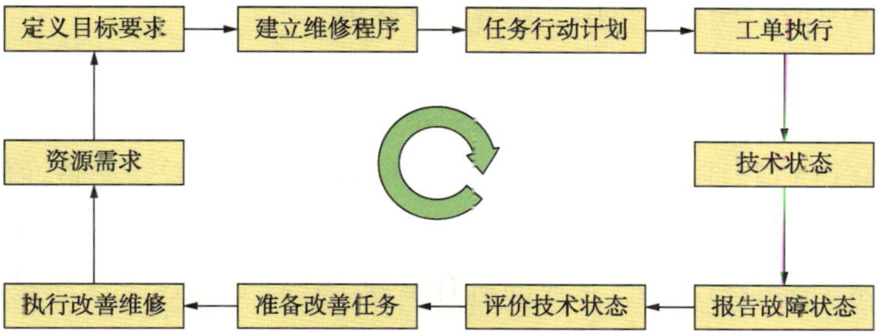


图 4-2 OE-MIE 管理活动图

**（5）OE-MIE 是计划性维修**

OE-MIE 是有计划的维修，而且这种计划是建立在设备实测“状态”的基础上。OE-MIE 强调有计划地进行检测，也强调提前对各种可能的故障作出相应的预案，计划好维修措施，计划适时适度修理，因此它的计划更加符合实际。

**（6）OE-MIE 是基于预测的维修**

OE-MIE 利用监测技术对设备的运行状态进行监测，通过故障诊断技术和寿命预测技术对设备故障进行早期诊断，并对未来的发展趋势进行预测，因此维修人员可以根据设备诊断和预测的结果，综合考虑企业的生产安排、备品备件、维修力量等各方面因素，提前做好维修前的各项准备工作，在维修方案的制定以及维修时间的安排上更加灵活。

### 3. OE-MIE 管理体系构成

**（1）MIE 的构成**

OE-MIE 管理体系由两部分构成，即技术完整性保障（Integrity Assurance，IA）和维护维修的实施（Maintenance Execution，ME），可用下述公式表示。

$$MIE=IA+ME$$

技术完整性保障（IA）是指在正常运行条件下，基于 HSSE 要求对生产设备设施系统的各组成部分进行合理划分和优化，确保设备设施能够执行性能标准，进而确保整个资产的安全、可靠、完整。技术完整性保障的核心是建立“完整性保障任务”，最有效地降低设备设施损坏及事故发生的风险，以提高生产运行的安全性、可靠性。因此，所有的维护维修工作应在进行风险评价的基础上，对维护维修决策进行优化，制订出规范的、科学的维护维修计划，以此来实现资产的安全和完整性。

维护维修的实施（ME）是指维护维修工作的准备、计划和执行等一系列的操作、执行过程，其主要要求就是能够在第一时间按时正确地执行工作，进而提高工作效率，减少浪费，提高生产效率。维护维修的实施（ME）又分为预防性维修（PM）和矫正性维修（CM）两个部分。预防性维修(PM)是指根据完整性保障(IA)要求，按照固定的设备维修计划，定期对设备状态进行的检查、状态诊断、定期更换，以保障设备的可靠运行，进而为实现资产的完整性服务。矫正性维修(CM)是指对发生故障的设备修复过程。

由此可见，MIE 管理体系又可用下述公式来表示。

$$MIE=IA+(PM+CM)$$

**(2) OE-MIE 管理体系中 IA 和 ME 的关系**

就完整性保障(IA)和维护维修的实施(ME)两者的关系来看，完整性保障(IA)是整个 MIE 系统的目标，也是 ME 的标准和行动规范。完整性保障(IA)的核心是对设备的维修工作提出目标、要求、标准和方案。企业的所有维修工作都是通过完整性保障体系建立完整性保障任务，并将维修分解为预防性维修任务和矫正性维修任务。而维护维修的实施(ME)就是预防性维修(PM)和矫正性维修(CM)的执行过程。通过有效执行所建立的 PM 任务和 CM 任务，可以合理地提高资产的运行效率，减少浪费，并进一步提高整个生产的效率，同时可以通过经济有效的准备、计划、执行工作，加强成本及费用的管理。

完整性保障(IA)和维护维修的实施(ME)的关系如图 4-3 所示。

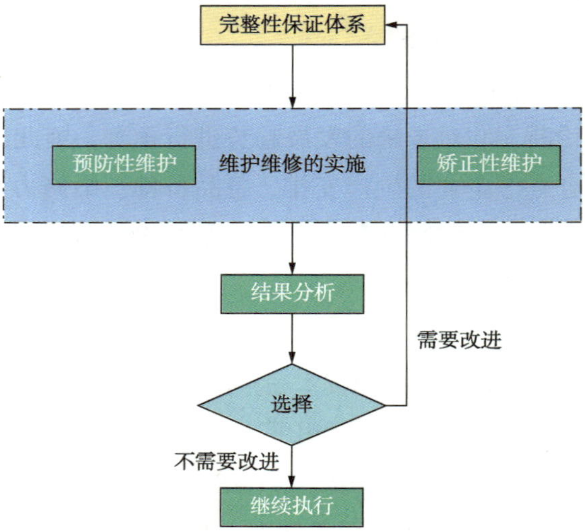


图 4-3 完整性保障(IA)和维护维修的实施(ME)关系

**(3) OE-MIE 的执行结构**

维护维修完整性实施(MIE)是通过完整性保障(IA)和维护维修的实施(ME)这两个子系统来具体实施的。一方面，通过技术完整性保障(IA)建立起设备维护维修的制度、标准和规范等，具体就是通过严格按照安全(HSE 案例)和可靠性体系(技术完整性体系)建立科学、完善的预防维修计划(PM)，使得设备安全、可靠地运行；另一方面，通过维护维修的实施(ME)子系统来执行 MIE 体系的 PM、CM 工作，具体就是通过现场风险识别，进行 PM、CM 工作准备，制订工作计划，实施维修工作执行，进行工作关断和效果分析，利用分析结果修正完整性保障(IA)的相关设备维修的制度、标准和规范等来实施。维修完整性实施(OE-MIE)结构如图 4-4 所示。

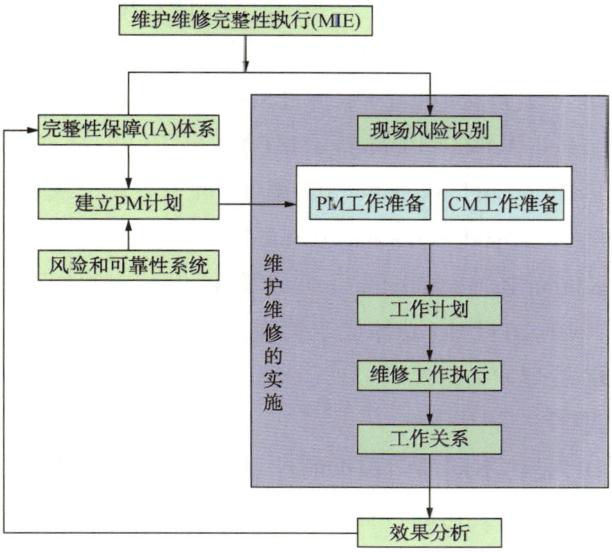


图 4-4 维护维修完整性实施结构

### 4. 长北项目 MIE 管理模式特点

同传统的维修方式相比，MIE 管理模式具有以下鲜明的特点：

**（1）维修的针对性强**

长北项目 MIE 具体到每一台设备的具体运行状况，以设备的真实状态以及设备的实际使用时间作为维修的依据，通过状态监测技术收集设备状态信息，并利用各种先进的技术和方法对被监测设备的真实状态进行评估，根据评估的结果来决定是否维修，何时维修。MIE 克服了维修的盲目性，缩短了维修时间，提高了设备利用率，并有效地减少了由于维修不足而引起的意外故障，同时也有效地减少了由于过度维修所带来的资源浪费。

**（2）维修的计划更符合实际**

长北项目 MIE 也是有计划的维修维护，而且这种计划是建立在设备实测“状态”的基础上。MIE 强调有计划地进行检测，也强调提前对各种可能的故障作出相应的预案，计划好维修措施，计划适时适度修理，因此它的计划更符合实际。

**（3）基于预测的维修**

长北项目 MIE 通过监测技术对设备的运行状态进行监测，通过故障诊断技术和寿命预测技术对设备故障进行早期诊断，并对未来的发展趋势进行预测，因此维修人员可以根据设备诊断和预测的结果，综合考虑企业的生产安排、备品备件、维修力量等各方面因素，提前做好维修前的各项准备工作，在维修方案的制定以及维修时间的安排上更加灵活。

## 三、MIE 关键要素

MIE 是 OE 管理系统的组成部分之一，与 OE 中的有关要素(叶片)密切相关，并与 OE 中的其他管理内容相互协作以发挥有效作用和实现设备的完好、可靠、安全。

在 OE 涡轮模型 28 个子系统(叶片)中，直接涉及并指导维修项目实施的是第 9 叶片(综合活动计划，Integrated Activity Planning，IAP)、第 10 叶片(工作准备、计划及执行，Work Preparation，Scheduling and Execution)、第 12 叶片[安全关键元素以及性能标准，Safety Critical Elements(SCEs) and Performance Standards]、第 18 叶片(检查和基于条件的维修，Inspection and Condition Based Maintenance)、第 19 叶片(整体设备状态，Overall Equipment Condition，OEC)和第 20 叶片(总体成本管理，Total Cost of Ownership)等共六个叶片。这六个要素是理解 MIE 管理的关键要素。

### 1. 综合活动计划要素主要内容

综合活动计划(IAP)是将不同部门提供的计划进行综合并优化，以达到最有效的利用资源，避免冲突，并确保实现公司的目标。IAP 规程包括影响现场操作以及会使用关键共享资源的所有活动。例如井工程和井服务、维护及检修等。通过运用这些规程，在将资产利用率最大化的同时，收集、综合并优化各个部门的工作，合理配置相关资源。

在设备维修的实践中，即使单项工作的间隔期最优，也并不能保证总体的工作效果最优。有时为了提高维修工作的效率，需要把维修时间间隔各不相同的维修工作组合在一起，这样不仅可以提高工作效率，还会使总费用降低。当然，确定预定的间隔期时应结合现有的维修制度，尽可能地与现有的维修制度一致。

在 MIE 的实施过程中，综合活动计划将维修实施(ME)当中的 PM、CM 工作准备、工作计划以及维修工作的执行等各道程序进行整合和优化，同时收集和优化与维修工作相关的各类资源，使之合理、有效配置，进而达到企业资源利用效益和效率的最大化。见图 4-5。

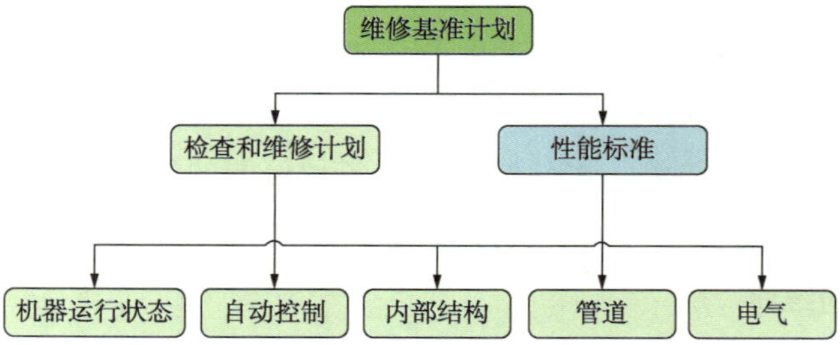


图 4-5 综合活动计划示意图

### 2. 工作准备、计划及执行要素主要内容

工作准备、计划及执行子系统包含工作执行的长期到短期计划(7~90 天)，其目标是确保工作能够被识别并计划，并且在工作执行前提供工作范围、次序、人员要求，以及工时、

预计工作时间、材料准备、支持文件。见图 4-6。

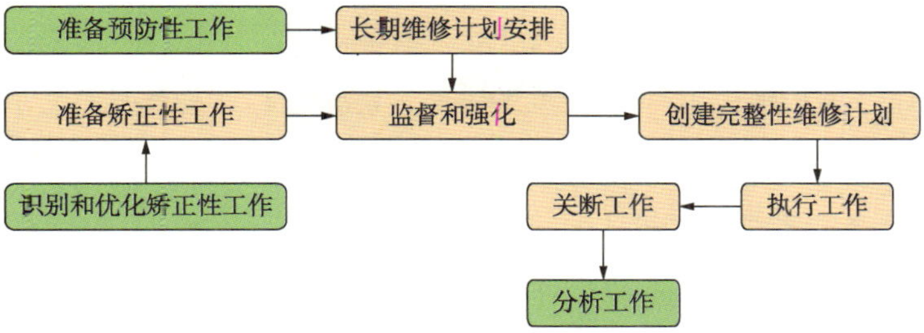


图 4-6 工作准备、计划及实施示意图

工作的实施包括发放工单、准备现场、完成工作、将设备恢复到安全操作状态，最后关闭工单。该子系统是对维修实施(ME)工作的具体指导，它将 MIE 工作实施中的工作准备、计划及执行分别给出了操作流程、操作规范、要求和标准等。

### 3. 安全关键元素以及性能标准要素主要内容

安全关键元素(SCE)以及性能标准子系统是提供标准化的、量化的、可操作的、可持续的规程，以保证 SCE 所需要的性能是明确的、可核查的、可见的(图 4-7)。性能保障工作用于检查 SCE 是否正常工作，并在必要时发现需要进行矫正的工作。此外，需要对出现的偏差进行管理，这样就能够对于在性能保障工作中发现的故障和失效所造成的风险进行评估，并采取相应的补救措施来实施对这些风险的控制。最后，通过核查来确认性能保障工作是否按照规定标准进行。

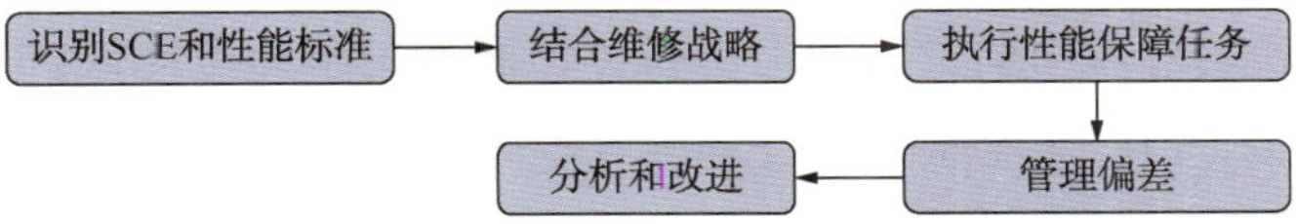


图 4-7 安全关键元素以及性能标准示意图

MIE 管理体系的实施过程中，OE 的这个子系统是对设备维修的技术完整性保障(IA)具体实施工作提出制度、标准、规程等指导。对于设备种类繁多、数量庞大的油气开采、输送设备来说，对每样设备进行分析是不现实的。因此，通过 HSE 案例和硬件屏障模型，区分和识别整个设备系统中的安全关键要素，同时，这些安全关键设备对于维修人员来说，其性能标准、操作规程以及风险点和控制点都是明确的、可查的，确保资产的完整性。

### 4. 检查和基于条件的维修要素主要内容

检查和基于条件的维修子系统确保人们能够预测或探测早期的故障，并避免其后果。该子系统要求安排时间进行矫正性或预见性维修，以优化工厂的有效性，实现固有系统可靠性以及安全系统技术完整性这一核心目标。同时，检查规程可以视为一种 CBM 方式，用来实际监控并显示设施和工厂的技术完整性，这是一个独立的规程，在很多国家是一种法定的要求。

在 OE-MIE 管理体系中，检查和基于条件的维修子系统是 OE 体系保障设备设施完整性、可靠性的基础。见图 4-8。

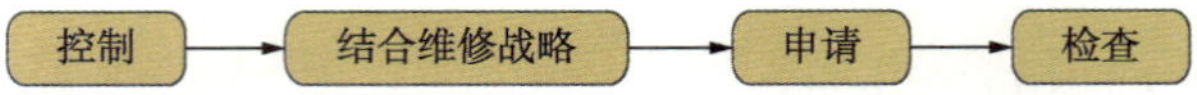


图 4-8　检查流程图

### 5. 整体设备状态要素主要内容

整体设备状态（OEC）规程用来防止维修质量低劣，以确保设备性能。对于所有的设备，采取现场负责制以及维修承包责任制。当设备状态降低到国际标准以下时，设备改进小组就需要将设备“翻新”，或者优化其状态，然后现场操作人员和维修人员就能够保持其性能。

设备维修并使得设备达到最优状态问题，是现代化企业经营管理的一个重要组成部分。而当设备在经过维修其功能仍达不到其生产要求时，或经过维修的设备，虽然可以进行生产营运，但生产的效益不高时，我们就需要对设备进行更新。OE-MIE 管理体系通过建立现场负责制以及维修承包责任制，来确保设备性能指标可靠性或状态最优。

### 6. 总体成本管理要素主要内容

总体成本管理子系统（Total Cost of Ownership）有助于在设备级基础上监控设备生命周期的成本。生命周期分析包含：收集所有设备的详细成本及故障记录，以识别哪个设备能够在其整个生命周期内提供最佳的投资回报率。操作人员以及项目组能够利用这些数据，结合维修和完整性考虑进行决策，以确定哪些种类的设备能够提供最佳的投资回报率。

MIE 管理体系是从经济和技术两方面对设备进行动态管理和辅助决策，以提高设备的综合效能、降低设备的寿命周期费用为追求目标，而不是单纯考虑设备的各个阶段、各种不同方式的成本。OE-MIE 管理体系通过总体成本管理子系统进行科学决策，进而采用先进合理的设备维修策略，提高设备的可靠性，同时又在设备的使用过程中应用经济技术评价等方法对设备的成本进行跟踪，在不影响设备正常使用的前提条件下合理地降低费用，从而真正地实现对设备的综合管理。

## 四、MIE 管理思想基础

从 OE-MIE 管理体系的思想内涵来看，它体现了当前各种先进的设备维修管理思想，综合了先进的设备维修管理理念和方法，通过 OE 管理系统将它们有机地结合在一起，形成合力，发挥作用，有效地提高了企业设备的完好率，保证了设备的持续安全、可靠和完整。

### 1. OE-MIE 管理体系中风险管理思想

风险是事故发生的概率和后果的综合量度。随着社会进步和人们安全生产意识的提高，风险管理在石油、化工、电力等各个行业得到了越来越广泛的应用。风险管理是一个对危险的识别过程。首先辨识风险，其次对事故发生的可能性和后果进行评价，根据风险水平，采取适当的风险控制措施。目前，风险管理和控制已经成为石油天然气企业安全和可靠生产的重要保证。石油天然气生产一般为高危连续生产流程，其生产装置中设备数量、种类很多，故障率较高，因此，对设备实施风险管理，通过风险控制和管理，将有限的维修资源进行优化分配，避免或减少事故和故障的发生，对维修决策具有重要的意义。

OE-MIE 管理体系把基于风险的动态智能维修模式与计算机技术和网络技术相结合，把包括安全性、可靠性和经济性等因素的风险作为综合优化目标，实现了维修决策的统一，构成了基于风险的动态智能维修系统。通过对被维修对象的状态进行预测，并充分考虑不确定信息对预测结果的影响，合理配置资源，从而将各类风险降至最低。在此系统中，对设备的状态信息和维修决策信息进行存储与共享，随着设备状态的变化及维修活动的进行，系统以维修信息流为载体，最终形成一个动态的闭环系统。整个系统的循环由传统的职能驱动变为流程驱动。在 OE-MIE 的实施过程中，以由设备基本信息和故障模式库构成的知识库为基础，以风险等级作为维修决策为依据，根据风险等级的高低，确定维修方式和维修内容。通过对设备运行状态趋势进行实时的准确预测与判断，把故障诊断结果存储在状态工况实时数据库中，调用故障模式库和故障案例库，利用专家系统，把设备状态数据与知识库进行比较、判别，找出故障根本原因，进行风险预警管理，确定维修的内容和时间，从而使维修与设备的实时状态相适应，实现精确维修。

### 2. OE-MIE 管理体系中可靠性维修管理思想

可靠性维修管理起源于美国的航空领域，是 20 世纪 60 年代提出的一种全新的维修决策理论和方法。1978 年美国联合航空公司的诺兰等人受国防部的委托发表了《以可靠性为中心的维修》专著，该专著对故障的形成、故障的后果和预防性维修工作的作用进行了开拓性的分析。我国将可靠性(Reliability)定义为：可靠性是指产品在规定的条件下和规定的时间内，完成规定功能的能力。这一定义包含了与可靠性密切相关的五个要点：产品、条件、时间、功能、能力。

“卓越运行”管理系统(OE)的目的是为企业建立一套可靠的流程，由最优秀的人来执行，以确保生产设施的可靠性，进而实现可靠性的生产。而 MIE 作为“卓越运行”管理系统(OE)重要的子系统，其主要目标就是通过优质的执行生产设施的操作和维修程序来实现生产设施的高可靠性。

OE-MIE 管理体系的可靠性管理，就是以最大限度提高设备的使用可靠性为目的，通过分析安全性和可靠性数据，用以确定资产预防性维修需求，优化维修制度的一种系统管理。OE-MIE 管理体系的可靠性与 OE 管理系统的可靠性之间的关系及作用如图 4-9 所示。

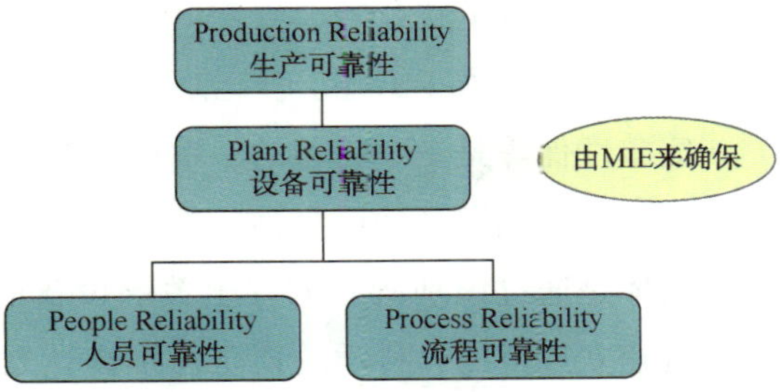


图 4-9 OE 管理系统的可靠性模型

在具体实施中，OE-MIE管理体系实施的基本思路是：对设备进行功能与故障分析，明确设备内可能发生的故障、故障原因及其后果；用规范化的逻辑决断方法，确定出各故障的预防性决策；通过现场故障数据统计、专家评估、定量化分析等手段，在保证安全性和完好性的前提下，以维修停机损失最小为目标，进行设备维修决策。

### 3. OE-MIE管理体系中完整性保障管理思想

完整性评价与管理技术源于20世纪70年代，最初以服务于军事为目的而产生的油气管道，历经四十多年的发展演变，目前已经基本上在企业特别是石油石化企业运行中得到了推广和应用。维修完整性的目的是合理分配资源，降低管理成本，并能保证安全运行。完整性保障管理不仅为生产设施的安全运行提供保障，而且还通过对风险进行评估后，做到对无法预测的下一个事故采取必要的措施，减少在一定时期内事故发生的频率和严重风险，极大地降低生产运行管理成本。

OE-MIE的完整性是通过对设备、设施系统的一系列检测、评价和维修措施的实施，使设备的故障率降低至最低水平。其程序包括：潜在设备危险的识别，设备数据收集及信息整合、风险评价、完整性评价、对完整性评价的响应、事故减缓措施（修补和预防）及检测间隔的确定，制定完整性管理方案，对方案进行效能测试，制定对外联系方案，科学地管理各种变化以及最终的质量控制方案等内容。因此，OE-MIE是一套以科学的方法，最大限度地确保安全运行，从而保证环境、健康及生态安全的一整套持续改进过程，而且能灵活地适应经营者特点及系统变化的管理流程。其完整性主要体现在过程完整性、信息完整性和时间完整性等方面，其核心目标是安全。

## 五、OE-MIE完整性保障（IA）工作流程和内容

根据OE-MIE的基本概念，OE-MIE由完整性保障（IA）和维护维修的实施（ME）两部分组成。因此，长北项目OE-MIE管理体系分别从IA、ME两个方面构建了相应的OE-MIE的工作流程。

在长北项目OE-MIE管理体系中，完整性保障（IA）的实现可概括为标准的制定、制度的建立以及合理的优化。

### 1. 完整性保障（IA）的工作流程

完整性保障是一个完善的、系统的管理过程，是用整体优化的方式管理设备的整个生命周期，以达到资产的可靠性、安全性、环保以及经济性的要求，并可持续发展。完整性保障具体是通过识别所有的安全关键设备（SCE），按照设备性能标准（PS）防止事故风险，并通过建立规范的、科学的预防性维修计划，来实现资产的安全和完整性，而且保证所有人都知道这一点。完整性保障（IA）的最终结果是制订系统的维修计划，为维护维修工作（ME）提供基础。完整性保障的一般工作流程如图4-10所示。

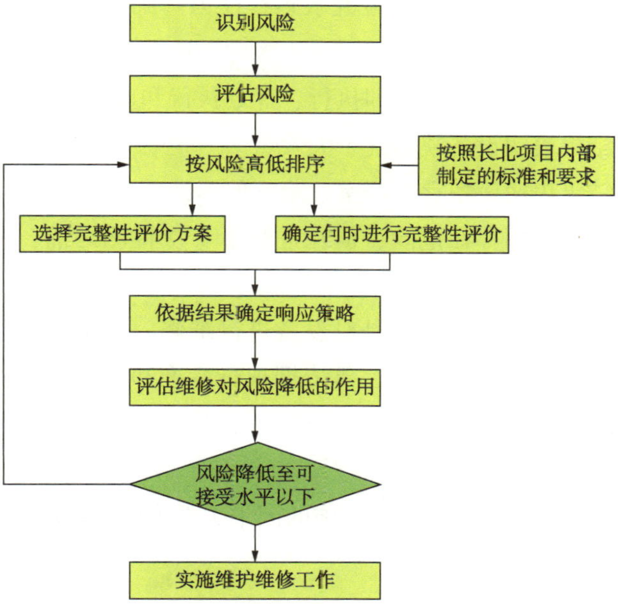


图 4-10 维修完整性保障决策系统流程图

根据图 4-10 的流程要求，完整性保障（IA）的一般工作程序和思路是：第一，识别风险，对风险进行评估；第二，按照风险的程度对设备进行排队，确定优先等级；第三，根据风险评价的结果，提出初始方案；第四，对方案进行可行性评价，确保方案风险降低至可接受水平以下；第五，选择最优方案，形成完整维修计划。

### 2. 完整性保障（IA）风险管理

风险管理是完整性保障中的主要内容，包括风险评价、完整性评价与响应和实施效果检测等。

**（1）风险评价**

风险评价是完整性保障管理不可分割的部分，是完整性决策的有力分析手段，可用于完整性维修决策系统的各个阶段。其作用主要表现在以下几个方面：

① 对需要进行完整性评价和事故减缓的设备进行识别并优先排序；

② 评价事故减缓措施的效果；

③ 确定对已识别危险最有效的减缓措施；

④ 对调整检测周期对完整性的影响进行评价；

⑤ 对备选检测方法的应用及必要性进行评价；

⑥ 更有效地配置资源。

**（2）完整性评价与响应**

对于风险不可接受设备、设施，管理者应选用适当的方法进行完整性评价，并依据评价结果制订维修或预防等响应措施，以将风险降低到可接受的程度以内。

完整性评价方法要以各类设备对风险的敏感程度为基础，不同类型的不同风险所采用的方法不同，在实际操作过程中，可能需要采用多种方法才能确定所有危险。评价完成后，应依照结果作出响应。响应的时间分立即执行、计划执行和监控三种。

立即响应：检测结果表明设备缺陷处于失效点。

计划响应：检测结果表明设备存在严重危险，但不处于失效点。

进行监测：检测结果表明存在危险，但在进行下一次检测之前，该危险不会导致设备失效。

响应的措施包括两部分：第一部分是对设备进行维修，根据完整性评价的结果和所要确认的危险制定和执行适当的维修措施，要依据现行标准和惯例对设备进行维修；第二部分是预防，采取预防措施可以阻止或降低设备的恶化趋势，对于时效性的危险，采取预防措施也是合适的。

基于 HSE 的 IA 风险评价与事故修复措施的因果关系如图 4-11 所示。

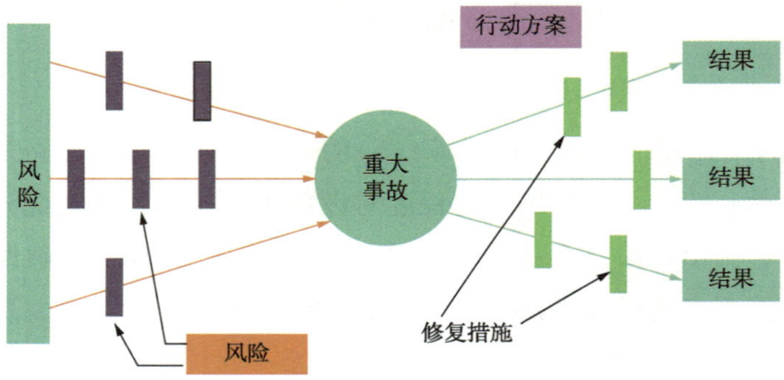


图 4-11 基于 HSE 的 IA 风险评价与事故修复措施的因果关系图

**（3）实施效果检测**

采取维修措施后，还需对实施结果进行检测，以明确安全的改进程度。实施基于风险评估的完整性管理时，应考虑危险特性度量指标。由于基于风险评估的管理程序是根据风险评估的结果确定检测间隔，所以应用足够多的度量数据来确认检测周期的合理性是非常重要的，至少每年应审查一次。

除了系统内部比较之外，还可通过行业比较来提供完整性管理程序的效能测试基础。行业比较包括与其他设备运营者、工业数据来源和司法数据来源等进行比较。完整性管理程序应是不断改进的，应利用效能测试和审核的结果对其进行修改。对分析结果、提出的建议和设备完整性管理程序所做的相应修改应备有文件证明。

### 3. 完整性保障（IA）工作内容

完整性保障的实施是通过识别所有的安全关键设备（SCE），按照设备性能标准（PS）防止事故风险，并通过建立规范的、科学的预防性维修计划，来实现资产的安全和完整性，而且保证所有人都知道这一点。

具体来说，长北项目完整性保障(IA)体系主要工作内容包括：识别安全关键设备、了解设备性能标准执行和创建设备预防性维护维修等三项主要内容。

**(1) 识别及管理安全关键设备**

长北项目将所有设备划分为三类，即安全关键设备(SCE)、生产关键(Production critical)设备和常规(non critical)设备，按照不同的类型，确定维修方案。

① 安全关键设备(SCE)：一旦故障将造成巨大的经济损失，对企业产生重大的影响，因此，这类设备应是设备维修管理工作的重点。

② 生产关键(Production critical)设备：应根据对故障信息的统计分析，如设备的故障次数和故障后果(停机时间长短和停机损失)以及维修费用信息等，判断故障的类型，以选择合理的维修方式。对于复杂设备，应当对会有安全性(含环境危害)、任务性和严重经济性后果的重要设备，做预防性维修工作。

③ 常规(non critical)设备：对于采用了冗余技术的常规设备，其故障的安全性和任务性影响一般已明显降低，因此可以从经济方面加以权衡，确定是否需要做预防性维修工作。

长北项目 OE-MIE 维修制度的核心是对安全关键设备建立预防性维修制度，安全关键设备是 OE-MIE 的关键，是 IA 方案的重点内容。

在 IA 方案中首先要明确哪些是安全关键设备，长北项目 OE-MIE 管理体系是通过特有的安全事故管理系统(硬件屏障系统和 SCE 组)和 HSE 案例对设备进行合理分类，进行设备分类，明确安全关键设备。

对于安全关键设备，要保证其安全运行，首先要建立安全关键设备的安全保护屏障，特别是硬件屏障系统。硬件屏障系统的作用是防止重大事故的发生，其是通过结构设计、硬件、流程以及操作干预措施来实现的，每一个硬件屏障系统又可以再细分为多个 SCE 组，而每一项安全关键设备也需要被放置在最合适的 SCE 组，并在资产注册表中详细登记，且让全部相关人员都识别。建立硬件屏障系统要进行风险评价。

根据设备风险评价结果，长北项目安全关键设备的保护屏障，体现为 8 个部分，如图 4-12所示。

在硬件屏障系统的基础上，形成了重大事故的防护系统，多层次地防止意外事故的发生。

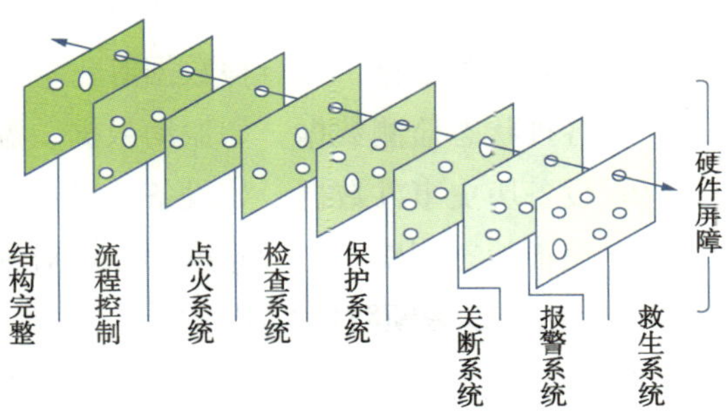

图 4-12 硬件屏障系统和 SCE 组

在明确安全关键设备、构建安全关键设备保护屏障的基础上，长北项目对安全关键设备、安全关键设备的保护屏障建立了预防性维修制度。通过预防性维修，在设备故障发生之前提前采取措施，有效减少和消除故障的发生。长北项目按照安全关键设备和保护屏障设备的性能和特点，明确了各种设备的维修周期、检查性维修方法和要求，制订了安全关键设备和保护屏障的维修计划，并严格按照计划执行。

进行预防性维修任务优化的首要前提是正确评价预防性维修的效果，明确预防性维修对设备故障的作用。管理主要包括以下活动：

① 安全关键设备的鉴定；

② 发展阶段的操作性能标准和性能的因素保证任务；

③ 性能保证任务和其他的计划结合保持一致；

④ 通过偏差惯例过程来识别、控制和关闭不符合项；

⑤ 偏离状态的报告。

**（2）确认和执行设备性能标准**

设备在使用、维修或闲置过程中，会逐渐发生磨损。设备的磨损有两种形式，即有形磨损和无形磨损。设备在其全部使用期内遭受到的两种磨损，会导致设备性能无法达到规定的标准。为了保证设备性能能够达到正常运行，就需要对其进行检查、校对，使其达到可接受的标准，这个标准由长北项目的技术权威和评审专家组来决定，同时应定期进行审查。

对于 SCE（安全关键设备），需要结合系统化、标准化的性能标准（Performance Standard）和当地适用的维修准则来确定其最低保障性任务。通过识别高风险工作设备、设施，并通过制定各类标准，选择合适的方法对各类设备进行检测和完整性评价，依照结果制定经济优化的维修方案。

完整性保障（IA）是基于风险评价的完整性维修管理体系，通过大范围的风险分析制定维修策略，使维修管理者更灵活地选择检测工具、检测周期和减缓风险的措施。完整性维修决策系统由风险评价、完整性维护决策标准和实施效果检测三部分组成。

OE-MIE 管理体系需要大量的有效数据来识别、诊断和预知被监测设备的状态，支持维修决策。这些数据通常包括：

① 设备的基础信息，如设备的名称、规格、产地、价格等参数；

② 设备的使用信息，如设备的使用单位、操作者、设备负荷率等；

③ 设备的运行信息，如运行实时数据、运行日志、运行巡检记录等；

④ 常规检测数据，如点检数据等；

⑤ 各种状态监测数据，如振动数据、温度数据、油液分析数据等；

⑥ 设备历史事件数据，如设备的投产日期、故障记录、历次修理记录等；

⑦ 设备状态判别的各种标准，如绝对标准、相对标准和类比标准等。

**（3）创建设备预防性维修计划**

对设备（项目）采用不同的预防性维修工作类型，其消耗资源、费用、难度与深度是不相同的，可加以排序。对不同设备（项目）应根据需要选择使用有效的工作类型，从而在保证可靠性与安全性的前提下，节省维修资源与费用。在长北项目中，针对不同的设备采取不同的维修策略。

对于一般的常规设备，故障后果级别不高的设备只需采用事后的矫正性维修加更新的策略，即不采用主动维修的方式，而以被动维修为主。对于安全关键设备(SCE)和生产关键设备等主要设备，则采用修复性维修和预防性维修并重的维修策略。预防性维修作为主动维修的主要方式在长北项目设备的维修中处于主导地位。

预防性维修是一种在设备故障发生之前提前采取措施，有效减少和消除故障的方法。确定预防性维修周期，进行预防性维修任务优化的首要前提是正确评价预防性维修的效果，明确预防性维修对设备故障的作用。而在维修现场中很难精确评价预防性维修活动的效果，这为预防性维修任务的优化增加了相当的难度。

针对预防性维修，需要进行预防性维修任务的优化，明确预防性维修周期。合理确定预防维修周期对保证系统运行的效率、安全性与经济性具有重大作用。如果不能确定一个合理的预防维修周期，就会造成一方面由于设备不能及时得到维修而造成“失修”，使事后维修增加，另一方面，因进行了不应进行的维修而使得一些零部件过早报废，甚至可能造成进一步的故障隐患，而出现使设备工况下降、维修费用增加的现象，因此长北项目非常重视确定合理的维修周期，进行维修任务的优化。

## 六、OE-MIE 维护维修实施(ME)工作流程和内容

维护维修实施(ME)工作流程可概括为 WPS&E Process，即工作准备计划和执行流程，具体包括工作识别、工作准备、工作计划、工作执行、工作关闭以及分析等几个部分。维护维修实施(ME)就是根据 IA 计划的结果，展开实际的维修工作。

### 1. 维护维修实施(ME)工作流程

维护维修实施(ME)工作流程包括：故障、风险识别，划分维修工作的优先级，进行维修工作准备，制订维修计划，维修工作(PM、CM)执行，维修工作关闭，维修工作分析、评估，信息反馈，维修工作改进等。如图 4-13 所示。

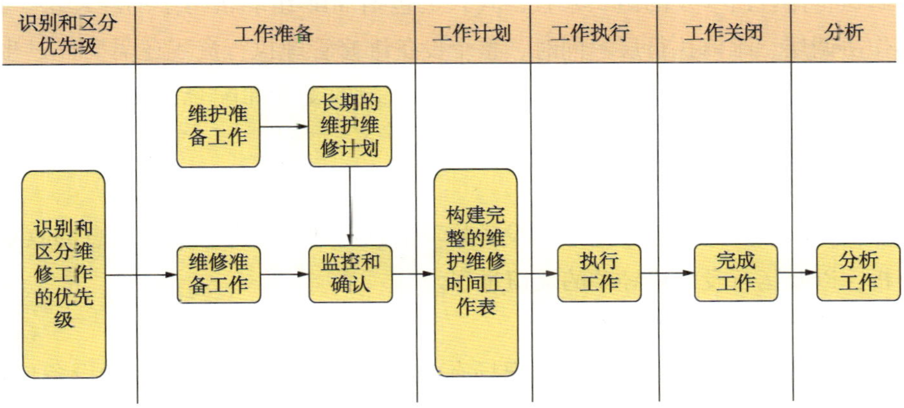


图 4-13 维护维修完整性实施(ME)流程

长北项目 OE-MIE 管理体系的维修执行流程，其活动还可分为维修工作的申请（提出需求），举行 YTT 会议对需求进行核实、会商，进行工作准备（明确维修的内容和方式），进行工作计划安排（确定执行人和时间安排），由维修执行团队来按照计划执行任务，将维修全过程进行记录后关闭该项活动等。如图 4-14 所示。

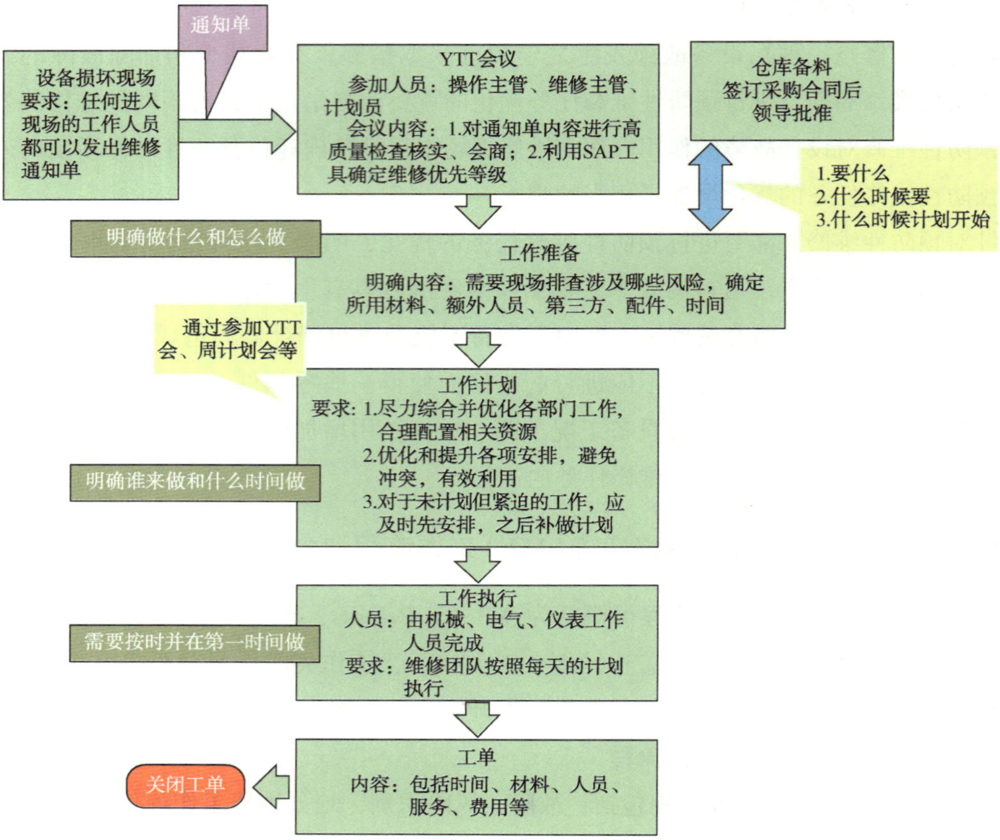


图 4-14 长北项目维修工作实施流程

从维修执行流程所涉及的组织来看，其人员包括 MIE 组织机构中的经理层、技术支持和维修操作协调层、维修执行层，同时，整个设备维修管理执行流程还需要经过生产部门、维修部门、采购部门以及信息管理部门等企业各部门的支持和配合，实现资源共享、信息共享。

### 2. 维修故障识别

在长北项目 OE-MIE 管理体系中，设备故障信息识别是对设备故障信息的收集、记录、统计和分析，以及运行及维修经验的反馈过程。

**（1）收集记录故障及其维修信息**

在故障识别过程中，要收集与损坏现场有关的数据和信息，具体包括设备位号、设备名称、维修日期、故障现象、故障原因、故障部位、处理措施、备件、备件规格、数量、维修工时、出现问题设备的实际工作条件、环境和负荷等信息。然后，利用 SAP 工具，根据设备的故障统计记录、维修记录等可靠性数据进行分析，确定维修优先等级。设备故障维修完成后，还需要对故障征兆、故障发生的原因、部位、故障停机时间、处理措施、维修所需的备件规格、数量和维修工时出现的问题等相关信息进行详细真实的记录。

维修记录通常采用固定的格式，对维修过程及出现的问题进行描述，必要的时候，还可以采用图像形式储存信息。工作识别由操作主管、维修主管、计划员参与，并对通知单内容进行高质量检查、核实、会商。而在这个过程中，任何进入现场的工作人员都可以发出维修通知单。

**（2）了解掌握设备故障规律**

维修是基于这样一个事实，即大量的故障不会瞬时发生，故障从最初的缺陷状态发展到最后的故障状态，通常需要一段时间，并且在故障发生前均有一些征兆。有关研究表明，99%的故障在发生之前都会表现出一定的征兆，并且在很多情况下，这些征兆往往在故障发生之前的几个星期或几个月就已经出现。因此，在实践中，我们如果发现这种故障过程正在继续的迹象，就能够采取有效措施预防故障，避免不良故障后果。

大多数设备从正常运行、缺陷产生、逐渐劣化、一直到功能故障的，整个过程如图 4-15 所示。设备正常运行一段时间后，在时刻 S 开始产生缺陷，S 点即为缺陷发生点，缺陷发生的时刻不一定与设备的运行时间有关，并且通常没有明显的故障征兆，或者由于检测技术等条件的限制，不能被检测出来；继续运行一段时间后，随着设备状态的进一步劣化，在时刻 P，可以探测到缺陷发生的迹象，P 点通常被称为潜在故障点（Potential Failure Point），如果未探测到，也没有采取任何维修干预措施，设备状态将继续变坏，并且通常会以更快的速度劣化，当到达时刻 F 时，设备将不能满足所期望的性能标准，而不得不对其进行维修，即发生故障，F 点通常被称为功能故障点（Functional Failure Point）。

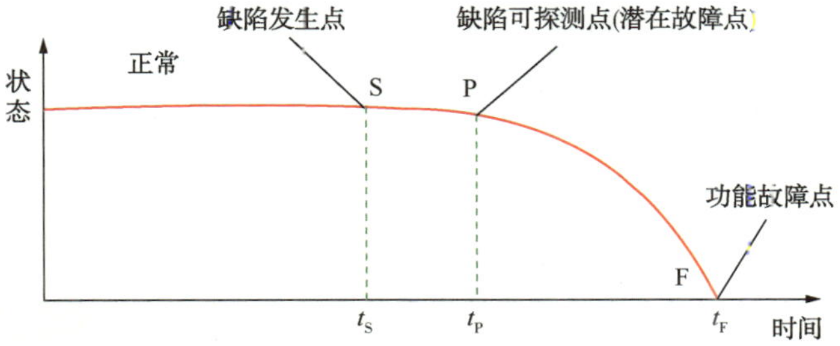


图 4-15 设备故障发生规律

因此，在长北项目的设备维修管理中，通过各种先进的监测技术，捕捉到设备由正常状态到缺陷状态过程中特征参数的异常变化，基于这些信息，能够对缺陷进行诊断和预知，并在功能故障发生前，采取针对性措施控制和防止故障的发生，以减少故障停机时间与停机损失，降低维修费用和提高设备有效利用率。

在图 4-15 中，最早能够监测到故障征兆的点 P，即潜在故障点，与功能故障点 F 之间的时间间隔通常被称为 P-F 间隔期，也被称为警告期或故障发展时间。对于不同的故障模式，P-F 间隔期有长有短，长至几个月、几年甚至几十年，短则几小时、几分钟甚至一瞬间。如果要在潜在故障变为功能故障之前探测到潜在故障，那么状态监测周期必须要小于 P-F 间隔期，如果状态监测周期大于 P-F 间隔期，就有可能完全漏掉故障，但是，如果监测过于频繁，又会造成大量的资源浪费。

**（3）提交故障维修通知单**

每一个长北项目的员工都可以通过一样的流程提交故障维修通知单，并在 CMMS 系统中登记。在创建通知单的过程中，应尽量确保输入的数据是准确的。所记录的信息应包括故障目标、故障代码、故障详细信息，以及与之相联系的风险等。信息的不准确、不充分会导致时间、精力的浪费，延缓工作的进展。长北项目通过每天召开 YTT 会议（回顾昨天工作，布置今天工作，计划明天的工作）或在线 CMMS 视频会议，回顾和审查已提交的通知单，进一步确认通知单信息完整、准确。同时，在会议中，可以针对相关复杂或疑难问题，咨询与会的技术权威。

在将通知单转化为矫正性维修工单之前，一个非常重要的步骤是利用其特有的矫正性维修优化工具（CMPT）对矫正性维修工单进行优化，来确定维修工作时间框架。通过对每一项要求进行评价，保证维修准备工程师和计划员合理安排时间和具体维修任务。CMPT 优化工具可用表 4-1 表示。

**表 4-1　矫正性维修优化工具（CMPT）**

| 结果 | | | | 严重性 | 结果发生的可能性 | | | | |
|---|---|---|---|---|---|---|---|---|---|
| 人员（安全风险） | 资产（财务风险） | 环境 | 声誉 | | 可能发生的时间超过 12 个月 | 可能发生的时间在 3 到 12 个月之间 | 可能发生的时间在 2 周到 12 个月之间 | 可能发生的时间在 2 天到 2 周之间 | 现在就已发生或在最近 1 到 2 天内发生 |
| P | A | E | R | | A | B | C | D | E |
| 没有受到伤害或健康受到影响 | 没有损坏或磨损 | 没有影响 | 没有影响 | 0 | 审查要求，改进工作 | | | | |
| 受到轻微伤害或健康受到影响 | 轻微损坏或磨损 损失<1 万美元 | 轻微影响 | 轻微影响 | 1 | | | 5 | 4 | 3 |
| 受到小的伤害或健康受到影响 | 小的损坏或磨损 损失<10 万美元 | 小的影响 | 小的影响 | 2 | | 5 | 4 | 3 | 2 |

续表

| 结果 | | | | 严重性 | 结果发生的可能性 | | | | |
|---|---|---|---|---|---|---|---|---|---|
| 人员（安全风险） | 资产（财务风险） | 环境 | 声誉 | | 可能发生的时间超过12个月 | 可能发生的时间在3到12个月之间 | 可能发生的时间在2周到12个月之间 | 可能发生的时间在2天到2周之间 | 现在就已发生或在最近1到2天内发生 |
| P | A | E | R | | A | B | C | D | E |
| 受到大的伤害或健康受到影响 | 中等损坏或磨损损失<100万美元 | 中等影响 | 中等影响 | 3 | 5 | 4 | 3 | 2 | 1 |
| 伤害较持久或达到3起恶性事故 | 大的损坏或磨损损失<1000万美元 | 大的影响 | 大的影响 | 4 | 5 | 4 | 3 | 2 | 1 |
| 超过3起恶性事故 | 严重损坏或磨损损失>1000万美元 | 严重影响 | 严重影响 | 5 | 5 | 4 | 3 | 2 | 1 |

### 3. 维修工作准备

在长北项目设备维修管理中，工作准备是整个ME工作流程中关键的一步，是确保维修工作执行效率和质量的关键步骤。

**（1）维修工作准备流程**

长北项目设备维修的工作准备流程主要包括：创建工单，诊断通知单列明的故障和问题，提出维修范围和所需时间，预计维修所需要的人员、材料和第三方服务，同时将技术标准、预计时间等信息记入CM工作包中，以便计划员安排合适的工期给技术人员和维修操作人员。此外，在工作准备阶段，还需要审查整个维修工作的成本是多少，确保成本在预算范围内。其流程见图4-16。

这一阶段可以看作对设备故障或问题的第一级诊断。准备工程师可以针对所有复杂和安全关键维修工作，通过现场查看，和操作人员、维修人员进行沟通讨论，来防止维修工作期间返工。这也要求维修准备工程师拥有非常高的专业技术水平。

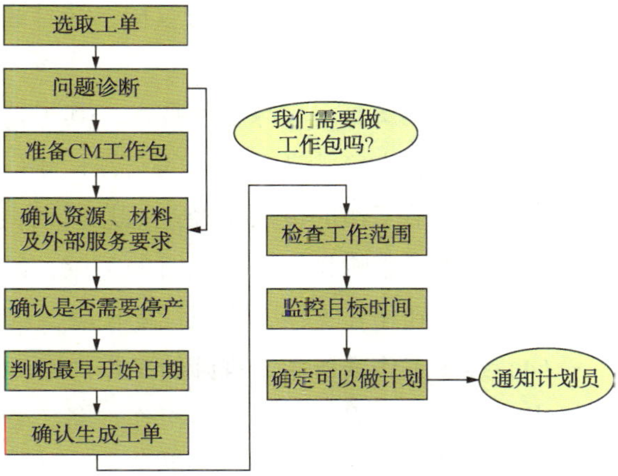

图4-16 维修的工作准备流程

**（2）维修工作准备的作用和重要性**

针对工作准备，壳牌公司聘请了数百位石油行业的专家、工程技术人员花费数年时间进行精确测算和分析，发现通过有效的准备可以获得34.5%的效率。由此可见工作准备对提高工作水平和效率的重要作用。通过图 4-17 可以看出，若一个人有 100 天的有效时间的话，仅有 64.8 天是可用于工作的时间，而 35.2 天则被休假、教育等占用。

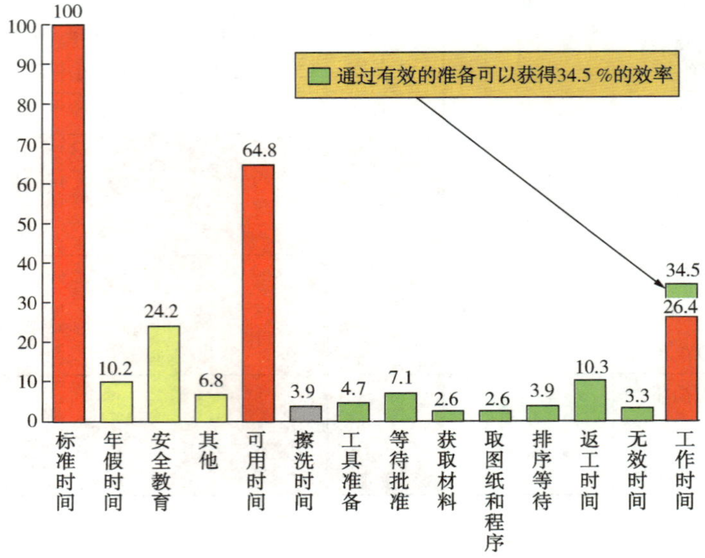


图 4-17 工作准备的重要性

工作准备能使维修部门和人员在一定时间内准确定位自己的目标，并促使维修团队为此目标尽职尽责，并在协调平衡的基础上，为实现目标进行一系列组织、激励、控制等工作。

**（3）维修工作准备实质**

维修工作准备是一项现代科学管理。在 OE-MIE 的执行操作过程中，要切切实实地努力做到两个落实：即一要落实自上而下的层层执行，二要落实自下而上的层层保证，形成一个上下一致，左右贯通，环环相扣，互相衔接的网络体系。此外，还必须加强对各个部门工作准备完成情况进行认真的考核，结合经济及质量责任制作到奖罚分明，这样才能提高工作效率和质量。

维修工作准备是一项综合性技术，其工作性质应该是主动性较强的。为了使工作准备制订得更合理、完善并且有执行的条件，MIE 的工作准备执行人员经常深入现场，及时了解和掌握各环节工作的进展，经过信息反馈，使之相互衔接，彼此呼应。同时，工作准备人员还要善于抓影响整个工程项目的关键，经常去协调和疏通各个工作环节之间的问题与矛盾，以便做到相互支持，克服扯皮现象，从而保证各项工作能按计划贯彻执行。

**（4）维修工作准备中工程师的工作内容**

当工作范围被界定了以后，工作准备工程师可以准备 CM 工作包，工作包里包含了有效完成这项维修任务所需要的各类信息，甚至包括复印的一些针对该项新的维修工作的数据信息、技术图纸等。

在每一个维修工单里，需要确认资源、材料及外部服务要求，并预计所有成本，在维修工作完成以后，将预计成本与实际成本进行比较。如果需要停产，则需要由生成协调人依据故障对生产的影响来做是否关停的决定，同时联系 IAP 负责人来分析可能采取的补救办法。

维修工作准备工程师还需要监控材料、资源、服务等是否可用，并为维修工作做好了准备，确保计划、执行能够按时进行，同时维修工作开始后材料的取用应该是方便安全的。

### 4. 维修工作计划

MIE 的维护维修计划分为短期计划、中期计划和全年计划，这里只是对短期计划做了一个说明，其他计划也需要说明一下。

工作计划是 OE-MIE 管理体系 WPS&E 流程中最重要、复杂的环节。

**（1）维修工作计划流程**

维修工作计划流程如图 4-18 所示。

根据图 4-18 所示，维修工作计划的流程一般为：

首先，在计划员接到通知以后，要回顾并选择准备好的 PM/CM 工单，指定设备编号和标准工作，同时指定第一个工作的计划开始日期。

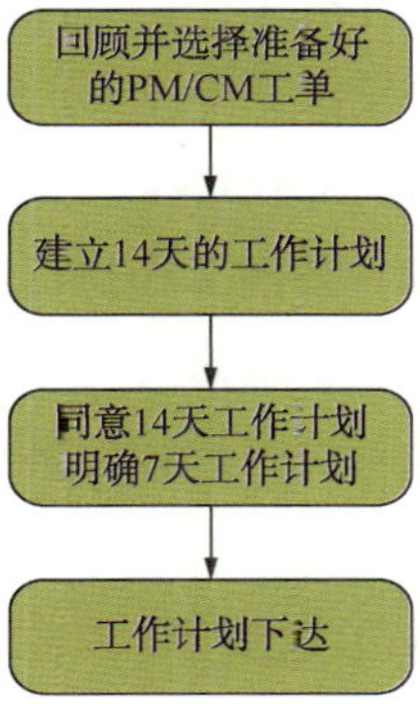

图 4-18　维修工作计划流程

其次，SAP 系统可以根据第一个工作计划开始日期和标准工作中定义的时间间隔（14 天工作计划），自动生成设备的检修计划。维修计划不仅可以由“设备”+“标准工作”组成，还可以由“位置”+“标准工作”组成。比如井丛巡检，可以一次巡检几个区间的井丛；又如，数量多且检修工作相对简单的设备检修，像对输气管道系统中各类阀有成百上千个，如果为每个阀的检修都生成一个检修工单，一次检修可能会有成千上万个工单。可以用位置来生成检修工单，为一个区域生成一个工单，即可包括这些区域所有阀的检修作业。对于同一设备不同检修作业，检修内容可能会出现重复作业，对于重复作业有一个可以被替代。在生成维修计划的同时，SAP 系统会相应的生成人力需求、物料需求等计划，如果是委外维修设备，系统自动将维修计划分配给承包商，否则系统自动分配给相应的工作组。

最后，计划人员根据维修计划并结合实际的可用人力和可用物料安排分配维修工作，生成维修工单，并下达计划。

**（2）维修工作计划调整**

在工作计划阶段，所有准备好的工单（包括 PM、CM）都需要进行回顾、鉴别，并对这些工单进行排序。然而，由于人力、材料等资源有限，不能满足所有维修任务在接下来的 14 天时间里执行。这时就需要对维修任务进行排序，让最重要的维修任务优先执行。同时，计划员还需要考虑每一项维修任务需要哪些专业的技术人员，需要预测每项维修工作需要花费的工时，要使用哪些资源等。

为了保证分配的工单符合资源条件，计划员还需要对维修工作进行分类整理，在设定、精练 14 天工作计划的同时，明确第一周的硬性工作，并对第二周维修工作进行一个较第一周软性一些的计划（允许进行一定的修改）。

### 5. 维修工作执行

**（1）维修工作执行的有关活动**

维修工作执行包括了整个工作的进展情况、周计划会议分配的资源，以及做这项维修所需要强调的各类工作，具体有以下几项基本活动：工作执行准备、现场准备、执行工作、监督执行工作情况、识别紧急工作、清理维修现场、关断、分析和改进执行流程、更新标准程序和控制。

维修工作执行按工作性质可分为预防性维修工作和矫正性维修工作，预防性维修工作用于预防性维修计划，故障维修标准工作用于故障维修工单。在录入故障工单时，选择故障维修标准工作，标准工作中的相关信息自动复制到工单中。标准工作的主要信息有编号、描述、设备分类、工作性质（PM/CM）、工作持续时间、间隔类型（时间/仪表读数）、时间间隔、仪表读数间隔、工作任务列表、人力需求、物料需求等，将这些信息记入 SAP 系统中。

**（2）维修工作执行的外包管理**

在设备维修管理中，由于维修成本或技术等原因，某些设备或某类设备外包给专业承包商进行维修。在设备维修管理系统中，委外维修管理的主要功能是承包商信息管理、委外合同管理、委外用户权限设置、维修计划分配、工单填报。

承包商信息管理主要包括维修承包商基础信息，如承包商编号、承包商名称、地址、联系人、电话、评级等。

委外合同管理主要包括管理与承包商签订的维修合同，包括合同号、合同描述、承包商编号、合同有效期、成本中心、维修设备列表。

委外承包商用户使用设备维修管理系统，必须对其权限进行严格控制，以保证系统安全。对于委外维修设备，系统在生成预防性维修工单时自动分配给承包商，由承包商完成设备检修。在委外维修设备发生故障后，在创建工单时，系统自动将工单分配给委外承包商。承包商完成维修工作后填报工单等相关信息。

### 6. 维修工作关闭

在维修工作执行完成后，要对该项维修工作进行关闭操作，即在结束维修工作后，及时将所有维修的各项数据及时进行登记，并将相关数据上传 CMMS，并根据处理结果进行评价。

上传的信息包括：

① 记录所发现的故障情况、所处条件、校准日期；

② 记录实际所花费的人力；

③ 关闭工单；

④ 报告缺陷情况；

⑤ 完成并关闭工作许可证；

⑥ 如果更换了新的设备，需要记录新设备的各项数据。

每天的维修工作结束后，必须由维修现场监督对整个维修工作的情况进行全面检查。根据现场运行设备状态的观察记录和维修系统作业记录，通过 SAP 系统进行处理，使之成为符合要求的数据，可以使维修系统信息作为一种资源充分地发挥作用。

维修历史数据和信息的反馈对于设备维修的持续改进是非常必要的，报告各类数据信息是技术人员本身职责的重要组成部分，而精确的数据描述对于预测早期故障和潜在缺陷并将其及时处理具有至关重要的作用。

### 7. 维护维修工作的分析、评估和改进

采取维修措施后，还需对实施结果进行检测，以明确维修工作对于设备安全性、可靠性的改进程度。实施基于风险评估的完整性管理时，应考虑危险特性度量指标。由于基于风险评估的管理程序根据风险评估的结果确定检测间隔，所以应用足够多的度量数据来确认检测周期的合理性是非常重要的，至少每年应审查一次。

除了系统内部比较之外，还可通过行业比较来提供完整性管理程序的效能测试基础。行业比较包括与其他设备运营者、工业数据来源和司法数据来源等进行比较。完整性管理程序应是不断改进的，应利用效能测试和审核的结果对其进行修改。对分析结果、提出的建议和设备完整性管理程序所做的相应修改应备有文件证明。

维修工作分析主要是通过积累的设备维修过程、备件信息、工时、维修费用和维修技术等维修历史数据对维修效果进行总结、分析，并反馈到下一次的维修计划之中。其中，维修技术包含维修技术适应性、故障根源分析、可靠性计算、维修任务间隔等重要内容。

在维修效能分析中，应该着重从以下几个方面进行分析：

① 在当前的运行环境下，该维修系统所期望的性能标准和功能是什么？

② 在什么样的情况下，它不能完成规定的维修功能（功能故障）？

③ 每一个功能故障的原因是什么（维修系统故障模式）？

④ 每一个故障发生时，会有什么现象发生（故障影响）？

⑤ 各故障的发生对维修系统重要性如何（故障后果）？

⑥ 预测或预防各故障应该采取些什么维修方法（维修方式和维修间隔）？

⑦ 如果不能采取合适的维修方案时，针对该故障模式应该采取哪些维修优化措施？

为了对维修效果进行定量评价，长北项目 OE-MIE 管理体系设计了一套关键绩效指标 KPI（Key Performance Indication）进行分析评价。壳牌为 OE-MIE 管理系统设计了一系列的设备资产管理的关键绩效指标，通过对组织内部某一流程的输入端、输出端的关键参数进行设置、取样、计算、分析，综合地对设备维修管理的质量和效果进行量化评价，通过量化指标反映设备维修管理工作质量和工作效率等，目的是为 MIE 的持续改进提供可靠的依据。

# 第三节 MIE 管理体系建设

## 一、MIE 管理体系目标和要求

### 1. 长北项目 OE-MIE 基本目标

长北项目 OE-MIE 的工作目标是建立一个综合的设备维修系统，精心维修保养项目的各项设备、设施，并对它们进行适当的维修，使设备、设施始终处于良好的技术状态，保证生产过程连续稳定地进行，确保“我们的资产是安全的，并且我们知道”。“我们知道”表明对所有设备的状态、运行情况都处于严格的监控之中，对所有设备的情况都清楚地了解。

长北项目 OE-MIE 的工作目标具体主要表现在三个方面：

（1）确保资产的安全性。目前企业的生产过程中，由于设备问题引起的安全事故占有相当的比例，设备安全在企业的安全生产中具有十分重要的地位。因此，保证设备安全、保障安全生产已成为设备维修的最基本的核心目标，保证设备的安全运行也成为 OE-MIE 管理的首要任务，其核心是确保整个生产和运营的技术安全、人员安全和系统安全。

（2）确保资产的完整性。资产的完整性表现在三个方面，即资产（设备）完整、技术完整、执行完整。首先，所有的资产或者设备必须是完好无缺的，必须是处于完整、良好的存在状态和运行状态；其次，所有的技术性能、技术要求和技术指标是完整的，能够完整地达到设备的设计要求，按照技术设计完整地运行；最后，所有的执行过程也是完整的，所有的操作、所有的维修工作都是按照规范的要求严格执行。

（3）确保资产的可靠性。其核心作用是确保我们的生产是可靠的。减少由于设备问题带来的停工和检修时间，将设备的维修作为日常持续不断的工作，减少集中的设备停工大修，清楚了解各种设备的情况，设备处于可靠、可用、可知状态。

总体说来，长北项目 OE-MIE 的目标就是要确保长北项目资产更高的设备可用度和可靠性，更高的安全性，更高的产品质量，对环境的无危害性，更长的设备寿命以及更好的成本效益。

### 2. 长北项目 OE-MIE 基本要求

根据长北项目 OE-MIE 的基本目标，长北项目 OE-MIE 的具体工作要求主要体现在以下几个方面：

避免事故损失：将设备事故降低到最小值范围，基本杜绝设备事故的发生。

减少停工损失：减少因为事故或者维修造成的停工。

保证设备完好：保证设备完全、齐备并处于良好的可用状态。

降低生产成本：通过外包等形式，减少人员占用，提高维修专业化水平，提高劳动效率，节约维修费用，从而降低生产成本。

了解设备状态：清晰地了解设备过去、当前的状态和使用情况，了解设备的设计要求，并确保设备一直按照设计要求运行。

长北项目 OE-MIE 的基本工作目标和工作要求如图 4-19 所示。

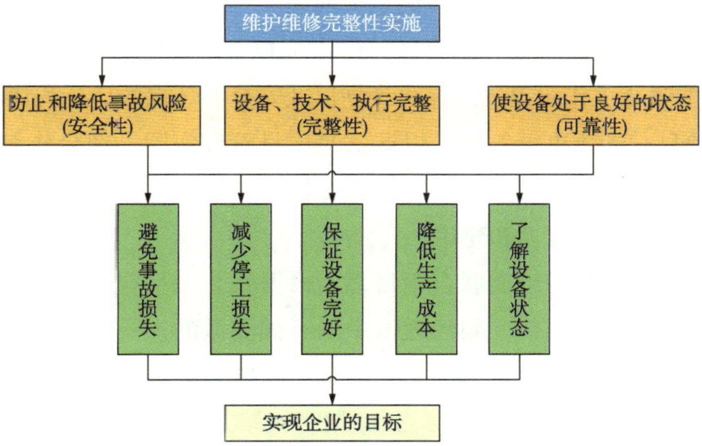


图 4-19 维护维修完整性实施(MIE)的基本目标

## 二、长北项目 OE-MIE 管理体系组织结构

OE-MIE 管理体系的应用需要有相应的管理组织机构、人员和职能。长北项目构建了适合 OE-MIE 体系运行的组织机构，为 OE-MIE 的顺利实施提供了组织保障。

### 1. 长北项目管理组织结构及人员

根据长北项目合作合同规定，由合作双方各指派同等人数的代表组成联合管理委员会(简称联管会，JMC)，设联管会主席一名，由中国石油委派的首席代表担任；副主席一名，由壳牌公司委派的首席代表担任。

联管会采用“协商一致”的原则对长北项目重大事项作出决策，由合作双方各自指派的首席代表行使表决权。此外，合作双方还可根据需要指派适当人数、没有表决权的专家列席联管会会议。联管会代表合作双方对项目运营管理行使决策权和管理权。

联管会的职责主要有以下几个方面：

① 审查和通过联合工作组提交的年度工作计划和财务预算及对工作计划和财务预算的修改；

② 审查和通过联合工作组提交的合作区块年度总体开发方案及地面建设方案以及对总体开发方案及地面建设方案的修改和调整；

③ 审查和通过联合工作组提交的合作区开发地质和油藏工程评价报告；

④ 审查和通过联合工作组提交的年度工作总结及财务决算报告；

⑤ 批准天然气运输、销售等管理办法；

⑥ 审查需要报请政府部门或集团公司批准的事项；

⑦ 审查并批准联管会会议纪要或决议；

⑧ 讨论、审批和批准合作任意一方提出的或专家、作业经理部提交的其他事项；

⑨ 协调解决合作区块生产经营出现的重大问题；

⑩ 确定 300 万元以上的服务合同项目，50 万元以上的设备购置方案；

⑪ 审查和批准联合工作组提出的保险计划以及安全和环保的应急程序等。

为提高长北项目联管会决策效率，根据长北项目管理实际，经合作双方协商决定，成立了长北项目技术管理委员会（TMC），主要负责长北项目重大管理、技术问题进行详细交流论证，为联管会决策提供意见和建议。

长北项目由合作双方共同组成联合项目部，根据长北项目合作合同规定，联合项目部经理由壳牌公司委派的人员担任，副经理由中国石油委派的人员担任，具体负责长北项目的产能建设和生产作业。联合项目部的主要职责是在联管会的领导下，运用适用而先进的技术和经营管理经验，按照良好的国际合作惯例和高效的健康、安全、环境标准，合理、经济、有效地实施长北合作区的天然气作业。

根据长北项目联管会决议，联合项目部由产能建设管理组（PMT）和资产管理组（AMT）组成，下设 13 个专业组，定员 196 人，其中壳牌 125 人，中国石油 71 人。长北项目管理组织机构见图 4-20。

为加强长北项目中方员工的管理，长庆油田公司成立“长北天然气合作开发项目经理部”，具体负责联合项目部中方人员以及中方财务账的管理。长北天然气合作开发项目经理部现有管理及技术人员 80 人，平均年龄 32 岁，大学及以上学历 69 人，占 86.3%；中高级以上职称 37 人，占 46.3%；中共党员 44 人，占 62.86%。项目经理部管理及技术人员主要来自长庆油田公司机关及下属的各二级单位。操作员工 65 人，由长庆油田采气二厂劳务输出。

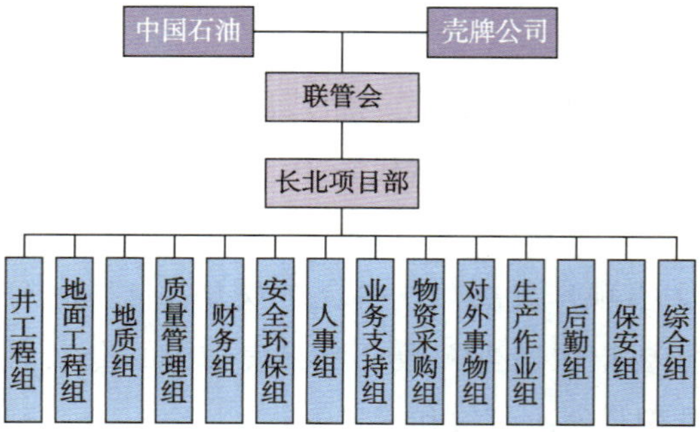


图 4-20 长北项目管理组织机构

## 2. 长北项目 OE-MIE 管理组织机构

在长北项目的组织基础上，针对 OE-MIE 的工作需要，长北项目构建了 OE-MIE 工作的组织机构。

长北项目 OE-MIE 管理体系组织结构由三级构成，即经理层、技术支持和维修操作协调层、维修执行层。见图 4-21。

其中，经理层负责整个项目的 OE-MIE 的组织、管理工作，经理可以配备 1~2 名技术

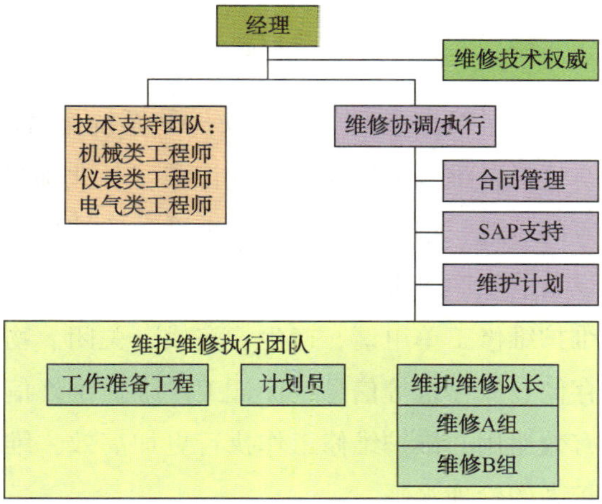

图 4-21 长北项目 OE-MIE 管理体系组织结构

权威，协助经理处理某一方面的管理工作；技术支持包括机械类工程师、仪表类工程师、电气类工程师三类主要设备技术人员，他们负责从各自相关专业方面给予维修工作技术方面的支持和保障；维修操作协调层则要通过参与维修采购、第三方劳务提供等合同业务方面的谈判、协商和实施，及时协调相关维修人员、物资保障部门和人员以及第三方劳务部门和人员等的及时介入维修工作，确保维修工作正常、顺利展开；维修执行层则是直接参与维修工作的人员，它可以根据设备状况、人员结构、维修实际需求等方面设立若干组，每个组根据需求编制若干维修人员。

敏捷、有效、经济的维修管理组织是维修管理顺利而高效实施的保证。长北项目在设备维修组织模式上，形成了自己的鲜明特点。

**（1）以功能团队的建立为基础**

长北项目 OE-MIE 维护维修管理组织模式是以多功能团队的建立为基础的，是以“功能团队”为核心的扁平化网络结构。“功能团队”是让职工打破已有的部门界限，以群体和协作的优势赢得组织的高效率。

“功能团队”运作有如下特征：

① 目标明确。共同的、明确的目标是团队得以生存的基础。

② 界限不明。团队是由不同部门、不同技能的人员组成的，团队成员依据团队的目标和工作标准自主的开展工作。

③ 角色分工。有效的功能团队的成员必须在清楚的组织框架中，做好角色定位和分工，每个成员均清楚了解自己的定位和责任。

**（2）将并行工程应用于组织体系中**

长北项目 OE-MIE 维修管理组织模式采用并行工程（Concurrent Engineering，CE）的思想，很好地提高了维修组织的管理效率，特别是打破部门间条块分割，加强各部门之间的协作。

长北项目 OE-MIE 管理的主要组织形式是维修管理小组，这是一个跨部门的组织机构，包括生产、维修、供应、财务等与维修管理有关的各部门人员，是维修管理的核心。维修管理小组根据维修任务性质又可分为两个部分，即战略层上的领导小组和操作层上的工作小组。其中，领导小组站在战略高度上考虑维修管理的长远发展，领导整个维修管理系统的运作，是由长北项目的领导成员组成；工作小组则由来自各部门的技术人员组成，分别代表各部门负责具体的实际维修工作。

## 三、MIE 管理体系信息支撑平台

整个 MIE 管理体系是以 SAP 系统作为信息支撑和运行保障的平台，SAP 系统建立的综合性设备维修管理体系详细记载了长北项目所有的设备、设施、阀门、管道、配件、材料等的位置、编号，记录了每个设备的结构图、各个部件、垫片等的信息，记录了安全关键设备、生产关键设备的性能维护标准、设备设施状态(红、黄、绿)，系统内包含设备设施维护维修工单申请、产生、完成、关闭、物料信息、物料量、物料采购、库房对应的物料存储、库存量等信息，保证工厂维护维修信息的收集整理更通畅，使资源、资金更加合理有效运用，维护维修工作执行更加高效，维修成本控制更加准确，设备的完整可靠性处在较高的管理水平。

### 1. SAP 系统简介

#### (1) SAP 软件

SAP 软件是德国 SAP 公司开发的一种 ERP 软件，其公司名称和软件名称是一致的。SAP 英文全称是 System Applications and Products in Data Processing。该软件可以实现对一个公司内部不同部门职能(工作流程)管理的高度集成。该软件是由诸多模块组成的，包括分销、物料管理、生产计划、工厂维修、人力资源、财务管理、成本控制、生产管理、项目管理、资金管理等模块。

该套软件系统首先体现出一种管理思想，它有一套完整的企业管理理念，是企业变革、创新、提高管理效率、加强监控手段的平台；其次，该系统是统一的信息平台，在这一平台中整合并执行了统一的业务流程，包含了企业各种基础业务数据、产生各种企业管理报表。

#### (2) 企业实施 SAP 系统的三个阶段

SAP 是从西方发达国家发展起来的典型的市场经济运行模式，相应的 SAP 软件正是适应这一市场状况和管理要求而设计的先进企业管理信息系统。

企业实施 SAP 分三个阶段：第一阶段是企业信息化，其基础就是积累数据；第二阶段是企业管理流程化，这是 SAP 与业务流程重组结合的过程；第三阶段是决策支持阶段，该阶段不再只包含数据管理，而是在原有的数据库基础上建立数据仓库，通过深层次分析，帮助企业领导作出决策。

应用 SAP 的根本目的是在学习、研究和应用国外现代企业管理思想、方法和信息技术的基础上，尽快改变企业管理粗放、落后的面貌，建立起一套符合市场经济体制的现代企业管理模式，实现企业管理的跨越式发展。

通过实施 SAP 首先可以规范业务流程；其次是能够让信息的收集整理更通畅；最后通过这种形式可以使企业的物流、资金流更加合理有效，使产品成本的计算更准确。

**（3）SAP R/3 软件的功能和主要特点**

长北项目采用的是 SAP 公司最成熟的 SAP R/3 软件系统，其主要特点主要体现在：

① 功能性：R/3 以模块化的形式提供了一整套业务措施，其中的模块囊括了全部所需要的业务功能并把用户与技术性应用软件相联而形成一个总括的系统，用于公司或企业战略上和运用上的管理。

② 集成化：R/3 把逻辑上相关联的部分连接在一起。重复工作和多余数据被完全取消，规程被优化，集成化的业务处理取代了传统的人工操作。

③ 灵活性：R/3 系统中方便的裁剪方法使之具有灵活的适应性，从而能满足各种用户的需要和特定行业的要求。R/3 还配备有适当的界面来集成用户自己的软件或外来的软件。

④ 开放性：R/3 的体系结构符合国际公认的标准，使客户得以突破专用硬件平台及专用系统技术的局限。同时，SAP 提供的开放性接口，可以方便地将第三方软件产品有效地集成到 R/3 系统中来。

⑤ 用户界面友好：图标与图形符号简化了人机交互时的操作。统一设计的用户界面确保了工作人员能够运用同样的熟悉的技术从事不同的工作。

⑥ 模块化：R/3 的模块结构使用户既可以一个一个地选用新的实用程序，也可以完全转入一个新的组织结构体系。

⑦ 可靠：作为用户的商业伙伴，SAP 始终不断地为集成化软件的质量设立越来越多的国际标准。

⑧ 低成本高效益：信息处理是取得竞争优势的要点之一。当竞争加剧时，企业必须更加努力地获取其市场占有量。这就要使用高度集成化的数据处理软件，而 R/3 正是这种软件的优秀典范。

⑨ 国际适用：R/3 支持多种语言，而且是为跨国界操作而设计的。R/3 可以灵活地适应各国的货币及税务要求。

⑩ 服务：R/3 系统实施过程中，用户将得到 SAP 技术专家的全面支持与服务，包括组织结构方面与技术方面的咨询，项目计划与实施方面的协助，以及培训课程。

**（4）SAP 系统的维修模块**

① SAP 系统维修模块的实质。

SAP 系统设备管理模块整体解决方案是以资产、设备台账管理为基础，以工作单的提交、审批、执行、跟踪为主线，按照缺陷处理、计划检修、预防性维修、预测性维修等几种可能，以提高设备维修效率、降低总体维修成本为目标，将采购管理、库存管理、财务管理、项目管理等集成在一个数据充分共享的信息系统中。

② SAP 系统维修模块的基本内容。

SAP 工厂维修（Plant Maintenance，PM）主要包括：

技术对象管理：将整个公司的设备进行划分，包括功能位置、设备、备品配件清单等进行详尽的资料管理。

设备维修管理：对通知单以及订单的计划、审批、下达、执行、完成、成本结算等进行全流程管理。包括通知单记录故障信息，订单记录维修过程及所发生的人工费用以及物料成本。

预防性维修计划：定期维修和保养计划是确保生产长期稳定运行及减少故障的有效手段。通过定义周期性维修计划，系统可以自动产生周期性维修订单，确保设备获得及时维修。

报表信息系统：包含从不同角度统计的汇总及报表功能。

③ SAP 系统工厂维修(PM)模块的功能特性。

根据 SAP 系统工厂维修模块(PM)在线应用的实践，其具有如下六个方面的功能特性：

- 形成了以功能位置为核心的设备台账体系，便于进行设备的实时在线管理；
- 形成了以工作中心为归集对象的全面维修体系，便于故障的及时维修；
- 形成了以内部订单为归集对象的物料管理体系，可以追根溯源，减少库存；
- 建立了设备预防性维修体系，减少了故障停机，提高了效率；
- 提供清晰的报表，为维修决策提供依据；
- 实现了基于单台设备或某一系统的技术信息的查询、分析功能，为维修策略的科学制订提供了依据。

### 2. SAP 系统的作用

长北项目 SAP 信息平台系统的设备管理模块整体解决方案是以资产设备台账管理为基础，以工作单的提交、审批、执行、跟踪为主线，按照缺陷处理、计划检修、预防性维修、预测性维修等具体措施，以提高设备维修效率、降低总体维修成本为目标，将采购管理、库存管理、财务管理、项目管理等集成在一个数据充分共享的信息系统中。该模块主要包括技术对象管理、设备维修管理、预防性维修计划、报表信息系统等几个组成部分，它们的功能如下：

① 技术对象管理。将整个长北项目的设备进行划分，包括功能位置、设备、备品配件清单等进行详尽的资料管理。

② 设备维修管理。对通知单以及订单的计划、审批、下达、执行、完成、成本结算等进行全流程管理。包括通知单记录故障信息，订单记录维修过程及所发生的人工费用和物料成本。

③ 预防性维修计划。定期维修和保养计划是确保生产长期稳定运行及减少故障的有效手段。通过制订周期性维修计划，系统可以自动产生周期性维修订单，确保设备获得及时维修。

④ 报表信息系统。包含从不同角度统计的汇总及报表功能，SAP 信息平台作为长北项

目 MIE 体系的纽带，不仅为 MIE 体系实施过程中每一项流程提供信息支持，而且由于其记载了 MIE 体系实施的每一项步骤，也为该体系实施的绩效评价和持续改进提供了翔实的基础数据。SAP 信息平台在 MIE 体系中的主要作用如图 4-22 所示。

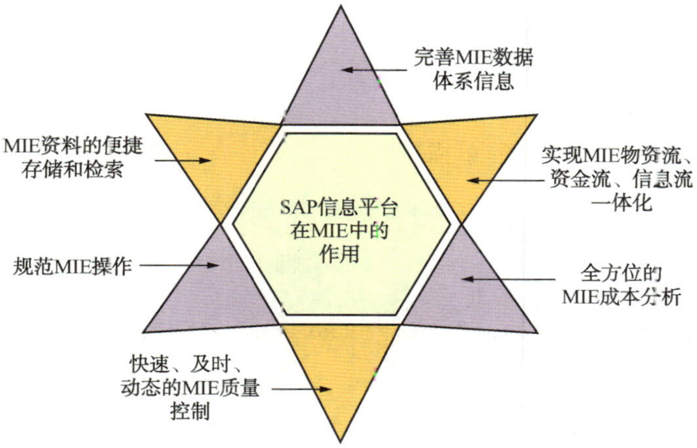


图 4-22　SAP 信息平台在 MIE 体系中的主要作用

长北项目 SAP 信息系统的企业维修模块的实施，第一，结合活动-组织流程图，将所有维修的文档资料存储进 SAP 信息系统，从而有利于资料的检索，并通过 SAP 信息系统对制定的标准进行检验，满足 MIE 质量流程的需要；第二，由于系统严格地使用授权、权限管理、流程设置，达到了比人为控制更加严格的操作流程、使维修操作业务更规范，实现规范管理要求；第三，SAP 信息系统通过网络数据的共享，实现了快速、及时、动态的维修质量控制；第四，由于和各种子系统的连接，提供了全方位的维修成本分析与质量控制功能，并且利用计算机进行各种复杂的数据分析，为决策功能的实现提供依据；第五，SAP 系统可以帮助维修工作实现物资流、资金流、信息流一体化管理，使设备高效运行，满足生产需要，并确保 HSE 目标的实现。

总之，长北项目 MIE 体系依靠强大的资源整合 SAP 信息系统，实现了维修技术、信息、资金、人员、物资的集成化，实现了完善的维修管理数据和信息共享机制，进而为企业的各项管理决策提供全方位信息服务。

### 3. SAP 系统操作步骤

根据长北项目 OE-MIE 管理体系的工作内容和流程，SAP 系统对 OE-MIE 管理体系的各步骤都给予支持和相关的操作。

**（1）创建通知单**

维修是为保持或恢复设备完成规定功能的能力而采取的技术活动。只要设备不能达到企业认可的功能或要求时，维修的通知单就需要发出。在长北项目，任何进入现场的工作人员都可以发出维修通知单。在 SAP 系统中创建通知单的操作步骤如下：

① 输入工单类型“Z1”。

② 对出现的问题或故障进行简单描述。

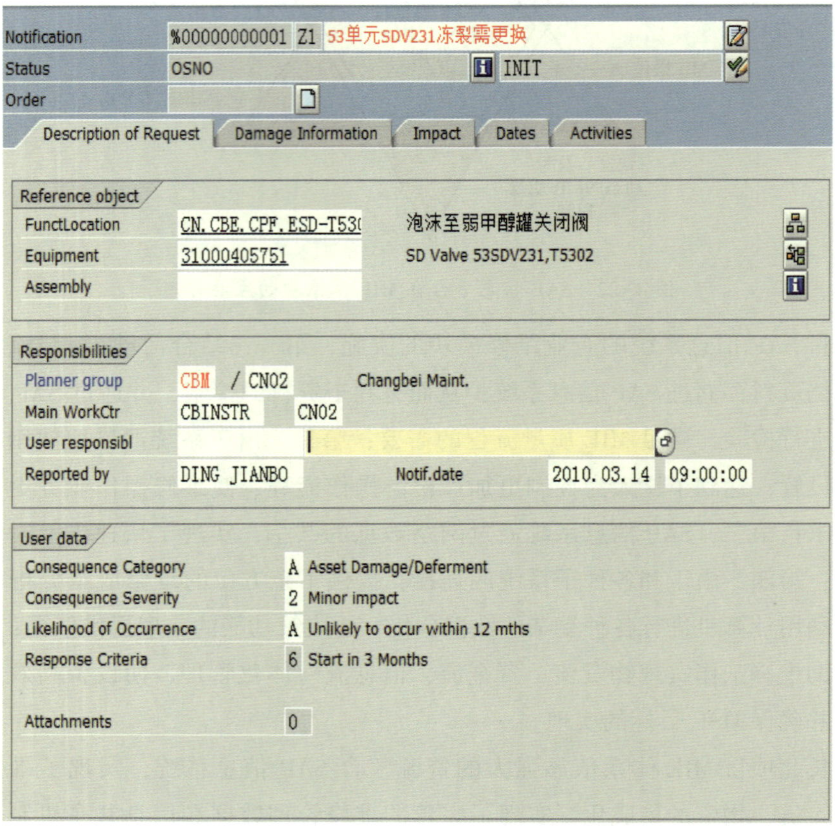


③ 填写功能位置、设备号码。

④ 输入 CMPT 信息(Consequence 后果种类、Severity 严重性、Likelihood 可能性)，点击回车键自动算出优先级。

⑤ 检查设备或对象部件是否发生故障。

⑥ 输入损害信息数据：包括损害的部位、损害内容(如果需要可填写文本框)以及损害原因(如果知道)。

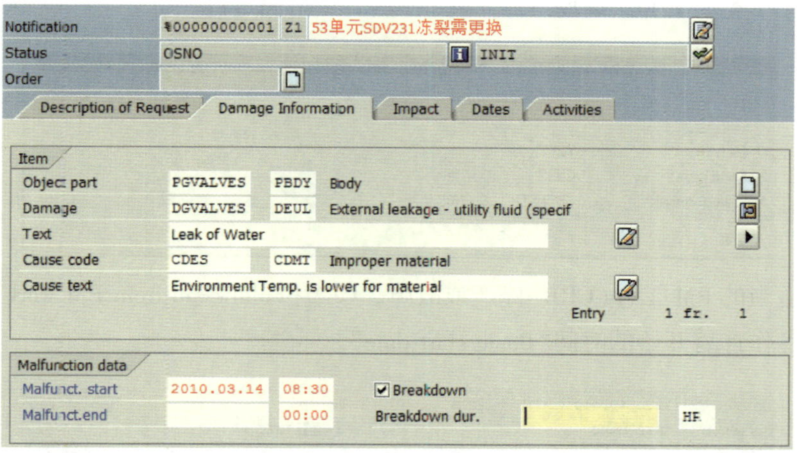


⑦ 转到影响信息一栏，填写 cond. bef. malfunction 区域，并填写维修工作类别。

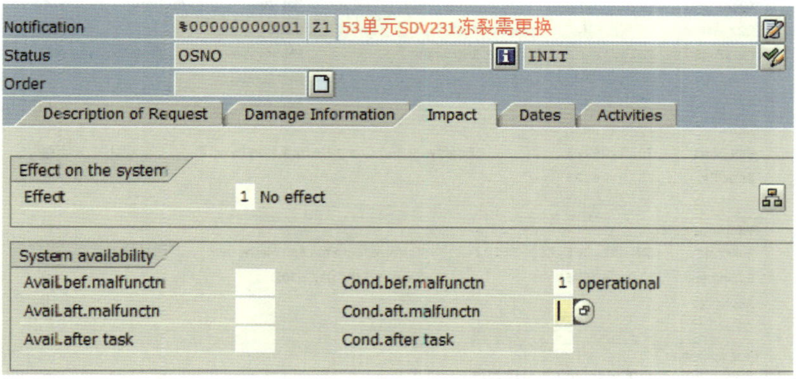


⑧ 重审通知单后将系统状态设置为“AWAP”等待批准，然后保存，保存以后通知单号码将在屏幕底部出现。

**（2）将通知单转为工单**

通知单需要转化为工单，工单是执行维修的依据。根据维修工作性质，工单可分为预防性维修（PM）工单、矫正性维修（CM）工单以及非维修工单。预防性维修工单是根据设备预防性维修计划由 SAP 系统自动产生的。工单主要信息有工单号、描述、状态、工单类型、设备、位置、标准工作、计划开始/完成时间、工作组、故障报告人、负责人、故障信息、计划工时、计划物料、实际开始/完成时间、委外承包商、工作任务、处理步骤、实施人工、实施物料消耗等。

① 在通知单批准之后，点击创建工单（WO）。

② 填写工单类型 72FC（现场维修工作），然后点击确定键。

③ 填写适当的 PM 工种（CRB–停产或故障，CPM–Follow–on from PM work）。

④ 设置工作计划开始的时间“Basic start date”。

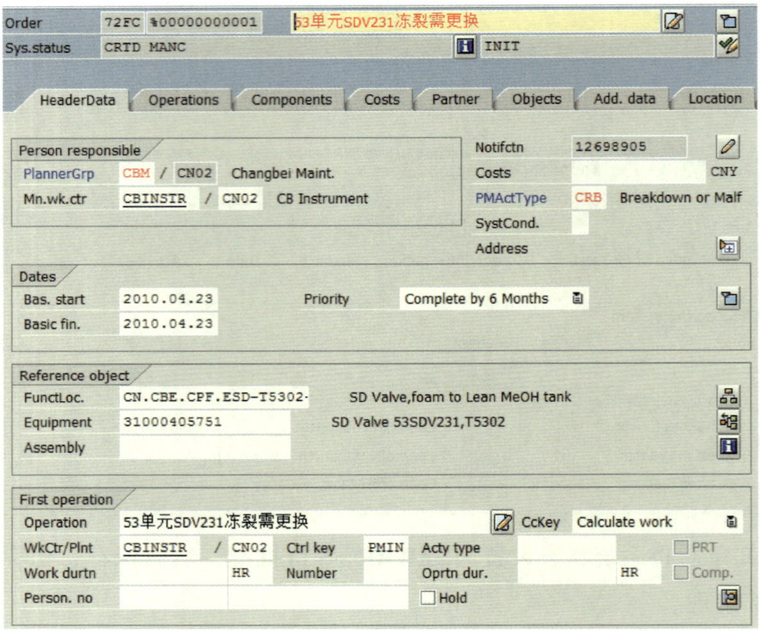


（3）进行工作准备

① 填写做该项工作需要的人数和工时，如果这项工作时限是按照天数计算，请使用“DAY”代替“HR”。

② 检查工作中心以确保其正确性。

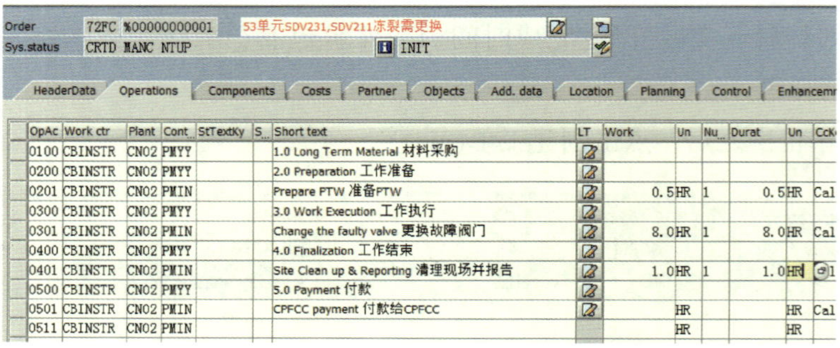

③ 输入物料号码后点击回车键。

④ 填写存储位置（Storage Location）“0299”-CPF、操作和维修需要。

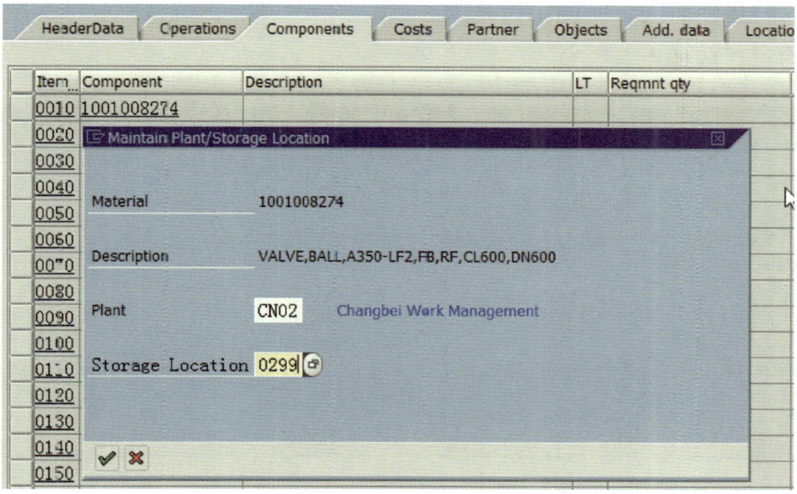


⑤ 填写相关的操作号码。

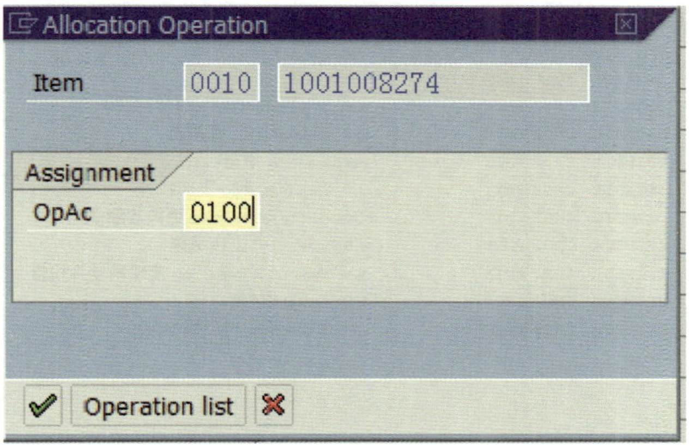


⑥ 填写需要的物料数量。

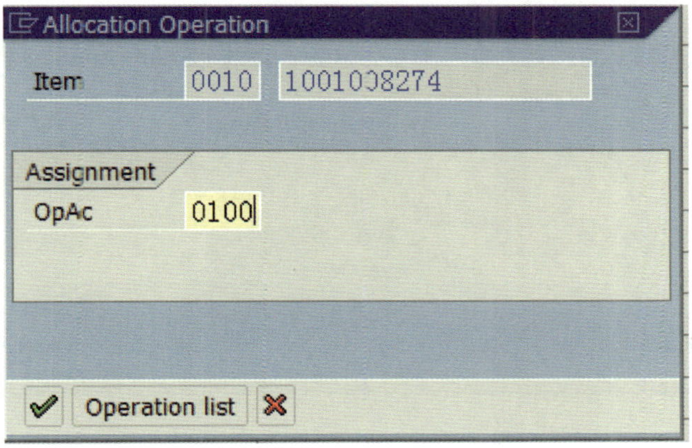

⑦ 填写物料的单价。

⑧ 填写采购组信息和物料接收者。

⑨ 估计物料运输时间，时间单位是天。

⑩ 填写物料存放地点。

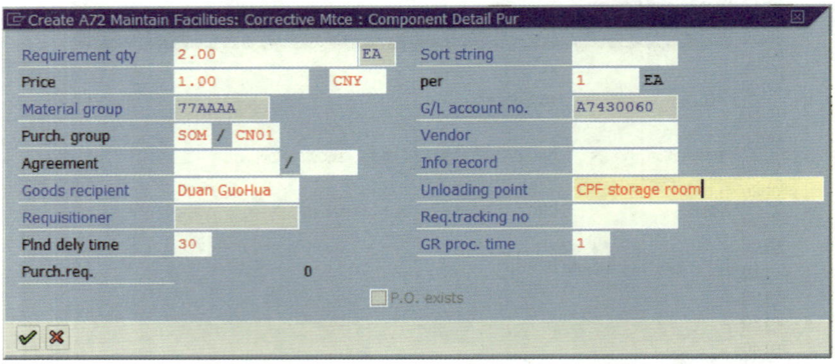


⑪ 将操作控制键“PMIN”改为“PMSV”然后点击回车键。

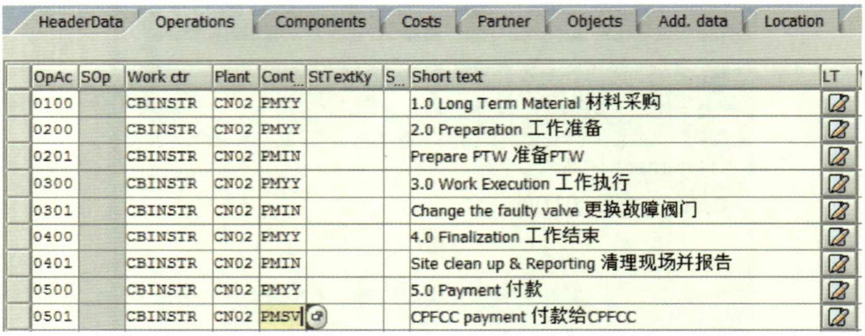


⑫ 填写购买单位。

⑬ 填入外部服务合同号码。

⑭ 填写接收者——合同持有人。

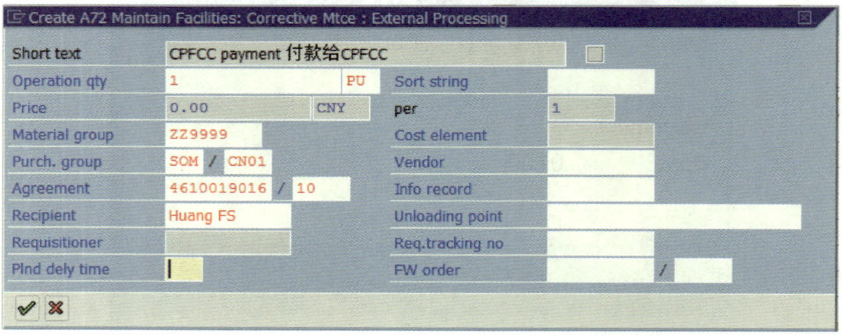

⑮ 点击“Service selection”按钮。

⑯ 选择“From purch. document”然后填入合同号码。

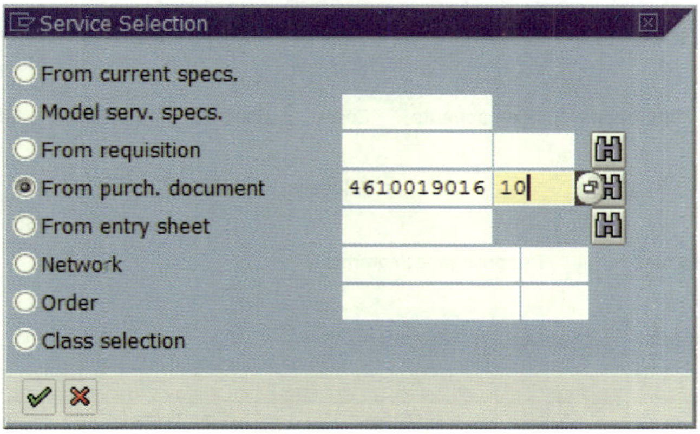


⑰ 展开服务合同列表选择需要的工种。

⑱ 填入需要的数量，请注明：数量=人数×工时。

⑲ 回顾做这项工作需要的总费用。

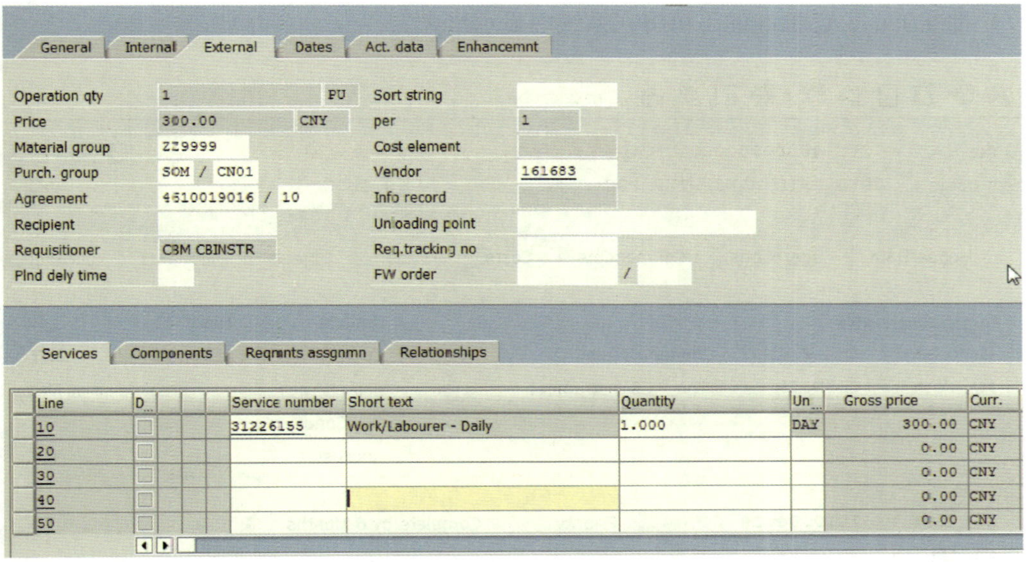


**（4）计划制订**

计划的制订是整个 MIE 实施的关键环节，不仅需要计划员熟悉整个生产实施流程，而且还需要计划员在机械、电子、仪表等方面都有较好的积累。同时，计划制订的好坏将直接影响整个 MIE 执行的效率，更是成本控制的重要环节。

① 选择“Cost”标签，计算此工单需要的费用。

② 回顾工单费用。

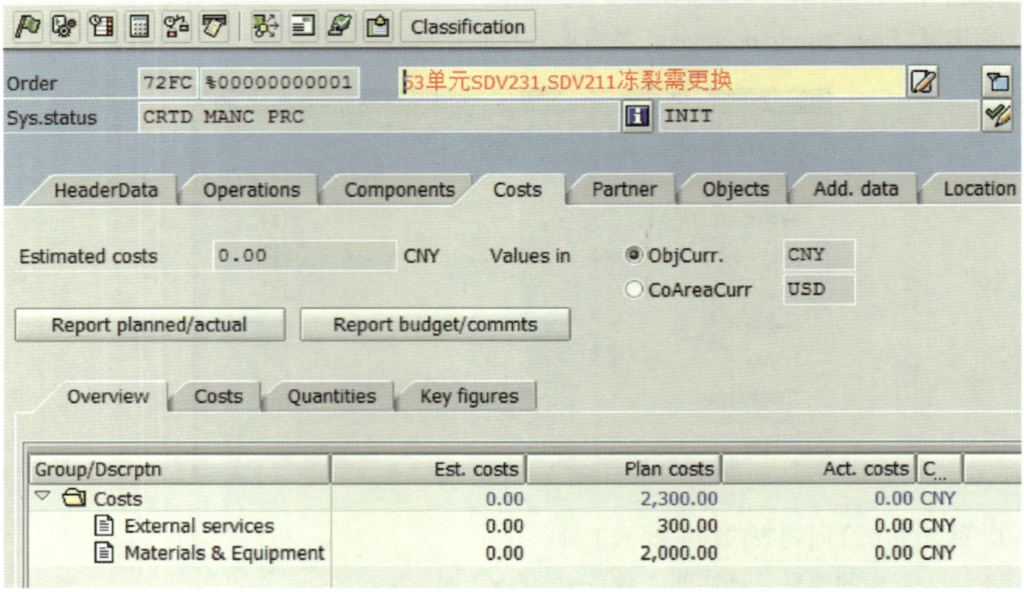


③ 将总费用填在 Costs 后面的文本框。

④ 批准工单，已批准的工单将在系统中显示出来。

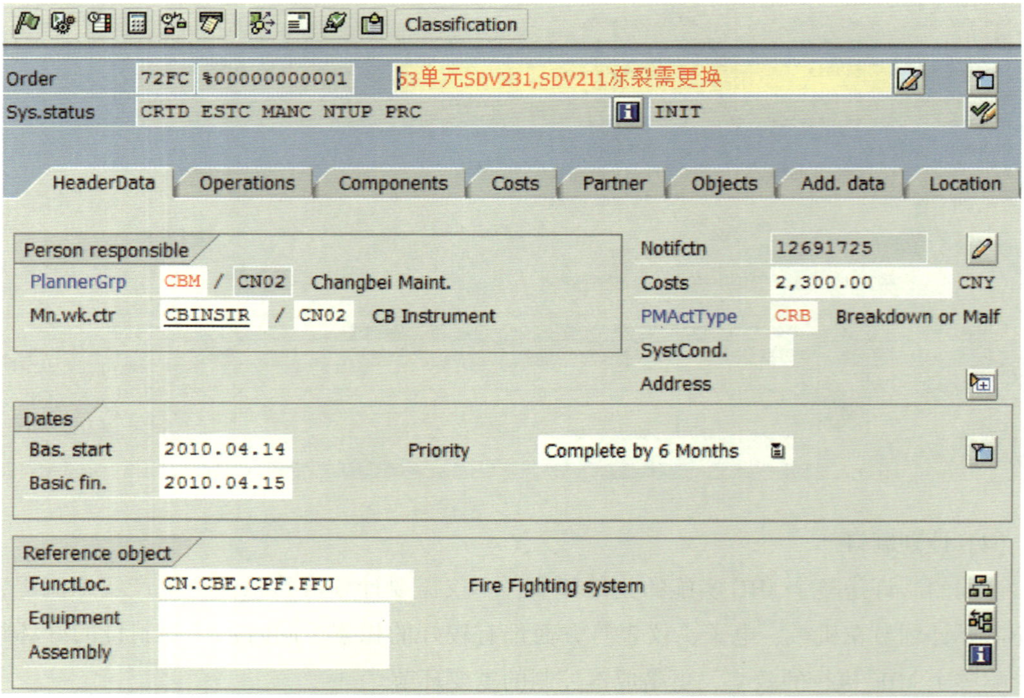

⑤ 保存工单。

⑥ 系统会自动将工单号码和通知单号码显示在屏幕底部。

**（5）执行工单**

① 当到货日期确定以后或者材料已经到库房，确定材料是否到库房使用；按“Display Document Flow”按钮。

② 检查是否已经做收货处理。

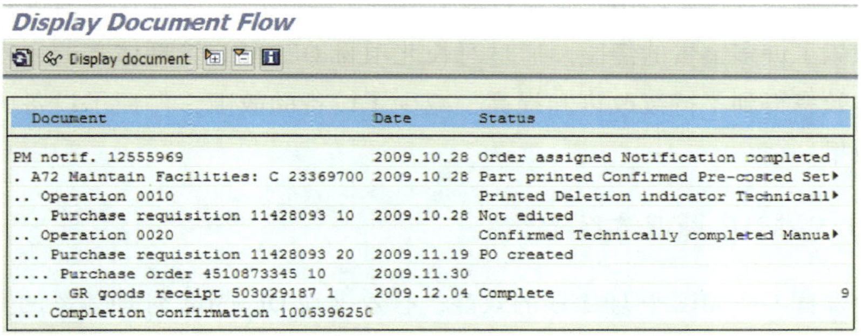


③ 改变用户信息。

④ 点击按钮“EXEC Ready for Execution”。

⑤ 重审工作计划开始时间。

⑥ 现在工单状态已经改为“可执行”，接下来保存即可。

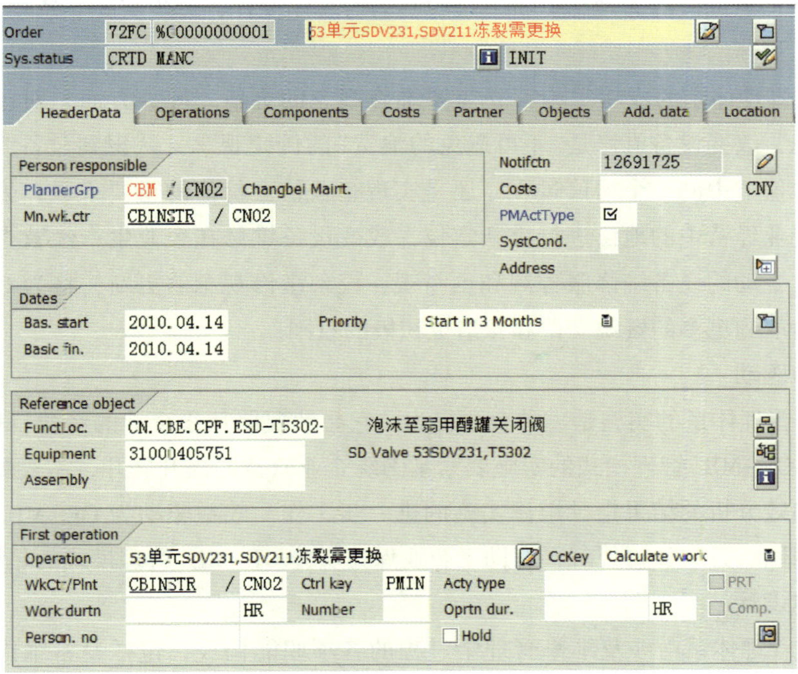

# 第四节 MIE 管理与评审

长北项目是国内第一家将 OE-MIE 管理体系在石油天然气行业上游中成功实施的项目，其实施过程结合了国内石油天然气生产上游企业的特点，为在石油天然气下游企业应用较为成熟的设备维修管理模式（MIE）能在石油天然气上游生产企业有效实施进行了有益的尝试和探索，积累了许多宝贵的经验。通过对长北项目 OE-MIE 管理体系的评审，长北项目设备维修工作效率得到了持续改进和提高，减少了设备的故障，保证了设备的完好率，取得了良好的效果。

## 一、OE-MIE 管理体系实施

为了充分发挥 OE-MIE 管理体系的效能，有效推动 OE-MIE 管理体系的实施，加快传统设备维修模式向 OE-MIE 管理模式的转变，长北项目在 OE-MIE 管理体系的实施中制定了科学有效的实施战略，采取了合理规范的实施流程，构建了扎实完善的实施基础，保证了 OE-MIE 管理体系实施的成功。

### 1. 长北项目 OE-MIE 管理体系的实施战略

科学有效的实施战略是 OE-MIE 管理体系成功实施的前提，长北项目 OE-MIE 管理体系的实施战略思想可概括为观念更新、效益驱动、总体设计、分步实施、持续改进等。

**（1）观念更新**

OE-MIE 管理体系的成功实施首先需要维修观念的更新。即一方面是对设备维修的价值进行再认识，改变设备维修是“不可避免的浪费”的传统观念，认识到设备维修不仅是整个生产活动价值链中的一个增值过程，还是实现企业社会价值的重要手段；另一方面要将设备维修在企业经营中的地位进行重新定位，改变设备维修在企业生产经营中从属和被动的局面，树立主动的设备维修服务观和创新观。设备维修观念的更新，将为 OE-MIE 管理模式的实施争取到更多的资源支持和营造更积极的氛围。

**（2）效益驱动**

OE-MIE 管理体系的实施是一种企业行为，它必然要服从于企业的经营目标（即效益最大化），所以 OE-MIE 管理模式的实施要紧紧围绕企业效益的提升展开，需要配合相应的绩效分析，以绩效分析的结果指导维修实施的进一步工作。效益驱动为 OE-MIE 管理体系的实施提供了明确的方向和价值观，有助于企业保持实施 OE-MIE 管理模式的热情。

**（3）总体设计**

OE-MIE 管理体系由涉及维修管理全过程的各项职能构成，包括设备维修管理目标和任务、OE-MIE 统计分析、OE-MIE 制度和程序的制定、组织结构、绩效考核管理等。总体设计根据各职能所发挥作用的差异，划分为战略层、战术层和执行层三个层次。

战略层的作用是对 OE-MIE 管理的战略规划，具体包括 OE-MIE 管理战略目标的确定、OE-MIE 实施程序体系的制定、OE-MIE 关键问题或变更的决策等。其中 OE-MIE 管理是 OE 管理的重要组成部分，因此 OE-MIE 管理目标必须在 OE 管理总目标指导下，根据 OE-MIE 管理在项目管理中的职能定位来确定。

战术层(也可以称之为策略层)的作用是为战略提供相应的策略支持，包括维修安全管理、OE-MIE 质量控制、OE-MIE 信息管理、成本管理、系统开发等。

执行层的作用是落实各项具体策略，执行各项任务，包括 OE-MIE 管理组织架构设计、人力资源管理、OE-MIE 风险控制、按照 OE 标准执行 MIE 的任务和操作等。

**(4) 分步实施**

OE-MIE 管理体系的实施是一项庞大的工程，它涉及设备维修的方方面面，且需要巨大的投入(视企业的基础条件而定)，所以它的实施一方面要避免对企业设备维修工作造成重大影响，另一方面又要避免给企业带来沉重的资金压力，采取分步实施的战略有助于克服上述问题。另外，OE-MIE 管理体系是一个系统工程，涉及许多先进的理念、思想、方法和技术，这些都需要学习、了解、掌握、运用等多个步骤，分步实施可以留出较为充足的时间去逐步吸收、消化，并不断提高认识，不断总结经验，确保这一综合性的体系能够顺利实施。

**(5) 持续改进**

持续改进的战略是 OE-MIE 管理体系成功实施的有力保证。OE-MIE 管理体系的创新性和先进性也意味着它有巨大的发展空间，所以 OE-MIE 维修模式的实施不是一劳永逸的，它需要持续的改进来保证它实施的成功和卓越。持续改进的内容主要是维修模式下各维修环节的协调、新维修组织形式的磨合、维修工具平台的改进和相应规章制度的完善等。这种持续改进又进一步保证了 OE-MIE 管理体系维修模式的创新性、实施企业的多样性和企业发展的动态性。

### 2. OE-MIE 管理体系实施的基本原则

OE-MIE 管理体系的实施和开展应遵循以下原则：

**(1) 保证设备安全、可靠地运行**

设备安全、可靠地运行是企业各项生产活动得以顺利进行的前提条件。因此，OE-MIE 管理体系的实施必须以保证设备的安全、可靠运行为首要原则，加强设备状态的监测和分析，科学合理地调整检修周期和检修项目。

**(2) 总体规划，分阶段实施**

OE-MIE 管理体系是一项涉及面很广的、复杂的系统工程，因此，在推行 OE-MIE 管理体系时既要有长远目标、总体的构想，又要扎实稳妥、分阶段实施，逐步地推进。分阶段实施 OE-MIE 的策略，是充分考虑到了企业管理水平和员工素质状况，一步一个脚印，既可以早见成效，增强企业实施 OE-MIE 的信心，也可以使 OE-MIE 具体操作人员逐步接受 OE-MIE 理念。如果一步到位实施所有模块，将导致各部门协作不畅，数据准备不充分等实施问题，将最终导致员工对企业 OE-MIE 管理体系产生怀疑、抵触等情绪。

**（3）重视基础数据的管理工作**

OE-MIE 系统的有效使用，依赖于原始输入数据的准确性。真实可靠的基础数据，将运算出科学的结果；不准确的基础数据，将运算出不准确的结果，因此所有维修工作必须坚持做到基础数据的完整、准确、一致、及时。

**（4）实事求是，一切从实际出发**

不同企业在设备规模、设备类型、设备运行、使用和维修状况、设备在生产中的作用以及维修管理人员的素质等方面存在着较大的差异，因此，企业在实施 OE-MIE 管理体系时，应对设备状况、管理制度、维修人员素质等设备维修管理现状进行全面的分析，立足于现状，从企业实际出发考虑问题，避免偏重形式和硬件设施配置，而忽视了管理体制、维修人员素质等相应软环境的适应性，导致整个维修管理体系不能充分发挥其应有的作用，容易造成投资的巨大浪费。

### 3. OE-MIE 实施流程

作为先进的设备维修模式，OE-MIE 管理体系的实施流程包括五个关键环节，即设定实施目标、选择实施对象、明确实施内容、规划实施步骤和核定考核标准。其实施流程如图 4-23 所示。其中，分步实施是对实施步骤的具体执行，每一步骤完成后都应有相应的绩效评价，评价结果既可以作为该实施步骤的改进指导，也可以作为下一实施步骤的有益参考。

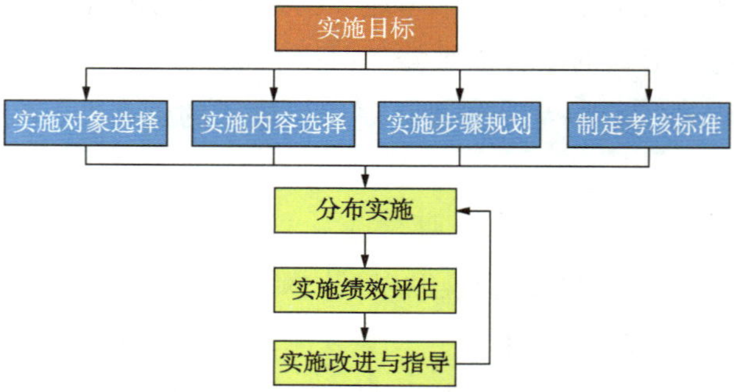


图 4-23 OE-MIE 管理体系实施的基本流程

**（1）设定实施目标**

OE-MIE 管理体系实施的整体规划包括五个内容，其中最基础的是设定 OE-MIE 管理体系的实施目标，因为它实际上约束了 OE-MIE 管理体系的实施对象、实施内容、实施步骤和考核标准。

从宏观上讲，企业实施 OE-MIE 管理体系模式是为了克服传统维修模式的弊端，但由于各企业的维修理念、工作方式和人员素质等因素的差异，上述弊端在企业的具体表现形式不尽相同，因而从微观上讲 OE-MIE 管理体系的实施针对的是企业当前设备维修中的疑难问题和设备维修水平提升的制约因素。也就是说 OE-MIE 管理体系模式作为一种维修改进问题的整体解决方案，其实施的第一步是结合企业实际情况辨识并归纳企业当前设备维修工作中所存在的问题。

**（2）选择实施对象**

实施对象的选择主要是确定 OE-MIE 管理体系模式实施的具体装置、目标流程及相关执行机构，该项规划内容的必要性体现在两个方面：一是设备维修工作总是与具体的设备(设施)相关联，而企业的设备构成不仅具有多样性，而且往往有自身的行业特点，所以从降低实施风险的角度出发，OE-MIE 管理体系的实施也只能由关键设备(设施)着手逐步深入并推广，而不是并行的在所有设备(设施)上全面推行，同样在实施目标流程的选择上也应参照上述原则。二是由于 OE-MIE 管理体系的实施是一项系统工程，需要有具体的机构和人员推进和执行，而且机构的授权水平及人员构成通常对实施的结果有决定性的影响。

**（3）明确实施内容**

OE-MIE 管理体系实施内容的确定，首先取决于对设备维修中存在问题的分析，其次取决于企业当前的资金、技术与人员条件。通过对维修问题产生原因的分析可以基本确定实施 OE-MIE 管理体系应该针对哪些内容进行，而只有对企业现有条件进行全面调研才能判断能够实施哪些内容。

**（4）规划实施步骤**

实施步骤的规划是对 OE-MIE 管理体系实施内容进行时间排序，同时明确 OE-MIE 管理体系实施的基本进度要求。

对于 OE-MIE 管理体系这样一种新的维修模式，其实施步骤的规划应遵循两个原则：一是效益驱动，即周期短、见效快且能解决当前突出问题的内容优先实施，而周期长和见效慢的实施内容则适当延后；二是整体规划，即不论实施次序的先后，所有的实施内容应构成一个有机整体，共同服务于一个统一的目标，即提高与改进企业的设备维修工作。

**（5）核定考核标准**

考核标准的制定实质上明确了 OE-MIE 管理体系实施内容的技术要求，其具体条款源于设备维修中存在问题的原因分析。除此之外，考核标准的制定也可视为一种激励机制，约束并激励实施机构组成人员的具体工作。通常考核标准主要考虑如下几个部分：性能要求、进度要求和经济性指标等，具体的考核标准则因企业的实际需求而异。

### 4. OE-MIE 实施基础

扎实完善的实施基础是 OE-MIE 成功实施的保障。长北项目在 OE-MIE 管理体系实施过程中，分别从技术上、管理上和内外部环境上构建了能有效支撑长北项目 OE-MIE 成功实施的基础。

**（1）长北项目 OE-MIE 实施的技术支持基础**

技术是 OE-MIE 管理体系的基础。设备维修管理是伴随着科学技术的进步而发展的，特别是信息技术、人工智能技术、先进管理技术等的应用，为设备维修管理提供了良好的理论基础。先进而高效的现代技术在设备维修管理中的应用，可以极大地提高维修的效能，增强维修对象的状态监测、故障诊断的准确性，提高维修管理信息系统的可靠性，以及备件的订购、储存的经济性，等等。

OE-MIE 是一种技术性很强的设备维修模式，企业在实施时应该配置各种硬件设备和相应的软件支持系统(SAP 系统)。一方面应充分利用振动、油液、温度等各种成熟的监测技术，配备各种监测工具、技术以及具有数据分析、故障诊断等功能的仪器和设备；另一方面应积极引进或开发在线监测、诊断系统和决策支持系统，从而为 OE-MIE 的成功实施提供技术上的支持和保证。

**（2）长北项目 OE-MIE 实施的管理基础**

OE-MIE 的成功实施，不仅要解决技术上的许多问题，更关键的是要克服人的观念和管理体制上的障碍。总结长北项目的实践经验，OE-MIE 的有效实施 50% 以上要取决于管理工作。

① 更新维修管理观念。

目前我国大部分石油天然气企业的设备维修管理还是以计划预修体制为主，这种传统的设备维修管理观念已经根深蒂固。传统的计划预修体制缺乏维修的针对性、经济性和科学性，而 OE-MIE 是一种更客观、更科学、更先进的维修管理思想和方法，因此需要企业的设备管理人员和维修人员改变陈旧落后的维修观念，接受这种先进的维修思想，尤其是公司的主要领导。

② 建立 OE-MIE 推行组织机构。

组织机构是管理的一项重要工具，强有力的组织是管理活动得以顺利实施的有力保证。实践证明，一个不合适的组织结构必将影响到管理的效率和效果，进而对工作质量、成本和进度产生重大影响。

OE-MIE 管理组织机构的规划建设是以提高 OE-MIE 信息沟通速度和正确性为核心，建立了各个层面的相关组织体系，明确岗位职责和工作内容，并在此基础上落实各岗位的选拔和培训机制。通过组建专门的维修职能机构，建立效率高、反应快的管理体系，来管理维修系统正常运转，协调维修部门的对内关系(与其他部门、公司等的关系，特别是与生产部门的协调)和对外关系(与环境和安全性的关系，与客户、供应商的关系等)。

OE-MIE 管理体系的实施必须建立健全相应的组织机构，制定相应的规章制度，明确各部门的职责，协调一致，这样才能保证 OE-MIE 管理的顺利推行。

③ 建立规范化的管理体系。

在我国，有相当多的国有企业受传统维修思想的影响和束缚，设备管理的随意性和盲目性比较突出，因此，有必要建立规范化的设备维修管理体系。规范化是 OE-MIE 管理体系的一项主要特色，其要求的设备管理的规范化，即根据企业设备的实际状况、发展需要、员工素质和技术水平等因素，制定相应的设备维修管理工作规程和员工的行为准则，从而使设备维修管理的各项活动都有明确的、可操作的、可跟踪的检查和考核标准，将设备维修工作纳入规范化的轨道。

④ 建立和完善教育与培训体系。

OE-MIE 的投入不是一劳永逸的，由于技术的发展很快，随着工作的深入，企业会越来越感到人力资源的缺陷和不足，因此，企业必须建立相应的技术、管理方面的教育和培训机制，开展维修工程教育，加强企业员工培训。OE-MIE 管理作为一种全新的维修管理模式，从理论、思想、概念的形成到技术、实施方法的推广，将主要依靠维修工程教育和培训体系，开设相关专业，培养相关的专业人才，使维修管理队伍不断补充、扩大，素质不断提高。通过对员工进行多技能的教育和培训，使员工掌握新的维修技术，提高管理和操作水平，增强工作信心。

参与人员的管理水平和技术水平是 OE-MIE 取得成功的关键，然而，目前许多石油企业设备维修管理人员综合素质还比较低，对他们的技术培训和再教育是提高其素质的重要途径。对相关人员的培训应该分层次、分阶段、有针对性地进行，即根据人员层次的不同，而动态地、有针对性地制定相关人员的培训内容、培训方式等，建立员工的教育和培训体系。

⑤ 建立和完善激励机制。

任何一项管理都必须建立激励机制，否则管理就会不到位或失效。OE-MIE 管理体系的实施，也需要通过建立切实有效的激励机制，协调员工的责、权和利，通过将物质奖励和精神鼓励相结合，积极营造良好的工作氛围，调动和提高员工学习、工作的积极性，充分发挥他们的技能和专长。

**（3）企业内部环境基础**

管理活动的实施离不开企业内部环境的支持，维修管理必须要充分考察企业的内部环境，营造出有利于企业实施新的管理模式的环境氛围。对于 OE-MIE 管理体系的实施，企业需要在安全环境和企业文化环境方面构建相应的支持基础。

① 安全环境支持。

安全环境是现代企业发展过程中不可忽视的重要因素，是设备维修管理实施的边界条件，是可持续发展战略的必然要求。OE-MIE 管理体系通过合理的、正确的维修管理来满足安全和可持续发展的需要。通过实施维修管理，建立维修安全管理体系，加强人员和维修对象的安全性和可靠性，努力实现零事故、零污染的目标，因此，安全环境是制定维修决策的目标和重要约束条件。

② 企业文化环境支持。

先进的技术和先进的管理属于先进的生产力，而先进的文化则可以转化为先进的生产力。企业文化是企业在长期生产经营过程中形成的管理思想、群体意识和行为规范。企业文化作为一定时期企业价值观、企业精神、企业形象、企业目标等文化要素的综合，是凝聚团队的一种无形的力量。

OE-MIE 管理体系是一种好的维修管理系统，实施过程就是其进入企业全体员工思想的过程，只有成为全体员工的共同愿望，完全融入企业文化之中，成为其的一部分，才能充分发挥效应。OE-MIE 管理体系的实施，不仅仅是企业领导认可就能够顺利实现，它的管理思想和管理规范必须要得到广大员工的认同。一旦这些思想和规范被广大员工所认同，员工把个人价值的实现融入团队目标的实现中，就会形成一种不可估量的、推动员工克服困难、勇往直前的巨大力量，激发职工的工作热情，提高劳动生产率，促进企业经济效益的增长。当然，企业文化不是一朝一夕就能形成的，需要相当长时间的精心培育、反复提炼和耐心磨合。

## 二、OE 管理系统评审

为了保证 OE-MIE 管理体系实施的效果和目标，达到持续改进管理绩效的目的，需要对 OE-MIE 管理体系实施进行评审。由于 OE-MIE 是 OE 管理系统的组成部分之一，因此对 OE-MIE 管理体系的评审应相应地遵循 OE 管理系统评审的基本过程。

### 1. OE 管理系统评审基本过程

为了保证实现 OE 管理系统的目标并能持续保持管理的绩效，需要有计划和有步骤地执行 OE 评价审查工作，以判断企业目前资产的状态，通过评价审查工作，从中发现改进机会，实现企业管理绩效的持续改进。因此，OE 评价审查工作是确保 OE 成功实施的关键，是 OE 管理系统中不可或缺的组成部分。

根据 OE 体系的总体要求，至少每 3 年要进行一次内部评估，每 6 年要执行一次外部评估。

OE 管理系统评审的基本过程包括评审的计划、准备、执行、质询、报告和跟踪等六个步骤，如图 4-24 所示。

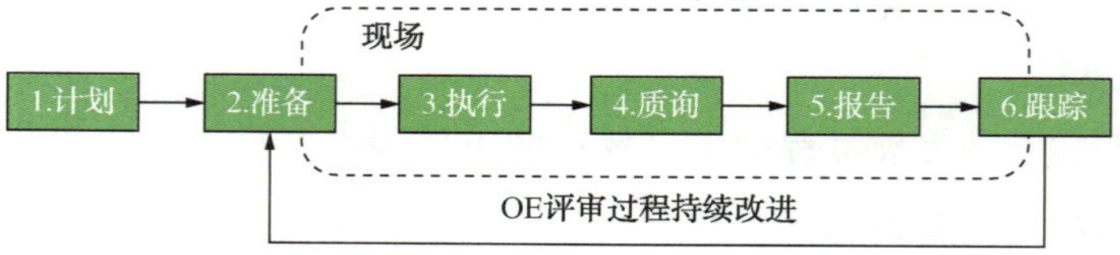


图 4-24 OE 管理系统的评审过程

### 2. OE 管理系统评审计划

良好的计划是组成有能力的评估团队和做好充分的评审准备的保证，其结果体现为评估得分的准确性。与所有计划一样，稳定性是评审计划的关键。评审计划主要确定评审的时间、计划及资源分配。

**（1）时间**

在某一地区或项目范围内进行 OE 的内部评估可以随时进行，但是在提出改进计划前执行评估能有助于改进计划主要聚焦于问题所在的方面。

评估结果要获得正式认可，必须由 OE 评估规划办公室执行评估计划，其目的在于确保能根据区域内有能力的 OE 评估人员的成熟度，成立真正客观的评估团队，达到内部和外部评估人员之间的平衡。

OE 评估应该在区域审计和评估计划中记录，所有相关需求都记录在 90 天计划当中。

**（2）计划**

应在项目成立后 3~6 个月执行首次 OE 评估。以后，应当在本年度 11/12 月最终确定下年度的 OE 评估计划。在安排下年度计划的前一年，由中央 OE 评估规划办公室考虑是否需要外部评估专家，以便在制订作业计划时分配评估团队资源。地区的 PALT 成员负责提出外部 OE 评估或辅助的请求。PALT 成员还应该指派一名当地的 OE 评估协调关键人员。同时，应尽可能由项目部选择评估日期。

在计划评估时间时，应考虑这样一些内容，即关停期间、人员变动日期、节假日、其他重大评估或审计的具体日期、后期问题、计划下一年度的作业计划和内部审计发生的冲突。

**（3）资源分配**

评估日期确定后，区域关键人员将分配内部评估资源，OE 评估规划办公室确定外部评估资源。

评估团队成员应包含 4Ps，但为了平衡评估工作量，通常应按要素分配资源。外部评估团队应包括 4 个其他地区的成员，同时配套 4 个本地区但是本项目外的成员。评估团队由核心评估成员和当地人员构成。核心评估成员是在全球范围内经过一套严格的考核程序选拔产生的，当地人员的参与对于收集信息非常重要，使得评估更可信，并对评估结果负责。

在评估团队成员分配方面，应给每个小组留有几个储备人员，因为小组中某个成员可能因个人原因而临时退出评估。

### 3. OE 管理系统评审准备

评审准备阶段包含建立联系、收集资料、OE 评估团队领导及地区关键人员准备、当地协调人准备、安排访谈和关键小组会议、加快准备工作、说明并准备团队和最终检查等内容。

**（1）建立联系**

地区 OE 关键人员负责启动 OE 评估的准备工作，并向评估团队领导提交以下资料：组织机构图、有关投资项目寿命、工作及公司业务的简要描述、将要检查的文档的链接地址。

OE 评估团队领导向项目经理、操作经理、维修及完整性经理、后勤经理或操作可靠性保障领导发送通知，告知外部 OE 评估准备工作开始。OE 评估团队领导与其团队成员及当地评估协调人进行联系。评估师自己负责获得签证及当地许可，而 OE 区域关键人员及当地协调人提供协助。OE 评估团队领导负责及时启动评估，并确保人人都要求的许可证。另外，如果涉及海上检查，则相关人员必须有海上逃生证书。

**（2）收集资料**

OE 评估前，地区关键人员将要求 OE 评估协调人准备关于项目改进流程、文档及衡量指标等信息。项目改进过程的信息应当包括当年的生产可靠性动因树、直接单位操作成本、分析后确定的改进机会，还要提供上一年改进项目的执行进度。文档可能通过记忆卡或网站提供，同时应当提供纸质文档，检查后将返回。

**（3）OE 评估团队领导及地区关键人员的准备工作**

在评估前的几周内，评估团队领导及地区关键人员必须熟悉待评估项目的情况。

评估团队领导必须做好以下准备工作：

① 了解运行环境；

② 查阅以前的评估；

③ 了解组织设置以决定现场需要的评估人数及中央办公室人数；

④ 支持当地协调人准备访谈计划及要求，同时提供关于文档收集、所提问题及需要进行的调查等方面的建议；

⑤ 确定评估团队都住在同一家酒店；

⑥ 检查有关携带电脑或其他设备进入该国的限制；

⑦ 告知当地评估协调人评估团队成员到达的详细信息；

⑧ 遵循 OE 评估倒计时表列出的步骤；

⑨ 地区关键人员必须做好以下准备工作：

- 向当地协调人解释 OE 评估及将要进行的工作；
- 检查后勤问题以确定如何最有效率地安排评估团队往返现场；
- 决定哪些个人迎合当地协调人一起接受访谈，并且对访谈安排是否恰当拥有最终发言权；
- 决定哪些员工受邀加入关键小组会议（focus group sessions）；
- 决定评估团队的分工；
- 准备评估启动发言；
- 检查以确保给评估团队分配了足够的办公空间，且在几小时后即可使用；
- 确保打印好全部 OE 评估工具的纸质版，并且在办公室已准备好等待使用；
- 检查确保通过诸如 SAP 或 Energy Components 等系统可远程获得所有衡量指标。

**（4）当地协调人的准备工作**

当地协调人协助评估团队领导，在以下方面做好准备工作：

① 收集评估需要的文档证据，以纸质形式提供；

② 在 90 天计划中确定评估团队的交通和现场住宿；

③ 为评估团队预约办公地点；

④ 预先确定访谈人员，准备访谈时间表；

⑤ 确保现场员工了解评估及其时间；

⑥ 告知所有强制性个人保护设备(PPE)、现场安全要求或培训、疫苗、医疗证等；

⑦ 为评估启动和结束会议预订房间，并邀请员工出席；

⑧ 如必要，安排接机。

**（5）安排访谈和关键小组会议**

当地协调人与 OE 评估团队领导共同安排访谈和关键小组会议。安排时考虑项目和支持职能如何安排、哪些个人执行哪些活动、充当什么角色等。一般来说，资历最深的员工应接受访谈，同时合适的情况下也需要访谈资历浅的员工。访谈应集中在各层次员工，而不仅仅是职能员工，同时要平衡服务提供商与客户。

访谈安排的基本要求如下：

① 只要可能，由成对的评估人员进行访谈；

② 只要可能，同一对评估人员应一起工作；

③ 每对访谈者每天进行的访谈不应超过 4 场，每场持续 60~90min；

④ 不同访谈之间至少间隔 1h；

⑤ 如果访谈只有 1 人或 2 人，时间限定在 1h 内；

⑥ 第一天下午晚些时候最好不安排访谈，以便留出时间浏览文档；

⑦ 内部评估的最后 2 天，外部评估的最后 3 天不安排访谈；

⑧ 1700h 后不进行访谈；

⑨ 外部评估的第 6、7 天，内部评估的第 4 天必须预留进行质询会议；

⑩ 在计划参观、安排访谈时，要考虑现场办公地点与评估现场的距离；

⑪ 小组访谈能非常有效地进行。评估过程中，如果评估人员对提供的证据满意，那么没必要访谈列出的所有员工。

**（6）加快准备工作**

准备过程中，有必要通过面对面、电话或网络会议等方式保持定期联系，OE 评估团队领导必须确保和恰当的员工讨论准备情况。

**（7）说明并准备团队**

评估前，评估人员应有 2~3 天的准备时间。如需要，准备工作应包括接触当地协调员，明确已提供的文档和衡量指标，出发前评估领导应举行网络或视频会议。当地员工参与评估前，所有项目和职能员工必须了解 OE 的目的。在评估的整个过程中，当地评估协调人应随时可联系到。

**(8) 最终检查**

评估前的一周，OE 评估团队领导将完成对以下内容的最终检查：

① 访谈计划安排；

② OE 评估团队准备情况。

### 4. OE 管理系统评审执行

要求 OE 评估团队提前一两天到达评估项目所在地。在完成评估前，评估人员不能被所在部门调回。OE 评估的“执行”阶段主要包括以下工作内容，即召开评估前团队会议，召开评估前启动会议，确定评估时间表，现场走访，观察，查阅以前的审计、状况检查及文档，访谈/关键小组会议，衡量指标，每日工作结束的进展会议，评分并评估优劣势等。

**(1) 召开评估前团队会议**

会议应当在评估开始前一天的下午或晚上进行。最好邀请当地协调人员和 OE 项目领导参加会议。会议的议程包括以下内容：了解特定项目当地的安全和保安信息，相互介绍扩大团队成员，扼要地说明 OE 评估过程，确定团队成员对所分配的工作满意度，检查现场参观的后期工作，说明将要进行的开幕演讲，明确哪些人出席，确定评估结束的演讲要求，回顾 OE 评估的原则，重新说明如何运用评估工具，如何跟进，安排每日终了的会议。

**(2) 召开评估前启动会议**

在开始访谈前先对项目的关键人员做一次启动演讲。演讲的目的在于：介绍评估团队，通过从业的时间建立信任，解释评估的原因，解释评估遵循的过程，解释评估结束时提供的内容，解释评估结果该如何处理，回答项目团队的问题。

演讲结束后，应简要说明并测试 HSE。

**(3) 确定评估时间表**

评估遵循准备阶段确定的时间表。建议在评估团队工作房间的墙上张贴时间表，以便能标出变动并监控计划的进展。

**(4) 现场走访**

现场走访包括工厂、生产、流程要素的大部分内容，对人员进行双重检查。在外部评估时，至少 3 个评估人员应走访现场。团队领导根据评估人员的能力和经验确定走访现场的评估人员。走访的重点是生产设施，如可能则参观 3 个其他设施。由团队领导与当地协调人一起确定走访哪个设施。

如可能，评估团队与管理者和员工召开现场走访开始和结束会议，现场走访的结果由资深的评估人员报告。现场收集的信息应包括达到最低标准的证据。还应收集照片证据以支持最终报告。

**(5) 观察**

在评估过程中，应尽可能多地观察关键活动，一般包括以下一些活动，即技术人员执行维修、生产人员操作或分离设备、安排会议、根因分析研究、项目理事会议、现场人员晨会或交接班会议、操作可靠性改进过程会议、风险和可靠性管理活动、计量、井测试、存储、供应船和/或道路运输、供应基地等。

**（6）查阅以前的审计、状况检查及文档**

当时间允许的情况下，查阅过去12个月内的生产工艺审计和评估结果以比较当前的结果与过去已经确认的结果及行动的完成情况。

**（7）访谈/关键小组会议**

在外部评估时，访谈是收集信息的主要方法。内部评估则应重点使用关键小组会议。

访谈应涉及OE评估工具中每个要素的所有问题。

内部评估使用关键小组会议替代访谈。同时，外部评估也会进行至少2个关键小组会议，由来自不同专业或相同专业的大约5人组成。关键小组会议的目的在于让评估团队了解员工对生产工艺的优劣势的理解。

**（8）衡量指标**

被评估项目提供的衡量指标应当作为评估问题的证据，而非单独进行评估。

**（9）每日工作结束的进展会议**

每个工作日结束，评估团队应当开会回顾进展情况。尽管现场评估团队仍在现场，但可通过电话召开会议。通常，会议可能回顾人员、流程、工厂和生产要素，内容包括：状态、优势和机会、团队和其他人员需要进行的后续工作、最低标准的实现率、值得复制的做法、学习到的、AOB。

每晚都要检查访谈计划，查看访谈的内容范围是否充分，是否需要变动。第2天由当地协调人组织访谈变动工作。如果原计划的访谈取消，确保要向相关人员道歉。

在内部评估的第3天、外部评估的第5天结束时，应该完成以下内容：

① 如果不找其他人核对，至少有1人回答了所有问题。对证据进行了打分，并记录到OE评估工具中。

② 检查了所有文档资料并进行了打分，有关评估记录到OE评估工具中。

③ 衡量指标值与最优指标值进行了比较，并记录在OE评估工具中。

### 5. 质询

质询会议是保证评估结果客观性的关键环节，使得评估结果与以往评估结果具有可比性，同时与其他项目评估结果可比，而不会受到评估人员的主观影响。

质询会议在内部评估的第4天、外部评估的第6天举行。全体评估人员必须出席会议。同时最好有当地协调人或项目代表参与会议，这是为了确保吸收被评估单位人员的意见，使得被评估单位有最后的机会提供证据，从而纠正评估中重大的不准确情况。

质询会议讨论的主要内容是：与其他评分比较、质询过程、最终得分、最低要求评分等。

**（1）与其他评分比较**

在质询会议开始前，首先将初步得分与其他全球评估得分进行比较。通常，OE 评估团队成员曾参与过其他项目的评估，通过与以往评估的比较，评估人员可判读评估结果的客观性。

**（2）质询过程**

在质询会议前，评估团队对每个问题形成了一致的评价，并且在评估工具中记录最新的得分。

质询会议上，在团队领导的领导下，整个团队对每个 OE 叶片要素的评估问题得分、评分的证据、提出的每个要素的优劣势进行质询，然后对要素的优劣势进行评估并形成一致意见。

最后，对“人员”要素的叶片进行质询。如果无法解决其中一些问题，则由评估团队领导最迟最终决定。

经过以上过程后，得出最终评分，并得到确认，由整个团队负责。

**（3）最终得分**

一旦质询会议结束，评估结果就不会更改，被评估单位也不能再对评估结果质疑。

OE 评估工具自动评估每个叶片要素的总体得分，并用不同颜色的代码呈现评估得分。不同颜色的含义如下：

蓝色 = 得分高于 80%，OE 绩效出色，接近或达到最佳水平

绿色 = 得分在 60%～80%，被评估项目是有效的，正在解决一些机会

红色 = 得分低于 60%，需要改进

**（4）最低要求评分**

评分表现为两种方式：如果得分低于 3，某一叶片要素的总体得分将限定于达到最低要求的最低分数，即如果最低要求得分为 1，要素得分则为 20%，如果最低要求得分为 2，则要素得分限定在 40%。

## 三、OE-MIE 管理体系评审

长北项目为确保 OE-MIE 体系的有效实施，对维修工作的各个方面建立了一系列的评审制度体系。这一体系既是长北项目 OE 体系的主要组成部分，又充分结合了设备维修的特点，是 OE 评审功能在维修模块的具体运用。通过 OE-MIE 体系的评审流程，全面了解设备的关键程度、完整记录维修情况，进一步优化针对关键设备的预防性维修和基于状态的维修，最大限度地减少对次要系统的额外维修。此外，当常规维修政策无法消除损失时，提出清晰的改进意见和建议，并根据投资回报率对这些维修项目进行排序。

### 1. 长北项目 OE-MIE 管理体系评审依据

**（1）长北项目 OE-MIE 管理体系的评审对象**

长北项目根据欧美工业化国家在设备维修管理上所存在的共性的问题，结合自身所处

的状态、实际水平和存在的主要问题，将 MIE 管理领域划分为效益与效率、技术与方法、组织与人员、管理与控制等多个评审对象，突出了能够更加直观地反映维修能力、水平等执行情况的维修管理的要素。

效益与效率类是整个审查的核心，是维修管理的目的性所在，是衡量维修管理成果的基准，也是安排布置维修管理活动的依据，它包括了寿命周期成本、综合设备维修效率等评价指标。

技术与方法指出了设备维修管理在技术与方法方面应该作出努力的领域，它涉及维修技术规范、维修质量、维修工作方法、技术以及数据处理等方面。

组织与人员则是为顺利完成维修任务而在组织机构及人员构成上所提出的要求，它包括组织机构建设、维修管理与技术人员配备、维修机构的内外部关系、维修人员的管理与技术培训、维修人员的绩效等内容。

管理与控制包括了为确保维修工作的顺利实施所必需的设施、工具、材料、配件的管理，包括维修计划及其时间表，还包括维修的预算与成本控制等内容。

**（2）长北项目 OE-MIE 管理体系的评审内容和要求**

对 OE 管理系统每个叶片的评审都有相应的基本内容和要求。长北项目 OE-MIE 管理体系的评审内容和要求见表 4-2。

**表 4-2 长北项目 OE-MIE 管理体系的评审内容和要求**

| 问题编号 | 主要内容和最低要求 | 审查依据 |
|---|---|---|
| 1 | 现场领导支持工作准备，计划和执行这一系列流程。领导审查和讨论了各项指标体系，并积极推进企业可靠性文化建设，采取积极的态度鼓励维修工作的持续改进 | 查阅文档资料 |
| 2 | 参与维修工作的所有人员角色清晰、责任明确的定义，并严格按照 WPS&E 工作流程指引执行每一项工作 | 查阅文档资料 |
| 3 | 所有人员都按照维修工作和对每一个工作角色的要求进行过培训。同时培训应该是更新的，是能够提升员工能力的，培训计划应记录在案并确保执行 | 查阅文档资料 |
| 4 | 所有的通知单都有维修目标，填写好故障信息代码，有详细的故障信息记录。在故障鉴定会期间或之前，能够采用 CMPT 工具进行诊断。<br>最低要求：在提交通知单时对维修目标进行了回顾，有时能够编写故障代码，能够使用故障诊断箱。在故障鉴定会期间或之前，能够采用 CMPT 工具进行诊断。所有与通知单相关的安全关键设备都有详细记录信息，所有与风险相关的信息进行了详细记录。有通知单文档信息质量反馈流程 | 现场观察和查阅文档资料 |
| 5 | 每天召开通知单审查视频会议，会议就维修优先级、措施，以及采用的 CMPT 工具进行培训，并就有关故障的解决向技术专家进行咨询。通知单应在对故障相关内容进行回顾、确认、审查、咨询等之后，进行审批 | 现场观察和查阅文档资料 |

续表

| 问题编号 | 主要内容和最低要求 | 审查依据 |
| --- | --- | --- |
| 6 | 所有的预防性维修工单都与维修战略一致 | 现场观察和运用指标 |
| 7 | 在准备工作期间，进行现场查看。维修工作准备工程师需要和维修和操作团队讨论所有复杂和安全关键矫正性维修工作，提升维修工作包的质量。工作准备工程师能够很容易获得相关文件资料和技术专家的支持。所有工单都有工作风险工作评价 | 现场观察和查阅文档资料 |
| 8 | 为确保维修工作安全、有效，工单根据维修任务的复杂性提供所有的信息。工单应列明所需材料、服务，有一个广泛的标准任务清单目录，所有维修工作的反馈形式 | 现场观察和查阅文档资料 |
| 9 | 工作准备工程师优先考虑关键的安全维修工作。在工单上应列明需要的材料，其中通用材料的采购量应比较低。对所有的预防性和矫正性工单需要有现场记录。只有当准备工作充分完成后，工单才可以传递到下一个环节，并且工单的状态代码应该能够被所有涉及的人员理解，包括现场管理人员。预防性和矫正性工单处于预备执行状态 | 查阅文档资料和运用指标 |
| 10 | 预防性和矫正性工单应预计工时和成本，这些预计应尽可能精确 | 运用指标 |
| 11 | 预防性和矫正性需要的材料、工具等应储放安全、方便使用。维修过程中多余的材料应归还库房，应尽量实现零库存 | 现场观察和查阅文档资料 |
| 12 | 每一个专业门类都应有相应的经过培训、有资格认证的准备工程师和相应技术专家，他们的职责是明晰的 | 现场观察和查阅文档资料 |
| 13 | 每一个专业门类都应有相应的经过培训、有资格认证的计划员和相应技术专家，他们的职责是明晰的。维修方面的计划员和 IAP 计划员之间关系是清晰的、一致的 | 现场观察和查阅文档资料 |
| 14 | 计划日期是截止到编制计划的当天。首先，应建立一个考虑所有已知的限制条件 14 天计划，对即将执行的工单，明确 7 天计划，所有与 IAP 相关的工单应标记，所有工单应审查，每月召开一次 90 天计划工作会议 | 现场观察和查阅文档资料 |
| 15 | 计划反映了 100% 的资源能力，90 天计划可以回顾、调整和延迟 | 现场观察和查阅文档资料 |
| 16 | 7 天工作计划执行过程中，紧急维修和非计划工作应较少，计划应基于实际工作情况每天进行更新 | 现场观察和查阅文档资料 |
| 17 | PM 和 CM 的完成率应保持较高水平，而且应有一个合理的维修余量。维修工作准备工程师和现场维修团队通过讨论工单审查维修办法并达成目标的一致。与此同时，偏差管理和风险管理也是必要的 | 现场观察和查阅文档资料 |
| 18 | 在一些关键的计划会议中，参会人员应是包括各方面相关人员，7 天工作计划应让所有成员都明白。维修方面的计划员和 IAP 计划员应在每周计划会议的基础上实施整合计划，现场经理审查周计划 | 现场观察和查阅文档资料 |

续表

| 问题编号 | 主要内容和最低要求 | 审查依据 |
|---|---|---|
| 19 | 所有维修工作都有任务操作说明书，工具箱应包括质量方面的说明，每项工作都进行质量检查，质量标准应定期进行审查 | 现场观察 |
| 20 | 维修工作在执行完毕后应及时进行信息登记，所有工作完成后应执行审查工作 | 查阅文档资料 |
| 21 | 完成和部分完成的维修工作应在每天进行报告和登记，所有工作每天都应该有反馈，所有矫正性维修都要将“5 个为什么”作为历史数据记录进系统里 | 运用指标和现场观察 |
| 22 | 现场经理、监管者和各协作部门审查周会议。监管者每周审查各项措施并与技术专家讨论措施的可行性。每项改进措施都应记录在注册表中，提出措施的人员也被在成熟度追踪表中进行记录，以便确定其能力等级。超过 90% 的被追踪者在 4 级水平上 | 运用指标和查阅文档资料 |
| 23 | 近 3 年，我们一直在研究如何提高生产性时间，尽量减少无价值的非生产性时间 | 运用指标和查阅文档资料 |
| 24 | 在维修准备工程师与计划员之间应有有效的交接程序，而且他们之间应形成举行网络会议的惯例，通过这些进行经验交流和经验分享。当然，遇到重大情况，需要他们面对面进行交流和商讨 | 现场观察 |

### 2. OE-MIE 管理体系绩效评价

任何管理体系的实施，其根本目的就在于提高企业的管理绩效，保证企业战略目标的实现。因此，管理绩效的评价作为衡量管理成果的基准，其对整个管理体系的有效实施和持续改进提供了重要的依据。

**（1）维修管理绩效评价的特点**

对维修管理绩效进行评价，涉及很多影响因素，它们有着各自的度量，有的影响因素无法进行精确计算，而影响因素之间也不一定能够直接进行比较，因而在评价中常有经验性的判断。一般而言，对维修管理绩效进行评价，具有如下一些特点：

① 综合性。

维修管理绩效评价的综合性来源于维修管理概念的复杂性和所包含影响因素的复杂性，绩效度量是对各种影响因素以及维修任务执行能力的综合评价，绩效指标的高低表征维修系统整体能力的优劣。

② 模糊性。

维修管理绩效各参数中有的受到使用环境、条件等因素的制约，不能像物理量的度量那样直接，因而也就使参数的度量具有一定的模糊性。一方面，这是来自于维修管理绩效评价的综合性；另一方面，是由于根据任务的不同，影响系统效能因素的侧重点不同。因此，维修管理绩效的度量往往是具有概率性质的数字特征。

③ 局限性。

维修管理绩效评价的结果直接与预期任务、预期工作条件相关，也和评价的方法相关。维修任务执行过程中的实际情况往往与预期不完全一致，从而影响评价的精确性。另外，各种评价方法总有一定的假设和先决条件以及不同程度的主观评定因素，维修管理绩效指标可能并不包含相应特性的全部信息，对维修绩效有重要影响的许多因素如人员的素质、能力、态度等从根本上是难以量化的，因此评价都或多或少地带有一定的局限性。

**（2）OE-MIE 管理体系绩效评价的内容**

为了实现维修管理绩效评价，首先要确定维修管理绩效指标，然后应用评价手段，依据 OE-MIE 评价准则作出估计。OE-MIE 管理体系的定量评价是采用关键绩效指标（Key Performance Indication，KPI）进行的。关键绩效指标是通过对组织内部某一流程的输入端、输出端的关键参数进行设置、取样、计算、分析，获得相应的指标值，综合地对设备维修管理的质量和效果进行量化评价。通过量化指标，可以为以后的维修计划的持续改进提供可靠的依据。表 4-3 为长北项目 OE-MIE 关键绩效指标（KPI）。

**表 4-3 长北项目 OE-MIE 关键绩效指标（KPI）**

| 衡量指标 | 壳牌勘探开发企业领先水平 | 顶级水平 | 跟踪记录频率 |
|---|---|---|---|
| 计划制订期间提出 PM 变更的比例 | 85% | 95% | 月 |
| 通用材料订购比例 | <20% | <10% | 月 |
| 材料符合要求比率 | >60% | 95% | 月 |
| 估计的准确度 | +/-30% | +/-5% | 月 |
| 计划完成率 | >70% | >98% | 月 |
| 紧急维修工作占比 | <12% | 2% | 月 |
| 非计划工作占比 | <30% | 0% | 月 |
| PM 完成率 | >85% | >98% | 月 |
| CM 完成率 | >85% | >98% | |
| 维修作业积压计划数 | <8 人·周 | <4 人·周 | |
| 维修生成率 | >35% | >52% | |
| 实际与计划要求符合度 | >80% | >95% | |

绩效评价贯穿于整个维修管理系统的规划、设计和运行各阶段，而且在各阶段都必须实现以下目标：

① 保证维修系统的可靠度；

② 保证维修系统的安全性，采取措施使系统能经受住可能的偶发事故而保证生产系统的运行，并避免对设备造成严重损坏；

③ 保持生产系统的完整性，限制故障扩大，减少大范围停产；

④ 保证发生事故后系统迅速恢复运行。

以量化的评估结果指导企业设备维修与管理工作的改进，是实现设备维修持续改进的有效手段。设备维修作为长北项目的关键业务流程，其投入是很大的，但由于设备维修的产出难以直观量化，因此，需要通过设计合理的设备维修指标来评估和考核企业的设备维修水平。通过建立设备维修全面客观的量化评估机制，不仅能明晰设备维修模式的优越性，更能反映维修模式的待改进之处，从而为其持续改进指明方向与重点。

世界一流石油企业的最佳设备可靠性可达95%~98%，甚至在衰竭的油层使用的旧设备也是如此，他们的维修成本比平均成本低30%，预防性工作占维修时间的大部分(70%或更多)。此外，由于优先顺序和优化措施更完善，这些企业的小修小改项目组合创造的价值，可比普通企业最多高50%。

### 3. 长北项目 OE-MIE 管理体系评审过程

2010年7月19~22日，OE-MIE专家团队对长北项目OE-MIE体系的实施进行了严格评审。经过现场查看、召开维修团队座谈会、与维修主管面对面沟通等多种形式的评审程序，最终长北项目的OE-MIE体系的实施获得了优秀的评价。

**（1）长北项目 OE-MIE 管理体系评审内容**

长北项目OE-MIE管理体系评审时，评审组将评审内容按照对象划分为四类，即效益与效率、技术与方法、组织与人员、管理与控制等。

① 效益与效率的评审。

效益与效率的评审主要关注PM、CM工单是否预计了工时、成本等要素；材料、工具、备件等的使用、库存是否合理、有效率等；PM和CM计划的完成率情况，PM计划延迟时间和延迟率；计划工作执行情况，包括计划完成率，非计划任务是否较多等。通过对这些指标数据、流程完成状况的审查和评价，最终获得OE-MIE管理体系效益与效率评价结论。

② 技术与方法的评审。

技术与方法的评审主要关注维修通知单是否采用了OE的CMPT工具对故障进行了诊断并划分了优先级；维修人员是否会使用故障诊断箱，是否建立了质量反馈流程；维修过程中，各种相关资料是否齐全、完备，准备工作是否充分等；维修的各类数据是否及时进行了记录并且这些数据是否按照事先规划的流程，及时、准确地传递到下一个环节。

③ 组织与人员的评审。

组织与人员的评审主要关注现场经理对OE-MIE执行的各流程和环节是否清晰、明确，态度积极，并对各环节进行了讨论、审查和指导，鼓励维修工作的持续改进；所有参与OE-MIE的人员是否角色清晰、责任明确，并接受了岗位能力培训，有资格认证，且能够胜任岗位工作；建立了OE-MIE组织机构，明确了技术人员配备，建立了长效的技术培训工作机制等。

④ 管理与控制的评审。

管理与控制的评审主要关注为了确保维修工作的顺利实施所需要的设施、工具、材料、配件的合理管理，储放是否安全、方便使用；是否按照 OE 标准编制 7 天计划、14 天计划维修计划表，紧急维修和非计划工作情况，每天是否依据当天的实际情况及时更新计划；是否召开相关的计划会议、工作准备会议等，对维修执行的各流程进行了审查，依据审查结论进行了偏差管理和风险管理，同时每项改进措施都由技术专家和维修团队其他人员进行了可行性论证，提出了改进措施并将这些改进信息进行登记。

**（2）长北项目 OE-MIE 管理体系评审结论**

在对长北项目 OE-MIE 管理体系进行内部评审时，针对长北项目维修执行情况，依据 OE 对维修的审查内容和最低执行标准，审查评审组一共提出了 24 个问题，这 24 个问题涵盖了长北项目设备维修的效益与效率、技术与方法、组织与人员、管理与控制等所有审查对象。

① 效益与效率的评审。

**问题 1：长北项目是否建立了工作准备制度和流程，效果如何？**

针对问题 1，通过座谈、现场查看等环节，长北项目提供了以下的回答和证据材料：

- 将安全关键维修工作放在优先的位置。
- 取得商品和服务。
- 维修工作需要的材料。

通用材料的订购小于 5%，见图 4-25 所示。

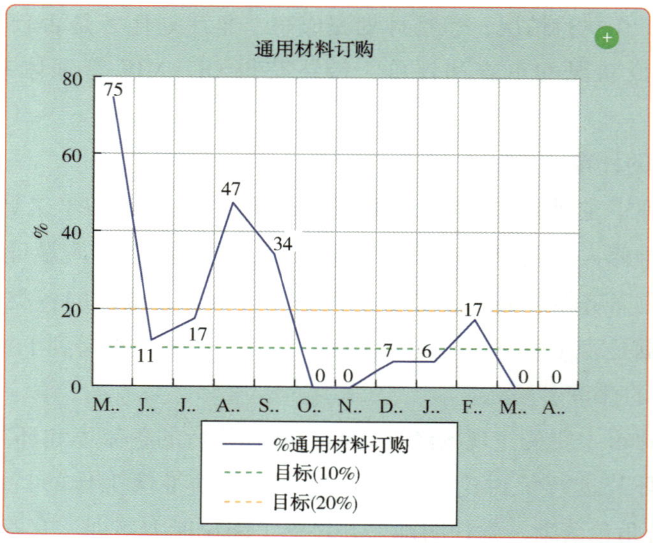


图 4-25　长北项目维修通用材料订购情况

对于通用材料订购率，长北项目设置了 10%、20%两个目标警戒值。从图 4-25 可以看出，自 2009 年 5 月至 2010 年 4 月，长北项目维修通用材料订购率控制在 10%以下，指标控制较好。

**问题 2：长北项目维修工作的预测效果如何？预测的精确度怎样？**

针对问题 2，通过座谈、现场查看等环节，长北项目提供了以下的回答和证据材料：

- 绝大多数 CM 工单都需要预计成本。
- 对 PM 工单的成本预测水平正在提高。
- 在每天的 YTT 会议、每周的 DCM 会议以及每月的成本审查会议上，都以每天为基础进行成本控制。

图 4-26 列举了长北项目自 2009 年 5 月至 2010 年 4 月这一年时间里，维修工时预计的准确率情况。从图中可以看出，长北项目维修工时预计总体准确率还是比较高的。

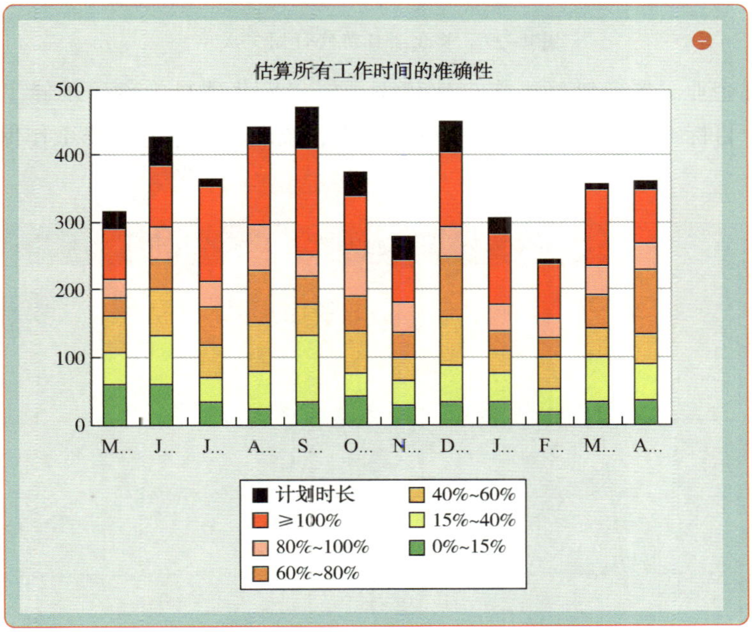


图 4-26 长北项目维修工时预计准确率

**问题 3：长北项目计划完成情况如何？**

针对问题 3，通过座谈、现场查看等环节，长北项目提供了以下的回答和证据材料：

- 计划完成率超过 80%。

长北项目针对计划完成率，设置了 70%、85%和 98%三个目标值，从图 4-27 可以看出，长北项目计划完成率维持在 80%左右，计划完成情况基本较好。

- 紧急维修工作少于 2%。

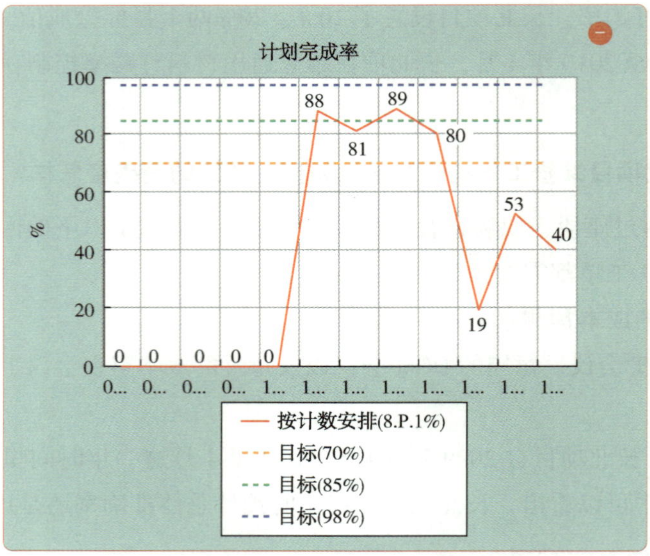


图 4-27 长北项目维修计划完成率

对于生产性企业，紧急维修工作占比越少越好，长北项目为紧急维修工作设置了 2%、10%和 20%三个目标警戒值，从图 4-28 可以看出，长北项目紧急维修工作保持在 2%以下，情况很好。

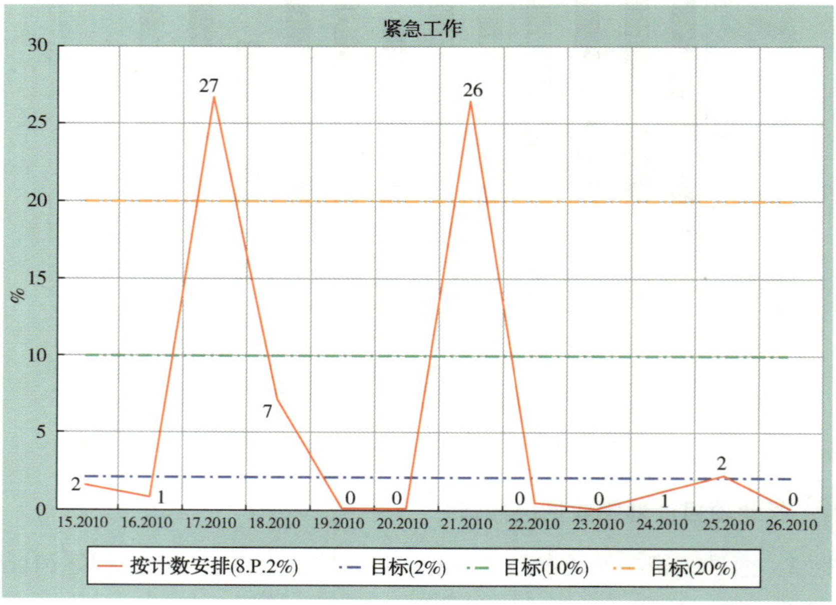


图 4-28 长北项目紧急维修工作情况

- 未计划工作少于 30%。见图 4-29。
- 如果初次计划的工作没有被按时完成，计划员和监督者考虑修改期限。
- 在回顾和讨论上一周计划时，学习和总结了经验。

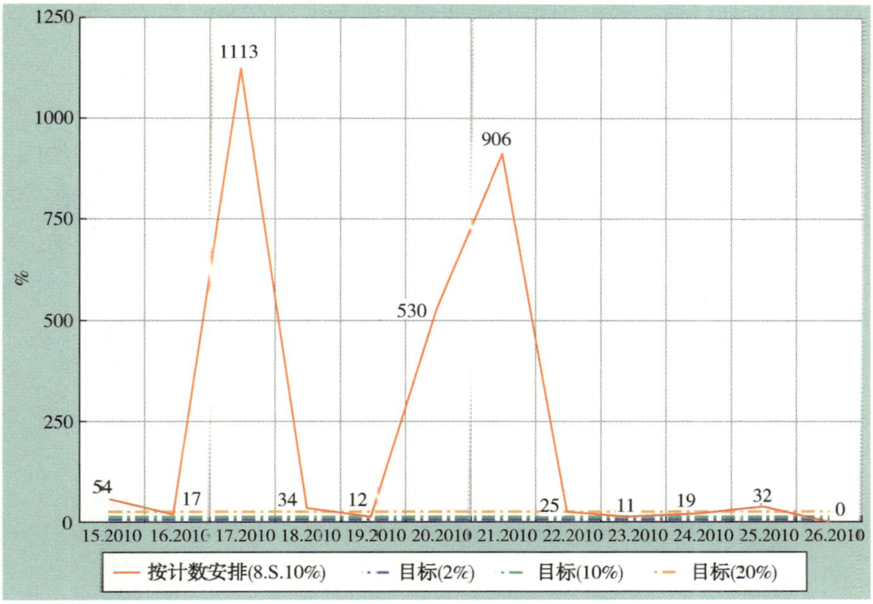


图 4-29 长北项目未计划维修情况

• 在周计划会议后，ME 主管会将全体人员的信息通过给计划员，计划员根据这一信息在计划公布之前可以进一步对计划进行优化。

**问题 4：长北项目 PM 和 CM 计划的完成情况如何？计划积压情况如何？**

针对问题 4，通过座谈、现场查看等环节，长北项目提供了以下的回答和证据材料：

• PM 的完成率大于 98%（在超过三个月的时间里）。

长北项目针对 PM 计划完成率，设置了 80%、90% 和 98% 三个目标值，从图 4-30 可以

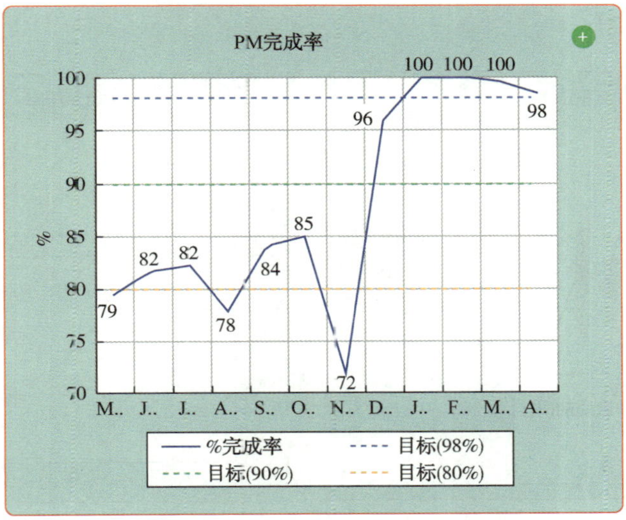


图 4-30 长北项目预防性维修完成率

看出，在 2009 年 12 月以前，长北项目 PM 计划完成率维持在 80%左右，2010 年以后，PM 计划完成率则达到了 98%以上，达到了非常优秀的水平。

- CM 的完成率大于 98%(在超过三个月的时间里)。

长北项目针对 CM 计划完成率，设置了 80%、90%和 98%三个目标值，从图 4-31 可以看出，在 2009 年 12 月以前，长北项目 CM 计划完成率低于 80%的最低目标值，完成情况较差。2010 年以后，CM 计划完成率则达到了 98%左右，达到了非常优秀的水平。

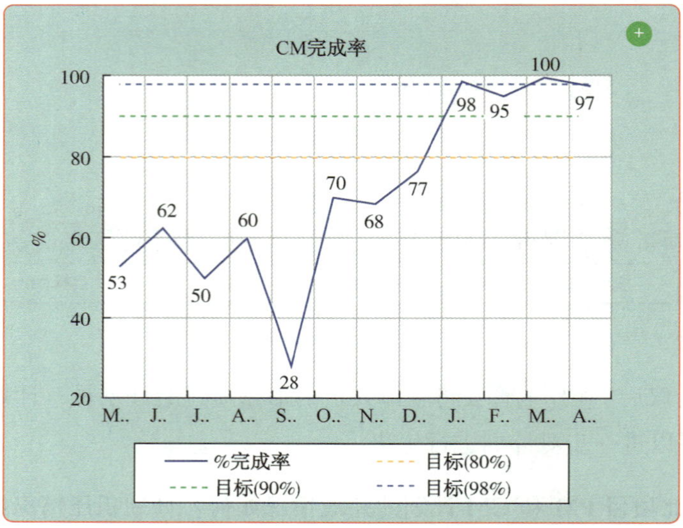


图 4-31 长北项目矫正性维修完成率

- PM 和 CM 的积压率是很低的(在两周的时间里)。

从图 4-32 可以看出，长北项目 PM 和 CM 的积压率是很低的，而在两周时间区间里，积压率更低，表现较好。

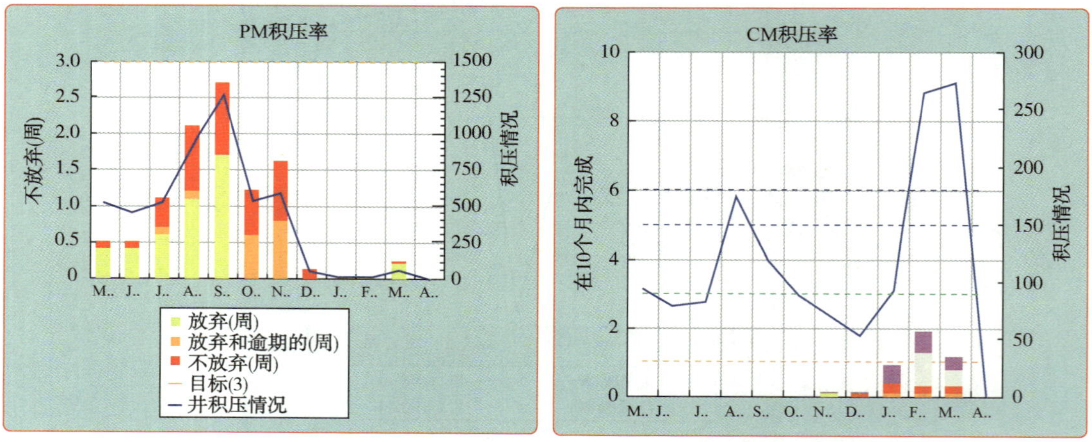


图 4-32 长北项目 PM、CM 积压情况

- 很少有工作设置了计划开始日期。
- 建立了审批偏差管理流程。
- 完成了偏差评价和审批过程，论证了有效风险管理。
- 对偏差和降低偏差的活动进行了有效监督，尽量降低偏差。

② 技术与方法的评审。

**问题 5：长北项目是如何确保矫正性维修的一致性、完整性和准确性？**

针对问题 5，通过座谈、现场查看等环节，长北项目提供了以下的回答和证据材料：

- 提交到 SAP 的通知单包含了故障描述、功能定位、损坏信息以及 CMPT 工具等。
- 在 YTT 会议前，维修计划使用了 CMPT 工具进行优化（CMPT 工具见前文）。
- 维修人员能够准确使用故障诊断箱。

**问题 6：矫正性维修如何评价、优化和审批？**

针对问题 6，通过座谈、现场查看等环节，长北项目提供了以下的回答和证据材料：

- 召开通知单审查会议。
- 在 YTT 会议上审查 CMPT 效果和问题。

对于通知单的完成率，长北项目设置了 60%、80%、95% 三个目标值。从图 4-33 可以看出，长北项目维修通知单完成率在 60%~80% 这一范围内。

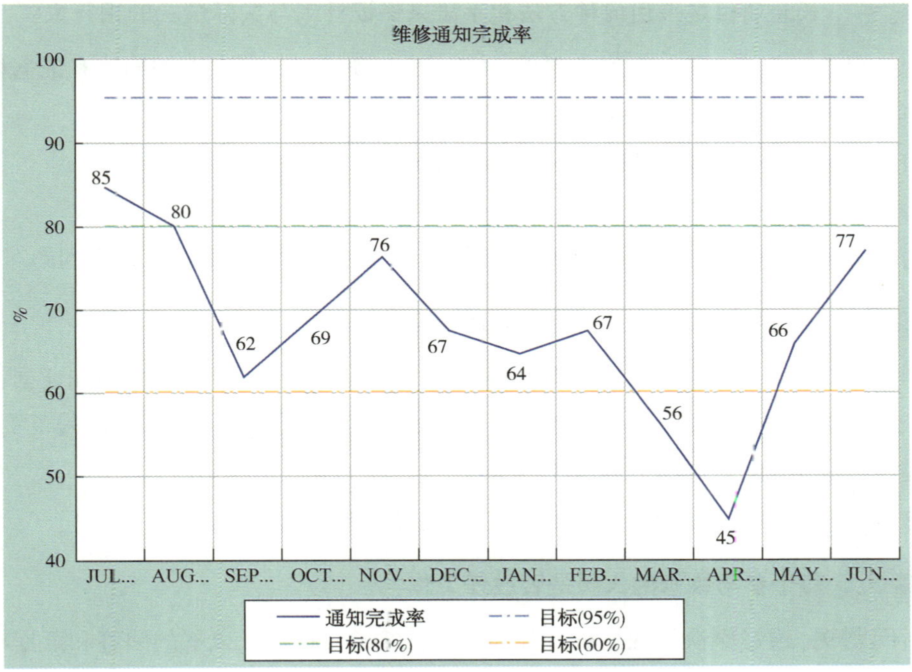


图 4-33 长北项目维修通知单项目完成率

• 提交到 SAP 系统的通知单包括故障问题描述、功能定位以及 CMPT 技术性数据得到改进。

图 4-34 为长北项目维修重要通知单等待审批记录情况。

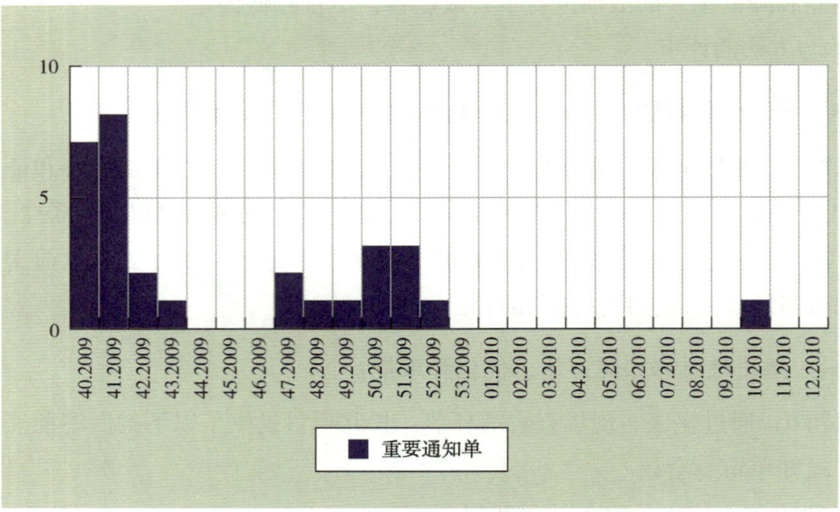


图 4-34　长北项目维修重要通知单等待审批记录

• 准确使用故障诊断箱。

**问题 7：长北项目是采用何种方法和手段来保证计划与实际情况的相符性？**

针对问题 7，通过座谈、现场查看等环节，长北项目提供了以下的回答和证据材料：

• 通过在 SAP 的计划功能中输入矫正值来实现。

• ME 主管在人力发生变化时，及时通知计划员。

③ 组织与人员的评审。

针对长北项目 OE-MIE 管理体系的组织与人员类的评审，涉及以下几个问题：

**问题 8：设备维修流程中各角色是如何确定的？**

针对问题 8，通过座谈、现场查看等环节，长北项目提供了以下的回答和证据材料：

• 长北项目设备维修执行中的各角色（准备工程师、计划员、WPS&E 流程负责人等）和职责都是按照相关的指引清晰和明确界定的。

• 在长北项目维修流程中，每个参与者都获得了授权书。

**问题 9：每个参与维修的人员是否胜任工作？**

针对问题 9，通过座谈、现场查看等环节，长北项目提供了以下的回答和证据材料：

• 针对参与 MIE 的每一个人员，都为他们提供了 WPS&E 和 SAP 对其角色要求的培训。

• 在 WPS&E 培训现场，针对维修准备、维修计划等所有要素进行分析。

• 维修经理有责任对其他团队的所有人员进行现时的和进一步的培训，使他们胜任WPSE 的相关工作。

• 有超过 50%的团队成员的技术等级都超越了指引里要求。

图 4-35 为长北项目 MIE 培训评估计划。

| EVENTS | | 2009 | | | 2010 | | | | | | |
|---|---|---|---|---|---|---|---|---|---|---|---|
| | | 10月 | 11月 | 12月 | 1月 | 2月 | 3月 | 4月 | 5月 | 6月 | 7月 |
| 1 | 负责人培训 | ■ | | | | | | | | | |
| 2 | SAP PM培训 | ■ | | | | | | | | | |
| 3 | 计划员培训 | | ■ | ■ | | | | | | | |
| 4 | 准备工程师培训 | | | | ■ | | | | | | |
| 5 | MIE教练认证 | | | | ■ | | | | | | |
| 6 | FSR偏差训练 | | | ■ | | | | | ■ | | |
| 7 | 现场辅导 | | | | ▬ | ▬ | ▬ | ▬ | ▬ | ▬ | ▬ |
| 8 | ME“计算”自我评估 | | | | | | ■ | | | | |
| 9 | ME“计算”评估 | | | | | | | | | | ■ |
| 10 | IA“计算”自我评估 | | | | | | ■ | | | | |
| 11 | IA“计算”评估 | | | | | | | | | | ■ |

图 4-35 长北项目 MIE 培训评估计划

**问题 10：工作准备的组织机构是否健全？组织机构人员结构是否合理？人员胜任能力如何？**

针对问题 10，通过座谈、现场查看等环节，长北项目提供了以下的回答和证据材料：

• 工作准备工程师团队应包括电子、机械、仪表、操作等所有专业门类背景的人员。

• 工作准备工程师已经过相关工作培训。

• 由于长北项目维修工作比较繁忙，加之技术人员缺乏多面手，工作准备工程师也是维修工作的执行人员，对于复杂工作，则技术权威也参与工作准备。

**问题 11：长北项目工作计划的组织机构是否健全？组织机构人员结构是否合理？人员胜任能力如何？**

针对问题 11，通过座谈、现场查看等环节，长北项目提供了以下的回答和证据材料：

• 长北项目的计划员经过了培训、考核等，能够胜任这一角色。

**问题 12：长北项目是如何确保整个维修团队具有较好的生产力的？**

针对问题 12，通过座谈、现场查看等环节，长北项目提供了以下的回答和证据材料：

• 在 2010 年 5 月的维修生成率研究显示，长北项目维修生产力水平已超过 35%。

**问题 13：长北项目维修关键岗位人员如何实现技术信息的共享？**

针对问题 13，通过座谈、现场查看等环节，长北项目提供了以下的回答和证据材料：

• 有技术人员交接会议。

• 长北项目建立了 WPES 所有工作的轮换制度，每周进行一次轮换，4 周完成整个 WPES 的轮换，已轮换多次。

• WPES 的计划人员参加每周的计划会议，交流观点和想法。

• 分享的信息还会不断更新。

④ 管理与控制的评审。

**问题 14：现场维修经理在支持工作准备、工作计划和工作执行流程中承担什么样的作用？**

针对问题 14，通过座谈、现场查看等环节，长北项目提供了以下的回答和证据材料：

• 长北项目现场设备维修经理在每次工作会议上都强调了工作准备、工作计划的重要性，同时也强调了在整个 MIE 管理体系中，做好工作准备、工作计划和工作执行之间的配合对实施流程的重要性。

• 长北项目建立了维修组的每周例会制度，通过例会，现场维修经理在会议中与维修团队其他成员讨论、回顾、审查与计划相关的 KPI 情况；在每月的第一周，在对上月表现进行回顾的基础上，现场维修经理都与自己的维修团队回顾、审查所有维修相关的 KPI 值，讨论进一步的维修可靠性改进战略和措施，见图 4-36。

图 4-36　长北项目维修组例会议程

• 建立维修奖励制度，推动维修工作的持续改进，奖励将被授予那些提供持续改进建议或在维修实施方面作出突出成绩的个人，见图 4-37。

**问题 15：预防性维修如何与维修战略相联系？**

针对问题 15，通过座谈、现场查看等环节，长北项目提供了以下的回答和证据材料：

• 预防性维修工单是与维修战略相一致的。

• 正常情况下，重要数据的变更过程是为了改进和创建新的预防性维修任务。

Changbei Maintenance Awards Criteria
维修维护组奖励准则

| Rewards :<br>奖项设置: | How often is the award ?<br>奖项评选周期? |
|---|---|
| Best Coach ( MIE/SAP/Technical Coaches, etc)<br>最佳辅导员(MIE辅导员，SAP辅导员，技术辅导员等) | Monthly<br>每月一次 |
| Best Z1 Notification<br>最佳通知单 | Bi-Weekly<br>2周一次 |
| Best Technical History Recorded<br>最佳技术信息记录 | Monthly<br>每月一次 |
| Best Work Order Quality<br>最佳工单 | Monthly<br>每月一次 |
| Passed the MIE Competency Assessment<br>通过MIE能力评估 | Monthly<br>每月一次 |
| Best WPE/Scheduler<br>最佳工作准备工程师/计划员 | Monthly<br>每月一次 |
| Best Continuous Improvement Action<br>持续改进计划最佳个人 | Monthly<br>每月一次 |
| Best Execution Personal( 1.Proactive Altitude 2. Quality of Execution 3. Timely close and return Wos,etc)<br>现场执行最佳个人 (1.积极的工作态度；2.现场工作完成质量；3.及时地完成并返回工单；4.其他) | Bi-Weekly<br>2周一次 |
| Maintenance Contractor Performance Award<br>维护维修承包商表现奖 | |

注：以上奖项将根据指定兴趣进行评定，但具体数字以实际情况为准，可以是0。最高限额应由授标审查委员会决定。

图 4-37 长北项目维修奖励制度

**问题 16：在工作准备期间，如何诊断故障和界定工作范围？**

针对问题 16，通过座谈、现场查看等环节，长北项目提供了以下的回答和证据材料：

- 维修准备工程师要进行现场查看。
- 维修准备工程师要参考图纸、故障树、供货商手册等。
- 对复杂性和风险进行评价。

**问题 17：为什么矫正性维修和预防性维修的准备工作要先于计划？**

针对问题 17，通过座谈、现场查看等环节，长北项目提供了以下的回答和证据材料：

需要说明计划是指所有工作内容都得到落实后开始实施，那么需要落实哪些内容？主要是材料、人员以及外部服务，材料的确认，人员的到位以及是否需要第三方的协助，都包括在工作准备中，所以准备工作要先于计划。

- 准备工作需要创建工作包(包括所有的 PM 和 CM 工作)。
- 通过工作准备，在维修工作每一个 PM 和 CM 工单中都记录了反馈意见。
- 通过工作准备，工作包的数量和质量得到改进。

**问题 18：创建维修工作包的目的和意图主要包括哪些？**

针对问题 18，通过座谈、现场查看等环节，长北项目提供了以下的回答和证据材料：

- 维修工作包由在长北项目 CPF 仓库人员来建立。
- CPF 仓库取用材料非常方便。
- 准备工作的所有材料在工单中都已列明。
- 材料有序发放和归还。
- 有效的工具保管和管理。

**问题 19：如何保证维修计划的准确性？**

针对问题 19，通过座谈、现场查看等环节，长北项目提供了以下的回答和证据材料：

- 维修团队会建立 14 天计划，其中固定 7 天计划，另外 7 天计划是滚动的，列入计划的工作都是可执行的。
- 每周六召开周计划会议，审批下周的维修工作计划。
- 每个月召开 90 天维护维修计划会议，对今后 90 天工作的一个展望，提醒未来 90 天里外部服务对计划安排有什么影响。

长北项目建立了维修信息栏（MIE BOARD）制度，将每周维修工作热点、维修 KPI 指标、维修计划等涉及 MIE 的相关信息及时张贴在信息栏中。维修工作计划由 WS、ME 主管和 OIM 签发，并让全体人员了解。

**问题 20：如何确保计划传达的有效性？采用了哪些方法？**

针对问题 20，通过座谈、现场查看等环节，长北项目提供了以下的回答和证据材料：

- 参加关键计划会议的人员超过 95%。
- 从 SAP 生成的周计划通过 EMAIL 分配给团队的成员，同时将计划信息公布在通知栏里，让所有的人员都清楚。
- 当要实施完整性计划（短期计划）时，现场计划员要与综合计划员讨论、沟通，例如关断计划等。
- 计划由 WS/ME 主管/OIM 来签发，并在墙上公布，使之透明。

**问题 21：长北项目是如何保证维修执行工作流程的有效性的？**

针对问题 21，通过座谈、现场查看等环节，长北项目提供了以下的回答和证据材料：

- 所有的工作都有分配的工单。
- 在工作开始前，都进行了工具箱谈话。
- 监督者通过现场查看检查工作质量。
- 通常情况下，返工率很低，但是有些设备，如 P4004 泵，有大量的返工。

**问题 22：长北项目是如何保证设备维修的检验和交接管理效果的？**

针对问题 22，通过座谈、现场查看等环节，长北项目提供了以下的回答和证据材料：

- 在傍晚操作会议期间（下午 5：30~6：00），各项工作将要通报完成情况，每个专业要举行一个正式的交接会议。

- 工作许可流程被很好地实施，当一项工作完成后，需要进行工作许可审计，确保完全的可靠。

**问题 23：长北项目已完成的维修工作是否及时、完整地记录在 CMMS？**

针对问题 23，通过座谈、现场查看等环节，长北项目提供了以下的回答和证据材料：

- 工作反馈都被记录在工单里。
- 建立了工单关闭程序。
- 强调了工作都及时完成。
- 工单的技术水平正在改进。

**问题 24：长北项目改进维修流程上采取了哪些具体措施？**

针对问题 24，通过座谈、现场查看等环节，长北项目提供了以下的回答和证据材料：

- 现场主管通过持续改进计划会议等多种形式主导和推动维修工作的持续改进措施。
- 监督者审查这些措施，并在会议中与团队成员讨论这些措施的可行性和优劣。

**（3）长北项目 OE-MIE 管理体系评审设备维修 KPI 报告**

长北项目借助其强大的 SAP 资源信息管理系统，定期生成 MIE 执行情况的 KPI 指标报告，该报告既是长北项目 MIE 实际完成情况与目标值的一次对标，也是对长北项目设备维修情况执行情况的检验和评价。表 4-4 是长北项目在 2010 年 7 月 MIE 执行情况审查时生成的当时的设备维修 KPI 报告。

**表 4-4 设备维修 KPI 指标报告**

| 序号 | KPI 指标描述 | 单位 | 长北 | 长北目标 | 累积值 |
|---|---|---|---|---|---|
| 1 | 每月 PM 完成率 | | | | |
| 1.1 | PM 完成率 | % | 98 | >95% | >85% |
| 1.2 | 安全关键 PM 完成率 | % | 100 | >90% | >90% |
| 1.3 | 积压的 PM 占用周时 | 周 | 0.0 | <2 周 | <8 周 |
| 2 | 每月 CM 完成率 | | | | |
| 2.1 | CM 完成率 | % | 100 | >90% | >85% |
| 2.2 | 安全关键 CM 完成率 | % | 100 | >90% | >90% |
| 2.3 | 积压的 CM 占用周时 | 周 | 0.0 | <2 周 | <8 周 |
| 3 | 计划完成率，每周紧急和未计划维修工作 | | | | |
| 3.1 | 计划完成率（PM+CM） | % | 100.0 | >80% | >70% |
| 3.2 | 紧急维修工作（PM+CM） | % | 0.0 | <5% | <12% |
| 3.3 | 未计划维修工作（PM+CM） | % | 530 | <20% | <30% |
| 4 | 其他 KPI | | | | |
| 4.1 | 每月材料及时到达率 | % | NA | >60% | >60% |
| 4.2 | 每月通用材料订购 | % | 0.0 | <20% | <20% |
| 4.3 | 每月工时预计准确度 | % | 35.6 | <30% | <30% |

通过对表 4-4 的简单分析，可以看出，长北项目未计划维修工作(PM+CM)达到 530%，远远超过长北项目的目标值 20%的水平，也远远超过长北项目的累积值 30%的水平，急需进行有效地改进。另外，每月工时预计准确度在 35.6%，稍微超出长北项目的目标值或累积值 30%的水平，说明在工时预计准确度上已经比较准确。除此之外，PM 完成率等指标均达到或优于长北项目设定的目标值，说明长北项目的 MIE 完成情况较好，达到了优秀的评价标准。

# 第五章

# 人的本质安全

# 第一节 概 述

本质安全一词产生于20世纪60年代，源于电气设备防爆构造设计。狭义的本质安全一般是指机器、设备本身所具有的安全性能，即指机器、设备等自身物质和工艺设计条件能够自动防止操作失误或引发事故。广义的本质安全指包括“人—机—环境—管理”这一系统表现出的安全性能，通过优化资源配置和提高其完整性，使整个系统安全可靠。基于这一系统和安全管理体系的本质安全理念认为，所有事故都是可以预防和避免的。

本质安全化就是为使生产装置、设备、系统以及安全措施等达到本质安全而进行的研究、设计、改造和强化实施与管理的过程，目的是用科学技术尤其是安全科学技术的一切成就，使生产现场所形成的事故条件(或因素)从根本上得以消除；若暂时达不到这种要求，则可采取多种、多重的安全技术措施，形成最佳组合安全保障系统，以最大限度地实现安全生产。

“人的本质安全”是“本质安全”概念在近年来的又一次延伸，是“以事为中心”“以物为中心”的传统安全管理方式向“以人为中心”的现代安全管理方式转变过程中提倡的新主张，人的行为处于安全生产的基础地位，人的安全行为的不确定性是安全生产中一个极大变数。人的观念与行为决定着装备使用的安全和效率，人的安全意识不够、行为不规范，再好的条件也难以从根本上保证安全生产。因此，要通过安全文化建设实现“人的本质安全”，即人在思想上能够时时想到安全，人在行动上能够自觉自愿地按照安全生产标准去执行，做到“想安全、会安全、能安全”。

## 一、人的本质安全概念

人的本质安全，就是通过追求企业生产流程中人、物、系统、制度等诸要素的安全可靠和谐统一，使各种危害因素始终处于受控制状态，进而逐步趋近本质型、恒久型安全目标。人的本质安全相对于物、系统、制度等三方面的本质安全而言，具有先决性、引导性、基础性地位。

人的本质安全包括两方面基础性含义：一是人在本质上有着对安全的需要；二是人通过教育引导和制度约束，可以实现系统及个人岗位的安全生产无事故。人的本质安全是一个可以不断趋近的目标，同时又是由具体小目标组成的过程。人的本质安全既是过程中的目标，也是诸多目标构成的过程。

## 二、人的本质安全的影响因素

(1) 人的自身素质。人对安全的认知程度特别是危险源的认识程度，在很多方面决定于这个人的自身素质。这个自身素质包括文化学历、工作经历、学习能力、对变化的反应程度、对是非的判断能力等。

（2）人的安全意识。渴求安全是人的本性，谁都想安全，谁都珍爱自己的生命。我们此处讲的安全意识，是处在工作环境之中，能够对安全行为真正起作用的意识，对安全的一种自觉的反应。这种意识，是需要有较强的安全知识和安全技能作为基础的。它不是一句口号、不是一条标语，也不是经常性的说教，而应该是具体的，是能够真正意识到不安全行为造成的后果，这种后果也是具体的，正因如此，人的安全意识在做好安全工作中具有十分关键的作用。

（3）人的行为。一些安全意识、规范意识、标准意识不强，安全知识掌握不好，或者岗位技能不熟练，岗位操作上也极易产生不安全行为。

## 三、创建人的本质安全途径

实现本质安全型企业是一个不断趋近的目标，从分析人的本质的影响因素可以看出，要实现人的本质安全，是一个困难的过程，是一个趋近相对慢的过程，需要艰苦的努力和扎实的工作来不断推进。

（1）严格实施用工准入制度。在职工文化素质偏低的情况下，要提高企业一线职工特别是采掘一线职工队伍的综合素质是很难做到的。因此，要把提高采掘一线职工队伍素质的重点放在严格用工准入制度上。新招的农民派遣工文化学历必须达到初中以上程度，熟练工年龄必须在40周岁以下，非熟练工年龄在35周岁以下。上岗前要严格进行培训考试，通过培训考试，可以进一步了解派遣工的文化学历和学习能力。

（2）抓好安全意识教育。安全意识可以从两个方面着手：一是抓好具有企业特点的安全意识教育，逐步形成具有企业特色的安全文化核心价值观；二是抓好具有职工个体特点的安全意识教育。每个人对安全的需要是共同的，但对实现安全目的各有不同，在自身健康、家庭亲情、职工友情、工资收入等方面各有侧重。这就需要有针对性地开展生命价值教育、亲情教育、事故案例警示教育等，通过多种形式的教育，形成针对个人实际能够起作用的安全意识，改进职工个体的安全行为。

（3）学好安全知识，提高安全技能。安全知识和安全技能要重在必知必会上，所谓必知，就是职工必须掌握的本岗位、本工种的安全知识、行为规范和操作规程；所谓必会，就是职工必须掌握的本岗位、本工种安全技能，拥有自主的保安能力。必知必会安全知识是消除事故的切入点，是保证安全的着眼点。要通过建立约束机制和激励机制，促进职工学习掌握必知必会知识，提高安全管理水平和自我保护能力。

（4）强化管理。控制人的行为一般采用管理的方法，即用强制手段约束被管理者的个性行为，使其符合管理者的需要。企业安全管理应该是在安全科学技术与安全工程技术基础之上，通过制定法律、规范、制度、规程等，约束企业职工的不安全行为。强化现场管理是防止各类事故，实现本质安全的基础。安全管理要实现管理方法由粗放型、多变性、间断性向集中型、程序性、规范性转变，事故控制由事后的被动经验管理向事前主动预防管理转变，特别是在人的管理上要落实好安全责任制和责任追究制度，在安全管理上更好地发挥好人的主动性和创造性。

（5）做到人与物、系统、制度的相互协调。人的本质安全是企业本质安全的根本点和出发点，要充分认识人在创建本质安全型企业中的极其重要性，发挥好人的主观能动性。除了增强人在自身本质安全创建的同时，要注重物态的投入和现场物态的可靠性，因为良好的技术装备是防止事故发生的重要手段。要依靠科技进步，发展机械化，对系统不断进行优化，提高系统的安全保障能力。既要对制度进行完善，又要在落实制度上下功夫。通过人、物、系统、制度的和谐统一，真正实现企业的本质安全。

## 四、提升人的本质安全水平

“最大的安全隐患，不是设备的缺陷、制度的缺失、环境的不完善，而是人的安全意识淡薄”。提高员工安全意识，让员工在思想上认知安全，实现人的本质安全化，才是安全管理的最高境界。

### 1. 安全责任——本质安全的思想基础

责任是新安全观的核心内容，落实责任是做好安全工作的首要前提。《安全生产法》中明确规定“生产经营单位的主要负责人对本单位的安全生产工作全面负责”，即“管生产必须管安全”，法人代表为单位安全生产的第一责任人。然而仅仅法人负责安全是无法实现安全的，必须将安全责任通过单位的架构逐层分解至单位中最小的基本的单元——岗位，明确每一个岗位的安全责任规定和考核要求，并通过岗位将安全责任落实到岗位上的具体工作人员，让每一个员工都牢记各自肩负的安全责任，从而实现安全责任共担，形成一个责任群体，彼此联钩，构建起一个纵横交错无死角的安全网。

### 2. 安全知识——本质安全的技能基础

“想安全”还要“会安全”，学习安全知识和技能是实现“人的本质安全”的重要手段。《安全生产法》中规定“生产经营单位应当对从业人员进行安全生产教育和培训，保证从业人员具备必要的安全生产知识，熟悉有关的安全生产规章制度和安全操作规程，掌握本岗位的安全操作技能。未经安全生产教育和培训合格的从业人员，不得上岗作业”。公司的各施工项目部掌握用人的权利，对新进人员一定要坚持真正落实执行此项规定，从而尽可能避免人为的安全事故的发生，最大限度地控制和减少损失。

### 3. 安全文化——本质安全的情感基础

安全文化是安全价值观和安全行为准则的总和。安全行为准则是安全文化的表层结构，表现为安全制度、作业指导书等文件化的材料；安全价值观是安全文化的核心结构，是人们对安全的共识，对各项安全行为准则发自内心地认可并自主自愿地执行。目前很多单位还处于安全文化建设的表层——制度建设，用不断健全的外部约束来规范员工的行为。随着安全生产环境的不断优化，安全管理将更加注重培育员工的安全价值观，使员工从思想认识到行为规范实现本质安全。

追求“人的本质安全”是安全管理理念和方式的一次重要转变，也是安全管理的必然趋势。随着社会的不断发展，面对国内外先进的安全生产管理模式和理念，我们的差距还是不小的。因此我们必须在实现“物的本质安全”的同时，通过加强安全的宣传、教育、演练等行之有效的手段，让“人的本质安全”在全公司中真正地实现。

# 第二节 员工的不安全行为

## 一、不安全行为原理

### 1. 员工的不安全行为概念

一般来讲，员工的不安全行为是指那些曾经引起过事故或可能引起事故的人的行为，不安全行为包括两个内涵：一是指发生事故概率较大的行为；二是指在事故过程中不利于减少灾害损失的行为。实际上，按照人因失误的定义，人的不安全行为也可以看作一种人因失误。一般来说，不安全行为是操作者在生产过程中发生的、或直接导致事故的人因失误，不安全行为也叫作违章行为。

### 2. 人因失误致因分析

（1）人因失误的内外因素。由于操作者本身的因素，使之不能与机器系统相协调而导致失误。导致人因失误的内在因素有生理因素、心理因素、个体因素、病理因素等。人因失误的外部因素是指在系统设计（人机界面、工作环境、组织管理等）时，未很好地运用人机工程准则，致使系统设计本身潜伏着操作者失误的可能性。从人—机—环境系统着眼，影响人因失误的外部因素有：①人—机接口：人机功能分配、显示系统、控制系统、报警系统、信息系统、通信系统和工作站等的设计，对人的生理、心理特点的适应性。②人—环境接口：物理环境（例如，微气候环境、照明环境、声环境、空气品质、振动、粉尘以及作业空间等）的设计，对人和作业的适应程度。③人—人接口：系统的组织管理工作的设计。

（2）人因失误的心理来源。人因失误的心理来源主要有感觉、知觉、记忆、思维、注意、情绪、意志、性格、气质、能力、意识、需要、动机、兴趣、理想、信念、价值观、应激、紧张、疲劳、单调、人际心理等。此外，它还应包括学习、言语等。从认知心理学的角度分析，人因失误的主要致因是：①信息输入失误。其中包括视觉失误、听觉失误、嗅觉失误等。②信息处理失误。信息处理失误的原因分为以下四个方面：训练不足、经验不足、心理素质差、人机系统设计错误。③信息输出失误等。

### 3. 不安全致因分析

(1) 有意的不安全行为产生的原因。虽然有意的不安全行为是一种由人的思想占主导地位、明知故犯的行为，但依然存在主观和客观两方面的原因：从主观上讲，人的心理因素占据了重要位置；从客观上讲，管理的松懈和规章制度可操作性差给不安全行为的发生创造了条件。

(2) 无意的不安全行为产生的原因。从人的内部原因上存在心理、生理、技术水平等几个方面的原因。心理原因：思想不集中，个性不良，情绪不稳定等。生理原因：疲劳或体力、视力、运动机能、年龄、性别差异不适应所从事的工作等。技能原因：不知道如何正确操作或技能不熟练等。

从外部原因上讲，外部事物和情况的变化是诱发人的不安全行为的重要因素。管理原因：操作规程不健全，工作安排协调不当，信息传递不畅，等等。教育原因：培训不到位，教育内容匮乏，教育方式不佳等。环境原因：路面状况、道路设施、气候条件变化等。社会原因：生活条件、家庭情况、文化背景、人际关系变化等。

## 二、不安全行为的特点和危害性

### 1. 不安全行为的特点

(1) 大部分不安全行为没有直接后果或没有显见后果，不安全行为带有普遍性。

(2) 有意不安全行为与无意不安全行为比较难区分(尽管本人是清楚的)。

(3) 不安全行为后果有潜在性，不安全行为操作有较大潜在风险。某个不安全行为当时可能没有后果，但它可能与其他不安全行为或以后的不安全行为在一定的条件下巧合成事故；不安全行为操作与系统内已经存在的设计缺陷、施工缺陷等巧合成事故。

(4) 不安全行为动机和效果存在不一致性，情境不安全行为更为明显。有时好的动机却带来严重后果，如监护人离开监护岗位去帮助操作人员操作而导致事故。

(5) 任何年龄、任何工龄、任何工种的人都可能有不安全行为，而且还可能重复同样的不安全行为，可以说凡是人都可能产生不安全行为。

### 2. 不安全行为的危害性

(1) 不安全行为给员工身心和家庭造成创伤。不安全行为一旦酿成灾难，首当其冲的是不安全行为人和周围人的生命遭到严重创伤甚至死亡。不安全行为所致伤亡事件，给自己、同事、领导、家庭、亲友等相关人群会造成重大影响，不仅会给他们造成心理伤害，还会给他们造成躯体伤害，乃至他们的正常生活和工作都受到严重影响。

(2) 员工的不安全行为给企业生产和财产造成灾难。不安全行为的危害不仅在于引起事故后对人身安全及设备造成的直接伤害，更严重的危害性在于给企业带来的潜在风险与间接危害。操作者会因大部分不安全行为没有直接后果或没有明显后果而存在侥幸心理，管理者会因此而放松管理，使不安全行为总是难以杜绝，甚至发展成为习惯性不安全行为，给企业带来极大的风险。不安全行为后果的潜在性不仅会给本企业带来后患，甚至会给相关企业带来灾难。

## 三、不安全行为的发生规律

### 1. 不安全行为的多发时间

（1）节假日前后。这时操作人员思想受干扰多，工作时注意力容易分散，常被节日的信息和情结所吸引，甚至被节日的各种外在信息所干扰，此时人的情绪化占上风，工作的理智性有所下降，这也是安全生产值得提醒和警觉的时候。

（2）交接班前后。交接班前后的一个邻近时间段，有人称为“注意力低峰期”。交班者注意力放松，接班者还未完全进入“角色”。有时在交班前，为了赶在下班前完成某项任务，草草收尾，因而遗漏某项操作或有意违规，以达到加快完成任务的目的，结果导致严重的事故。在交接班前后，不仅容易不安全行为而导致事故，且一旦发生事故，由于不易做到指挥统一，协调一致，还可能扩大事故。

（3）凌晨生产时。在凌晨3：00～6：00，通常人在这个时段是最容易发困的，思想较难集中而容易不安全行为。按时间分布的统计结果表明，不安全行为事故的发生率在凌晨时段出现峰值，这与职工在此时的生理疲劳有关。

### 2. 不安全行为的多发作业

（1）高空作业，高层建筑、架桥、大型设备吊装。

（2）地下作业，煤矿井下、地下隧道作业等。

（3）带电作业，在维修行业中，特别是在电气维修中更为普遍。

（4）有污染的作业，在高噪声、含有毒物质、有放射性物质的环境下作业。

（5）在交叉路口、陡坡、急转弯、闹市区行车，雾天行车或飞机航行。

（6）复杂操作，飞机起飞、着陆过程，复杂系统的启动过程。

（7）单调的监控作业，随着自动化程度的日益提高，许多手工操作由机器完成，人们只起监控作用。在绝大多数情况下，机器是正常运行，人的工作负荷很小，但又不能离开作业区域或做其他事情，此时非常容易产生心理疲劳从而导致不安全行为。

（8）单独外出作业或工程队外出作业，由于缺乏现场监督而不安全行为。

### 3. 不安全行为当事人因素

（1）不安全行为常在当事人生物节律临界或低潮期。

（2）责任心和安全意识比较差的人容易不安全行为。

（3）对所从事的工作不感兴趣的人容易不安全行为。

（4）有些不安全行为出于事故当事人一时错误闪念。

## 四、不安全行为的表现

### 1. 不安全行为操作的一般问题

在生产过程中，职工明知道设备有缺陷，也明白违章操作是不安全行为，但总是心怀侥幸，不愿按安全规程去做，结果放过了消除事故隐患、防止事故发生的机会，最终导致事故的发生。在安全检查中，经常会发现工人在工作场所不戴安全帽、高空作业不系安全带、戴手套操作车床等不安全行为现象，侥幸没出事就丧失了警惕和防范意识，最终由于忽视安全规程和不安全行为操作付出了鲜血甚至生命的代价。

### 2. 不安全行为操作的具体表现

（1）骄傲自大、好大喜功。自己能力不强，但信心过强，总以为自己工龄长，有时也感觉力不从心，但在众人面前争强好胜，图虚荣，不计后果，蛮干、冒险作业。

（2）情绪波动，心神恍惚。受社会、家庭环境等客观条件影响，往往会产生烦躁、神志不安、思想分散、顾此失彼、手忙脚乱，或者高度兴奋、手舞足蹈、得意忘形等思想状态，从而导致不安全行为的发生。

（3）技术不精，遇险惊慌。操作技术不精，生产工艺不熟练，面对突如其来的异常情况，正常的思维活动受到抑制或出现紊乱，束手无策。惊慌失措，错失安全自救良机。

（4）思想麻痹，自以为是。青年工人和部分有经验的老工人，他们在安全规程面前“不信邪”，在领导面前“不在乎”，把群众提醒当成“耳旁风”，把安监人员监督认为是“找麻烦”，自以为是，我行我素。

（5）不思进取，盲目从众。有的工人不愿学习操作规程，凭想象、凭经验，看别人不安全行为作业没出事故就盲目效仿，时间久了便养成不良操作习惯，改之甚难。如劳保眼镜装在口袋里，戴手套操作旋转机床。

（6）心存侥幸，明知故犯。有的不安全行为人员不是不懂操作规程，也不是技术水平低，而是明知故犯。在他们看来不安全行为不一定出事，出事不一定伤人，伤人不一定是我。这实际上是把事故的偶然性绝对化了。在实际作业现场，以侥幸心理对待安全操作的人时有所见，例如，槽、罐内检修未先进行安全确认，这些需特种操作人员操作的设备，由自己不安全行为代劳。

（7）懒惰作怪，敷衍了事。作业时能省力便省力，能将就则将就，图省事，怕麻烦。有的操作工人为节省时间，手握零件在机床上打孔，而不用虎钳或其他工具固定；有的宁愿冒险，明知设备运转不正常，也不愿停车检查，而是让它继续带病工作。

（8）心不在焉，满不在乎。①本人根本没有意识到危险的存在，认为什么规章制度都是领导用来卡人的，对安全规程缺乏正确认识。②本人将安全工作谈起来重要，比起来次要，干起来不要。③本人认为不安全行为是不可避免的，胡搅蛮缠、肆意违反。

（9）好奇乱动，无意酿祸。有的刚进厂的新工人，看到什么都新鲜，乱动乱摸，致使一些设备处于不正常、不安全状态；也有的老工人到其他岗位串岗，无意乱动设备，危及本人、殃及他人。

(10) 工作枯燥，厌倦心烦。企业一线工人的工作往往是重复操作，容易产生心理疲劳，久而久之便会形成厌倦心理。如某电工进行变压器避雷实验，当天已完成 7 台，在进行第 8 台测试时，心理疲劳，感觉乏味，一时走神，不安全行为触电。

## 五、不安全行为的心理原因

为了保证安全生产，提高工作效率，必须了解人的行为特点，并仔细观察操作人员的情感变化和个人特征，排除不安全的心理因素，从而防止事故的发生。

从事生产的劳动者发生的各种心理过程都带有个人的特点，因为操作行为与操作人员的精神状态、情绪好坏等因素有关，也和操作者的心理特征有关。因此，相同类型和环境的作业中，有的操作者很少发生事故，而有的操作者就容易发生事故。

### 1. 人的个性心理特征

人的一切心理活动都是在客观现实的作用下产生的，没有外界刺激就没有人的心理活动，客观现实不仅决定心理的内容，也决定心理的形成和发展。人的心理反应由于个性特征的不同而不同。所以，对同一客观事物，不同的反映是可能大不相同的。人的个性心理特征是一个人在心理活动中所表现出来的，比较稳定和经常的特征，每个人的心理特征，正如每个人的面容各不相同，每个人都有自己的心理特征。例如，有人善于学习，掌握科学技术和生产技能很迅速；有的人对工作细心认真、一丝不苟，有人干活则粗枝大叶，马马虎虎；有人沉着、稳重、老练，有人则轻浮、急躁、冒失。人的某些生理特征，如反应迅速、手的灵巧程度、视力、体力、某些生理缺陷、疾病、疲劳等，都是影响安全的因素。

### 2. 不安全行为操作的心理状态

一般来说，导致事故发生的原因，归纳起来不外乎外因和内因两个方面，外因包括设备情况、预防措施、保护用品、环境温度、照明条件等。内因则包括操作人员的技术，心理活动或精神状态等方面不符合安全作业的要求。从统计调查资料中，可发现在工业企业中发生的事故，70%~80%是由于操作人员的操作行为发生错误或不安全行为操作引起的。而人的行为是由人的心理状态支配的。所以，要研究和分析事故的内因，就必须研究和分析发生事故时操作人员的心理状态。

在事故发生之前，操作人员的心理状态有如下几种情况。

(1) 麻痹大意。例如，操作人员由于是自己经常干的工作，所以习以为常，并感觉不到有什么危险，“这种工作已经做过多少次，无所谓”，没有注意到反常现象等。在这些心理状态的支配下，操作人员就凭印象，毫不怀疑地根据过去的经验开始了作业，结果却发生了事故。有时候由于没有进行日常检查，或在麻痹思想指导下，检查不够详细，出现了与预料的情况相反的状况，由于事发突然，就会因惊慌失措、手忙脚乱，而酿成事故。

（2）精力不集中。操作人员有特别高兴或忧虑的事情使情绪受到极大波动而发生事故，例如和同事、家属发生过争执，夫妻不和睦而心里不痛快，受批评而有情绪，或遇到特别高兴的事，感情冲动，思想不能集中，或忘记了按照操作程序进行作业，结果导致事故的发生。

（3）技术生疏。这种情况的心理状态通常是由于技术不熟练，遇事应变、应急能力差而造成的。有些操作者能力不强，但又很自负，他们没有足够的经验，却又过分自信，不能虚心求教，主动学习，存在着怕伤害了自己自尊心的心理状态。结果在这种思想的支配下，最终导致了事故。另一种心理状态是：虽然注意到了反常情况，但自信以往经验。尽管在这种情况下，操作人员本身注意到了反常状态，但由于骄傲自满的情绪，相信自己考虑的方法是正确的，结果也就造成了事故。

（4）过分依赖他人。这类情况中，多数是在与他人共同作业时，自己不积极主动，不严格按照自己应承担的操作项目和操作规程进行，而总是图省事、省力，想依赖他人，侥幸取胜，结果导致了事故的发生。

（5）紧张导致判断错误。操作人员由于某些原因使心情紧张，对外界情况没有正确的反应，是在急急忙忙地操作中发生的事故。因为在心情紧张时，注意力分配上会产生偏差，顾此失彼，忙中出错。

## 六、不安全行为的分类

从人的心理状态出发，可以将人的不安全行为分为有意的不安全行为和无意的不安全行为。有意的不安全行为是指有目的、有意图、明知故犯的不安全行为，是故意的不安全行为，如酒后上岗、酒后驾车等。无意的不安全行为是指非故意的或无意识的不安全行为。人们一旦认识到了，就会及时地加以纠正。上述因素可能单独导致不安全行为的发生，也可能共同作用导致不安全行为的发生。人因主要错误类型如图 5-1 所示。

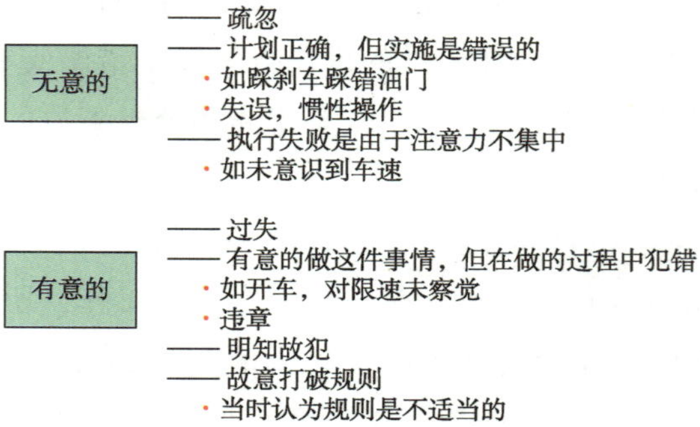


图 5-1 人因主要错误类型

对于疏忽失误过失等违章的管理，见表 5-1 所示。常规和情景下违章以及鲁莽和基于个人利益的违章管理，见表 5-2 所示。

**表 5-1　对于疏忽失误过失等违章的管理**

| 违章类型 | 分类 | 表现 | 可能原因 | 措施 |
|---|---|---|---|---|
| 1. 基于有经验技能基础上的错误（Skill base error） | 错误感知，未能认识到 | 确认方面的错误<br>没有检测 | 看起来类似 | 改变工作场所因素和人/机械界面 |
| | | | 不易区分 | |
| | | | 觉得熟悉 | |
| | | | 被打扰，中断 | |
| | | | 分心 | |
| | | | 心不在焉 | |
| | | | 疲劳 | |
| | | | 匆忙/习惯 | |
| | | | 照明不足，不易进入 | |
| | 行动疏忽 | 习惯惯性<br>习惯性忽略<br>连串的错误<br>时机不对 | 分神 | |
| | | | 心不在焉 | |
| | | | 变化 | |
| | | | 缺乏技能 | |
| | 一时的记忆失效（突然之间忘记了） | 忘记行动<br>遗漏 | 被打扰 | |
| | | | 没注意 | |
| | | | 注意力分散 | |
| | | | 心不在焉 | |
| 2. 基于已知制度和知识的过失（Mistake） | 基于知识的过失 | 计划步骤/不详<br>无意地偏离了公认的良好作业实践<br>判断力差 | 错误的假设/设想错误 | 培训，现场指示，修订不正确的程序 |
| | | | 错误的诊断 | |
| | | | 不完整的知识 | |
| | | | 缺乏经验 | |
| | | | 时间进度压力 | |
| | 基于制度的过失 | 按照制度做但却做错了<br>在错误场景下遵照了好制度<br>应用了不正确的制度 | 不良习惯 | |
| | | | 不知道制度 | |
| | | | 程序不易获取 | |
| | | | 程序不明确，模棱两可 | |
| | | | 制度不正确 | |
| | | | 培训不到位 | |

表 5-2 常规和情景下违章以及鲁莽和基于个人利益的违章管理

| 违章类型 | 分类 | 可能原因 | 措施 |
|---|---|---|---|
| 1. 常规和情景下的违章（Routine & Situational violation） | 优化公司利益（Company optimization） | 相信那是公司真正想所要的 | 避免目标冲突，奖励安全行为 |
| | | 生产重要安全 | |
| | | 效率与完整性的平衡 | |
| | 情景选择（Situational） | 如果不这么做就不能完成工作 | 改善工作现场因素（如良好的计划，相应的资源，良好的指标） |
| | | 制度与工作场景不符 | |
| | | 时间不足 | |
| | | 资源不足 | |
| | | 没有适当的工具 | |
| | 常规（Routine） | 加快进度 | 改善组织文化，消除不必要的规定 |
| | | 减少步骤 | |
| | | 省时省力 | |
| | | 要求被惯常做法取代（每人都这么做，我为何要特别呢） | |
| | | 相信制度不相关 | |
| | | 工作努力被看成得不偿失 | |
| 2. 鲁莽和基于个人利益的违章（Reckless/Personal optimization） | 鲁莽（Reckless） | 不计后果，不顾危险，目中无人 | 正式警告，相对惩罚 |
| | | 尽管他们不是故意导致人员受伤害或损失，但他们有意地选择了非常人会采取的危险工作方式 | |
| | 个人利益（Personal optimization） | 追求快感/刺激 | 改善/改变信念，态度 |
| | | 英雄 | |
| | | 避免无聊 | |
| | | 开玩笑 | |
| | | 省力 | |
| | | 表现/炫耀 | |
| | | 展示技能 | |

### 1. 无意违反安全操作规程的原因分析

**（1）无意违反安全操作规程的行为原因**

① 劳动环境差和超负荷工作造成的身心疲劳。在生产条件差、劳动环境恶劣的情况

下，经常超负荷工作，会导致人的生物节律紊乱，生理功能出现障碍。有时尽快完成任务、结束疲劳状态的欲望成为第一需要，操作中行动匆忙、草率，对事故苗头反应迟钝。当员工的工作量增加到一定的程度时，疲劳便会积累，积累达到一定程度，工人就可能出现违反操作规程的行为。

② 不良的社会环境和家庭矛盾造成的力不从心。生产、生活中不良因素的影响会导致人的情绪波动。当人的情绪处于兴奋状态时，人的思维与动作较敏捷；处于抑制状态时，显得迟缓；处于某种极端状态时，往往有反常的举动，上述情况均可能造成违规行为的发生。

③ 具有精神疾病或其他疾病的人的无意违规行为。患有精神疾病的人，对自己的行动无法进行正确的判断，不能允许其进入操作岗位。对于偶发精神疾病未能及时发现的患者，可能造成无意违规引发安全事故。另外，偶发的身体不适，因各器官之间缺乏协调，会造成注意力分散，自控能力下降，也可能无意违规，导致安全事故的发生。

**（2）无意不安全行为的心理原因**

① 认知不良。由于对规程、设备、系统运行情况的理解、判断错误而导致的不安全行为或不安全行为操作，或是由于缺乏某些相关专业知识或缺乏经验而导致的不安全行为，而不安全行为操作者主观上误以为符合规章。

② 过失。由于疏忽、遗忘导致了违反规章或操作规程，是事实上的不安全行为，但不安全行为者本人当时并没有意识到。如忘记某个操作步骤，记错操作方向，忘记系安全带，维修工作结束后忘拆除临时装置等。

③ 不良的性格特点。性格是一个人对现实比较稳定的态度和与之相应的习惯行为方式。有的人性格行为反应迅速，精力充沛，但好逞强、爱发脾气，情绪波动大，相比之下，就易于发生事故。

总之，无意不安全行为是由于人的认识、理解、判断失误，或疏忽、遗忘，或知识、经验不足。这些都是人的心理特点，任何人都不可能事事认识正确、判断准确、没有疏忽、没有遗忘。知识、经验不足也在所难免，人的知识、经验是逐步积累起来的。但这些过失或不足的严重程度不但与不安全行为操作者的学习情况、健康状况、接受教育和训练的情况、工作经历等有关，也与当时的作业情况、作业环境有关。一个人生病、疲劳，或对自己所操作的系统不感兴趣、不够熟悉，或者作业强度过大，超出了生理、心理限度，如操作时要求记忆的内容太多，操作时要求选择的内容太多，或操作比较复杂，作业环境恶劣（包括不良的人际关系、不良的物理化学环境）等都容易犯无意不安全行为的错误。总之，无意不安全行为主要是由个人难以直接控制的因素造成的。

### 2. 有意违反安全操作规程的成因分析

**（1）有意不安全行为者的心理影响因素**

① 不安全行为者认为自己追求的是以最小代价得到最大的效果。这是人们普遍存在的

心理现象，所以不安全行为有存在的基础。

② 不安全行为操作者主观认为省时省力的做法。例如，不系安全带操作比系安全带操作更为方便、灵活。同样，不戴安全帽操作，也更方便、舒服；省去规程中规定的检查步骤节省时间；维修任务完成之后，不清点工具自然也省力省时。

③ 不安全行为并非一定导致事故。例如，不戴安全帽进现场，不一定被砸伤；不系安全带操作，不一定会坠落；维修时把小工具放在口袋里，不一定会掉到设备里；某些操作并非没有人监护就一定会出事故。这些现象大家都习以为常，在没有受到指责或处理的情况下，不安全行为操作者主观认为没有风险。

除此之外，现有的规程和规章制度都存在缺陷，如有些规定制定之前没有充分征求操作人员的意见；有些不必检查的操作步骤也规定必须检查；一些安全设施存在缺陷，如有些安全帽过重、过硬，有些工作服过于笨重，有些维修现场没有挂安全带的固定挂钩等，这些都是不安全行为者不愿遵守规程的客观原因。

**（2）对有意不安全行为操作者认知和判断问题的分析**

① 不安全行为操作者的错误就在于把不安全行为的风险和不安全行为导致事故发生的概率等同起来。我们知道，风险等于事故严重程度与事故概率的乘积。也就是说，即使该事故发生的概率很小，其风险也是不容许忽视的。以不戴安全帽为例：不戴安全帽进现场，不一定会被砸伤，但是一旦被砸，砸伤/砸死是必然的，其风险不能不考虑。有的不安全行为操作甚至可以导致灾难性的后果。

② 不安全行为操作者把个人需要与组织(或企业)需要等价对待。按规程操作来完成任务是企业安全的需要，与个人的各种需要是不等价的。任何个人的需要如果与企业的安全需要发生矛盾，应必须放弃个人需要，认识这一点是保证不安全行为的前提。

③ 不安全行为者衡量代价与效果的标准不对。不安全行为操作者认为自己追求的是以最小代价得到最大效果，但是不安全行为者没有考虑，衡量代价与效果的标准不是个人的得失，如果因为个人方便而导致事故，那将是不能饶恕的。

④ 不安全行为操作者没有考虑不安全行为操作的潜在风险。不安全行为操作的潜在风险很大，特别是在维修作业中不安全行为操作的潜在风险更大。具体体现在两个方面：

一方面，维修操作中常出现的一些不安全行为，其后果不是马上出现的，事故往往发生在事后。如设备检修完毕之后，螺钉没有拧紧，没有检查或检查不细致，就有可能在设备投入运行后发生颤动或故障，影响系统运行质量甚至导致事故。维修结束后，维修操作时移动的电线或电缆，或因维修需要而专门设置的临时控制装置没有复位，就有可能改变原有系统的运转状态，从而导致设备在投入运行时发生事故。遮拦移动之后没有复位，也有可能导致其他人误入危险区等。

另一方面，由于维修人员对将要进行维修的设备或系统以及现场情况不如运行人员那样熟悉，或是缺乏相关知识，因而现场维修人员不容易事先估计到设备运行中的不安全因素，特别是在设备抢修时，如果进行不安全行为操作，就有可能导致事故。

⑤ 不安全行为操作者认为最便捷、省力的做法最佳。对于一些必须每完成一步就要进行检查的操作，不安全行为操作者为图省事直到最后工序结束前才检查，常常就造成了全部返工，有时甚至造成不可挽回的事故。

上述主观认识和主观判断导致了有意不安全行为操作者的错误行为，使有意不安全行为不断发生，甚至重复发生。

## 第三节 员工不安全行为的控制

### 一、用心理学方法解决不安全行为的必要性

#### 1. 采用科学的用人机制

我国企业的管理模式比较强调员工从思想上、行动上的服从，管理者与被管理者的关系往往是指挥与服从的关系，并用奖惩办法强化这种关系，而对于用人机制的科学性、规范性研究较少。在社会环境、技术水平发生很大变化的情况下，安全管理除了采用新技术，更应重视对人的研究，因为如果没有科学的用人机制，任何操作规程和管理办法都有可能达不到预想的效果。要改变凭印象、靠经验进行管理的老传统，建立科学的选人、用人机制，就必须像在技术上认真研究一样，在用人上充分依靠现代科技的新成果。人作为最活跃的生产力要素，具有最大的潜力，如果不进行科学的发掘，将是极大的损失。

#### 2. 提高管理人员的思想认识

在一些管理人员的思想中，设备、技术是实的，看得见、摸得着；而人员、管理是虚的，他们对没有生命的机器、设备、原料怎样变成产品最为熟悉，而对人的管理也习惯于像对无生命的东西一样，生产中发生事故伤了人、死了人，就像设备出了故障或者报废一样。如果再算一下经济账，他们就会觉得损坏一台机器造成的经济损失更大。这种对货币的权衡不仅形成了对伤亡事故的漠视，而且由于人的失误，造成了更大的设备、财产损失。

#### 3. 加强对员工心理素质的发掘和培养

从目前安全管理规章制度以及操作规程的要求来看，对人员提出的要求主要是从技术角度出发，在此基础上进行管理。而实际上，人在工作中的行为并不是只受规程和法规的约束，而与其心理状态，性格好坏，智力水平有很大的关系。因此，人与工作的关系不能仅仅从工作要求人的角度出发，还要看人的特点是否适应工作的要求，这些要求除技术素质外，其心理品质是重要的因素。如果只重视机器对人的要求，而忽视人的特点，就会出现一系列矛盾和问题。

人的素质包括先天素质和后天素质。在提高人的素质水平上，后天的教育和培训不能解决所有的问题，对于人的气质、性格特点，智力水平，并非通过几次培训就能得到提高。因此，改善安全管理的效果，除教育培训外，可以考虑使用心理学手段，来了解人的基本能力素质和个性特征。然后针对性地培养员工的心理素质，防止各类不安全操作行为的发生。

## 二、不安全行为的客观原因

发生不安全行为事件，首先应该组织有关人员分析不安全行为的客观原因，这样做既可避免遗漏某些客观因素，又有利于营造一种轻松的、实事求是的氛围，使不安全行为者敢于说出自己的想法和不安全行为。只有找准客观原因之后，才能较好地分析主观原因。

（1）控制不安全行为风险，减少不安全行为。不安全行为管理的目的不是消灭不安全行为(如果消灭不安全行为当然最好)，而是控制不安全行为的风险(把不安全行为的风险控制在可接受的水平)，使不安全行为减至最少，同时把不安全行为损失减至最小。可接受的不安全行为风险取决于作业性质，高危行业，如航空航天、核电、井下作业等不安全行为风险就比较高。

（2）提高管理者的管理水平能否实现可接受的风险值，取决于管理者的管理水平、管理资源和科技水平，其中管理者的水平是关键。管理者对不安全行为既要能非常理性地分析，又要能非常人性地处理，坚持严肃、严格、严厉。

## 三、教育培训

（1）要使操作人员建立安全的基本概念，树立风险意识，特别是对维修作业的潜在风险要有清醒的认识。安全与风险是一个问题的两面，有了风险意识也就有了安全意识，这样就会警惕各种危险源，提高责任感，就不会对各种不安全行为风险作出错误的估计。有了风险意识，就能理解不安全行为可能是零事故，但绝不是零风险，而且只要允许一次不安全行为，就会有第二次、第三次，以致不安全行为成为习惯性的、普遍性的，成为企业精神上的腐蚀剂。那样，必将导致事故频发，使企业蒙受巨大损失，甚至失去生存能力。必须使每一位员工都认识到，不安全行为是绝对不能允许的。

（2）使操作人员了解人的基本心理特性、人性的弱点，了解人为什么会失误，弄清楚人的行为与动机之间的关系、人的需要与价值之间的关系。要让他们清楚了解企业的需要和企业的目标，认识个人需要与企业需要之间的关系，把个人的需要与企业的需要一致起来。安全是企业的第一需要，是企业的生命，确保安全是每个员工的责任。当他们真正明确了自己个人的需要与企业需要之间的利害关系的，就会执行操作规章，杜绝不安全行为。

(3) 对不安全行为操作人员的培训不能光讲课灌输，而要采用互动式教学法，畅所欲言、达成共识。也可用典型不安全行为事例进行模拟实验，再现不安全行为操作，并赋予各种可能的后果，使不安全行为者重新反思自己的行为，从而改变自己的认识。目前，有些企业把不安全行为者集中培训，方式主要是讲课，内容主要是重复讲解规程和奖惩制度，培训考核不及格者，培训期间停发奖金等，事实上把集中培训变成了某种惩罚。由于培训内容、形式、激励方式等不合适而改变了性质，甚至使受训者产生逆反心理，这样就得不到培训应有的效果。

(4) 认真组织完成全年的安全技术培训实施计划。根据生产形式和能力变化、人员增减、设备更新、环境变化等因素，要改变现有培训组织方式，突出“干什么、学什么，缺什么、补什么”的原则组织培训。培训教师主要从职能部门、基层单位的工程技术管理人员中选聘，必要时外聘有资质的专业教师进行授课。

(5) 班组长每天要利用班前会组织员工进行岗位操作规程和作业规程的学习。要坚持开展班前岗位风险辨识评估，开展“每日一题”安全知识学习活动。通过生产技术知识和岗位培训，提高职业技能，确保安全生产。

(6) 各级管理人员要经常性地教育引导员工生产作业前必须做到“五思而行”即做本项工作有什么风险？不知道不去做；是否具备做此项工作的技能？不具备不去做；做本项工作环境是否安全？不安全不去做；做本项工作是否有合适的工具？不适合不去做；做本项工作是否佩戴合适的防护用品？没有不去做。

(7) 每年要组织开展安全技术操作规程培训和事故案例培训教育，班组安全活动也要将事故案例教育作为一项主要内容组织学习，通过事故案例培训教育达到提高安全意识的目的。

(8) 从控制不安全行为出发，对不安全行为人员还要进行安全态度和安全思想教育培训。通过安全态度和安全思想教育，消除员工头脑中对安全的错误倾向性，克服不安全的个性心理，端正安全态度，提高搞好安全生产的自觉性和责任心，从而避免不安全行为。

(9) 每年按照安全活动计划，组织开展诸如安全演讲、安全知识竞赛、安全征文、安全漫画等群众性的安全活动。出动安全宣传车进行安全宣教工作，使全体员工通过安全文化教育的引导作用，发挥其主观能动性，自觉遵守安全生产的各项规章制度，规范自己的行为。

(10) 培育良好的安全文化氛围。企业内外对不安全行为的态度以及重视安全的思想氛围，对不安全行为者的行为有很大的影响。虽然不安全行为发生在个人身上，但它不是一个孤立的事件，如果周围的人都有很强的安全意识、责任意识、法律意识，都把不安全行为视为绝对不可容忍的行为，都有良好的按规程操作的习惯，那么不安全行为操作就没有生存的土壤。所以，必须培育安全文化氛围，加强和提高安全责任意识和法律意识。这是最根本、最有效的措施，需要长期坚持。这种文化得以延续、发扬，就能逐步掌握不安全行为的规律，积累防范不安全行为的经验，最终使不安全行为的风险趋于零。

## 四、安全管理

(1) 采取奖罚相结合的方式。通过对员工安全行为的奖励，促使员工更加积极主动地提高个人安全意识；通过处罚对员工的不安全行为进行约束，使员工知道不该那样做、不敢那样做。

(2) 严格执行各种安全法律法规、行业规范、规章制度和规程、措施，用责任追究手段来保证执行力度，做到违者必究，保持制度的有效性、连续性，强制约束人员的不安全行为。

(3) 加大对不安全行为的查处打击力度，强制监督纠正不安全行为。各级管理人员要深入现场，加大人员不安全行为检查力度。

(4) 调度室值班主任、安监人员、班组长等相关人员要加强现场作业行为的安全监管，及时纠正作业人员的不安全行为。对不安全行为的处罚要执行连带责任，当班人员发生不安全行为，班组长要负连带管理责任。

(5) 继续深入开展班组建设活动。通过创星级班组，激发员工个人、班组的热情。把安全管理的重心下移到现场，使安全压力传递到每位作业人员，形成主动制止不安全行为，积极消除安全隐患的良好安全氛围，实现员工从“要我安全”到“我要安全”“我能安全”“我会安全”的根本转变。

(6) 各级管理人员以身作则，不对不安全行为指挥，以“榜样”激励员工不进行不安全行为作业。

(7) 合理安排工作，注意劳逸结合，避免疲劳作业。

(8) 充分发挥党政工团齐抓共管的保安全作用。牢固筑起干部监管、员工自保互保、家庭协管的三道防线，形成全员、全方位、全过程，抓安全的强大合力。

## 五、操作方法

杜绝不安全行为是系统工程，除了培训、教育还必须从其他方面采取措施。如定期组织规程编写；人、执行人(包括不安全行为操作者)以及安全监管人员对规程的正确性、准确性、表达方式等进行审评；对具体操作方法和步骤、安全防护措施进行广泛讨论；改进或改善安全防护设施和设备。

(1) 作业环境舒适。主要通过作业环境的改善，使员工在操作设备时达到最佳状态。

(2) 各种作业空间的尺寸和机电设备的安装设置都要严格按设计要求合理布局，充分考虑不同高矮、胖瘦人员情况，做到可调整、可改变，并与环境舒适匹配。

(3) 作业地点的照明要保持合理的光照度。

（4）噪声大的设备要采用消音设施及相应措施。

（5）作业现场要保持环境整洁、设备卫生、标识清晰。

（6）尽可能采用防错、容错措施。人的行为的可靠性是很难预测的，尽管上述措施都能减少不安全行为的发生，但这些措施都不能保证不安全行为不再出现，所以需要越多越好的防错、容错措施。例如，提高操作规程的可操作性，在重要操作步骤前加提示，以免遗漏；强化按照规程进行操作安全心理学的训练，强化对重要操作进行监护的训练；定期检查危险点、危险源，并为操作者熟知，而不敢轻易不安全行为，增加各种硬件的防错、容错功能。

通过以上措施，使作业环境达到作业人员不因环境而产生不良的心理和生理反应，使作业人员愉快地工作，从而避免不安全行为的发生。

## 六、思想和情绪调节

员工因思想情绪的变化而影响正常工作的事件突出表现在：工资和福利待遇、工作晋级、人际关系、家庭和个人生活中发生的问题等。

（1）各级领导对发现的问题要及时调解。要切实关心员工生活，解决员工的后顾之忧。员工家庭和个人生活中出现问题和困难时，有关领导和部门要妥善解决，使员工在工作时，心情舒畅，注意力集中，一心一意做好本职工作。

（2）要加强员工政治思想工作，经常和员工交流思想，了解掌握思想动态。教育员工热爱本职工作，随时掌握其心理因素的变化状况，排除外界的不良刺激。

（3）员工的工资和福利待遇分配要公正、公平、合理发放。

（4）员工的晋级要公正、公开，不徇私情。

（5）员工与领导者发生矛盾时，领导者要理性对待，通过互相交流和谈心等方式加以化解。

## 七、不安全行为的控制措施

行为痕迹主要是看不安全行为发生后是否可追溯性。有痕不安全行为的特点是人员发生不安全行为在一定时间内会留下一定的行为痕迹；无痕不安全行为的特点是只有在行为发生的过程中才能发现，而不会留下可追溯的痕迹。针对上述行为的特点，各级管理人员可以利用相应的管理手段推断出不安全行为发生的原因。对于发现的有痕不安全行为，重点要对其进行及时的责任认定和相应的处罚。对于无痕不安全行为的管理必须加大现场的监督检查力度，及时发现控制无痕不安全行为。

### 1. 有痕不安全行为控制措施

（1）各级管理人员现场检查发现不安全行为发生的痕迹，必须落实责任队、责任人员，并对不安全行为造成的隐患及时落实整改。

（2）一般性质的不安全行为，按照安全管理规章制度对责任人员进行处罚。对于情节严重的不安全行为，要组织相关管理部门、人员进行责任追究，要下发责任追究通报，以此达到警示教育的目的。

### 2. 无痕不安全行为控制措施

（1）各业务管理部门把定期与动态检查相结合，定期检查原则上每月一次。遇有特殊情况时，应增加检查频率。动态检查实行 24 小时不定时地对各作业点进行全方位、全过程的巡回检查。

（2）各安监部门负责牵头，机动性的组织有关业务人员，进行不定期的突击检查不安全行为。

（3）各队第一责任人每周牵头组织一次本队定期的不安全行为的纠正巡查。

（4）当班的调度值班主任、安监人员、班组长对作业现场进行巡查。通过不同层次、不同形式的检查，对所发现的问题，进行仔细分析和判断，并采取有针对性的措施予以矫正。

（5）安监人员要有“安监日”，对于检查出的不安全行为，要立即纠正，并对不安全行为人员给予处理，并在调度会上通报。

### 3. 不同频率不安全行为的控制措施

通过对不安全行为的分析分类，在具体工作中应重点对发生频率高的不安全行为予以高度关注，并及时进行纠正。对于发生频率低的不安全行为也要力求杜绝。对于不同频率的不安全行为，要建立不安全行为人员管理台账，对不安全行为除罚款、停职待岗培训等处理外，实行扣分积分考核。

（1）对于低频率不安全行为的管理，重点由队长（经理、主任）、班组长加强现场作业监管，及时纠正不安全行为。

（2）各级管理人员要提高安全管理的责任意识，对于发现的不安全行为必须给予必要的处理。

（3）对于发生频率高的不安全行为，要特别加大对此类行为的查处力度，对于关键的作业环节，应指定专人进行重点盯防。

（4）加大对高频率不安全行为的处罚力度，并强化安全培训教育，对于重复发生不安全行为人员要加倍处罚。

### 4. 不同风险等级不安全行为的控制措施

对于人员不安全行为风险等级划分参照本质安全管理中危险源的风险等级划分，划分为特别重大风险、重大风险、较大风险、一般风险、低风险 5 个等级。

（1）一般风险以上的不安全行为，均可能造成人身伤害和多人伤亡的安全事故。安全管理要加强基础教育，从应知应会、自保互保开始培训，养成遵章守纪的良好工作作风，树立敬业精神。各行政设立安全奖励基金，重点奖励那些在安全生产上作出突出贡献，制止不安全行为、消除隐患、避免事故的有功人员。

(2) 各级管理人员、安监人员突出重点地监督检查可能发生一般以上风险的不安全行为，加大对此类不安全行为人员的查处力度。对于屡教屡犯，可能造成事故的不安全行为要做到铁的制度、铁的手腕、不留情面，经济处罚不能奏效时，必须给予严厉的行政处分。

(3) 安监部门、业务保安人员、各级管理人员要抓住关键环节，重点盯防。对于中等风险以上不安全行为，如发现以上人员假检、漏检、失职、通人情私了现象，一律调离本岗位，特别严重的人员给予经济和行政双重处理。

(4) 低风险的不安全行为，在特定的环境下也易引发人身事故。因此，在安全监督检查中也应予以必要的关注，力求在生产作业中消除各类人员的不安全行为。

(5) 加强日常安全监督控制，力求把安全监督检查防止不安全行为发生的重点放在现场，把主要对象放在控制人的行为规范上。充分发挥班组长、安监员的特定作用，不断纠正习惯性不安全行为和错误操作方法。各级管理人员、安监人员要身先士卒，用自己的行为表率教育员工，关心员工，帮助员工，以谈心走访形式感化员工。

## 第四节 员工安全心理测评

心理测量(包括心理测验和心理统计)是依据一定的心理学理论，以一定的定量规则作为基础，运用标准化的心理测量工具和统计方法，对人们的心理特征和行为作出测量、分析和评价的过程。心理测验是用测验工具做调查取样，心理统计是对样本做标准化处理分析。

心理测量在心理学研究和人员选拔中有着十分重要的作用，是心理学的重要理论基础和不可缺少的工具。第一，心理测量提高了研究的客观性，减少了研究的主观性和片面性，建立起比较客观的心理指标，为解决理论与实际问题提供了客观依据。第二，心理测量使得研究数量化，提高了科学性。第三，心理测量的运用使得心理学研究的结果有可能相互交流、比较、验证，提高了研究结果的可应用性。第四，采用心理测量可以简化研究程序，提高效率，使普通的管理人员都有能力掌握和运用这一研究工具。

### 一、心理测验概念

心理测验(Psychological Test)就是依据一定法则，用数量化手段对心理现象或行为加以确定和测定。心理测验是心理测量的工具，在心理评估中有重要作用。心理测验是一种比较先进的测试方法，它是指通过一系列手段，将人的某些心理特征数量化，来衡量个体心理因素水平和个体心理差异的一种科学测量方法。尽管心理测验是心理学研究的必要手段，在实际的生活中也得到了越来越广泛的应用，然而要注意的是，心理测验只是提供一定的参考。人是发展成长和变化的，心理测验仅仅提供个人在进行测试的那个时间点的状况特点，因此过分夸大心理测评的效果也是不对的。

## 二、心理测验的种类

根据功能分类可分为：智力测验、人格测验和神经心理学测验。

根据测验方法可分为：问卷法、作业法、投射法。

根据测验人数可分为：个别测验和团体测验。

根据沟通方式可分为：言语测验和非言语(或称操作)测验等。

根据内容分成两大类：最大成效测验和典型反应测验。最大成效测验通过最大工作成效的测量，评定人们的能力水平。这类测验包括许多智力测验和技能测量。例如，成就测验集中于测定被测试者完成某一具体任务的能力；能力倾向测验，用于预测被测试者在某种职业或培训学习中取得成功的可能性。能力倾向测验在安全管理中应用得比较多，如预测人们能否干好某方面的工作，可运用一般心理能力、机械与空间推理能力和数学能力等工程能力倾向测验。典型反应测验并不测量人们能够干什么，而是用于测量人们在特定情境中的个性、习惯、兴趣和其他特征。例如，测量和了解职工是不是性格内向，对计算机应用有没有兴趣，等等。习惯测验也属于典型反应测验，做测试首先习惯的测重数据对于被测试者的工作成效比较有预测价值。

## 三、心理测验的误差

误差是指与测验目的无关的因素引起的测验结果不稳定或不准确的效应。心理测验的误差主要来源于三个方面。

(1) 施测条件。测量环境的好坏及各种条件是否一致，会给测量结果带来很大影响。如在有许多干扰诸如噪声等的环境中进行的测量，会使受试者精神不集中。测量标准不一，如随意调换测验程序等会使结果出现较大偏差。

(2) 主试者因素。主试者是测验的主持人，其对施测条件和方法的掌握，以及其他主观因素如偏见、期望等均会影响测验的结果。

(3) 受试者因素。受试者的应试动机、测量焦虑、生理状态等都会对测验结果的造成影响。

## 四、心理测验工具

### 1. 智力和人格测验

(1) 智力测验。智力测验是对人的一般认知功能进行测量，测验结果常用一个商数，即 IQ 来表示。智力测验一般包括知觉、空间意识、语言能力、数字能力和记忆力方面的内容，要求受测者运用比较、排列、分类、运算、理解、联想、归纳、推理、判断、评价等技能来解答测试题，如《中国韦氏成人智力测验》(WAIS-RC)等。

(2) 人格测验。人格测验用以了解被测试者的情绪、性格、态度、工作动机、品德、价值观等方面，通过人格测验可以寻求应聘者的性格特征和工作要求的分配。现代社会中人性价值日益受到重视和尊重，各种测量手段也层出不穷。其中，影响较大、使用较广泛的是国外卡特尔《16 种个性因素问卷(16PF)》、DISC 个性测试、爱德华《个人倾向量表(EPQ)》等。

### 2. 心理健康测验

(1) 心理健康评定。进行心理健康评定，一般依据的是《症状自评 90 项》(SCL-90)、《抑郁自评量表》(SDS)、《焦虑自评量表》(SAS)、《中国人生活事件量表》(LES)、《应对方式问卷》(CSQ)和《社会支持量表》(SSRS)等。

(2) 精神症状测验。能有效地用于心理健康诊断的心理测验主要有《明尼苏达多相个性问卷(MMPI)》、罗夏的《罗夏墨迹测验》、默里的《主题统觉测验(TAT)》、埃森克的《情绪稳定性测验》、马斯洛的《安全感不安全感问卷》。

### 3. 职业能力和职业兴趣测验

(1) 职业能力测验。职业能力是一种潜在的、特殊的能力，是一种对于职业成功在不同程度上有所贡献的心理因素。从内容上看，与职业活动效率有关的能力包括语言理解和运用、数理能力、逻辑推理、空间关系、知觉速度、手指关节灵巧度、人际协调、影响力、判断力、决策力等。职业能力测验可以分为两类：一类是一般职业能力测验，如美国劳工就业保险局编制的《一般能力倾向成套测验(GATB)》；另一类是专门职业能力测验，主要用于职业人员的选拔和录用，例如奥蒂斯的《独立管理能力测验》、我国公务员录用考试使用的《行政职业能力测试(AAT)》、针对企业管理工作的需要开发的《企业管理能力测试(MAT)》《管理人员胜任特征测试》。

(2) 职业兴趣测验。一个人职业上的成功，不仅受到能力的制约，而且与其兴趣和爱好有密切关系。职业兴趣作为职业素质的一个方面，往往是一个人职业成功的重要条件。了解职业兴趣主要通过采用职业兴趣测验量表或问卷来进行。西方国家在第一次世界大战期间进行了最早的尝试，而我国的职业兴趣研究起步较晚，主要以引进和修订西方国家量表为主。现在较常用的测验量表有坎贝尔编制的《强力坎贝尔兴趣量表(SCII)》、库德的《库德职业兴趣量表(KOIS)》、霍兰德的《职业偏好量表(VPI)》和《自我职业选择量表(SDS)》。

### 4. 操作技能测验

(1) 机械能力测验。一般都要求被测试者识别、确认或运用某种机械原理解决问题。较流行的测验之一是《贝内特(Bennett)机械理解测验》。这一测验特别适合于生产第一线的工人。

（2）知觉准确测验。这种测验与机械能力测验一样，适用于许多职业。测验要求被测试者迅速地对测验刺激与标准刺激作出比较，找出不相同的刺激。这种测验的效度比较高，被广泛用于科室和文职人员的能力倾向测量。

（3）运动能力测验。这种测验主要测量四肢协调方面的能力，包括感觉运动能力和心理运动能力。

（4）创造能力测验。发散性思维是创造力活动的主要思维模式。创造力包括的基本能力主要是流畅力、变通力、精致力、敏觉力和独创力。创造力的测验并不玄妙，通过简单的方法就可施测，如单词联想测验、物件用途测验、寓言测验、模型含义、远隔联想等。现在运用较多的创造力测验量表有吉尔福特的《发散性思维测验》、托兰斯的《创造性思维测验》、盖泽尔斯的《创造力测验》等。

5. 多元智力测验

（1）言语-语言智力（Verbal-Linguistic Intelligence），指个体听、说、读、写的能力，表现为个人能够顺利而高效地利用语言描述事件、表达思想并与人交流的能力，在记者、编辑、作家、演讲家等人身上有比较突出的表现。

（2）音乐-节奏智力（Musical-Rhythmic Intelligence），指个体感受、辨别、记忆、改变和表达音乐的能力，表现为个人对节奏、音调、音色和旋律的敏感以及通过作曲、演奏和歌唱等表达自己思想和情感的能力，在作曲家、指挥家、歌唱家、演奏家、乐器制造者和乐器调音师等人身上有比较突出的表现。

（3）逻辑-数理智力（Logical-Mathematical Intelligence），指个体运算和推理的能力，表现为个人对事物间各种关系如类比、对比、因果和逻辑等关系的敏感以及通过数理运算和逻辑推理等进行思维的能力，在侦探、律师、工程师、科学家和数学家等人身上有比较突出的表现。

（4）视觉-空间智力（Visual-Spatial Intelligence），指个体感受、辨别、记忆、改变物体的空间关系并借此表达自己思想和情感的能力，表现为个人对线条、形状、结构、色彩和空间关系的敏感以及通过平面图形和立体造型将它们表现出来的能力，在画家、雕塑家、建筑师、航海家、博物学家等人身上有比较突出的表现。

（5）身体-动觉智力（Bodily-Kinesthetic Intelligence），指个体运用四肢和躯干的能力，表现为个人能够较好地控制自己的身体，对事件能够作出恰当的身体反应以及善于利用身体语言来表达自己的思想和情感的能力，在运动员、舞蹈家、外科医生、赛车手和发明家等人身上有比较突出的表现。

（6）自知-自省智力（Intrapersonal Intelligence），指个体认识、洞察和反省自身的能力，表现为个人能够正确地意识和评价自身的情绪、动机、欲望、个性、意志，并在正确的自我意识和自我评价的基础上形成自尊、自律和自制的能力，在哲学家、小说家、律师等人身上有比较突出的表现。

(7) 交往-交流智力(Interpersonal Intelligence)，指个体与人相处和交往的能力，表现为个人觉察、体验他人情绪、情感和意图并据此作出适宜反应的能力，在教师、律师、推销员、公关人员、谈话节目主持人、管理者和政治家等人身上有比较突出的表现。

(8) 自然观察智力(Naturalist Intelligence)，这种智力主要指认识动物、植物和自然环境其他部分的能力，在猎人、植物学家和解剖学家等人身上有比较突出的表现。

多元智力的理论来自《科学美国人》专栏作家加德纳的研究成果，其《多元智力测验量表》主要是心理学家基斯编制的测验工具。

# 第五节 安全行为的激励理论与方法

## 一、激励概述

### 1. 激励的定义

激励是人力资源的重要内容，是指激发人的行为的心理过程。激励这个概念用于管理，是指激发员工的工作动机，也就是说用各种有效的方法去调动员工的积极性和创造性，使员工努力去完成组织的任务，实现组织的目标。有效的激励会点燃员工的激情，促使他们的工作动机更加强烈，让他们产生超越自我和他人的欲望，并将潜在的巨大的内驱力释放出来，为企业的远景目标奉献自己的热情。

美国管理学家贝雷尔森(Berelson)和斯坦尼尔(Steiner)给激励下了如下定义："一切内心要争取的条件、希望、愿望、动力都构成了对人的激励——它是人类活动的一种内心状态。"人的一切行动都是由某种动机引起的，动机是一种精神状态，它对人的行动起激发、推动、加强的作用。如何在工作上调动员工的积极性，激发全体员工的创造力，是开发人力资源的最高层次目标。

### 2. 激励的环境

以企业创新激励为例，激发员工创造力的环境：①创造一个鼓励员工开拓创新精神和冒险精神的宽松环境以及思想活跃和倡导自由探索的氛围；②建立正确的评价和激励机制，重奖重用有突出业绩的开拓创新者；③强化企业内的竞争机制，激励人们去研究新动向、新问题，并明确规定适应时代要求的技术创新和管理创新的具体目标；④要求企业必须组织员工不断学习以更新知识，并好好地引导他们面对现实去研究技术的新动向，同时做到使员工心里知道工作行为的实际效果，产生员工高效工作的结果。

### 3. 激励的模式

激励理论的基本思路，是针对人的需要来采取相应的管理措施，以激发动机、鼓励行为、形成动力。因为人的工作绩效不仅取决于能力，还取决于受激励的程度，通常用数学公式表示：工作绩效=$f$(能力×激励)。因此，行为科学中的激励理论和人的需要理论是紧密结合在一起的。依据安全行为激励的原理，可把激励的方法分为两种：

（1）外部激励。所谓外部激励就是通过外部力量来激发每一个人的安全行为的积极性和兴趣及主动性，如设安全奖、改善劳动卫生条件、提高待遇、安全和职务晋升和奖金挂钩、记功、开展“安全竞赛”等手段和活动，都是通过外部作用激励人的安全行为，严格、科学的安全监察、监督、检查也是一种外部激励的手段。

（2）内部激励。内部激励的方式很多，如更新安全知识、培训安全技能、强化观念和情感、理想培养、建立安全远大目标等。内部激励是通过增强安全意识、素质、能力、信心和抱负等来起作用。内部激励是以提高员工的安全生产和劳动保护自觉性为目标的激励方式，外部激励和内部激励，都能激发每一个人的安全行为。但内部激励更具备推进力和持久力。前者虽然可以激发每一个人的安全行为，但在许多情况下不是建立在内心自愿的基础上，一旦物质刺激取消后，又会恢复到原来的安全行为水平上。而内部激励发挥作用后，可使人的安全行为建立在自觉、自愿的基础上，能对个人的安全行为进行自我指导，自我控制，自我实现，完全依靠自身的力量控制行为。从安全管理的方法上讲，两种方法都是必要的。作为一个安全管理人员，应积极创造条件，形成人的内部激励的环境，在一定的特殊场合对特定的人员，也应有外部的鼓励和奖励，充分地调动每个领导和员工安全行动的自觉性和主动性。

## 二、激励特征

（1）激励有具体的对象。在劳动生产过程中，激励的对象是企业的每一个职工。企业为了有效地运行，必须对职工进行激励，以求实现企业的目标。从广义上来说，企业的激励对象也包含着企业内的群体(车间、班组、科室等)。这是因为企业是一个系统，有着系统的性质和特点，企业内各个群体的激励水平，决定了企业的协调发展。

（2）激励是人的动机激发循环。当人有某种需要的时候，心理上就会处于一种激励状态，形成动机，而当目标达成之后，激励状态就会解除，随后产生新的需要，形成一个循环。可以认为，激励是人的动机激发循环的重要动力，激励水平与文化构成、人的价值观、企业目标等这些因素有关。

（3）激励效果的判断。激励效果可以由人的行为和工作绩效予以判断。在企业中，对职工激励的激发程度，只能由其行为和工作绩效体现。这是因为人的行为及其行动的结果是由其动机所推动的，激励与安全行为之间存在着某种因果联系。

## 三、激励原则

（1）目标结合原则。在激励机制中，设置目标是一个关键环节。目标的设置必须同时体现组织目标和员工需要。

（2）物质激励和精神激励相结合的原则。物质激励是基础，精神激励是根本。在两者结合的基础上，逐步过渡到以精神激励为主。

（3）引导性原则。外激励措施只有转化为被激励者的自觉意愿，才能取得激励效果。因此，引导性原则是激励过程的内在要求。

（4）合理性原则。激励的合理性原则包括两层含义：①激励措施要适度。要根据所实现目标本身的价值大小确定适当的激励量。②奖惩要公平。

（5）明确性原则。激励的明确性原则包括三层含义：①明确。激励的目的是需要做什么和必须怎么做。②公开。特别是分配奖金等员工重点关注的问题时，更为重要。③直观。实施物质奖励和精神奖励时都需要直观地表达它们的指标，总结授予奖励和惩罚的方式。直观性与激励影响的心理效应成正比。

（6）时效性原则。要把握激励的时机，“雪中送炭”和“雨后送伞”的效果是不一样的。激励越及时，越有利于将人们的激情推向高潮，使其创造力连续有效地发挥出来。

（7）正激励与负激励相结合的原则。所谓正激励就是对员工的符合组织目标的期望行为进行奖励。所谓负激励就是对员工违背组织目的的非期望行为进行惩罚。正负激励都是必要而有效的，不仅作用于当事人，而且会间接地影响周围其他人。

（8）按需激励原则。激励的起点是满足员工的需要，但员工的需要因人而异、因时而异，并且只有满足最迫切需要的措施，其效价才高，其激励强度才大。因此，领导者必须深入地进行调查研究，不断了解员工需要层次和需要结构的变化趋势，有针对性地采取激励措施，才能收到实效。

## 四、激励理论

### 1. 内容型激励理论

这种类型的理论是主要研究激发动机的因素，是从探讨激励的起点和基础出发，分析解释人们内在需要的内容与结构，以及内在需要如何推动行为，研究内容都围绕需要进行，故又称为需要理论。该理论主要包括：马斯洛（A. Maslow）的“需要层次理论”、赫茨伯格（F. Herzberg）的“双因素理论”等。

### 2. 行为改造型激励理论

该类型的理论着重研究激励目的。人们在满足需要的过程中会产生积极和消极两种反应，行为改造理论正是研究如何将消极行为转变为积极行为。该理论主要包括：“挫折论”“归因论”等。

### 3. 过程型激励理论

此理论侧重于研究动机的形成、行为目标的选择以及行为的改变与修正。激励在人心理上是一个相当长的过程。只有在被激励对象接受激励内容的情况下，激励过程才能开始。

过程激励理论弥补了内容型激励理论在激励目标是否能使被激励对象满足的研究缺陷，着重研究了人的行为过程。该理论主要包括：弗隆(V. H. Vroom)“期望理论”、亚当斯(Stancy J. Adams)“公平理论”、斯金纳(B. F. Skinner)“强化理论”等。

### 4. 激励心理理论

#### (1) 需要层次理论

① 心理学家马斯洛把人的需要由低到高分为五个层次，即生理需要、安全需要、社交和归属需要、尊重需要、自我实现需要。并认为人的需要有轻重层次之分，在特定时刻，人的一切需要如果都未得到满足，那么满足最主要的需要比满足其他需要更迫切，只有排在前面的那些属于低级的需要得到满足，才能产生更高一级的需要。当一种需要得到满足后，另一种更高层次的需要就会占据主导地位。

② 需要满足激励。从激励的角度看，没有一种需要会得到完全满足，但只要其得到部分的满足，个体就会转向追求其他方面的需要了。按照马斯洛的观点，如果希望激励某人，就必须了解此人目前所处的需要层次，然后着重满足这一层次或在此层次以上的需要。比如一个饥肠辘辘的人，他更渴望你给他几个馒头或面包，而不是希望你赞赏他长得如何英俊潇洒或出类拔萃。

③ 需要理论管理。马斯洛的需要层次理论是国内外许多管理理论的重要基础，对企业安全生产管理具有一定的指导意义。应用时注意以下几点：一是注意调查分析本企业职工需要层次结构的状况，为安全管理提供科学的依据；二是针对不同层次的需要，提出相应的安全管理措施；三是注意职工需要层次结构的变化，适时调整满足职工需要的管理方法；四是把职工的安全需要与其他需要作为一个需要体系综合考虑，以提高安全管理的有效性。

#### (2) X-Y 理论

这一理论建立在对人的基本看法基础上，提出激励人行为的方法。如果对人从“恶”的方面认识，其对行为的控制，采取严厉、强制的措施；如果从“善”的方面认识人，其行为的控制方法则采取温和、诱导的方式。

“X 理论”对人的看法是：天性好逸恶劳，尽可能逃避工作；以自我为中心，对组织需要漠不关心；缺乏进取心，怕负责任；趋向保守，反对改革。为此，主张采取“强硬”的管理办法，包括强迫、威胁或严密的监督，或者采取“松弛”的管理办法，包括顺应职工，一团和气。事实证明这种理论有明显的不足。

“Y 理论”对人的看法正好相反，认为：人并非天生厌恶工作；能自我指挥和自我控制，外部惩罚和威胁不能促使人的努力；具有想象力和创造力；能接受责任和主动承担责任。因此，主张采取激励的办法是：分权和授权；扩大工作自主范围；采取参与制；鼓励自我评价。以上两种极端的理论和方法，都有一定的片面性，因此应该综合两种理论特长，具体对象，具体对待。这种综合“X 理论”和“Y 理论”的方法也称为“权变理论”。目前现实中很多管理的实践中，都采用“权变理论”的方法。在管理中，常采取强硬与温和相结合、分权与调控相结合、自主与控制相结合的管理方式。

**（3）双因素理论**

① 双因素理论的概念。激励因素-保健因素理论是美国的行为科学家弗雷德里克·赫茨伯格（Fredrick Herzberg）提出来的，又称双因素理论。20 世纪 50 年代末期，赫茨伯格和他的助手们在美国匹兹堡地区对二百名工程师、会计师进行了调查访问。结果发现，使职工感到满意的都是属于工作本身或工作内容方面的；使职工感到不满的，都是属于工作环境或工作关系方面的。他把前者叫作激励因素，后者叫作保健因素。

② 双因素理论的内涵。保健因素包括公司政策、管理措施、监督、人际关系、工作条件、工资、福利等。当这些因素恶化到人们认为可以接受的水平以下时，就会产生对工作的不满意。但是，当人们认为这些因素很好时，它只是消除了不满意，并不会导致积极的态度，这就形成了既不是满意也不是不满意的中性状态。那些能带来积极态度、满意和激励作用的因素就叫作“激励因素”，这是那些能满足个人自我实现需要的因素，包括：成就、赏识、挑战性的工作、增加的工作责任，以及成长和发展的机会。如果这些因素具备了，就能对人们产生更大的激励。从这个意义出发，赫茨伯格认为传统的激励假设，如工资刺激、人际关系的改善、提供良好的工作条件等，都不会产生更大的激励；它们只能消除不满意，防止产生问题，这些传统的“激励因素”即使达到最佳程度，也不会产生更大的激励。

③ 双因素理论的特点。根据赫茨伯格的研究发现，经理人应该认识到保健因素是必需的，不过它一旦使不满意中和以后，就不能产生更积极的效果。只有“激励因素”才能使人们有更好的工作成绩。双因素理论告诉我们，满足各种需要所引起的激励强度和效果是不一样的。物质需求的满足是必要的，没有它会导致不满，但是即使获得满足，它的作用往往是很有限的、不能持久的。要调动人的积极性，不仅要注意物质利益和工作条件等外部因素，更重要的是要注意工作的安排、量才使用、个人成长与能力提升等，注意对人进行精神鼓励，给予表扬和认可，注意给人以成长、发展、晋升的机会。

**（4）强化理论**

强化指通过对一种行为的肯定或否定（奖励或惩罚）使行为得到重复或制止的过程。强化理论的基本观点是：

① 人的行为受到正强化趋向于重复发生，受到负强化会趋向于减少发生。例如，当一个人做了好事受到表扬，会促使他再做好事；当一个做了错事受到批评，就会使他减少做类似的错事。

② 激励人按一定要求和方式去工作，奖励（给予报酬）比惩罚更有效。

③ 反馈是强化的一种重要形式。反馈就是使工作者知道结果。

④ 为了使某种行为得到加强，奖赏(报酬)应在行为发生以后尽快提供，考虑强化的时效性，延缓提供奖赏会降低强化作用的效果。

⑤ 对所希望发生的行为应该明确规定和表述。只有行为的目标明确而具体，才能对行为效果进行衡量和及时予以奖励。强化理论在安全管理中得到广泛的应用，如安全奖励、事故罚款、企业升级、安全指标等。

在实际应用中应以积极强化为主，慎重采用消极强化(尤其是惩罚)手段，注意强化的时效性，同时因人而异，采用不同的强化方式，利用信息反馈增强强化效果，以使强化机制协调运转并产生整体效应。强化理论在激励安全行为的方面有着重要的应用。

**(5) 期望理论**

① 期望理论的含义。美国心理学家佛隆于1964年提出了期望理论。该理论认为，激发的效用等于效价与期望值的乘积，即

$$激励水平(M)=期望值(E)\times目标效价(V)$$

式中，目标效价是指个人对某一工作目标对自身重要性的估价；期望值是指个人对实现目标可能性大小的主观估计。一般说来，目标效价和期望值都很高时，才会有较高的激励力量；只要效价和期望值中有一项不高，则目标的激励力量就不大，对于企业来说，需要的是职工在工作中的绩效；而对于职工来说，关注的则是与劳动付出有关的报酬。

② 期望理论的应用。期望值是达到企业目标的可能性大小，以及企业目标达到后兑现个人要求可能性大小的主观估计。这两种估计在实践过程中会不断修正和变化，发生所谓“感情调整”。比如，我认为我有能力完成这项任务，完成任务后我估计老板会兑现他给我涨工资的诺言，而涨工资正是我的最大期望，所以，我工作的积极性肯定很高；反之，任何一个变量的变化，就会影响到工作的积极性。管理者的任务就是要使这种调整有利于达到最大的激发力量。因此，期望理论是过程型激励理论。

期望理论明确地提出职工的激励水平与企业设置的目标效价和可实现的概率有关，这对企业来采取措施调动职工的积极性具有现实的意义。首先，企业应重视安全生产目标的结果和奖酬对职工的激励作用。其次，要重视目标效价与个人需要的联系。再次，要通过宣传教育引导职工认识安全生产与其切身利益的一致性，提高职工对安全生产目标及其奖酬效价的认识水平。最后，企业应通过各种方式为职工提高个人能力创造条件，以增加职工对目标的期望值。

**(6) 公平理论**

公平理论认为人的工作动机不仅受到所得到的绝对收益的影响，也受到相对收益的影响，即一个人仅看到自己的实际收益，还把其与别人的收益作比较，当二者相等或合理，则认为是正常和公平的，因而心情舒畅地积极工作，否则会产生不公平感，于是影

响行为积极性。这一理论告诉我们，应重视“比较存在”的意义及作用，不仅要实行按劳付酬的原则，还要考虑同类活动及周围环境的状况，尽量做到公平合理，否则会挫伤人的积极性。

**（7）挫折理论**

挫折理论主要揭示人的动机行为受阻而未能满足需要时的心理状态，并由此而导致的行为表现，力求采取措施将消极性行为转化为积极性、建设性行为。挫折的形成是由于人的认知与外界刺激因素相互作用失调所致，是一种普遍存在的心理现象，它的产生是不以人的主观意志为转移的。挫折感因人而异，即使客观上挫折情境相似，不同的人对挫折的感受也会不同，所受的打击程度也就不同。

挫折一方面可增加个体的心理承受能力，使人警醒，吸取教训，改变目标或策略，从逆境中重新奋起；另一方面也可使人们处于不良的心理状态中，出现负向情绪反应，并采取消极的防卫方式来对付挫折情境，从而导致不安全的行为反应。在企业安全生产活动中，应重视挫折问题，采取下述措施：帮助职工用积极的行为适应挫折，如合理调整无法实现的行动目标；改变受挫折职工对挫折情境的认识和估价，以减轻挫折感；通过培训提高职工工作能力和技术水平，增加个人目标实现的可能性，减少挫折的主观因素；改变或消除易于引起职工挫折的工作环境，减少挫折的客观因素；开展心理保健和咨询，消除或减轻挫折心理压力。

## 五、激励的方法

### 1. 物质激励与精神激励

虽然二者的目标是一致的，但是它们的作用对象却是不同的。前者作用于人的生理方面，是对人物质需要的满足；后者作用于人的心理方面，是对人精神需要的满足。随着人们物质生活水平的不断提高，人们对精神与情感的需求越来越迫切。比如期望得到爱、得到尊重、得到认可、得到赞美、得到理解等。

### 2. 正激励与负激励

所谓正激励，就是当一个人的行为符合组织的需要时，通过奖赏的方式来鼓励这种行为，以达到持续和发扬这种行为的目的。所谓负激励，就是当一个人的行为不符合组织的需要时，通过制裁的方式来抑制这种行为，以达到减少或消除这种行为的目的。

正激励与负激励作为激励的两种不同类型，目的都是要对人的行为进行强化，不同之处在于二者的取向相反。正激励起正强化的作用，是对行为的肯定；负激励起负强化的作用，是对行为的否定。

### 3. 内激励与外激励

所谓内激励，是指由内酬引发的、源自工作人员内心的激励；所谓外激励是指由外酬引发的、与工作任务本身无直接关系的激励。

内酬是指工作任务本身的刺激，即在工作进行过程中所获得的满足感，它与工作任务是同步的。追求成长、锻炼自己、获得认可、自我实现、乐在其中等内酬所引发的内激励，会产生一种持久性的作用。

外酬是指工作任务完成之后或在工作场所以外所获得的满足感，它与工作任务不是同步的。如果一项又脏又累、谁都不愿干的工作有一个人干了，那可能是因为完成这项任务，将会得到一定的外酬——奖金及其他额外补贴，一旦外酬消失，他的积极性可能就不存在了。所以，由外酬引发的外激励是难以持久的。

# 第六节　人员操作完整性

在长北的生产操作管理中，运用了操作完整性（Operating Integrity，简称 OI）思想，通过 OI 管理体系，对生产作业进行严格规范有效的管理，可以提高油田资产的价值，确保油田长期处于良好的运行状态，以实现油（气）田开发、生产过程中的资产效益最大化。OI 管理体系是生产过程中一个先进的、系统的设备资产安全运行管理体系，是目前和未来国际顶尖石油公司的管理方向，其作用发挥在保证资产完整性目标中居于核心位置。

操作完整性包含 6 项要求：工作内容是完整的，确保所有工作内容无遗漏地实施；工作计划是完整的，计划涵盖工作的所有方面；工作准备是完整的，所有工作都有完备的人员、资源、条件保障；操作流程是完整的，所有操作有完整的流程和标准要求；操作过程是完整的，所有操作活动都按照要求完整地执行；操作资料是完整的，所有操作活动的资料都得到完整的记录。

## 一、操作完整性体系 OI 组织结构

在长北项目的组织机构基础上，针对生产管理的需要，长北项目组建了从现场经理到基层操作员工的工作团队。每一层次有不同的工作目标，承担不同的生产管理或者生产操作职责（如图 5-2 所示）。

### 1. OI 管理体系总体责任人——现场经理

现场经理也就是作业区经理，是长北项目现场总负责人，其领导着若干个副经理，分别分管生产、安全、维修维护等。其职责主要是：负责长北项目安全生产、经营、行政等工作；指导各项生产任务和业绩指标的完成；履行安全责任。安全责任具体包括贯彻执行上级有关安全管理的方针、政策、法律法规；建立本单位的安全管理制度和安全技术操作规程；所属区域内天然气生产井、天然气管道、集气站等设施、场所生产过程的安全与消

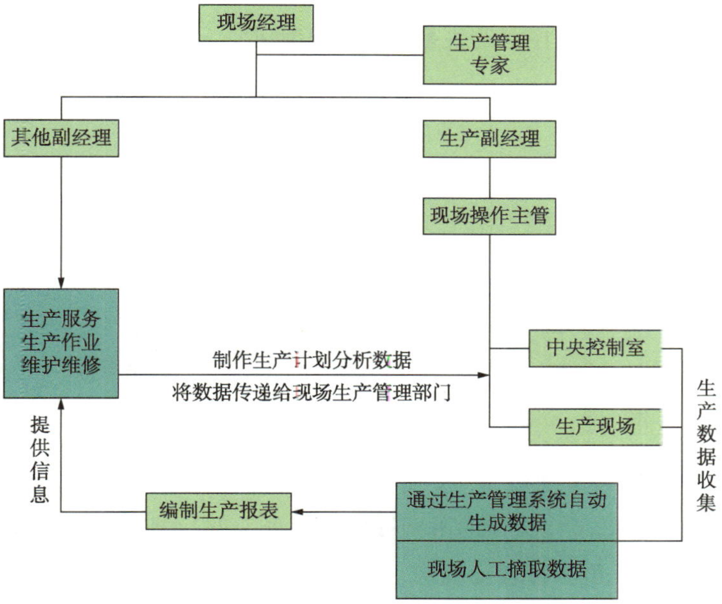


图 5-2 现场经理到基层操作员工工作职责

防管理；定期组织召开安全生产会议，分析本单位安全生产形势，研究制订安全生产工作计划。

### 2. OI 体系具体负责人——生产副经理

生产副经理负责现场的生产管理，对全厂生产总负责，同时也是 OI 体系的总负责人。生产副经理接受现场经理的领导，并直接领导现场生产主管（也称现场操作主管）。生产副经理协助现场经理完成长北项目天然气生产、集输及各项生产业绩指标。其主要职责是：制订具体工作计划；安排、落实日常生产工作；指挥生产的统一协调调度，解决生产中出现的各种问题。

### 3. OI 体系现场负责人——现场操作主管

现场操作主管具体负责 OI 体系在生产操作中的实际运用，并对现场生产进行管理。现场操作主管对中央控制室和生产现场负有管理责任。现场操作主管还要履行职责范围内的评价职能，根据评价指标对 OI 体系的现场实施情况进行打分，不断改进 OI 体系的实施效果。

### 4. 中控室运行队长和操作员

中控室负责 HSE 管理、PTW 管理、现场监控等工作。中控室以生产参数监控、工艺参数调整、生产组织协调为主要工作，同时负责监控现场生产操作人员的工作。现场承担维修、操作任务的长北项目员工或承包商员工，必须按照 OI 管理的要求履行相关程序，按照规范进行安全操作。中央控制室是 OI 管理中实施操作监控的关键机构。在长北项目，中央控制室是生产控制的中枢，通过中央控制室来实施操作监控。各生产井也设有控制室。试生产井控制室与中央处理厂中控室的关系如图 5-3 所示。

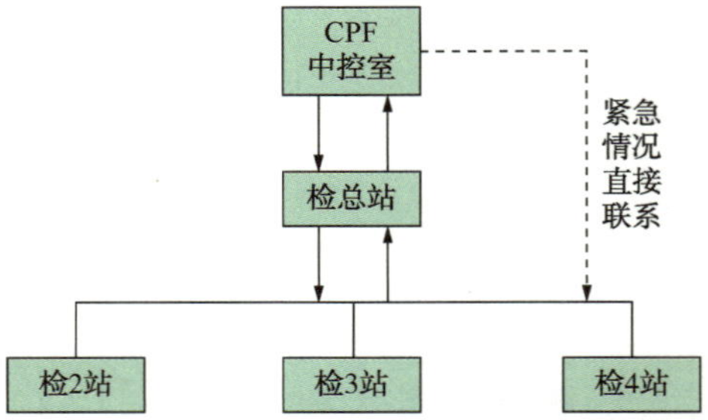


图 5-3　试生产井控制室与 CPF 中控室的通知反馈流程

长北项目在 OI 体系的实施过程中，形成了各项工作的具体分工，岗位紧凑、责任清晰、范围明确，为 OI 体系工作责任的落实提供了保证。如长北项目对中控室岗位职责的规定明确，确保了监控无死角，管理无缝隙。同时岗位紧凑，降低了人员费用，充分发挥了人员积极性。中央控制室(简称中控室)的人员分工见表 5-3。

**表 5-3　中控室的人员分工表**

| 管理活动 | CCR 运行队长 | CCR 操作员 |
|---|---|---|
| HSE 管理 | 监督、检查应急组织机构人员名单的更新，以及保证中控室人员在应急时明确各自的职责；<br>监督、检查 CPF(Central Processing Facility，中央处理厂)巡检，井丛、试生产作业的巡检记录，及时追踪反馈的问题，直至生成 CM(Corrective Maintenance，矫正性维护)；<br>对安全系统的 MOS 失效和旁路做好记录，严格遵守《旁路管理条例》，在工作完成后及时通知相关工程师恢复并做好恢复记录 | 对安全系统的 MOS(Maintenance Override Switch，维护超控开关)失效和旁路做好记录，严格遵守旁路管理条例，在工作完成后及时通知相关工程师恢复并做好恢复记录 |
| PTW 管理 | 通过对 PTW 控制区的管理，监督，检查每天现场的操作，确保工作无冲突，安全、有序、高效执行；<br>监督、检查操作人员执行 PTW 审查并记录；<br>随时查看存放在中控室的 PTW，并在 PTW 控制面板上标出，及时掌握现场的工作情况，将完成的 PTW 检查后交给资料员归档 | 随时查看存放在中控室的 PTW，并在 PTW 控制面板上标出，及时掌握现场的工作情况；<br>将完成的 PTW 检查后交给资料员归档 |

续表

| 管理活动 | CCR 运行队长 | CCR 操作员 |
|---|---|---|
| 现场监视和管理 | 每天定期巡视 CPF 的现场情况，安排整改发现的问题；<br>监督、检查中控室操作员的控制操作，发现各装置压力、温度、液位等参数出现较大异常，及系统起停车等关键操作，应及时报告生产装置经理或当班经理；<br>确保中控室的门保持在关的位置；<br>每两小时通过 CCTV（Closed Circuit Television，中央监控系统）查看井丛及 CPF 现场情况，并做记录，及时将摄像头对准有人员工作的现场 | 每两小时通过 CCTV 查看井丛及 CPF 现场情况，并做记录，及时将摄像头对准有人员工作的现场 |
| 与生产有关的工作 | 中控室的日常工作及人员安排；<br>安排、分配操作员 1、操作员 2、操作员 3 的具体分工，并更新中控人员职责板；<br>监督、检查并做好中控室电子版、手工填记录和关键程序及文件的完整性管理，确保无数据错误和文件的丢失，确保文件的更新和有效性；<br>对设备故障引起的产能损失、重要工艺报警等做好记录；<br>对设备的启停、单井的开关井和产量变化等，在《长北生产综合记录》上做好详细记录；<br>每周一次查看应急库房物资的缺失并做好记录；<br>对每天生产污水、凝析油、甲醇的拉运做记录，对每月底气量、凝析油、生产污水量累计的及时汇总 | 对设备故障引起的产能损失、重要工艺报警等做好记录；<br>对设备的启停、单井的开关井和产量变化等，在《长北生产综合记录》上做好详细记录；<br>每周一次查看应急库房物资的缺失并做好记录；<br>对每天生产污水、凝析油、甲醇的拉运做记录，对每月底气量、凝析油、生产污水数量的月累计的及时汇总 |
| 与操作完整性有关的工作 | 操作支持预防性监护，操作工程师应能够通过 PI（Plant Information，实时数据监控）系统监控实时数据，发现并分析问题，给现场人员以预防性指导 | 包括交接班的沟通、负责管理和保存《操作参数范围文件》；<br>负责保存管理安全参数范围数据库和《报警值参数》；<br>每天记录报警数量，对经常报警的设备填写工单；<br>进行预防性监护，操作员每半小时浏览关键参数的变化趋势，确保在高低报警前作出操作 |

中控室的管理活动必须有效地记录下来，形成文档、记录或报告。长北项目的中控室需要形成如表 5-4 所列文件。

表 5-4 中控室管理活动文件汇总表

| 序号 | 文件名 |
|---|---|
| 1 | 长北综合生产记录 |
| 2 | 生产日报数据报表 |
| 3 | Mos IPS(Instrumented Protective System，仪表保护系统)记录 |
| 4 | 安全系统失效记录 |
| 5 | 污水、甲醇、凝析油拉运记录 |
| 6 | PTW 记录 |
| 7 | 泄漏阀门记录 |
| 8 | 产量调整记录表 |
| 9 | 应急反应程序 |
| 10 | 交接班记录 |

## 二、文档支持保障

长北项目 OI 体系的文件资料由系统文件、评价标准体系文件和持续改进制度等三个部分组成(如图 5-4 所示)。

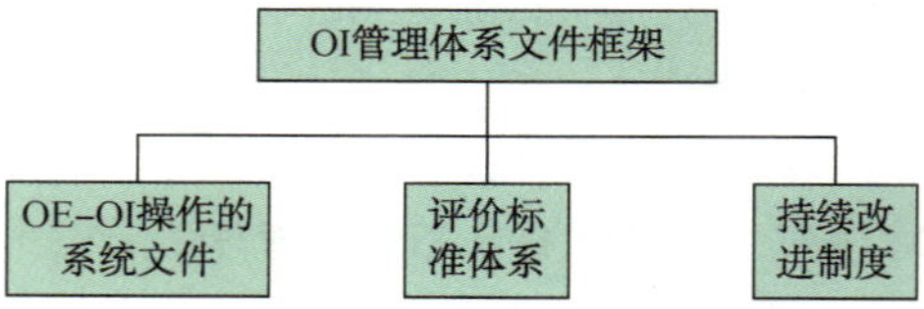


图 5-4 OI 管理体系文件框架

系统文件是 OI 体系实施的基础，是所有操作行为规范和执行的标准。长北项目以壳牌公司的操作完整性系统文件和程序为基础，建立了强大的、内容完整的系统文件和操作程序，其内容涉及生产操作的所有领域、行为要求、工作程序、评价标准等内容。系统文件和程序的作用是提供操作行为的规范化标准。长北项目的系统文件具体包括操作手册、HSE 案例、规章制度、参数和流程等(如图 5-5 所示)。

(1) 操作手册。操作手册是对整个生产作业运行过程的说明，大到厂区布局、工艺过程，具体到详细操作过程、具体设备的操作等，实质就是工厂的说明书。操作手册的编制和更新是一项浩大的工程，如壳牌公司集中世界相关领域顶级专家权威，对生产中所有的业务进行了详细说明，为项目的生产操作管理提供了基础的指导。

(2) HSE 案例。HSE 案例是管理重大事故危害的管理文件，针对企业重大事故危害，建立相应的风险评估，风险削减的基本原则，相关危害登记表、示意图及控制表，风险管控的蝴蝶结模型，风险控制到最低、合理、可行的证实，互相冲突的作业管理矩阵，识别

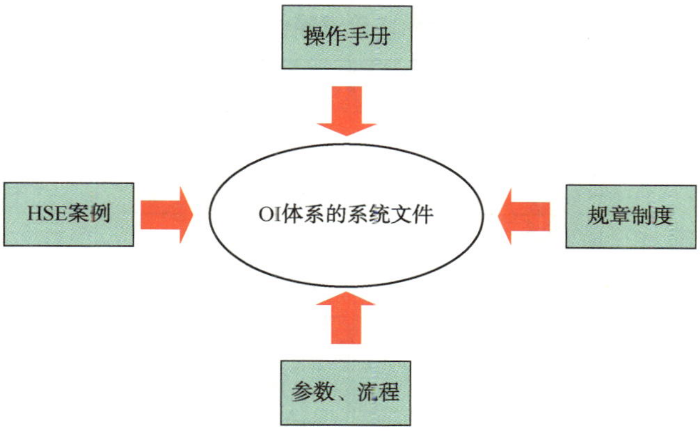


图 5-5 长北项目系统文件

出关键安全要素关键安全部件及性能标准，管理的组织机构，人员组成，技能水平等，是企业 HSE 的重要组成部分，也就是 HSE 作业程序。

（3）规章制度。规章制度是与生产运行管理、生产操作有关的规则和制度的总和。OI 管理体系的规章制度具体规定生产操作的要求和注意事项。

（4）参数和流程。参数是与生产有关的各种标准数据，用以指导生产管理，比如设备运行参数、工艺参数、报警参数等。流程由一系列工作环节或步骤组成，相互之间有先后顺序，有一定指向。生产流程管理涉及人员、活动、数据、程序、标准等诸多要素。是企业生产运作的基础，所有的生产业务都需要流程来驱动。

按照 OI 体系的要求，长北项目已经形成了规范、完整的 OI 文件体系，对加强生产中的信息管理、实现企业持续长远发展发挥着良好的作用，文档手册资料如表 5-5 和表 5-6 所示。

**表 5-5 长北操作完整性管理控制性文档资料及图纸**

| 序号 | 文件名 | 序号 | 文件名 |
|---|---|---|---|
| 1 | 管线仪表竣工图(含因果图＝工艺安全保障图) | 11 | 现场变更作业 |
| 2 | 操作手册 | 12 | 交叉作业 |
| 3 | 中央处理厂操作手册 AB 版 | 13 | 危险化学品说明 |
| 4 | 长北单体设备操作规程 | 14 | 总图/平面布置图 |
| 5 | 临时操作指导程序(附目录) | 15 | 危险区域划分图 |
| 6 | 工艺操作范围 | 16 | 工艺流程示意图及公用设施示意图 |
| 7 | 长北生产操作 HSE 案例 | 17 | 火警和可燃气体探测布置图 |
| 8 | 现场承包责任制 | 18 | 逃生路线，消防设施布置图 |
| 9 | PTW 管理程序 | 19 | 危险与可操作性分析报告 |
| 10 | 长北生产应急程序 | | |

表 5-6 长北 OI 管理操作日志及记录

| 序号 | 日志或记录名称 | 序号 | 日志或记录名称 |
|---|---|---|---|
| 1 | 仪表保护旁路 | 10 | 长北处理厂及井丛卫生工作安排 |
| 2 | 集散控制旁路 | 11 | 中控室资料夹 |
| 3 | 安全关键设备故障记录 | 12 | PTW 审核表 |
| 4 | 安全设施检查表 | 13 | 甲醇交接记录 |
| 5 | 巡查表 | 14 | 交接班会议记录 |
| 6 | 内漏阀门统计 | 15 | 交接班记录 |
| 7 | 锁开锁关阀门统计 | 16 | 天然气露点测试报告 |
| 8 | 长北处理厂调配产变更记录 | 17 | 气体测试员记录 |
| 9 | 生活污水拉运记录 | 18 | 长北 PTW 资质认证名单 |

## 三、长北项目 OI 体系主要内容

OI 体系的内容框架包括七个方面的内容(如图 5-6 所示)，即“PTW”工作许可证系统、禁用、旁路、锁开锁关阀门管理、运行参数范围管理、员工技能管理、有效的沟通和交接班管理、文档及数据管理、报警管理等。

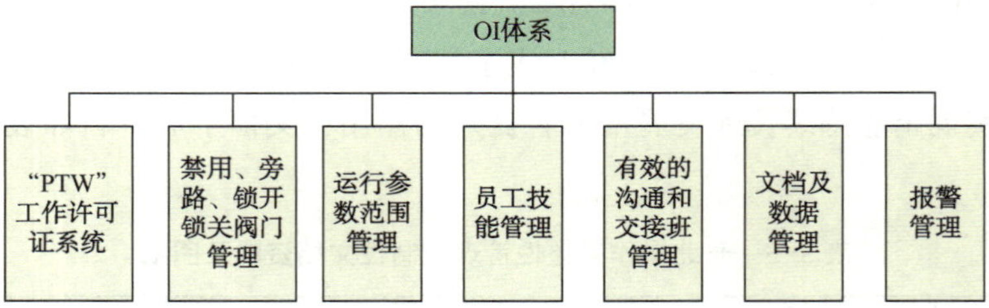


图 5-6 OI 体系

(1) 任何一项操作都必须是经过许可的操作。通过“PTW”工作许可证系统，确保操作的有效授权，确保操作经过严格审批，确保操作相关部门完全知晓需要进行的操作及工作进展状态，确保所有工作人员所处的现场位置清晰明确、防止由于相互知情不完全造成的事故。

(2) 进行实际操作的前提是正确管理禁用、旁路和锁开锁关阀门，进行阀门的有效关断，确保工作场所不存在安全隐患，确保员工在最安全的环境下工作，确保资产在被保护的前提下运行，确保操作造成的生产中断最小。

(3) 在操作过程进行时要充分了解各种运行参数，确保操作人员有充分的信息作为操作的支持，确保所有的操作按照标准执行，确保所有的工作达到参数标准。

(4) 在执行操作的过程中，需要有良好的员工技能。员工须具备较高的操作技术水平，确保操作的质量、操作的完整、操作达到工作要求。

(5) 操作中要进行有效的沟通，并且有严格的交接班管理制度。避免由于沟通障碍造成的信息不对称引起的各类事故，尤其是要遵守管理要求和交流操作经验，提高操作安全保障。

(6) 在操作之前、之中和之后要存留相关的文档数据资料，以反映操作过程的基本情况，实现规范化管理，为提高操作水平提供依据。

(7) 在整个操作过程中还需要建立有效的报警管理系统。确保及时发现问题，及时对潜在危险报警，同时又有合理的报警区间，排除不必要的报警带来的工作损失。

OI 体系的七大部分，构成生产操作完整性的全体。长北项目 OI 体系以壳牌公司系统文件和程序为基础，建立了所有生产操作规范和操作标准，所有的规定都达到非常细致的程度。比如，每一个程序都规定了业务步骤是什么，每一个步骤有哪些记录和报告。生产操作人员必须严格按照这些规定步骤进行操作，每一个步骤都要按照规定进行记录和报告。为保证生产操作按照规范进行，OI 体系还设计有系统完整的评价指标体系，以实现对操作完整性进行及时评价，保证操作完整性实施到位。上述七个方面的具体规定是 OI 体系的精华，是理解和推广实施 OI 管理体系的关键，是 OI 管理体系的核心内容。

### 1. “PTW”工作许可证系统

在近年来的企业生产管理实践中，工作许可证(PTW)制度是一项先进的管理制度，它是一份经授权后的职责人员签字同意后，在指定环境和工作条件下，允许有资质的人员操作一项具体工作的声明。PTW 是随着世界发达国家的生产水平和管理水平的提高应运而生的，是一个全新的施工管理和安全管理理念。工作许可证是为了保证安全而设立的，是安全管理工具。

自 2006 年 7 月长北建立工作许可证系统以来，已经经过多次更新，目前实施的是 2010 年 3 月更新过后的版本，并已纳入了壳牌公司 HSSE 控制机制的 PTW 要求中，在生产管理中全面实施，对操作完整性起着重要的保证作用。

PTW 程序在长北项目部属于安全关键程序，适用于所有职员和承包商，适用范围包括公司的作业地点和设施，例如，长北项目中央处理厂(CPF)、试生产作业(TPO)、钻井区域、施工地点、长北项目供应基地、仓库等；移动工作装置，例如，钻机、施工井丛，以及在本公司拥有及控制的资产附近进行工作的设备。

### 2. 禁用、旁路、锁开锁关阀门管理

禁用指的是为了工作的需要，暂时将控制系统的某个功能强制不可用。旁路指的是为了工作的需要，将仪表保护系统的功能暂时屏蔽，使其不起作用。禁用、旁路、锁开锁关阀门管理目标在于：加强对临时设备(不在 SAP 资产登记表里的资产)的控制和管理，确保

其完整性；加强对那些有过临时性维修但仍存在完整性缺陷的设备的管理；加强对控制阀门的状况、旁路的管理。

（1）禁用、旁路、锁开锁关阀门的管理要求和主要对象有六个方面：旁路与旁通、锁开锁关阀门、临时设备、泄漏阀门、临时维修和软管管理。从长北项目来看，其首先建立了完整的记录和控制制度，有效地通过程序（职责），包括风险评估和控制措施来管理所有记录。首先，与这些设施有关的登记表记录应包括以下内容：标牌和位置、日期、上一次的检查日期、使用的原因、适用的风险评估和控制措施。其次，为了保证记录的完整和正确登记，至少每个月工作监督人员要到现场对记录清单的每一项记录进行检查，确保其按照制度规定填写。而任何一个锁开锁关阀门从清单里删除都需要通过旁路与旁通流程进行。

（2）旁路与旁通（MOS）管理。MOS 旁路操作是指为避免由于正当的活动或安全的工作状态造成保护系统失效而采取的设备信号隔离措施。隔离方式包括软件旁路和硬件旁路，适用于 CPF Cause &Effect Matrix（中央处理厂因果矩阵）所涉及的信号及设备。

在长北项目部，旁路操作程序如下。

① 旁路操作申请。作业申请发起人以 PTW 的方式向操作主管提出，申请中须明确工作内容、方法、工作时效、周期等；申请人须按要求完成安全系统隔离证明（Safety System Isolation）及工作危害分析 JHA（Job Hazard Analysis）表格；运行队长（Shift Supervisor）负责完成 DCS 的 MOS 记录或 IPS/FGS 的输入/输出强制操作记录。

② 旁路操作生效。硬件旁路：PTW 批准人对现场检查后，必须得到运行队长的确认方可实施硬件设备旁路，并在现场悬挂安全警示牌。软件旁路：运行队长是监控系统软件旁路操作的有效执行人。

③ 旁路操作取消。作业申请人提出取消旁路操作要求，PTW 批准人对现场勘查后，必须得到运行队长的确认方可取消旁路。执行取消旁路操作后，由作业申请人、操作主管和作业批准人完成安全系统隔离证明，运行队长在 MOS 日志中记录执行情况。

④ MOS 日志记录。MOS 日志记录由运行队长负责管理，持续进行的 MOS 操作须在每个工作日的开始和结束时由申请人确认。

⑤ MOS 统计。运行队长负责每个月末对 MOS 日志进行统计，将所有未取消的旁路操作重新记录在下一个月新的 MOS 日志中，并由操作主管重新签字授权。

### 3. 锁开锁关阀门管理（LOLC）与临时设备管理

锁开锁关阀门是工艺设施安全控制的重要手段，加强锁开锁关阀门的日常巡查对 CPF（中央处理厂）的工艺安全有着举足轻重的作用，在管理中必须明确检查内容、方法、目的、时间等。长北项目中，在生产区域内有不同的阀门，应用不同方法将锁开锁关阀门上锁，如用铁链锁和锁具锁住阀门及挂牌，用不锈钢线和铅封法将阀门封锁及挂牌等。长北项目部 LOLC 标签如图 5-7 所示。

图 5-7　长北项目部 LOLC 标签

OI 管理体系对锁开锁关管理的检查要求如下：

（1）锁开锁关阀门工艺和仪表流程图（Process & Instrument Diagram，P&ID）图纸已经放置在中控室锁开锁关阀门文件夹中，其中详细标明了阀门的位置，每次检查均需严格按照 P&ID 图纸指定状态检查阀门。

（2）锁开锁关阀门检查表已经放置在中控室锁开锁关阀门文件夹中，每次检查须如实填写，并交回中控室锁开锁关阀门文件夹中。

（3）工作主管须定期抽查中控室锁开锁关阀门文件夹的图纸、检查表、现场阀门情况。临时设备管理的目的是实现对生产操作现场临时设备的控制和监管，以防止安装在现场的设备对人员及厂区造成不必要的危害，将危害风险降低到最低的合理可接受范围。

### 4. 泄漏阀门管理与临时维修管理

OI 管理体系要求必须把所有被发现有问题或有内漏的阀门记录在表格中，要计算出泄漏量并评估有关风险，并由操作主管和工艺工程师共同制定出降低风险的措施并执行后，问题阀门才能恢复运行。

长北项目在管理中制定了完善的程序去实施泄漏阀门的测试，计算泄漏量以及风险评估，在实践中使用《问题或泄漏阀门登记表》对其进行管理。

临时维修管理主要用于识别和控制对生产设施进行的临时维修工作，主要适用于管线设备及压力容器的临时维修，特指在限定时间内使管线或设备恢复设计指标并安全运行的维修。临时维修的目的是通过维修将设备的技术使用状态延长到指定期限，直到下一次停产后被大修或置换。

出于操作完整性考虑，所有维修都必须让设备恢复到“适用”状态。如果一项维修无法将设备恢复到“适用”状态，则不能被认作临时性维修，也不能被认作永久性维修。通过用工变更管理系统，可对维护参数进行修订，以实现设备的“适用”状态。

### 5. 软管管理

软管一般为橡胶、塑料和金属材质，主要用于项目范围内运载石油和化学制品以及公用工程。长北项目部主要使用的软管有井口液压软管、烃介质排放/进载软管(包括临时用承压软管)、临时化学品和加压气体软管。

软管管理主要是对软管登记以及之后进行定期检查和测试。

长北项目部对软管的检查方法、检测前的准备、检测频率、检测结果的报告有详细的规定，并对软管的寿命、更换时间有具体的说明，使用的表单有《软管登记表》。

### 6. 维修和软管管理角色和责任

表 5-7、表 5-8 列出了长北项目临时维修管理和软管管理中的角色和责任。

**表 5-7　长北项目临时维修管理和软管管理中的角色和责任**

| 角色 | 责任 |
|---|---|
| 维修维护主管 | (1) 总体负责临时修理执行工作，确保修理质量达到标准；<br>(2) 负责记录 FSR(Facilities Status Report，设备状况报告)，以及《临时修理登记》，确保控制室的登记时刻更新 |
| 维护经理 | 直接负责协调相关设施的维护管理工作，与本地维护技术专家保持联系并获取临时修理标准和方法的支持 |
| 生产操作主管 | 直接负责相关设施的资产管理控制 |
| 静态设备工程师 | (1) 检查和评估故障，确认 FFP(Fit for purpose-wall thickness sufficient for maximum pressure containment，足够承载最大压力的适用壁厚)及其对应的异常类别；<br>(2) 咨询区域技术专家、本地维护技术专家以及维护经理或组长的意见，选择维修方式，在维修或更换之前实现 ALARP 管理；<br>(3) 与 OIM 核实确认维修方式，在更换之前就维修及 ALARP 措施的完好期限取得一致意见 |

**表 5-8　长北项目软管管理中的角色和责任**

| 角色 | 责任 |
|---|---|
| 维护经理 | 直接负责协调主体装置的维修保养工作，联系区域技术专家、本地维护技术专家，取得有关试验标准及方法 |
| 用户(使用者) | 资产权属人、用户有责任确保软管的定期检查和测试 |
| 生产操作主管 | 直接负责控制主体设施的资产管理事宜 |
| 授权检查者 | 某些不是授权检查者的人员可以被委派进行一些常规检查，但上述委派人员必须具有从事检查工作的技能 |

### 7. 运行参数范围管理

运行参数范围管理的基础是准确的参数设定。“操作运行界限图”是一个动态的生产运行监控 CPF 的实际操作情况工具，于 2009 年 6 月编制长北项目“操作运行界限图”第一版，2009 年 11 月编制了第二版，主要根据工艺设计参数，对运行界限图进行了重新设计，对工艺参数设定值进行了简化、整合，将界限图接入了 PI 系统（Plant Information System，实时数据系统），从而可以显示相关的实时生产运行数据。第二版设计图中包括 CPF 的主要工艺单元，如入口分离器、低温分离器、三相分离器、外输单元等。

“操作运行界限”的优化还在持续进行，目前正在进行“运行界限图”设计制作的单元有凝析油稳定单元和甲醇回收单元等。长北运行参数界限图如图 5-8 所示。

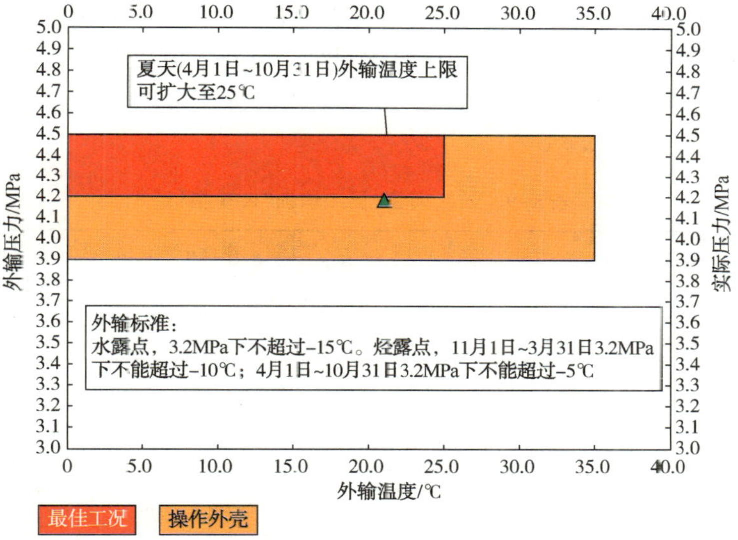


图 5-8 长北运行参数界限图（以外输为例）

### 8. 员工技能管理

（1）在长北项目 OI 管理体系中，非常重视知识和技能的培训，不同的人员需要各种培训。操作员工是 HSE 的关键岗位，在他们被允许进厂工作前需要有一系列的 HSE 培训、评估和认证。操作员工的技能评估须通过 BTEC（英国技能教育理事会）这种以提高能力为基础的课程，并对被考核人进行内部评估验证及外部验证。2008 年，长北项目有 21 名员工获取了由 BTEC 颁发的合格证书。2009 年，有 17 名操作员工接受了该评估。2010 年通过加强内部培训，培养了更多技能员工。

此外，还有 HSE 培训和评估以及与 PTW 各角色有关的培训、风险分析培训等。在生产运行中，还有一些项目需要获得地方政府的认证评估。比如压力容器、消防、龙门吊车起重作业等，这些项目的操作和管理人员必须接受过正确的培训并具备相应的资质，这些也是长北项目员工技能管理的内容。

为了保证操作完整性能够实施，长北项目还将员工技能培训的范围从内部员工扩大到承包商。一方面在工程预算中考虑承包商用于操作完整性培训的费用，另一方面在培训讲师和内容上给予承包商支持，从而从根本上解决 OI 管理体系的实施问题。

在培训方式上，长北项目采取多种形式开展操作完整性培训。例如，从国外聘请专家授课，讲解操作完整性的思想以及国外实践案例，并采用宣传画、宣传栏、宣传视频等多种形式大范围密集性地推广 OI 知识，宣讲 OI 各部分内容的实施要点，并组织班组进行讨论和总结，这些活动作为长北项目员工技能管理的一个固有内容长期坚持着。

（2）长北项目 OI 管理中员工技能和知识目标的审查、技能追踪。OI 管理体系对于员工技能的要求，不是一个空泛的目标，而是一个具体的量化指标，目标培训率为 100%。这也是评价 OI 管理体系在人员培训方面是否达到认证要求的一个关键指标。

长北项目还实施了每月审查制度，从而达到及时更新培训数据，了解员工知识技能的认证情况，并将填制的 KPI 指标数据传递给上级参考。表 5-9 是其中有一年 5 月至 8 月长北项目员工培训的目标达成情况。

**表 5-9　长北项目“员工培训”KPI 指标**

| 培训内容 | 培训人数 | 目标 | 累计培训合格人数占目标的比例/% | | | |
|---|---|---|---|---|---|---|
| | | | 2010 年 5 月 | 2010 年 6 月 | 2010 年 7 月 | 2010 年 8 月 |
| 中控室操作员角色与职责 | 47 | 100% | 9 | 40 | 85 | 100 |
| 运行队长的角色与职责 | 29 | 100% | 14 | 45 | 90 | 100 |
| 长北榆总站和中控室角色与职责 | 42 | 100% | 29 | 55 | 88 | 100 |
| 阀门内漏程序 | 70 | 100% | 0 | 40 | 83 | 100 |
| 移交 | 54 | 100% | 0 | 26 | 74 | 100 |
| 锁开锁关阀门程序 | 64 | 100% | 0 | 41 | 86 | 100 |
| 临时设备程序 | 68 | 100% | 0 | 47 | 87 | 100 |
| 抑制和屏蔽程序 | 67 | 100% | 0 | 40 | 87 | 100 |
| 软管管理 | 64 | 100% | 0 | 38 | 86 | 100 |
| 变量表和报警目录 | 55 | 100% | 0 | 38 | 76 | 100 |
| 工作许可证 | 71 | 100% | 0 | 48 | 89 | 100 |
| 临时维修程序 | 70 | 100% | 0 | 34 | 94 | 100 |
| 总计 | 701 | 100% | — | 41.1% | 84.4% | 100% |

从表 5-9 中可以看出与员工技能培训有关的内容涵盖了 OI 管理体系的各部分内容，具体包括：中控室操作员角色与职责、运行队长角色与职责等。所使用的评价指标是“培训合格的百分比”。

以“中控室操作员角色与职责”为例，OI 认证要求的 S&K 培训目标是 100%，需要培训人数是 47 人。2010 年 5 月前，还有 46 人没有通过 S&K 评定。2010 年 5 月至 8 月，培训合格百分比分别是 9%、40%、85%和 100%，也就是从 5 月开始实施 OI 管理体系，到 8 月达到了该指标的要求。

对于已经达到要求的指标，OI 管理体系建立了追踪机制以保证员工技能的持续。具体采用由主要负责人进行打分，并将其填入每月编制的操作完整性现场检查记录中（如表 5-10所示），供有关部门参考。

**表 5-10 现场实施完整性检查记录——个人打分**

| 项目 | KPI 指标 | 打分时间 | | | |
|---|---|---|---|---|---|
| | | 2010 年 6 月 | 2010 年 7 月 | 2010 年 9 月 | 2010 年 11 月 |
| 交班报告 | 是否有完整的中控室操作员/现场操作员/监督的交班报告 | 5 | 5 | 5 | 5 |
| | 使用给定的质量标准对交班报告进行评估 | 2 | 4 | 4 | 4 |
| | 操作员将设备故障或警报超标数据写进交班报告中 | 5 | 5 | 5 | 5 |
| | 将设备例外或警报超标产生的原因及处理录入交班报告中 | 4 | 4 | 5 | 5 |
| | 交班报告中明确提出的问题是否得到了解决 | 4 | 4 | 4 | 4 |
| | 操作员和当班人员对产量目标是否非常清楚 | 5 | 5 | 5 | 5 |
| （后 12 个项目略） | | | | | |
| 总分 | | 69% | 71% | 79% | 80% |

### 9. 沟通和交接班管理

首先，在交接班管理中利用生产综合记录的标准格式（如图 5-9 所示），确保记录了下个班次顺利工作所需要的全部信息，并供换班时进行讨论。其次，事件发生时，如果工艺条件允许，则录入生产综合记录，做到在本班次结束之际没有遗漏的详细情况。最后，对生产综合记录中的每个提示都要作出回应。

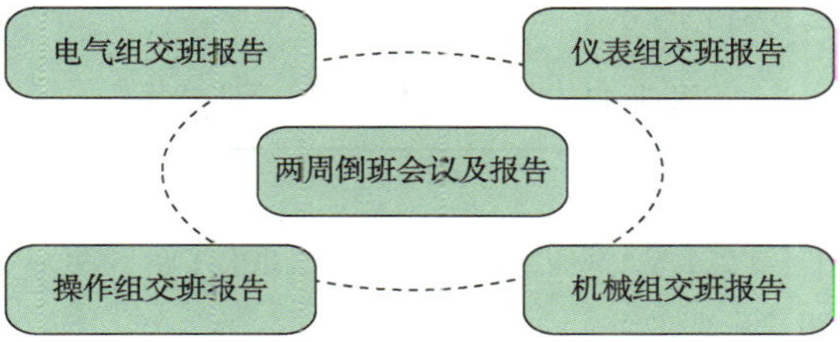


图 5-9 长北项目每天的交接班报告体系

在交接班报告中，重点对以下内容进行沟通：健康、安全、安保和环保；商业计划目标和产品技术要求；操作事宜及问题；设备单元情况及关键工艺参数；设备维护情况；其他装置和系统事宜。

以中控室两班交接和工作计划会议为例，长北项目对此作出了明确的规定。换班交接会议和工作计划会合并在一起，在8：00和17：30举行；中控队长参加这两个会议，并把厂里的情况报告给大会且参与厂里的工作计划，同时把工作计划和工作进展转告给中控人员，并记录在《长北生产综合报告》中。换班交接会议和工作计划会的详细内容包括：

（1）讨论当班的管理和现场人员分配；

（2）回顾上一班次的工艺生产信息、生产流程和现场设备的运行状况；

（3）回顾上一班次的重要活动及重要事件；

（4）回顾上一班次所做的工作，例如PTW管理和维修工作；

（5）讨论下一班次的人力关系重点（召集人员，派出人员，额外要求）；

（6）回顾《长北生产综合记录/CCR每日交班报告》上的相关交接日志状态，例如MOS紧急变动/抑制报警管理等；

（7）讨论当前班次生产中出现的问题并进行技术交流；

（8）回顾工厂内的隔离情况。

交接班中有两个关键的会议。第一个会议是“上岗班组工作安排会”，主要内容有：讨论并安排《长北作业组应急值班表》中应急负责人的责任；讨论本班次工作计划、对预防和矫正性维护维修作出计划，安排常规巡检及操作人员需要协助的工作以及影响生产运行的现场工作或维修工作；根据工作任务和安全的要求，讨论人员的安排和调整；讨论人员培训、会议或课程的安排。第二个会议是“两班交接和工作计划会议”，在8：00和17：30举行。只有中控队长参加这两个会议，把厂里的情况报告给大会，并参与厂里工作计划的制订。他同时会把工作计划和工作进展转告给中控人员并记录在《长北生产综合报告》中。

在交接班规定中，还对接班后的上岗工作进行了具体规定。交班管理的重要文件有《长北生产综合记录》《中控室交班报告》《SOS检查表格》。以中控室交班为例，说明长北项目交接班管理的过程，如表5-11所示。

**表5-11 长北项目交接班管理过程**

| 项目 | 内容 |
|---|---|
| 交班时间 | 中控室工作实施12h工作制，交班时间为每个班次开始的前30min，即白班为7：30-8：00，夜班为19：30-20：00 |
| 交班时长 | 15~30min |
| 交班地点 | 中控室 |
| 参与人员 | 运行队长、中控室操作人员 |

续表

| 项目 | 内容 |
| --- | --- |
| 负责人及职责 | 当班的运行队长负责交接班会议。<br>运行队长应：<br>（1）一旦从上一个 12h 班次接班后，运行队长和 CRO（中控室操作人员）应该按照以下检查列表，评定现场运行情况；<br>（2）评定人员能力：安全操作响应紧急情况的能力；<br>（3）评定上游/下游设施状态；<br>（4）看上一班次运行队长的交班报告，加强对生产情况的掌握；<br>（5）查看和了解可实行的维修工作的状态和计划 |
| 基本规定 | （1）利用长北项目生产综合记录的标准格式，确保记录了下个班次顺利工作所需要的全部信息，并供换班时进行讨论；<br>（2）事件发生时，如果工艺条件允许则录入长北项目生产综合记录，做到在本班次结束之际没有遗漏详细情况；<br>（3）对生产综合记录中的每个提示都要作出回应 |
| 有关记录文件 | 长北项目生产综合记录中控室交班报告，包括：<br>（1）DCS 示意图；<br>（2）DCS 报警屏幕；<br>（3）抑制/旁路控制记录；<br>（4）MOS 记录；<br>（5）后续工作的有效 PTW 或详情；<br>（6）事故控制卡；<br>（7）报警数计 |

中控室操作人员负责：

（1）评定产生的每一个报警，确定触发报警的原因，如有可能，采取控制措施使工艺参数达到关键的标准限制范围内；

（2）查看仪器保护功能，评定旁路设备及其原因，了解控制措施的要求；

（3）评定控制系统中报警功能旁路，例如失效的报警装置，检查调整措施的要求；

（4）评定环境监测设备的功能性；

（5）评定控制阀的旁路情况；

（6）评定控制系统的控制模式；

（7）评定生产设施的运行情况；

（8）回顾运行设施中的备用设备状态；

（9）查看以前的班次报告，加强对状态的了解；

(10) 评定所有进行中工作的许可证状态，评定临时的变动和连接状态，包括压力安全放空系统的临时变动状态，根据供气量和操作目标来评定设备的运行状态；

(11) 查看操作指令；

(12) 查看可用维修状态和计划。

### 10. 文档及数据管理

操作完整性对与生产运行有关的文档及数据管理提出很高要求，OI 管理体系制定了有效的制度来保证中控室关键文档资料的有效管理：保证中控室有最新的图纸、操作手册等其他参考资料，保证中控室所填的记录表格准确、全面。

在查找差距的过程中，长北项目 OI 管理人员发现中控室里存有纸张版的关键文档、有最新文档，但是没有气体测试记录，且电子版文档不够齐全。然后 OI 管理人员针对存在的差距，按照 OI 的标准加强管理。考虑到长北项目的实际情况，OI 管理体系将中控室设置成存储最新文档的地方，从制度上确定中控室负责正式记录、维护更新这些关键文档的工作责任，对最新版本文档的使用定期进行审核并记录。OI 管理体系针对文档管理有以下规定：

(1) 所有文档资料必须存放于中控室以备日常使用和审核；

(2) 中控运行队长负责及时更新非控制文件；

(3) 性能保证(Operations Readiness & Assurance，OR&A)工程师、操作主管和作业经理定期审核这些文件；

(4) OR&A 工程师负责最新的控制文件；

(5) 电子版的文件存放在电脑服务器公共盘中，OR&A 工程师具备可写权限管理电子文档资料，其他用户具备只读权限使用文档资料。

为了保证制度能够落实，OI 管理体系还规定每周由操作监督人员检查记录表和文件的完整。表 5-12 是长北项目对文档管理的自查打分。由此可以看出，自查中文档管理符合 OI 认证的标准，都达到了满分。

**表 5-12 现场实施完整性检查记录——文档管理**

| 内容 | KPI 指标 | 问题权重 | 分数 3~5 分 | 权重分数 | 最高分数 |
|---|---|---|---|---|---|
| 文档获取 | 操作员能够展示如何获取正确文档 | 33 | 5 | 167 | 167 |
| | 操作员能够展示如何正确使用关键文档，并确认有最新版本 | 33 | 5 | 167 | 167 |
| | 所有有关安全的关键文档保持没有过期版本的文档 | 33 | 5 | 167 | 167 |

### 11. 报警管理

#### (1) 长北项目报警管理原则

OI 管理体系中的报警管理原则是一个综合的指导原则，它对报警管理系统的定义、开发、设计、流程再造、落实和持续维护都做了规定，用于报警选择、优先顺序设定、配置、响应、处理方法、系统监控，问题订正和其他问题。

报警管理的目的是确保控制室作为一个工具，可随时并有效地帮助控制室操作人员在正确的时间采取正确的行动。

报警系统的功能就是协助控制室操作人员发现需要行动和优先响应的工艺和设备问题。另外一个作用就是捕捉信息，以便他人离线利用，并支持维护活动和事后调查。其条件是：报警经过适当的筛选和执行；报警具有相关性，清楚而且易懂；报警配置一致；报警的通知速度使操作人员能有效地处理；操作人员能快速估定位置和所有工艺报警的相关重要性；操作人员能在高频报警刺激活动期间处理报警数据；报警系统得到适当的控制、检测和维护。

报警原则以主要以一些假定为基础。报警管理代替不了对合格操作人员的持续监视，因此要求操作人员检查程序，不要等候报警，以识别出处于萌芽状态的所有异常情况；操作人员已经过报警管理策略训练；报警管理能够提高操作人员根据经验和技能进行判断的能力；操作人员将会响应所有的报警，不管优先顺序如何；报警优先顺序规定了操作人员响应的次序；报警系统按规定进行维护，而且报警文件保持最新；报警管理还包括对操作人员面临的所有警报进行分类，包括系统报警。

**（2）长北项目报警管理的主要内容**

① 编制中央处理厂和各井丛的报警目录。目录具有专门的管制内容，报警按优先顺序被分为临界报警和标准报警。

对于长北项目，提醒（ESP 术语中的目标）只在 DCS 显示屏上生成，不会出现在工艺报警目录中。产生的提醒储存在 DCS 历史记录中作为日志。提醒包含在报警目录中，但是不算作报警的度量标准。提醒的目的是警告操作人员有特定情况而且应掌握情况，但不需要操作人员采取行动。如果到了需采取行动的地步，要选择适当的报警。

长北项目在报警目录中定义了图标、颜色、闪烁（或不闪），以及明暗，如表 5-13 所示。报警实例如表 5-14 所示。

**表 5-13 长北项目报警分类**

| 图标 | 警报优先级别 | 颜色 | 声音 |
|---|---|---|---|
|  | 重要 | 红色 | 闪烁和蜂鸣 |
|  | 标准 | 橙色 | 闪烁和蜂鸣 |
|  | 提醒 | 蓝色 | 没有闪烁和蜂鸣 |

表 5-14 长北项目相关报警案例一

| 报警案例名称 | 案例分析 |
|---|---|
| 分离器高位报警 | 入口分离器的高位报警与下游三相分离器高位报警并存时，对于压力容器(入口分离器、三相分离器、低温分离器)而言，统一的观点认为应调整这些压力容器的报警优先性(例如：入口分离器的高位报警和三相分离器的高位报警，应具有相同的优先性)。理由就是如果出现生产故障，有可能对生产装置造成跳闸影响，则操作人员要同时针对这些设施采取措施。<br>此外，有可能造成漏气的容器低位报警，设置为临界报警，促使(CRO)注意这些情况 |
| 高压放空分液罐低位水平报警和低低位跳闸 | 在高压放空分液罐的报警管理中，标准报警指定给 fi3LIA 高/低位报警，液位超过报警极限时需要 CRO 采取行动。然而，如果液位达到低低并引起 B3 SDV241 和 P-63D1 的自动跳闸，只生成提醒。这样做的依据就是，由于 CRO 已经对高位和低位报警采取行动，因为无法包含在这个极限内而导致跳闸(在这种情况下液位继续下降)，这只要求生成一个提醒，了解情况即可。这就没有理由让 CRO 设定新的报警，因为 CRO 已经在尝试将这种情况(在这种情况下是低液位)调到操作极限。此外，在这种情况下，跳闸之后无须进一步的行动，因为液位增加至正常(有内置死区)时，重新设定是自动进行的 |

重要情况(Critical Alarm)：用红色方形图标表示，伴有闪烁和蜂鸣。通常情况下，中控室操作员在 1~30min 内立即采取行动。

标准情况(Standard Alarm)：用橙色圆形图标表示，伴有闪烁和蜂鸣。通常情况下，中控室操作员在 30~120min 内立即采取行动。

提醒(Alert)：用蓝色三角形图标表示，没有闪烁和蜂鸣。对提示报警中控室操作员应明确具体情况，但不必立即采取行动。

OI 管理体系中的报警目录具有以下优点：存取模式简单，所有优先级别在同一数据库存取；报警目录便于中央控制室操作员操作，便于监控可变参数区间和采取更正措施使生产在可变参数区间内运行；便于中控室操作员迅速查阅关键信息，包括警报的优先级(重要、标准或者提示)，提示操作员采取行动，以及清楚不采取行动的后果，报警时应通知的人员和所需要的资料。

② 长北项目的警报优先级管理。长北项目删除了多余的以及相同的警报参数，使报警区间更加合理。

具体来看，长北项目在警报优先级管理方面做了如下工作：

- 重新评估了原有警报目录中 337 个监测点；
- 新的报警目录监测点更新为 245 个；
- 更新后的警报优先级为每 5min 引致 0. 22 个警报，原有优先级为 1~3 个警报；
- 基于采取协作行动时要求压力容器趋于正常，标准报警优先级应用于天然气压力容器处理装置，重要报警优先级应用于入口分离器、三相分离器和低温分离器液位装置；

- 重新评估甲醇回收装置关键参数，如入口数量、塔底、塔顶温度，去除次级报警；
- 设置了甲醇富液罐“高”和“高高”液位报警以及对报警的反应时间（分别设置为10h和5h）；
- 评估和修订了低温分离器温度、甲醇回收装置温度区间、燃气、凝析油稳定操作报警压力，评估了现有操作工况下输气管线气体泄漏的低温极限；
- 与1级技术权威一同开展了报警评估，保证在极限区间设置的变化不会给资产团队和2级、3级技术权威带来安全影响。表5-15给出了相关的报警案例。

**表 5-15 长北项目相关报警案例之二**

| 报警案例名称 | 案例分析 |
|---|---|
| 删除甲醇重沸器温度的低流量报警（25 FICAHLID2） | 在这个甲醇重沸器热油循环逐级控制模式（该温度上的流量）中，预期热油流量会随热需求的变化而波动。因此，对CRO行动来说有意义的报警是温度报警（在范围内操作），而不是流量报警。因此，删除不必要的流量报警，只保留温度报警，从而对报警进行合理化处理。<br>通常，相应设置甲醇再生系统上这3个关键温度极限的报警（即进口温度、塔底E-2503重沸器温度、塔顶温度。删除不需要采取行动的报警（例如热油流），前提是此类异常情况在塔的工作参数内（温度）。因而减少了需要CRO作出响应的不必要报警 |

③ 对系统的报警进行整理，保证报警频率小于每5min一个，避免太多的报警造成操作员工的麻木。从而使中控室报警声大幅减小，大部分报警集中在天然气生产区域。

因为报警的次数应能够警告操作人员有异常情况，可能导致紧急情况或者主要程序的混乱，会干扰正常的工作，应避免过多的报警次数。

长北项目OI管理体系的具体内容从根本上来讲就是一个追求管理细节的模式，也产生了很多的典型案例。此外，OI的另外一个特征就是必须建立强大的工作评价体系，保证OI的所有细节要求能够落到实处，保证OI的工作质量，保证OI不断改进和改善。

效果描述：长北多年的操作完整性管理，确保了长北作业分公司操作和生产安全的平稳性。

## 四、操作完整性体系特色

OI管理体系在国内外的实施中逐渐形成了鲜明的特色，显示出明显的优势，取得了良好的运用效果。长北项目成为中国石油对外合作的一面旗帜，创造了以高技术、卓越管理为特征的“长北经验”，也成为壳牌公司OI实施的典范，为长北项目长久发展奠定了良好的基础。总结提炼OI管理体系的特色，对于总结长北项目先进经验，学习国际先进管理经验，实施中国石油国际化战略都具有非常重要的作用。

### 1. OI 操作管理系统

OI 管理系统实质上是一个精益、卓越、完整的操作管理体系，体现了“精益思维”(Lean Thinking)的思想。“精益思维”的核心就是以最少资源投入，包括人力、设备、资金、材料、时间和空间，创造出尽可能多的价值。OI 精益管理思想不仅体现在控制操作质量，同时还更注重与前后工序的协调，注重本项操作是否能够给下道工序提供方便施工的条件，下道工序是否能够直接在本工序完毕的基础上直接施工。OI 理念认为仅仅“正确地做事”是一个片面的、危险的视角。同时还以企业目标为核心“做正确的事”，才能够取得良好的效果。

OI 是卓越管理(OE)的有机组成部分，强调通过系统配合，追求卓越的无偏差的工作效果，精准地达到目标。OI 管理体系的特色表现在十一个方面，即追求卓越的领导、目标导向、卓越组织和个人的学习、尊重员工和合作伙伴、快速反应和灵活性、关注未来、促进创新的管理、基于事实的管理、社会责任与公民义务、关注结果和创造、价值系统的观点。卓越管理的构成如图 5-10 所示。

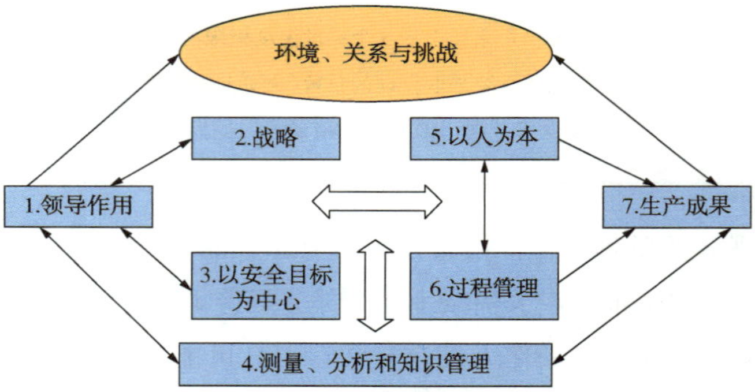


图 5-10　卓越管理的构成

油气生产项目是一个完整的操作管理系统，包含了大量管理细节的规定，对所有的工作、所有的内容都有详细的制度规范要求。在制度严密设计的基础上，OI 管理体系的实施强调完全忠实地执行制度要求。对操作实施过程由精密的要求、全方位的监控、整体的评价、强大的培训等一系列制度作为约束。

OI 管理体系最大的特征就是要求所有的操作活动按照明确的要求，遵循固有的规范、完全忠实地执行，最终精准地实现目标。

### 2. OI 无缝隙监控体系

OI 管理体系与传统模式的不同在于，OI 管理体系强调的是事前控制，预防不安全行为的发生。OI 体系建立了以中央控制室为核心的预防性监控体系。该体系在中央控制室的基础上，采用高度可视化技术，实现了在井场无人值守情况下，对远程现场状况的全方位直观可视监控，实现了一些操作在中央控制室的远程实施。以中央控制室为枢纽，也同时建立了各种生产数据收集分析、自动图形处理的在线即时传输系统，确保各个层级的管理者能够直观地在第一时间看到任何一个现场的全部状态和有关信息。从职能定位上，中控室是一个严格监控的中枢和生产指令完成的重点，也是生产操作进行的核心。

中央控制室在 OI 管理体系的实施中，与传统的控制体系最大的区别表现在两个方面：

（1）OI 思想下的中央控制是一个无缝隙的监控体系，实现了对现场信息完全对应的把握。中央控制室作为生产管理的“千里眼”和“顺风耳”，作为生产操作、信息聚合、调度指挥的中心，通过可视化技术，可以监控所有生产操作现场的情况，及时发现生产故障，找出并解决生产中存在的问题，预防生产事故的发生，对每一名现场员工的操作行为进行监督，督促其按照规范执行操作要求，确保生产安全、平稳、有效地运行。

无缝隙的监控体系是 OI 管理的特色。人的行为具有惰性特征，在重复简单行为的过程中及非监控情况下，容易出现行为的走样。OI 管理细节的推行，复杂的操作要求的实现，单纯依靠个人的自觉性是有局限的。因此，必须有有效的监控系统，而无缝隙的监控从根本上杜绝了侥幸心理的基础，为 OI 的完整实现提供了技术手段。

（2）OI 思想下的中央控制是一个预防性的监控体系。OI 管理体系将监控从应对性监控发展为预防性监控（Proactive Monitoring，也称为主动监控），提高了中控室在生产管理中的管理权限，强调将按照预设的计划提前行动，按照预设的计划监控选定的设备或流程状态，对生产过程进行预防性监督。预防性监控与传统的应对性监控的主要区别如表 5-16 所示。

**表 5-16　传统应对性监控和预防性监控的区别**

| 序号 | 不同点 | 应对性监控 | 预防性监控 |
|---|---|---|---|
| 1 | 行动时间 | 等待警报发生之后采取行动 | 通过趋势法和图形法定期检查各个操作单位和图形 |
| 2 | 分析方法 | 仅仅定期检查设备组或图形 | 采取预防措施避免启动警报 |
| 3 | 警报数量 | 警报汇总表上列满了警报项 | 警报汇总表上几乎总是保持空白 |
| 4 | 操作员的反应 | 警报对操作员没有太大意义 | 以预防性的方式完成目标 |

### 3. OI 生产运行体系

OI 管理体系与传统的管理体系的一个重要的区别在于，传统的生产运行体系在建立了操作规范以后，强调规范在较长一段时间内的有效性，是否能够忠实地长期执行规范是操作管理系统考察的重点。

OI 管理体系是执行与改进的有机统一。图 5-11 显示了传统操作管理模式和 OI 操作管理模式在执行和改进中的区别。

从图 5-11 可见，传统的操作模式在发现问题之后，首先是工作行为的调整，然后再进行制度变革，制度变革是相对滞后的、时期性的改变。而 OI 体系则特别强调即时的制度变革，建立了制度变革的无障碍通道，发现问题后首先进行制度调整，在制度变革的前提下进行行为改变。

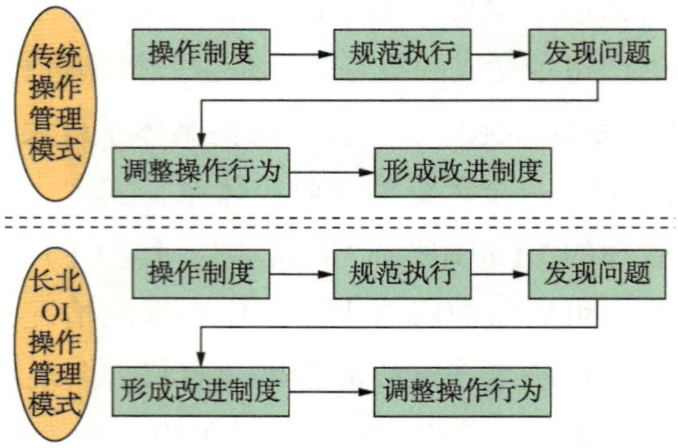


图 5-11　两种不同操作模式的对比

实践中，长北项目为了实现持续改进，设立了专门的奖励基金，对发现现场问题、提出建议的员工进行奖励，这也是长北项目唯一的专项奖励基金，说明了长北项目对组织改进的重视程度。

“评估改进机制”是 OI 管理体系成功实现的重要因素，通过不断改进，使组织获得持续的进步，这也正是 OI 管理体系的魅力所在。

### 4. OI 管理可操作、适用性及指导性

长北项目 OI 管理体系的设计中，注重使用的可操作性和对卓越运营评估的适用性，以方便各部门、人员的学习、研究及掌握。同时，注重对生产管理各方面工作的指导性，进一步提高操作完整性运营的有效性。

以长北天然气处理厂的现场布局为例，在设计时充分体现了生产管理的可操作性，实现了现场布局安全合理。长北项目从工程的实用性、安全性和先进性出发，在设计时除了遵循中国国家和行业标准，同时还满足了壳牌公司 DEP（设计与工程实践）的最低标准，两者比较按规定严格者执行。根据 GB 50183《石油和天然气工程设计防火规范》的要求，将长北天然气处理厂主要划分为主装置区、辅助装置区、公用设施区、消防区、办公及生活区 5 个功能区。总平面布置按危险等级分区布置，主装置区在厂区的中央，其他功能区块围绕主装置区而建，办公及生活区在厂区的上风向，两套主装置区之间以及主装置区与其他功能区之间的距离都远大于行业标准要求，达到了安全可靠、布局合理的目的。

长北项目 OE-OI 管理体系中的“参数管理”起到了规范生产操作程序、确保按章操作的作用。长北项目生产系统在正式移交给操作组时，不仅是将设备按照设计要求完整的移交，还包括全厂生产工艺系统完整的操作手册。操作手册是经过设计方、项目组和试车组相关专业负责人共同编写审核，在试车过程中进行实践验证过的。目前长北项目生产系统操作手册已进行过两次正式修订。此项目部还专门组织技术人员，编写了生产工艺系统中单体设备的操作规程。这样，能够保证操作人员在生产操作时做到有章可循、有据可依，确保了操作安全进行。

# 第七节 长北人因安全

长北通过人的本质安全和物的本质安全来实现长北安全，其集中体现在夯实物的本质安全、规范人的本质安全、引导人的本质安全和实现人的本质安全四个方面。

## 一、物的本质安全

物的本质安全，指通过各种措施和手段使生产设备和生产系统本身具有安全性，即使在误操作或发生故障时也不会造成事故。物的本质安全有两个要点：①在人为误操作情况下不会导致事故发生或者自动阻止误操作；②设备或工艺发生故障时还能暂时继续工作或自动转变为安全状态。随着仪表控制技术和设备材料的发展，物的本质安全在避免生产安全事故上变得越来越重要。

物的本质安全靠的是科技保障，有严密的防范措施和设施，即使出现误操作也不会发生事故。物的本质安全包括在生产、生活中保护员工身心健康与安全的工具、设备、原料、仪器及安全防护用品、饮食、住宿等方方面面。

物的本质安全可以采取措施和手段进行提高，主要包括安全设计、安全设备、安全工艺、安全应急设施、安全防护用品以及现场安全可视化等。

（1）安全设计，指生产装置在设计时要符合国家和行业相关安全设计标准及安全管理规定，这是物的本质安全的核心。HG 20571—2014《化工企业安全卫生设计规范》、GB 50160—2008《石油化工企业设计防火标准》等一系列国家规范和设计要求都是吸取多个生产安全事故经验后不断进行修改和改进的，安全距离、平面布局、消防配置、管道参数等都是血的教训和总结。如果企业在原始设计时就出现错误或隐患，那么生产安全事故的发生是不可避免的。

（2）安全工艺，指投用的生产工艺必须是经过理论和实验验证，且目前已成熟并经大量投用、非淘汰的生产工艺。安全的生产工艺应具有完整的工艺操作规程和工艺参数。

（3）安全设备，指生产所用的设备必须符合相关参数要求，设备材质满足工艺所需的温度、压力等，相应的设备附件完整。

（4）安全防护用品，指防护用品必须是符合国家标准或行业标准，防护用品是发生事故时最后一道保护员工人身安全的屏障。但是在目前经济形势下，一些企业为了盲目追求经济效益或因为采办低价中标制度，导致不配、少配、低配或者配发不合格劳动防护用品，最终在发生安全事故时加深、加重人员伤亡。

（5）安全应急设施，指在发生生产安全事故时，用于扑救和救援的相关设备设施，例如救生绳、空气呼吸器、灭火器、消火栓及消防水带等物质。这些物质类似于“养兵千日，用兵一时”，但是很多企业管理者认为这些物质都是属于可有可无，抱着侥幸心理少配甚至不配。当真正发生安全事故时，往往会因为无相应的应急救援物资导致事故后果扩大。

（6）现场安全可视化，是将作业现场的人员、设备、物料及应急等相关信息一目了然地展现出来，是现场的一项预警与提示，能直接有效地指出现场安全隐患和风险并提供相应的处置方式。因此现场安全可视化的文字、颜色、图形、照片、数据、标牌、指令、警示、路线等都必须符合国家或行业要求并且严格按照现场实际情况进行标识。

物的本质安全化主要是保障工作的仪器、设备、工艺的流程化，要加大防腐蚀材料的应用，着力使用安全检测仪器及报警系统，加强安全防护用品的数量和使用规范，必须使用安全食品和日常生活用品，健全现场紧急避险和逃生所需的装置和场所等，使工艺和设备的流程从本质上实现安全运行，不达标不投产。

长北项目依托壳牌的资源，在安全物质文化建设上，做到了规范、高标准、全方位。

（1）项目设计采用了壳牌公司的 DEP 标准，使生产装置、设备和工艺在设计时就达到了本质安全。

（2）项目设计过程中反复进行操作危害性论证，优化工艺和生产装置，确保其达到了本质安全。

（3）项目施工时高标准、规范的个人防护用品配备，保护员工的人身安全。

（4）生产作业场所高效、灵敏的监测仪器和快速、联动的切断装置，确保在生产装置故障时不伤及员工。

（5）先进、齐全、有效的应急和逃生器材，给予员工双重保护。

（6）安全舒适的车辆配置，保证员工的出行安全。

（7）高标准的餐饮、住宿，保护员工的身心健康。

夯实物的本质安全是实现本质安全的基础，在实现整个长北人因安全的建设中，首先要打好物的本质安全这个基础，实现物的本质安全所要具备的条件：

（1）先进的安全理念是关键。以壳牌的 HSE 理念应用于长北项目建设，使建设高标准的硬件设施得以实现。

（2）雄厚的资金是保障。壳牌公司在 HSE 方面投入了较大的资金支持，使硬件建设处于一个较高的水平。

（3）先进的科技是支持。HSE 经验丰富的外方专家参与长北项目设计，为项目科学、严谨和人性化的设计提供了支持。

## 二、人的本质安全

### 1. 人的本质安全规范

人的本质安全是靠安全文化启发引导，让人的行为自觉自愿地按照安全的标准执行。

相对于物的本质安全而言，人的本质安全具有先决性、引导性、基础性地位。其包括两方面基础性含义：①人在本质上有着对安全的需要，包含安全意识和安全技能，例如安全使用工具、安全监护、安全汇报、安全指挥、安全救护和安全心理；②通过制度的引导和约束，强化人员安全行为，例如安全制度、安全操作规程以及安全考核。

安全使用工具是安全技能中最基本要求，是安全技能的核心要点。安全生产工具包括作业工具，劳动防护工具、应急救援工具、消防工具等。如果一个操作人员连基本的工具都不会使用或使用不熟练，这本身就是一个重大安全隐患，所以安全培训要将重点放在此方面。

安全监护是对作业人员一种安全提示，在作业过程中能起到预警、提醒、监督的作用，能有效控制作业人的不安全行为和周围环境的不安全状态，是现场作业的最后一道屏障。要做好安全监护，监护人必须熟练掌握所在生产装置的工艺流程、设备性能、物料走向、物料特点和现场环境状况等内容，同时还需具有防火、防爆、防中毒、防窒息等防护常识，能熟练掌握防毒面具和各式灭火器材等应急设备使用方法，并且熟悉紧急情况时的报告程序、协助作业人员撤离现场等技能。因此，在选择监护人的时候要选择有责任心、具有敬业精神且经过相关必要安全培训的人员，真正起到现场作业最后一道防线作用。

安全报告，指在发生安全事故时，报告人能正确启用报告程序，迅速将现场发生的信息传递给上级人员和单位，对事故后的处置和救援能起到决定性作用。

安全救护，指救护人员能对突发的安全事故在现场进行初步处理，救护人员要具有一定的急救技能，比如止血、包扎、心肺复苏、伤员搬运和护送等初步救治常识，同时还能在现场指导群众自救、互救，因此需要迅速反应，冷静沉着，在职业素养上还要有高度的责任心和勇于奉献的精神。

安全指挥，指应急管理人员和现场决策者在了解现场安全状况后，能准确地利用现有应急救援物资和救援人员，采取正确有效的措施对现场开展施救的一种能力，同时，安全指挥也是一个机关单位综合安全能力的最终表现，能最大限度地减少突发事件造成的损害，因此是人的本质安全中的重要环节。

安全心理，安全心理素质是人的综合安全技能的一种表现。稳定的安全心理素质在发生紧急情况后，能临危不乱地采取正确措施的一种技能。安全心理可以通过实操培训、实践活动和应急演习等方式逐步锻炼和培养。

安全制度，指一系列为了保障安全生产而制定的各类文件，指导和约束人在安全生产方面的行为准则。其作用是明确安全职责、规范行为、建立和维护安全秩序，将危害降到最低，是安全生产和安全行为底线。因此制定安全制度必须以国家法律、法规和规章制度为依据，结合企业生产的具体情况来制定，做到有章可循，衔接配套，同时还要科学合理、切实可行。如果制度不科学那将误导人的安全行为，如果制度本身不合理或过于烦琐，都将对制度的顺利执行产生不利因素。制度的条文、文字要简练，意思表达要清晰，要求和规定要清晰、具体且便于记忆，易于操作。同时制度制定后要不断完善并及时公布，具有追溯性。

安全检查，是对贯彻安全生产法律法规情况、安全生产状况、劳动条件、事故隐患等所进行的一项人为安全活动。其主要内容包括查制度、查设备、查设施、查培训、查行为、查防护用品、查事故应急处理等方面，目的是识别存在及潜在的危险，确定危害的根本原因并对危险源实施监控，最终采取纠正措施及时发现安全隐患并及时消除，有效制止安全非法行为，确保无生产安全事故发生。安全检查时必须做到深入细致、注重实效并及时落实整改。

安全考核，是落实安全生产责任、强化安全生产意识、建立高效激励机制，惩处违章违规行为、确保制度顺利执行、规范安全管理的一种有效手段。其最终目的并不是单纯地处罚，而是通过考核发现问题、改进问题，找到原因再进行改进。同时，安全考核要坚持领导与员工一致原则，如果不一视同仁、不公平，就不可能发挥应有作用。

“人的本质安全化”通过不断地进行安全知识和技能的宣传与教育，其中包括制作安全教育片、采取宣传栏、建立安全互联网、专题安全知识讲座和竞赛、安全运动会等各种不同形式的安全文化活动。在作业现场形成“我要安全”“我会安全”的良好氛围，使得新老员工能够遵规守纪、严于律己，具有强烈的自我保护意识，既不伤害自己又不伤害他人。

长北项目依托壳牌公司，壳牌公司具备完整、规范的 HSE 文件体系，齐全、丰富的管理程序，使规范管理成为可能，同时也为实现文化管理奠定了基础。除这些制度和程序外，长北项目还专门制定了切实可行的规章和准则，为了有效规范人的行为，提供依据。

① 签订安全任务和目标(Task and Target)，明确每个人的安全职责；

② 建立 HSE 场地守则；

③ 建立 HSE 工作准则；

④ 编制生产操作的 HSE 例卷(HSE Case)。

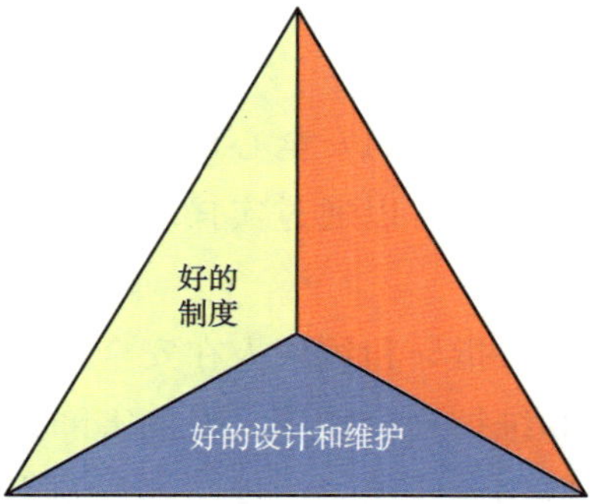

图 5-12 “安全三角形”模型

制度不是一经制定就一成不变的，如何制定实际、有效的制度，壳牌公司给出了一个“安全三角形”的模式，“安全三角形”模型如图 5-12 所示。

① 好的制度会引导安全的行为；

② 出现新的不安全行为，必须对制度进行好的设计和维护；

③ 好的设计和维护会制定出好的制度；

④ 好的制度会不会引导安全的行为？

### 2. 人的本质安全引导

长北项目安全生产的主体是人，人是生产力中最具有决定性和最活跃的因素。加强安全培训，加大安全技术，强化安全意识，提高安全素质，应成为构建本质安全的重要组成部分。

严格务实的安全技术培训是本质安全型建设的保证，加大职工培训的投入力度，成立专职的培训机构，配备既有理论知识也有实践经验的教师，制定新的符合实际的培训标准和培训教材，与强有力的培训制度做后盾，要有舍得为职工培训投入人力、时间和金钱的气魄和度量，以防培训流于形式。在生产中大力推行标准化作业，按科学的作业标准来规范人的行为。加大一线工作人员标准作业程度，按章作业、正规操作、杜绝违规作业。

长北项目对人的本质安全引导的方式是实施“心与意”管理，通过加强沟通的力度，增加对员工的信任和责任，让员工安全心理、心态和意识从病态的、被动的、计算的，上升到主动地参与各种安全活动和管理。主要采取了平等、尊重、信任、参与、分享等五种方法和沟通、竞争、激励和宣传等四种手段。

五种方法：运用平等、尊重、信任、参与和分享等五种方法，充分体现企业对员工的保护、爱护、关心和尊重，增强员工的信任度和忠诚度，实现员工自身价值与安全生产价值的和谐统一，才能实现员工“我会安全”的目标。

① 平等：在安全面前，人人都是 HSE 领导，即使管理层违反了规定，员工也有权制止。要做到平等，领导的承诺是核心，给员工授权是关键，有效的奖励是手段，畅通的报告系统是支持。

② 尊重：即使底层的员工违反了规定，管理层也会尊重对方，以一种关爱的心态，耐心地给员工讲解，并帮助违章员工找出解决问题的措施。尊重对方就等于尊重自己，训斥和谩骂只会增加员工内心的抵触。

③ 信任：充分信任自己的员工，使员工的精神得到极大的鼓舞，并严格要求自己及身边的同事，积极地参与安全管理或生产。同时，充分的信任，能让员工的安全心态从被动的、计算的上升到主动的、创生的。

④ 参与：管理层参与各种关键性安全活动，及时解决出现的问题，并注重与一般员工在安全理念上的交流，让员工感到安全是与每个人都息息相关的，促使员工自觉遵守安全规章。

⑤ 分享：长北项目的网络给广大员工提供了分享安全经验，发表自己建议和观点，学习安全知识和管理的平台。员工亲自参与和感受安全文化氛围，会激发员工“我会安全”的激情，进一步加深对安全的认识。

四种手段：充分应用沟通、竞争、激励和宣传四种手段，触动员工的自信心和荣誉感，激发他们的上进心，主动参与安全工作，实现“自我管理”的目标。

① 沟通：发现安全问题后及时沟通，有利于问题的解决，同时也给员工一个说话的权利。及时、有效地沟通会使员工懂得安全不是对他们的生产行为进行约束，而是对他们人身的关怀和体贴。沟通的过程是“尊重、关心和爱护”员工的过程，能激励员工安全生产的态度和敬业精神。

② 竞争：欲望是人积极向上，追求美好的内在动力。当只有一个人去追求美好事物时，则不会全力投入，当一群人去追求时，则每个人都会全力以赴。长北项目高度重视这种竞争的力量，将竞争手段引入各种安全活动中，激励每个员工争做安全带头人。

③ 激励：给积极、主动参与安全活动，表现突出的员工及时奖励，会使员工的身心得到极大的愉悦和满足，激发员工更大的热情。同时，表扬、奖励一个单位或一个人，会激励和鼓舞一大片的人。经常性的奖励，并把奖励落实到员工，会营造一种以安全为荣的氛围，但要注意奖励的公平性和重奖的负面影响。

④ 宣传：通过宣传 HSE 常识以及好的或错误的做法，可以提高员工的安全知识和技能，并影响员工的行为，同时，大量的事故宣传，能对员工的内心世界起到强烈的震撼作用，从而积极地改变自己。长北项目通过小卡片、挂图、海报、多媒体等宣传方式，起到了很好的作用。

### 3. 人的本质安全实现

倡导安全行为及价值文化，价值观制约着人在安全生产活动中的一切选择、一切愿望以及行为、方法和目标。无论是员工的个人行为还是企业的安全生产活动，都是在价值观的支配下进行的。当通过违章或冒险能获取较大的价值时，不正确的价值观就直接导致了不安全行为的产生。

#### （1）针对违章的类型建立安全行为模型

壳牌公司通过对大量事故的分析发现，导致事故的三个最主要的原因是：①不遵守规定；②不能识别危险；③没有良好的监督。因此，根据人的行为及意识和心态划分，违章类型大致分为两种类型：

- 羊和狼；
- 致命的鸡尾酒。

① 行为决定的羊和狼，见表 5-17 所示。

**表 5-17　行为决定的羊和狼**

| | |
|---|---|
| 羊 | 小心谨慎，服从管理，遵守规章制度，能识别风险，不做违章的事 |
| 披着狼皮的羊 | 表明上对规章制度不屑一顾，散布违章的好处，但自己作业时，小心谨慎，遵规守纪 |
| 披着羊皮的狼 | 表明上遵规守纪，重视安全，如果完成工作有困难时，就开始冒险作业 |
| 狼 | 根本不服从管理，也不愿学习规章或不能识别危险，你说你的，我做我的 |

② 意识和心态导致的致命的鸡尾酒，见表 5-18 所示。

表 5-18 意识和心态导致的致命的鸡尾酒

| | |
|---|---|
| 期望 | 上次作业为完成任务，不得已违章，现在条件没有变化，所以认为再次违章，依然能够完成工作 |
| 力量 | 感觉自己有足够的能力和经验，不用遵守规定和程序就能完成任务 |
| 机会 | 急于把握出现的机会，但在作业时，却忽视了周围环境带来的更大危险，或在这种机会下出现的新的危险 |
| 计划 | 计划不够细致，员工开始作业时，发现缺乏必要的条件或资源，无法严格按照计划开展工作，只能走捷径违章完成任务 |

③ 安全工作模型。

针对违章类型，壳牌公司的“心与意”的管理给出一个简单、实用的安全工作模型，安全工作模型如图 5-13 所示。

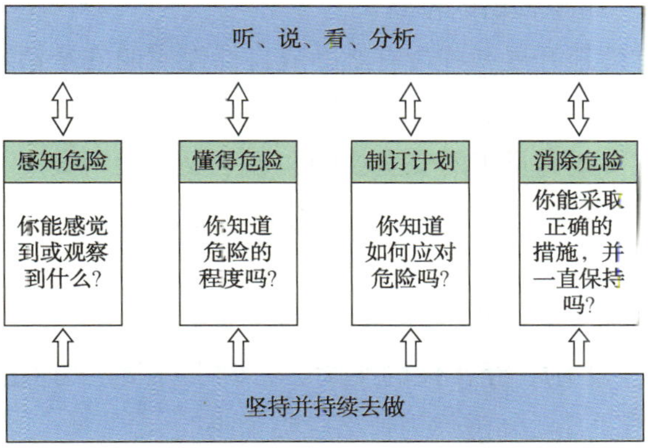


图 5-13 安全工作模型

**（2）注重 HSE 培训提升人的本质安全**

培训可以培养员工具良好的安全意识，改变对安全的价值观，会让员工的行为从“狼”逐步转化成“羊”。长北项目的培训主要体现在：

① 具有一套完整、固定、针对性强的培训教材，最主要是简单、实用，员工容易掌握；

② 根据岗位、职责的不同，以及在生产活动中承担的安全责任的差异，分层次地进行各种专项培训；

③ 每隔一定的时间，就重新开始同一课程的培训，以巩固授课内容；

④ 培训强调实际操作和学生与老师的互动，结束前布置课题现场演练；

⑤ 项目设立专项资金，帮助承包商进行 HSE 培训。

**(3) 开展有效的监督和检查纠正员工的行为**

即使员工已经受到良好的培训，也不可能一直保持安全的行为，这是人的天性所决定的。为了减少这种无意识失误，积极提醒对方的不安全行为，是控制失误最有效的手段。

① 建立全方位的监督体系：构建了六个方面的监督网络，多角度地进行 HSE 监督，从甲方到监理再到承包商，均有权利制止不安全的行为。同时，赋予了现场施工人员监督发言权，为及时纠正任何人的不安全行为提供了保障。

② 开展安全检查：通过安全检查及时发现系统存在的漏洞，并采取纠正措施，恢复物的本质安全和人的安全行为。长北项目的 Walk About、Stop Tour、Dos and Don'ts 和 Hazard Hurt 等多种形式的安全检查，为保持员工的安全行为起到了积极的作用。

**(4) 价值观实现不安全行为的自我约束**

员工的意识和心态会左右着行为，而意识和心态的变化是由员工看待事物的价值观所决定的，正确的价值观决定了正确的行为。管理层只有深入了解员工的价值取向，树立员工正确的价值观，才能实现员工的本质安全。

① 团队建设。增进了团队成员之间的相互交流，为保持团队的凝聚力和积极向上的态势而改变自己，乐于服从组织提出的号召。

② 安全活动。经常性地开展一些带有激励或目标性质的安全活动，会营造浓厚的安全氛围，让员工感受到安全就在身边，并为实现这个目标而积极改变自己。

③ 培训。培训不仅要提高员工的安全技能，更主要的是给员工一个真、善、美的判断能力和容易接受的安全理念、安全行为规范及其道德标准，这样才能有效地树立正确的安全价值观。

④ 奖励。奖励会激励一大片的员工，但奖励目的不是给某个员工发个奖品，而是让所有员工知道为什么获得了奖励，经常性的奖励会正确引导员工树立安全价值观，因此，长北项目在奖励时说的最多的是“知道你为什么获奖了吗”。

⑤ 沟通和交流。给员工创造一个能发表自己认识和见解的平台，并能从他人那里吸收好的做法和经验，弥补自身的不足或更正自己错误的认识，从而逐步形成正确的安全价值观。

此外，壳牌公司对管理层、监督层和员工是否达到了人的本质安全给出了一个参考标准，个人参考标准如下：

- 我反对为生产而轻易忽视 HSE；
- 我在寻求 HSE 绩效软及硬的指标；
- 对于未能想到的 HSE 问题，我深感不安；
- 我很愿意听听侥幸事件和不安全的状况；
- 我总是在寻找管理 HSE 的新方法；
- 我决不容忍不考虑 HSE 而作出的商业决策；
- 我相信我的监督和员工，让他们告诉我是否有问题；

- 我为我的员工创造解决他们遇到的问题的条件；
- 我知道，并非所有解决方案都立竿见影，因而不断寻求原因；
- 我要让 HSE 会议成为对所有人的激励，对此我非常自豪；
- 我一直疑惑我们的 HSE 绩效是不是只是因为运气；
- 我经常在工作之后评估工作计划的质量；
- 我觉得，确实有很全面的计划，但仍然不够；
- 我要留出足够的时间去计划；
- 我不介意接受审核，并主动要求检查一切是否正常；
- 我信任我的上司不会提出无理要求；
- 我激励身边的员工，在出现问题时及时沟通；
- 我的团队有很好的自律能力，我的工作就是支持。

## 三、安全管理机制

### 1. 推行过程安全管理

推行流程化现场检测与迂回式跟班检查。关键作业环节要设置专职安全检查员，安全监督要实现跟班制。员工的绩效要与安全行为直接挂钩并备案。为进一步加大监督力度，上级领导也要实行定期和不定期抽样检查，实施“安全结对”“安全互保”“安全联保”等制度，强化对人因失误和不安全行为的控制。安检人员要发挥安全执行权力，不能麻痹大意、得过且过，改变监督检查的方式和方法，从硬性管制向柔性管理转变。

### 2. 完善安全保障体系

充分发挥劳动模范带头作用，坚持党政工团齐抓共管。定期开展“五要五不要”活动，时刻敲响安全警钟。将社会、家庭纳入安全管理体系，开展“为职工送温暖”、评选“安全生产贤内助”“安全五好家庭”等活动，充分发挥第二道防线的作用。加强安全法规制度建设，安全法规是保障安全施工和员工人身安全的有效杠杆，完善的安全法规不仅能够作为日常安全管理的依据，还能确保在三方纠纷的权利保障。

### 3. 建立安全施工确认制

安全确认制就是为保证不发生误操作，用监护、复诵、循环检测、设置安全标识以及操作票等方法，避免操作人员的误判断、忘却、劳累、失神、情绪波动以及蛮干等不安全状态。实践证明，确认制是确保安全施工，杜绝人因失误的有效方法。它对操作人员的状态提出了严格要求，不允许人的不稳定因素对施工产生影响。

制定确认制要进行筛选、评价，凡是有可能误操作，而误操作又可能造成严重后果的，特别是曾发生过而造成事故的操作，都要制定可靠的确认制。而对一些重要岗位、重要设备的重要关键操作，重要岗位容易失误的复杂操作，已经发生过由于失误而造成重大事故的操作，例如特殊作业，应制定有监护操作票性质的书面确认制。

### 4. 健全安全生产责任制

我国安全生产法明确规定，加强安全生产管理，建立健全安全生产责任制，完善生产条件，确保安全生产。明确企业主要负责人为企业安全生产第一责任人。安全生产责任制最重要的作用，在于能以制度的力量来保证安全生产各项工作的落实。作为企业，要完善安全生产控制指标体系，强化法定代表人、实际控制人安全生产第一责任人的责任，严格落实企业领导干部现场带班制度，及时现场解决安全生产中遇到的突出问题；严格目标责任考核，增加干部、基层领导层政绩业绩考核中安全生产的权重；认真落实重大事故查处挂牌督办制度，采取通报等措施，加大警示问责各督导整改力度，限期反馈督办事项整改情况。油田无论是工作制度还是日常的工作里，都需要把安全生产责任制落实到每一个部门、每一个班组、每一个组员，让每一个人切实负起责任，并建立精细化工作绩效考核制度，绩效考核最终与个人薪酬挂钩。

## 四、人机环界面

人因失误的主要原因就是人按照自己的心理活动实施行为，受操作对象和周围环境的影响。如果将机器的行为方式转变成人喜欢接受的方式，将人的思维和行为转换成机器容易接受和承受的方式，将工作环境布置的适合机器和人的协作，将提高整个系统的运行效率，很大程度上削减人因失误问题。

人与机器各有自身的优点，在人机环境系统中，如何使人机分工合理，从而发挥整个系统的最佳效率，这是需要人们进一步研究的问题。将人和机器的特性有机结合起来，可以组成高效、安全的人机系统。例如：从系统的可靠安全性而言，将人在紧急情况下处理意外事态和进行维护修理的能力与机器在正常情况下持久工作能力结合起来，可以较好地保证系统的可靠性和安全性。

作业现场人机环界面设计需满足以下几点：

（1）作业现场布局必须确保施工人员作业面要有足够的通风，室内增设换气系统，保证空气质量和有利于有害气体挥发。

（2）提高主控中心操作系统的性能和稳定性，防止系统监控和应急关断和控制时系统故障；操作工、安全检查人员和外来人员禁止携带有毒有害物质进入中控室，防止有害物质侵入危害监控人员的身体；调节座椅和显示器的高度，以规范作业人员的姿势，缓解疲劳。

（3）现场检查人员作业过程中要增加轮班次数，避免视觉疲惫和心理疲劳。

（4）尽量使用噪声处理设备，减少噪声对人听觉的损坏和情绪的干扰，调节室内温度到尽可能满意的点，削减常见疾病的发生。

（5）恶劣天气现场禁止施工。

## 五、安全教育与培训

### 1. 安全知识教育

为了使作业人员尽快了解和适应新的作业环境和特定工艺，特别是外来人员及其新入操作工，应对他们进行全面的安全知识教育，待取得安全教育结业证书之后，方能上岗。安全教育主要是将安全基本理论传授给员工，解决“应知”问题。目前比较普遍使用的方法之一是有意识地将书本上的知识储存到人的大脑里，作为现场作业人员必须掌握的基础。

### 2. 安全技能教育与训练

书本上的安全理论不能直接转化为安全施工能力，必须与实际进行结合才能产生效力。安全技能教育就是一些技术专家把专业化的贴近现场作业的技术传输给即将参加施工的人员。安全技能教育需要技术人员现场演示，并不断重复，还要使每个施工人员现场操作，以达到熟练为止，作业时，形成无意识的、正确的、满足要求的操作行为。通过安全技能教育，使每个作业人员都具有作业纠错能力，辨识危险的能力，排除事故的能力，事故应急和处置操作的能力。安全意识教育就是通过宣传、谈话、奖惩和评论对不同个性特征的作业人员实行的启发式教育。使他们理解“以人为本、安全第一”的本质，实现从“要我安全”到“我要安全”“我会安全”的转变。

### 3. 典型事故案例教育

以事故案例进行教育，尤其是受害者亲自讲，能够触及人的灵魂，使人印象深刻、牢记不忘。选择案例应注意其代表性，并有针对性地提出预防措施，使操作人员感到照着措施做，就能够防止事故，保证安全。

### 4. 安全法制教育

国家颁布的各项安全生产相关的法律法规是为了保障人身安全和社会财产的，它是作业人员拥有的保障人身安全的权利所在。任何作业人员都必须全面学习安全法律法规，无条件地遵守与维护。

### 5. 开展停工停产集中培训

持续开展涵盖全部工种、岗位和承包商的分类分级停工停产集中培训，增加室外培训环节，强化员工之间相互观察、学习和提升，增强安全培训效果。领导干部带头开展集中培训，建立健全培训档案，并加强对停工停产集中培训督导检查，综合考评集中培训效果，切实增强全员安全意识。

## 六、加强安全生产重点监管

### 1. 加强承包商安全生产监管

抓好承包商安全管理风险“一把手”承包管理制度执行落地，压实各级“一把手”责任，倒逼承包商提升安全管理水平；对承包商业务资质、分包合法性、管理人员、特种作业人员、主要工种技能进行全面核查与验证，对发生严重违章行为的单位员工、承包商单位和个人严肃问责、严格考核，着力解决违法分包、员工素质低、现场安全监管不到位等问题；严格落实建设单位管理主体责任、监理单位监管责任、业务主管部门应负责任，加强现场安全管控，做实承包商安全业绩与工程量挂钩的绩效考核机制，开展承包商“四类人员”专题培训，杜绝施工现场“三违”“低老坏”问题发生。

2. 加强直接作业环节安全监管

以落实员工安全记分管理、直接作业环节安全管理十条措施等制度为抓手，狠抓直接作业环节规范化，严把作业单位准入关、作业许可关、施工监护关、机具质量关、业绩评价关，强化全过程风险管控；组织直接作业环节安全专项检查，严格施工方案审查，严控施工作业风险。涉及动火、起重、进入受限空间等特殊作业，强化关键环节监管，加强直接作业环节教育培训，确保直接作业环节风险全面受控。

3. 严抓员工健康管理

实施全员全面健康管理，推进危害因素超标场所治理，加强劳动防护；完善员工体检报告分析，明确高危人群及职业禁忌要求，严格落实高危人群“一人一策”干预机制，加强生产安全事故管理，运用类比、推演等方法，剖析事故根源和发生规律，加强对工伤及未遂事件的预防，全力减少事故伤害；关心员工心理健康，将安全心理与事故危机干预纳入员工帮助计划，不断提升员工身心健康的能力和水平。

4. 严格危化品安全监管

推进危化品综合整治，强化重点设备全面普查，完善管理制度，落实定期检验要求，通过定位系统实时监控危化品运输工具，督促承运单位严格遵守危险化学品运输管理规定；持续推动 HAZOP（危险与可操作性）分析和 SIL（安全仪表等级）评估，提升危化品安全管理水平。

# 第六章

# 环境本质安全

环境安全是环境领域与安全领域交叉而形成的新概念，是近些年发展起来的一门新兴科学。因为从事自然科学和人文社会科学的学者对“环境”和“安全”概念有各种不同的理解和注释，所以对环境安全也相应地赋予了不同的定义与内涵，也造成环境安全的概念在国内外环境安全学者之间存在一定的争议。我们从安全的定义出发，应用环境视角和扩展的安全视角，界定环境安全的内涵与外延，分析比较环境安全与传统安全研究的异同指出，并在此基础上阐述环境安全的概念。

环境安全是指环境存在的一种状态，这种状态不会对主体构成威胁，能够保证主体的安全。环境安全不是“环境自身的安全”或“环境的安全”。“环境安全”与“环境的安全”是两个很相似但又需要严格区分的概念：前者是指某一主体的环境为保证主体的安全所呈现出的一种安全状态，安全是主体的安全；后者是作为某一主体的环境自身的安全，安全的主体是环境本身。

# 第一节　自然环境安全

## 一、自然灾害

### 1. 自然灾害的概念

自然灾害系统是由孕灾环境、致灾因子和承灾体共同组成的地球表层变异系统，灾情是这个系统中各子系统相互作用的结果。“自然灾害”是人类依赖的自然界中所发生的异常现象，且对人类社会造成危害的现象和事件。

自然灾害(Natural disasters)是指给人类生存带来危害或损害人类生活环境的自然现象，包括干旱、高温、低温、寒潮、洪涝、山洪、台风、龙卷风、火焰龙卷风、冰雹、风雹、霜冻、暴雨、暴雪、冻雨、酸雨、大雾、大风、结冰、霾、雾霾、地震、海啸、滑坡、泥石流、浮尘、扬沙、沙尘暴、雷电、雷暴、球状闪电、火山喷发等。而中国国土空间上常见的自然灾害种类繁多，主要包括洪涝、干旱灾害，台风、冰雹、暴雪、沙尘暴等气象灾害，火山、地震灾害，山体崩塌、滑坡、泥石流等地质灾害，风暴潮、海啸等海洋灾害，森林草原火灾和重大生物灾害等。自然灾害是地理环境演化过程中的异常事件，却成为阻碍人类社会发展的重要自然因素之一。

### 2. 自然灾害的形成

灾害是对能够给人类和人类赖以生存的环境造成破坏性影响的事件总称。纵观人类的历史可以看出，灾害的发生原因主要有两个：一是自然变异，二是人为影响。因此，通常把以自然变异为主因的灾害称为自然灾害，如地震、风暴、海啸；将以人为影响为主因的灾害称为人为灾害，如人为引起的火灾、交通事故和酸雨等。

影响自然灾害灾情大小的因素有三个：一是孕育灾害的环境(孕灾环境)，二是导致灾害发生的因子(致灾因子)，三是承受灾害的客体(受灾体)。

### 3. 主要影响

自然灾害的主要影响：

(1) 灾难会带来实质性的创伤和精神障碍；

(2) 绝大多数的痛苦在灾后一两年内消失，人们能够自我调整；

(3) 由灾难引起的慢性精神障碍非常少见；

(4) 有些灾难的整体影响可能是正面的，因为它可能会增加社会的凝聚力；

(5) 灾难扰乱了组织、家庭以及个体生活。

自然灾害会引起压力、焦虑、压抑以及其他情绪和知觉问题，影响时间以及为什么有些人不能尽快适应仍然是未知数。在洪水、龙卷风、飓风以及其他自然灾害之后，受害者会表现出恶念、焦虑、压抑和其他情绪问题，这些问题会持续一年。

一种极度的灾难的持续效果，称为创伤后应激障碍，即经历了创伤以后，持续的、不必要的、无法控制的无关事件的念头，强烈地避免提及事件的愿望、睡眠障碍、社会退缩以及强烈警觉的焦虑障碍。

## 二、油气站场工程自然灾害及其防护措施

油气集输需要在地面上建设各种油气生产设施和管网系统工程，它们容易受到地质灾害的危害，导致地质灾害事故及次生事故。油气生产设施，即具有石油天然气收集、净化处理、储运功能的站、库、厂、场、油气井等生产设施，统称为石油天然气站场，简称油气站场或站场。油气站场工程合理选址并采取有效的防治措施，是预防和降低地质灾害危害的主要途径。

### 1. 边坡和滑坡

站场工程经常遇到各种斜坡。这些斜坡有些是自然地质作用形成的，有些是人工开挖形成的。而斜坡的稳定与否，直接影响到斜坡上和斜坡周围建筑的安全和使用，甚至导致整个工程的毁坏。

**(1) 边坡及其安全设计原则**

与建筑物有关的斜坡称为边坡(包括天然边坡及人工边坡)。

按组成坡体的物质成分，可将边坡分为岩石边坡和土质边坡两类。

为保证建筑物的安全，要十分注意边坡开挖的坡度。GB 5007—2011《建筑地基基础设计规范》对边坡的开挖有如下规定(要点)。

① 边坡的坡度允许值，应根据当地经验，参照同类土(岩)体的稳定坡度值确定。

② 对于土质边坡或易于软化的岩石边坡，在开挖时应采取相应的排水和坡脚、坡面保护措施，并不得在影响边坡稳定的范围内积水。

③ 开挖土石方时，宜从上到下，依次进行；挖、填土宜求平衡。尽量分散处理弃土，如必须在坡顶或山腰大量弃土时，应进行坡体稳定性验算。

**（2）山体滑坡**

山体滑坡是指山体斜坡上某一部分岩土在重力（包括岩土本身重力及地下水的动静压力）作用下，沿着一定的软弱结构面（带）产生剪切位移而整体地向斜坡下方移动的作用和现象。俗称“走山”“垮山”“地滑”“土溜”等，是常见地质灾害之一。山体滑坡的成因主要有地理、内外应力等。

**（3）山体滑坡的地理原因**

① 岩土类型：岩土体是产生滑坡的物质基础。一般来说，各类岩、土都有可能构成滑坡体，其中结构松散，抗剪强度和抗风化能力较低，在水的作用下其性质能发生变化的岩、土，如松散覆盖层、货土、红黏土、页岩、泥岩、煤系地层、凝灰岩、片岩、板岩、千枚岩等及软硬相间的岩层所构成的斜坡易发生滑坡。

② 地质构造条件：组成斜坡的岩、土体只有被各种构造面切割分离成不连续状态时，才有向下滑动的条件，之后，构造面又为降雨等水流进入斜坡提供了通道。故各种节理、裂隙、层面、断层发育的斜坡特别是当平行和垂直斜坡的陡倾角构造面及顺坡缓倾的构造面发育时，最易发生滑坡。

③ 地形地貌条件：只有处于一定的地貌部位，具备一定坡度的斜坡，才可能发生滑坡。一般江、河、湖（水库）、海、沟的斜坡，前缘开阔的山坡、铁路、公路和工程建筑物的边坡等都是易发生滑坡的地貌部位。坡度大于10°，小于45°，下陡中缓上陡、上部呈环状的坡形是产生滑坡的有利地形。

④ 水文地质条件：地下水活动，在滑坡形成中起着主要作用。它的作用主要表现在软化岩和土体，降低岩、土体的强度，产生动水压力和孔隙水压力，潜蚀岩、土，增大岩、土容重，对透水岩层产生浮力等。其中，尤其对滑面（带）的软化作用和降低强度的作用最突出。

**（4）山体滑坡的内外应力原因和人为原因**

内外应力原因和人为原因是诱发山体滑坡的主要因素。

地震、降雨和融雪、地表水的冲刷、浸泡；河流等地表水体对斜坡坡脚的不断冲刷；不合理的人类工程活动：如开挖坡脚、坡体上部堆载、爆破、水库蓄（泄）水、矿山开采等都可诱发滑坡，还有如海啸、风暴潮、冻融等作用也可诱发滑坡。

**（5）山体滑坡的防治措施**

防治山体滑坡的措施包括以下几个方面。

① 排水措施：滑坡的发生和发展都与水的作用有关，排水是防治各类滑坡之本。可根据具体情况，采用切合实际的排水方式（图6-1）。如设置排水沟以防地面水浸入滑坡地段，必要时还应采取防渗措施。在地下水影响较大的情况下，应做好地下排水工程。

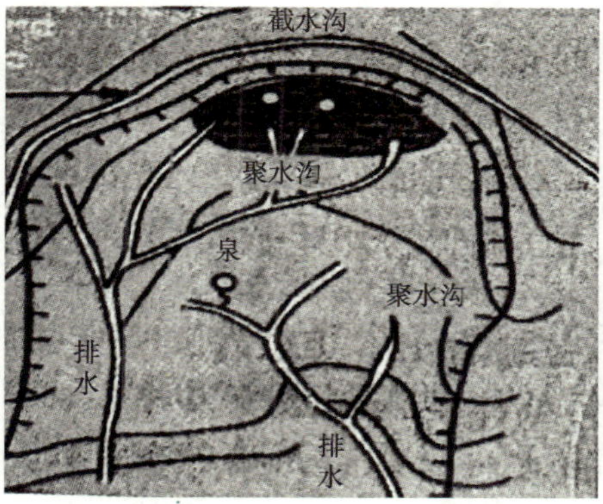

图 6-1 防山体滑坡的排水措施示意

② 减重加载措施：当滑动面不深且滑体呈上陡下缓状，滑坡范围外有稳定的山坡时，滑坡不可能向上发展，在滑坡上部减重，以减小滑坡的下滑力，这是一种操作简单且经济的防治措施。将减重的土体堆在坡脚反压，以增加抗滑力，效果更好(图 6-2)。

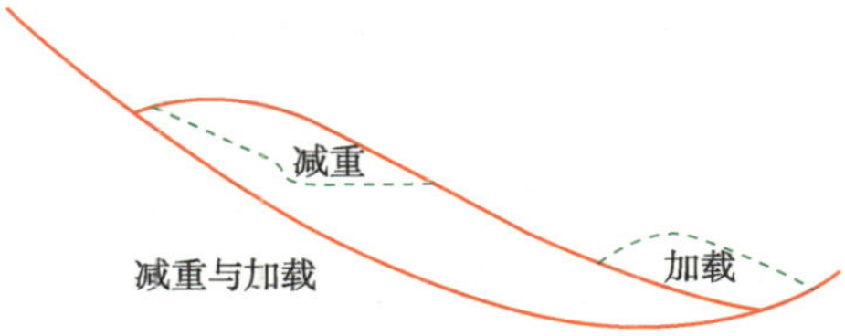


图 6-2 防治山体滑坡的减重加载措施原理示意

③ 支挡措施：根据滑体推力的大小，可以选用适当的支挡结构防滑，如抗滑挡土墙、抗滑桩、锚杆挡墙、抗滑明洞、预应力锚索工程等。

④ 改善滑坡土体性质：改善滑坡土体的性质，提高其强度指标，增强斜坡的稳定性，也是整治滑坡的有效措施。方法有烙烧、成浆、加灰土桩、硅化、电渗、离子交换等。如通过缝隙向滑带压注水玻璃、黏土或石灰黏土浆等使之硅化或钙化，以提高滑带土的强度并堵塞裂缝；用钻孔打穿滑带，在孔内爆破，同时灌入混凝土以提高滑带土的强度；采用灰浆抹面或加筑一层护面，以保护岩土体，使其天然含水量尽量保持稳定。此外，还有一种称为"预应力拉杆锚固"的加固抗滑方法。这种方法使滑体的前部与稳定的岩(土)体紧密连接，使整个滑坡体趋向稳定。

⑤ 改线绕避：如果上述整治措施难以奏效或难以实施时，在经济技术合理情况下，可以考虑改线绕避。

### 2. 泥石流

在一些山区内，由于暴雨或暴雪的影响，形成一种携带着大量固体物质(黏土、沙粒、石块等)沿着沟谷急骤下泄的特殊洪流称为泥石流，也称山洪泥流。

**（1）泥石流的发生条件**

泥石流的发生必须具备下述三个基本条件。

① 上游堆积有丰富的松散固体物质。泥石流常发生于地质构造复杂、断裂褶皱发育，新构造活动强烈，地震烈度较高的地区。地表岩石破碎，崩塌、错落、滑坡等不良地质现象发育，为泥石流的形成提供了丰富的固体物质来源；另外，岩层结构松散、软弱、易于风化、节理发育或软硬相间成层的地区，因易受破坏，也能为泥石流提供丰富的碎屑物来源；一些人类工程活动，如滥伐森林造成水土流失，开山采矿、采石弃渣等，往往也为泥石流提供大量的物质来源。

② 有陡峭便于集水集物的适当地形。在地形上具备山高沟深，地形陡峻，沟床纵向坡降大，流域形状便于水流汇集。在地貌上泥石流的地貌一般可分为形成区、流通区和堆积区三部分。上游形成区的地形多为三面环山一面出口为瓢状或漏斗状，地形比较开阔、周围山高坡陡、山体破碎、植被生长不良，这样的地形有利于水和碎屑物质的集中；中游流通区的地形多为狭窄陡深的峡谷，谷床纵向坡降大，使泥石流能迅猛直泻；下游堆积区的地形为开阔平坦的山前平原或河谷阶地，使堆积物有堆积场所。

③ 短期内有突然性的大量流水。水既是泥石流的重要组成部分，又是泥石流的激发条件和搬运介质（动力来源），泥石流的水源，有暴雨、冰雪融水和水库溃决水体等形式。我国泥石流的水源主要是暴雨或长时间的连续降雨。

**（2）泥石流的避险**

泥石流发生会有一些特殊征兆，如河水加大变浑，沟谷远处昏暗并发出轰鸣声等。准确而快速地依据特征现象判断是否出现了泥石流，可以为紧急避险赢得宝贵逃生时间。

河水加大变浑。河水水流突然变大，水流中夹杂着较多的柴草、树枝，河水变得非常浑浊，这些都是可能发生泥石流的前兆；或者河水突然断流，可能是上游有滑坡体进入河谷，暂时堵塞河道形成堰塞湖。在这些现象发生时，一定要根据预先制定的防灾预案，快速撤离到安全地带。

沟谷远处昏暗并传出轰鸣声。泥石流发生时，携带的巨石撞击沟壁产生沉闷的轰鸣声，但明显不同于火车、雷电或爆破等声音。沟谷远处传来这样的轰鸣声、突然变得昏暗并有轻微震动感，说明泥石流正在向外流动。此时要马上离开沟谷，到高地上去。

**（3）泥石流的防治措施**

泥石流的防治宜根据预防为主、治理为辅的原则。一般是在上游采取水土保持措施，中游采取拦截措施，下游采取排泄措施。

在上游的泥石流形成区宜植树造林，种植水源涵养林，水土保持；修建调洪水库、截水沟、引水渠等蓄（引）水工程，削弱水动力；修建防护工程，稳定土体。

在中游的泥石流流通区宜修建拦沙坝，拦截固体物质，固定沟床，减缓纵坡。

在下游的泥石流堆积区宜修筑排导沟、导流堤、停淤场等，疏排泥石流。

### 3. 岩溶

岩溶在国外一般称为喀斯特，系指可溶性岩层，如碳酸盐类岩层（石灰岩、白云岩等）、硫酸盐岩层（石膏等）、氯盐（岩盐）等，受水的溶蚀作用及其所产生的地质现象。岩溶对建筑地基的稳定性影响极大。此外，在岩溶发育地区，常常伴随有上覆土层中的土洞问题，导致地表塌陷，危及工程安全。岩溶发育地区的地基不均匀性常常是较高的，当有土洞时更是如此。

岩溶地基的设计应符合下列五项原则要求：

（1）总平面布置应与岩土工程分区相适应，重要建筑物应避开岩溶区。

（2）碳酸盐岩岩溶可按其分布现状进行稳定性评价，当地基为石膏、岩盐等易溶岩时，应考虑溶蚀作用的不利影响。

（3）不稳定的岩溶洞穴应以地基处理为主，可根据其形态大小及埋深，采用换填、楔状填塞、洞底支撑、梁板跨越等方法。

（4）岩溶水的处理应在查明季节性动态特征的基础上采取宜疏勿堵的原则。

（5）未经有效处理的隐伏土洞或地表塌陷及预测的塌陷影响范围内，不应作天然地基，应采用梁板跨越。对重要建筑物，宜采用桩基或墩基。

### 4. 地震与抗震

地震，又称地动、地震动，是地球内部发生的急剧破裂产生的震波，是地球上经常发生的一种自然现象。

地震按照震源释放能量的大小划分为 9 级，简称里氏震级。释放能量越大，地震震级也越大，震级每增加一级，能量约增加 30 倍。一般小地震为 3 级以下，有感地震为 3~4级；中强地震为 5~6 级；强烈地震为 6~7 级；大地震为 7~8 级；大于 8 级的为巨大地震。

地震时某一地区的地面和各类建筑物遭受地震影响的强弱程度称为地震烈度。因此，地烈度是指地震影响和破坏的程度。

一个地区的烈度，不仅与地震释放的能量（即震级）、震源深度、距离震中的远近有关，还与地震波传播途径中的工程地质条件和工程建筑物的特性有关。我国将地震烈度分为 12 度，其中：

1 度：无感——仅仪器能记录到；

2 度：微有感——个别敏感的人在完全静止中有感；

3 度：少有感——室内少数人在静止中有感，悬挂物轻微摆动；

4 度：多有感——室内大多数人，室外少数人有感，悬挂物摆动，不稳器皿作响；

5 度：惊醒——室外大多数人有感，家畜不宁，门窗作响，墙壁表面出现裂纹；

6 度：惊慌——人站立不稳，家畜外逃，器皿翻落，简陋棚舍损坏，陡坎滑坡；

7 度：房屋损坏——房屋轻微损坏，牌坊，烟囱损坏，地表出现裂缝及喷沙冒水；

8 度：建筑物破坏——房屋多有损坏，少数破坏路基塌方，地下管道破裂；

9 度：建筑物普遍破坏——房屋大多数破坏，少数倾倒，牌坊，烟囱等崩塌，铁轨弯曲；

10 度：建筑物普遍摧毁——房屋倾倒，道路毁坏，山石大量崩塌，水面大浪扑岸；

11 度：毁灭——房屋大量倒塌，路基堤岸大段崩毁，地表产生很大变化；

12 度：山川易景——建筑物普遍毁坏，地形剧烈变化动植物遭毁灭。

地震烈度还用于地震区划，表示将来一定期限内可能发生在某一区域内的最大烈度，用来评价一个建设地区可能发生的地震的影响程度。

工程设计采用的地震烈度则是一种设计指标，由 GB 50223—2008《建筑工程抗震设防分类标准》规定，工程建设项目要据此进行建筑结构的抗震计算并采取相应的抗震措施。例如，西安市雁塔区的抗震设防烈度为 8 度，设计基本地震加速度值为 0. 20g。

对地震这种自然灾害，目前人力尚不能改变其发生的时间和地域，也不能给出准确的短期预测预报，但可以根据抗震设防烈度和建筑物的重要程度要求，为建筑物和构筑物设计抗震措施，提高抵御灾害的能力，降低灾害发生后的损失。另外，做好地震应急预案和地震灾害响应演习，提高人们的应急响应能力，也是降低地震灾害的重要措施之一。

## 三、厂址及厂区平面布局的对策措施

**（1）项目选址**

选址时，除考虑建设项目的经济性和技术的合理性，并满足工业布局和城市规划的要求外，在安全方面应重点考虑地质、地形、水文、气象等自然条件对企业安全生产的影响和企业与周边地区的相互影响。

**（2）厂区平面布局**

在满足生产工艺流程、操作要求、使用功能需要和消防及环保要求的同时，主要从风向、安全(防火)距离、交通运输安全以及各类作业和物料的危险危害性出发，在平面布局方面采取对策措施。

**（3）站场的站址选择**

油气站场的站址选择要考虑经济、地理、环境、安全等诸多因素。

根据 GB 50350—2015《油田油气集输设计规范》和 SY/T 0048—2016《石油天然气工程总图设计规范》，油气集输站的厂址选择要求(要点)有以下三个方面。

① 站址选择应根据地形、地质、水文、气象、给水排水、供电、通信和交通运输条

件，结合已批准的可行性研究报告或油气田地面建设总体规划、所在地区的城镇规划、施工、生产、环境保护以及职工生活等方面全面考虑，综合比较，力求经济合理。

② 站址应避开滑坡、泥石流、岩溶发育区、地震断裂带、流沙、活动性沙丘以及有开采价值的矿藏区。避开重要的供水水源卫生保护区、国家级自然保护区、重要军事设施的防护区、历史文物、名胜古迹保护区、对飞机起落、电台通信、电视转播、雷达导航、天文观察等设施有影响的地区。

③ 位于山坡或山麓的场地，应避开受洪水威胁的地段。当不能避开时，不应低于当地重要工业设施的防洪设计标准(表6-1)。位于受洪水淹没地区的站场，场地的设计地面标高或防洪堤高应比计算洪水位高出0.5m以上(包括壅水和浪高)。油气集输站场邻近江河、湖泊、海岸布置时，应采取防止泄漏的可燃液体流入水域的措施。

**表6-1　油气集输站场的防洪设计标准**

| 站场类型 | 防洪标准(重现期/a) |
|---|---|
| 联合站、原油稳定站、脱水站、矿场油库、凝液回收厂、注气站 | 25~50 |
| 分井计量站、接转站、配水站、配气站、增压站 | 10~25 |
| 采油井、采气井、注气井 | 5~10 |

# 第二节　作业环境现场安全

## 一、石油钻井作业安全

钻井作业是一项十分复杂的作业过程，人员多、作业范围广、使用工具机器种类繁多，在井场具有多种能量(机械能、势能、化学能等)，能量的意外释放易导致伤害事故的发生。按照是否有人身伤害，可将井场的事故分为人身伤害事故和井下复杂情况与钻井事故两类。人身伤害是指人员受伤或者死亡；井下复杂情况与钻井事故是指作业过程中发生的影响作业顺利进行的各种异常工作状况，如卡钻、钻柱断裂脱落、井喷等。

钻井作业的安全十分重要，影响人员生命和财产、工程质量和企业的经济效益。对作业过程的危险致害因素采用合适的安全分析方法进行分析，是设计安全防范措施的前提。能量意外释放理论认为人类在生产、生活中不可缺少的各种能量，如果因某种原因失去控制，发生能量违背人的意愿而意外释放或逸出，将使进行中的活动中止而发生事故，导致人员伤害或财产损失。

对钻井作业过程，采用能量意外释放理论来分析事故原因是较为简单、有效的。这种理论认为各种形式的能量是构成伤害的直接原因，指出了事故发生的物理本质，因而可通过控制能量源或能量的载体来预防伤害事故，其物理特征明显。

在钻井作业过程中，人身伤害主要有“四害”：机械伤害、高处坠落、电气伤害和车辆伤害，这四种伤害事故占比最大。能量释放理论表明，人身伤害主要是由能量密度大的物体所引发，分析和确定引起伤害的能量及其意外释放的方式、类型和释放部位，设计风险削减措施就可以做到有的放矢。

### 1. 机械伤害事故

钻井作业过程中的机械伤害主要有猫头伤人、钢丝绳断脱、游车顶撞天车、井架倒塌等几种。

在钻井作业过程中，猫头主要用来提升吊卡、转盘方瓦、钻头以及其他重物，虽然猫头有被动力大钳及其他先进工具取代的趋势，但由于传统的作业习惯，也由于新的工具费用不菲，简单的猫头仍被广泛地用于钻井作业。

在将猫头作为钻井辅助工具的使用过程中，经常出现拉不住大绳、猫头绳在猫头上打滑、操作人员身体某部位被卷入、被提升的重物扭摆、脱落等意外现象，导致人员伤害事故。猫头伤人常见意外发生情况及主要预防措施见表 6-2。

**表 6-2　钻井机械伤害的集中类别及其预防措施**

| 伤害类别 | 伤害发生的部位及原因 | 预防措施 |
|---|---|---|
| 猫头伤人 | (1) 猫头表面不平整或有突出物体，因猫头绳运动速度突变导致操作者被挂或被卷入猫头轴；<br>(2) 猫头绳断裂或绳卡滑脱，操作者突然失去平衡；<br>(3) 猫头绳失去操控，猫头绳及其悬挂物或垂吊物扭摆、运动；<br>(4) 在猫头上使用钢丝绳，出现绳的堆积或切入另一绳圈而被卡住，或钢丝绳尾端扭摆，危及猫头操作者或其他人员；<br>(5) 猫头绳出现打结、毛刺、绳股散乱等现象，因猫头绳运动速度突变而导致伤害；<br>(6) 猫头绳的悬挂物或垂吊物意外脱落、滑脱操作者失去平衡而伤人，或脱落物伤人；<br>(7) 违章使用猫头吊人进行高空作业；<br>(8) 猫头操作者作业不熟练或违规作业，身体部位被带入(卷入)猫头轴 | (1) 猫头表面应平整、光滑，猫头上不能有突出的物体，以免操作者被挂而受伤；<br>(2) 操作者拉紧猫头绳上卸扣之前，井口人员都要离开钳柄的转动范围，严防钳尾绳断裂或绳卡滑脱伤人；<br>(3) 操作完毕应立即退绳，不得将猫头绳留在旋转的猫头轴上；<br>(4) 不准在猫头上用钢丝绳；<br>(5) 严禁打结、有毛刺、绳股散乱和长度不符合要求的棕绳上猫头；<br>(6) 严禁用猫头吊人进行高空作业；<br>(7) 钻机必须装设猫头紧急停车开关 |

续表

| 伤害类别 | 伤害发生的部位及原因 | 预防措施 |
| --- | --- | --- |
| 钢丝绳断脱 | （1）钢丝绳打结，造成局部应力过大；<br>（2）钢丝绳出现断丝，拉应力强度降低；<br>（3）绞车上的死绳头、天车上的活绳头固定不牢或失效；<br>（4）使用不合格或不达标的钢丝绳，造成断脱；<br>（5）钢丝绳过度使用没及时检查、维护、保养和更换；<br>（6）作业过程中，钢丝绳摇摆剧烈，载荷过大 | （1）钢丝绳在滚筒上必须始终排列整齐，倒出时必须绷紧，避免打结；<br>（2）绞车大绳每周应检查一次润滑状态，浸油麻芯被挤出时，应立即换用新的钢丝绳；<br>（3）加载操作要平稳柔和，以减小钢丝绳所受的冲击载荷；<br>（4）井深超过2000m以后，每次下钻前要检查大绳的断丝和磨损情况；<br>（5）检查固定情况 |
| 游车顶撞天车 | （1）防碰天车失效、游车速度快冲击力大两种原因同时出现造成游车顶撞天车；<br>（2）防碰装置的检测失效；<br>（3）防碰装置的执行机构失效；<br>（4）防碰装置的动力源失效 | （1）禁止超负荷使用绞车，防止钢丝绳受力超载；<br>（2）检查防碰装置的检测、执行、控制部件是否正常；确保质量；<br>（3）安装防碰装置应该仔细认真，防止疏漏 |
| 井架倒塌 | （1）地面土质松软，井架底部下陷，造成倒塌；<br>（2）在雨雪、大风情况下，井架倾斜、倒塌；<br>（3）钻井时，井架结构、安装不合格使井架在使用时垮塌；<br>（4）拆装井架时，不按操作规程作业造成倒塌；<br>（5）处理卡钻时，提钻力度过大，造成井架垮塌 | （1）钻前必须对地质松软的场地进行硬化、加固；<br>（2）对井架拉锚锚固，防止雨、雪、大风天气造成倾斜、倒塌；<br>（3）拆装井架时禁止野蛮操作，避免单方向受力过大；<br>（4）井架载荷不能超过承受范围，防止井架垮塌；<br>（5）对井架的质量做试验、评估，出现异常情况时人员快速撤离 |

钢丝绳断脱是指绞车的钢丝绳在作业过程中发生断裂或滑脱的现象。钢丝绳常被称为大绳，钻机在工作时，由于钢丝绳运动频繁、速度高、负荷大，并承受弯曲、扭转、挤压、冲击、振动等复杂应力的作用，易造成钢丝绳断脱。钢丝绳一旦断脱，造成负载坠落，十

分危险，单单游车和大钩就有数百公斤重，其下坠动能足以使人毙命。

钢丝绳断脱有三个主要部位：从中间断掉、从绞车的固定处(死绳头)断脱、从天车的固定处(活绳头)断脱。

大绳在长时间使用过程中，不断受到拉、扭、挤压等应力而做功，导致了大绳的磨损和疲劳失效，其中以拉应力做功为主要因素。从死绳头到活绳头之间的所有大绳段中，在相同钻井作业情况下，虽然所有绳段所受的拉力相同，但在游车(动滑轮)省力一端的快绳运动距离最长，故快绳做功最多，也最容易疲劳失效。所以为了安全起见，在大绳做功达到一定程度后，即使用一段时间后，就需要将做功最多的那一段快绳段割掉，称为“割大绳”。大绳在使用过程中，要按规定维护、保养、检查，其要点见表6-2。

天车是定滑轮组，安装在井架顶部。游车是动滑轮组，在井架内部做上下往复运动。天车和游车组成提升系统的滑轮系。在控制失灵时，游车越位撞上天车，称为“游车撞天车”事故。

由于游车悬挂了大钩、钻柱等数百吨的重物，具有极大的动能，当游车撞击天车时，极易导致天车的固定失效，天车、游车连同游车上悬挂的重物，坠落井台，非常危险。

所有钻机都有一套防碰天车装置以预防游车撞天车事故。这是一套控制游车运动的应急刹车系统。常用的防碰天车装置有重锤式和过卷阀式两种。

重锤式防碰天车装置的工作原理是，在天车以下的适当位置通过井架安装一根钢丝绳作为限位绳，限位绳与一开口销钉相连。当游车上行碰到限位绳时，开口销脱落，受其限位的重锤动作使气开关工作，切断常开气源，同时高压气直接进入刹车汽缸紧急刹车，使游车不能继续上行。因此，预防游车撞天车事故的最重要的措施就是确保防碰天车装置能可靠运行，要定期检查、试验、保养控制装置的气源、气路以及控制和动力装置，其安全检查要点见表6-2。

井架承受着井下钻柱或套管柱的重量以及它们与井眼之间的摩擦阻力。井架结构包括天车台、二层台、钻台、井架主体和底座等。

钻台是钻井、起下钻、下套管等作业的操作场所。在钻井作业过程中，特别是在处理井下卡钻等复杂事故时，因操作过猛、负荷过大，或因为井架质量差、井架安装质量差等原因，都有可能造成井架本体及其连接、固定部位强度失效、井架垮塌；或因风力过大、外加横向作用力过大，或井架基础松垮等情况，导致井架倾斜、倒塌事故。井架倒塌会造成设备损坏、人员伤亡，还会使井下钻具异常而形成井下复杂事故，其安全检查要点见表6-2。

石油钻机是一种大型的机械设备(系统)，容易发生机械伤害的部位很多，例如爬坡链条、传动装置、泥浆泵出口等，凡是存在机械能意外释放可能的部位，就有可能产生机械伤害。

各种防护装置是机械伤害事故最简单、最常见的预防措施，所以在钻井作业中，要注意强化对机械能的有效控制，维护和管理好各种防护装置，防止机械能的意外释放。例如，对机械传动钻机的爬坡链条需要注意联动机链轮罩、链条固定罩、链条伸缩罩和绞车链轮罩等防护设施的保养和维护。

### 2. 高处坠落事故

现代钻机井架较高，高处坠落事故在钻井工程中是常见伤害，时有发生。钻机的钻台有两层，以 ZJ50 为例，一层台高度 9m、净空高度 7.52m，主要是司钻和钻井工的工作平台，二层台高度在 25m 以上，主要是管工的作业平台。天台高度则达 45m。钻台面积狭小，二层台、天台面积更小，在作业中更易发生意外坠落事故。

钻井时，钻井泥浆易溢洒在平台上，造成台面湿滑，作业人员易从钻台的开口处坠落。在一层台上安装护栏、作业工穿防滑靴等措施可降低滑落风险。

二层台在 25m 高空，层台面积比一层台更小，作业时经常受到大风的影响，故在二层台上的作业人员应该使用安全带，防止高处坠落。

天台没有日常作业安排，但是需要定期对天台和井架高处部位进行检查、维修。在对其作业时，必须采用工作票制度，系好安全带，作业过程中保持通信良好，及时报告情况。

在钻机系统中，高于 2m 的作业部位还有泥浆泵、振动筛、发动机等设备的顶部，在作业或者设备维护时都有可能从高处坠落，造成事故，安装护栏是防止高处坠落的有效措施。

高处坠落事故还应采取的其他预防措施包括：做好防护设施检查及警示牌提示；按规定进行安全教育，定期发放、按章使用个人劳保用品，制定和落实作业安全检查表制度，拟定突发事故应急预案和事故演练，禁止违规违章作业等。

### 3. 触电事故

触电伤害在钻井作业中致死或受伤的比例比较高，与日常生活环境相比，钻井作业中使用的大功率设备多，电压也比日常生活中的高，额定电流大，所以触电伤害事故多发。

钻井作业中，触电伤害的常见原因有以下三个方面。

(1) 绝缘失效导致漏电。井场条件简陋，又在野外受风雨光照等作用，绝缘层易老化损毁，导致漏电伤人事故。

(2) 电缆连接头触电。井场电气设备相当多，各种设备的功能不同，线路杂乱，工作界面繁忙，在作业过程中，要不断地接电、断电，所以电缆连接头部位易失效而导致触电。此外，由于井场没有其他备用电源，又由于钻井作业的特殊性而要求避免设备停机，故常常需要带电作业、检修，在电气维修、检查作业中，操作或防护不当也易引发触电事故。

(3) 雷击伤害。野外的井场易受自然条件影响，在夏季易发生雷击伤害事故。

预防触电伤害要注意：检查和保护好电缆绝缘层，避免其老化或损毁，出现老化和破损时一定要及时更换；在发电房要使用合格的配电盘并在各开关处写清用途，防止误接乱接；严禁乱拉线，工作界面必须条理清楚，按区域作业；落实安全检查制度，每次电气作业前要召开班前会，明确工作任务、作业分工和安全措施，要对工器具进行必要的检查和检测；进入作业现场时，作业人员应根据作业要求穿戴相应的劳动防护用品（如工作服、安全帽、屏蔽服、绝缘服、静电服等），携带合格的工器具；杆上作业时正确使用安全带，站位准确，按规程要求与带电体保持足够的安全距离；带电检测和维修时必须按规程规定进行操作，谨防带电作业引起火灾；雷雨季节要注意检查防雷接地，防止雷击事故。

#### 4. 车辆伤害事故

在钻井井场作业环境中，各种车辆来回行驶、作业在狭小的井场上，人员密度大，工作又繁忙，稍有大意便会造成车辆伤害事故。造成车辆伤害事故的原因主要有三个方面。

（1）环境原因：井场面积狭小，作业人员多，工种多，交叉作业多。

（2）设备原因：井场使用的作业车辆多为特种车辆，操作难度大，加上车辆吨位大，常常存在视角盲区。

（3）组织与管理原因：在井场作业中，组织调度指挥不当，安全措施不到位，无证操作特种车辆等。

对策措施：

（1）井场设备、机具定置定位，不能随意摆放，保证井场有序作业。

（2）特种工程车辆必须按照特种设备使用条例进行作业，严禁无证操作。

（3）调度指挥人员做好协调工作，切勿人员、车辆、设备混杂使用，正确适时引导作业顺利进行。

## 二、井下作业安全

井下作业是一项复杂的系统工程，需要使用大型机具设备，所使用的手动工具质量都较大，再加上井下作业属于野外使用，其环境恶劣、体力繁重、工艺烦琐，生产过程中危险性较大，需要采取细致的安全技术措施，以此保证井下作业安全。

#### 1. 井下作业工艺

在油田开发过程中，根据油田调整、改造、完善、挖潜的需要，按照工艺设计要求，利用一套地面和井下设备或工具，对油、水井采取各种井下技术措施，达到提高注采量，改善油层渗流条件及油、水井技术状况，提高采油速度和最终采收率的目的的一系列井下施工工艺技术统称为井下作业。

**（1）井下作业的分类**

根据作业内容和繁易程度，井下作业可分为大修作业、中修作业和小修作业。大修作业包括井下故障诊断、复杂打捞、查封串、找堵漏、找堵水、防沙、回采、修套管、过引鞋加深钻井、套管内侧钻、挤封油水层、油水井报废等施工作业。中修作业包括清沙、清蜡、检泵、换结构、简单打捞、补孔、封堵、注水泥等施工作业。小修作业包括管内打捞、更换浅部的管杆、不动管柱的热洗、不拆井口解堵等施工作业。

虽然井下作业的种类繁多，但不管哪种作业，其作业过程都可以通过起下作业、循环作业和旋转作业等三种作业形式的组合来完成。

起下作业就是利用井架、修井机等提升设备施行起下管柱的施工作业，包括更换井内的油管柱、抽油杆柱、调整配产、配注方案、新井下泵、检泵、打捞、处理井下卡钻事故、修理套管、探视井下情况等作业。

循环作业就是利用修井泵等流体输送设备将流体注入井眼、返出地面的流体循环作业过程，包括利用修井泵进行的洗井、冲沙、压井和封堵等作业，以及利用压裂泵(车)进行的压裂、酸化作业等。

旋转作业就是利用地面的旋转驱动设备带动井下管柱旋转的作业过程，主要包括利用转盘和钻具及井下工具进行的套铣、研磨、侧钻、钻水泥塞、造扣、倒扣等作业。

**(2) 井下作业之清沙作业**

井下作业种类繁多，以相对简单的清沙作业为例，其作业过程简略说明如下。

由于储层岩石中的颗粒物产生移动并随地层流体流向井底的现象称为油井出沙。油井出沙会将油层沙埋、油管沙堵，严重时会使井底坍塌，损坏套管，使油井停产。出沙还会加速井下设备和工具的磨蚀，导致其失效停产，使油井产量下降、井下作业量增加、采油成本增大。因此需要定期清除油井的出沙，称为清沙。清沙分为捞沙和冲沙两种作业方法。

捞沙是对于低压油层，由于地层易漏失而无法建立循环的井，采用钢丝绳下入专门的捞沙工具(捞沙筒)进行清沙的作业方法。

冲沙是向井内泵入液体，利用高速液流将堵沙冲散，并利用循环上返的液流将冲散的沙子带到地面的清沙方法，适用于能建立循环的井。

清沙作业的一般工序为拆开(移开)井口装置→起出井下管杆(柱)→下工具清沙→下入井下采油管柱→安装(恢复)井口。

**(3) 井下作业之清蜡作业**

清蜡作业也是一种常见的、较简单的井下作业工艺。

由于原油中含有石蜡基，在开采过程中，随着组分、温度、压力的不断变化，原油中的蜡析出，附着在油管和抽油设备表面，影响油井的产量，所以要定期对其进行清蜡作业。通常的清蜡方法有机械刮削清蜡、热力清蜡和化学清蜡三种。

机械刮削清蜡是用专门的刮蜡(清蜡)工具，把附着于油井中的蜡刮掉。

热力清蜡是利用热能提高抽油杆、油管和液流的温度，当温度超过析蜡温度时，则起防止结蜡作用；当温度超过蜡的熔点时，则起清蜡作用。常用的方法有热载体循环洗井、电热自控电缆加热、电热抽油杆加热、热化学清蜡等。

化学除蜡是用化学药剂对油井进行清蜡和防蜡。

**（4）井下作业的危险性**

在井下作业工艺中，相对简单的清沙、清蜡作业就有如此之多的作业方法，并涉及多种作业工具和多道作业工序，员工从事的还是重体力劳动；而其他大修作业，则工艺更为繁多、工序更为烦琐、员工的劳动强度更加繁重。由于井下作业的这些特点，井下作业中的事故具有随机性、伤害性、损坏性和破坏性等特性。

① 井下作业安全事故具有随机性。井下作业安全是相对的，不是一口井搞好了就安全了，它是随着施工条件变化而变化的，同时也受到众多因素限制，如井场施工条件、照明条件、天气情况、人员情况、工人身体状况、生产技术和安全技能的熟知程度、思想情绪和心理反应、防护设施、保护措施、作业井施工难度等。这些方面无论是哪个环节出现问题或存在漏洞，都有可能导致事故的发生，因此说井下作业安全事故具有随机性。这就要求每一口井从施工准备开始都要严格按照施工安全标准、严格执行 HSE 体系要求、严格落实施工质量标准、严格遵守安全操作规程，摒弃粗放，追求细节，确保安全。

② 井下作业安全事故具有伤害性。井下作业中使用的工具多、用具杂，并且大都是钢铁制品，都具有一定的质量，极易发生安全事故，而且是人身伤害事故。近年来，井下作业生产中的恶性事故发生率虽有所降低，但由于井下作业不安全因素的不确定性，一些人身伤害事故还有不同程度的发生。这就要求井下作业生产时，必须定措施、查隐患、堵漏洞，从预防入手，保证井下作业生产安全。

③ 井下作业安全事故具有损坏性。井下作业中使用的设备和作业的抽油机和井口装置等都是重型设备，一旦发生设备安全事故，往往都是损坏或损毁性的，其直接和间接损失巨大。这就要求加大设备管理力度，加强对设备操作人员的技术知识培训，提升其岗位操作技能，培育其安全思想意识，确保设备安全。

④ 井下作业安全事故具有破坏性。井下作业中的安全事故对施工人员会造成伤害、对作业设备会造成报废、对油井设施会造成损毁、对生态环境会造成破坏，所以说井下作业安全事故具有破坏性。这就要求安全管理者和生产操作人员要筑牢安全防范思想，树立遵章守制意识，强“三基”（基本理论、基本知识、基本技能）、反“三违”（违章指挥、违章操作、违反劳动纪律），遏制破坏性安全事故的发生。

### 2. 井下作业风险控制

井下作业由于工艺繁杂、工序烦琐，涉及的危险源多种多样，潜在的不安全因素更是多方面的、复杂的，对于与作业井直接接触的基层生产单位，首先必须明确井下作业过程中的不安全因素，有针对性地制定防范措施，查找隐患，把事故消灭在萌芽状态，确保生产安全。

**（1）井下作业风险控制的一般措施**

由于这部分内容比较庞杂，故不针对每种作业中的危险源细致分析，仅从物的不安全状态、人的不安全行为、施工环境的不安全条件、安全管理缺陷等四方面作出简要的、一般性的分析和说明。

物的不安全状态包括设备、工具用具缺少安全装置或有缺陷；设备、装置、机械、工程设施等在设计制造施工及安装方面有缺陷或维护保养不经常，检修不及时；原材料或产品的性质带有不安全因素，如易燃、易爆、有毒等；工艺过程、操作方法上有缺陷；劳动保护用品和设施以及防范措施有缺陷等。

人的不安全行为主要表现在人与物接触过程中违反安全规定和安全规程。原因一是安全意识不牢、生产技术不强、安全技能不懂、操作规程不会；二是身体状况不佳、思想情绪不宁、岗位职责不清；三是凭老经验、老办法，想当初、想当然，存在侥幸心理、麻痹思想。

施工环境的不安全条件包括施工现场面积小，场地不平整，天气不好，照明不够，人员不足，设施不全等。

安全管理上的缺陷包括落实安全生产规章制度不严明，安全保护措施不严谨，劳动保护用品穿戴不严肃，员工安全教育与安全培训不严格，现场检查监督不严厉，生产组织不严谨，环境保护不严防等。

由于井下作业过程中众多危险因素的存在，就会导致发生多种多样的安全事故，一般发生的事故可分为井喷事故、中毒事故、火灾事故、电气事故、机械性事故、雷电袭击事故、地震灾害事故等7类。

**（2）井喷事故及其预防控制措施**

井喷失控事故简称井喷事故，与钻井过程中易发生井喷事故相似，井下作业时也可能发生井喷事故。

井下作业时发生井喷事故的根本原因也是地层压力高于井筒中压井液液柱对地层的压力。其原因常常是由于选择的压井液密度过低，使压井后井筒中压井液液柱对地层的压力低于地层本身的压力，或者是压井过程中压井液被气侵，使进入井筒中的压井液密度降低。另外在起管柱过程中不采取边起边灌压井液的措施，也会使井筒中的压井液液柱不断降低而导致井喷。当油井处于多层开采，在隔层压力系数相差较大的情况下，压井后有的层会发生漏失，当井筒内液柱降到一定程度，液柱压力低于高压层的压力时，高压层的油气水就会喷出，出现井喷。还有一种情况就是，当上提管柱时一些较大直径的工具造成抽吸现象，例如封隔器的胶筒未解封处于膨胀状态时，上提管柱时就会产生抽吸现象，使压井液被带出井外，从而造成井喷。

井喷有其自身的规律性，预防井喷、消灭井喷是完全能够做到的，井下作业时预防井喷应特别注意以下几方面。

① 选择密度适当、性能稳定的压井液压井。

② 选择合适的压井方式和方法压井。循环压井应保持足够的排量，并且要一气呵成。

高压气井在压井前应用清水洗井脱气，当压井液进入油管一定深度时，要控制出口流量，使进出口排量一致。

③ 坚持“边起边灌”的方法，使压井液液面保持在井口，保持井筒内液柱压力。

④ 按照不同作业工艺要求，作业井井口应安装自封封井器、全封封井器或半封封井器，一旦发生井喷能立即关闭封井器。

⑤ 提前做好抢装井口设备的工作，如有井喷预兆可以迅速地装好井口闸门，控制井喷。

**（3）中毒事故及其预防控制措施**

石油及其蒸气具有一定的毒性，当石油蒸气及石油气从口鼻进入人的呼吸系统，能使人体器官受害而产生急性或慢性中毒。当空气中油气含量为0.28%时，人在该环境中经过12~14min便会有头晕感；如含量达到1.13%~2.22%，将会使人难以支持；含量更高时，则会使人立即晕倒，失去知觉，造成急性中毒。此时若不能及时发现并抢救，则可能导致窒息死亡。若皮肤经常与原油接触，则会产生脱脂、干燥、裂口、皮炎或局部神经麻木等症状。

石油除了直接给人体造成毒害之外，含油污水的不当排放还会给生态环境造成危害。石油排入水中后，将漂浮在水面并形成一层油膜，阻止大气中的空气溶解于水，从而造成水体缺氧，影响到水体的自净作用，造成污染。

井下作业过程中的防中毒措施可归纳为以下三个方面。

① 严格控制排放量(其中包括防止泄漏)，对生产流程及主要设备进行密闭，以及对含油污水进行有效处理等。

② 及时排除聚集于工作场所的油气，主要是采取通风措施，但应指出的是，因油气密度比空气大，常积存于地面上及低洼处，故通风设备应设置于低处。

③ 对工作人员加强防毒知识教育，健全职业卫生制度，强调使用防毒用具等。

**（4）火灾事故及其预防控制措施**

井下作业过程中引发火灾事故的隐患较多，如井场污油(池)、井口溢流、施工井天然气含量高、井喷、酸气、油气的跑冒滴漏、井场杂草和杂物、照明电线接头漏电、电线老化漏电、电线短路、井场有明火、人员在井场吸烟、作业机排出管火星溢出、铁器撞击产生火花、井场内进行焊接和切割作业、雷击等。

预防火灾是井下作业的一项重要工作，火灾事故预防和处理的基本要求是：在施工现场网格控制火源；配备相应的消防器材；杜绝生产设备跑、冒、滴、漏；照明设施完好；施工井无溢流确需动用明火作业时，要落实防火措施。

**（5）机械性事故及其预防控制措施**

井下作业使用的机械设备多数是重型设备，而且是在重载、高速、高压、高温等条件下运行，机械化及自动化程度比较高。这些机器与设备在井下作业时，易发生断轴、开裂、倒井架重物脱落等机械事故，同时，在生产过程中使用的大量管道及各种阀件，还会出现泄漏、断裂等意外。井下作业中常见的机械性伤害主要有以下几方面。

① 机器外露的运动部分在运行中引起的绞、碾伤害，或因运动部件断脱、飞出而造成的人身伤亡及机器损坏事故。修井机的猫头绞车、滚筒、曲柄、电机等部位的事故发生频率高、危险性大，其外露部分应加装防护罩，并定期检查。

② 手持工具、用具(如大锤、管钳、吊卡、吊环、简易自封、扳手、锯条等)易造成碰、砸、割等人身伤害，在拆装井口、起下管柱的吊装作业时，重物坠落或移动易造成物体打击事故。因此作业时应加装必要的防护措施，现场作业人员必须戴好安全帽，非工作人员必须远离现场；安装井口控制器和井口闸门时易发生夹手和砸手事故，因此要求作业人员步调一致，注意力集中，作业机操作人员与井口操作人员要配合好，并有专人指挥。

③ 高空作业坠落造成的伤亡事故。井下作业涉及高空作业的时侯很多，如穿大绳，穿二道细绳，吊卸(吊装)驴头，电工上杆接电等。这些高空作业容易造成人员滑落、工具掉落、被吊卸(吊装)物坠落，导致人员伤亡和设备损坏。因此高空作业人员必须系好安全带，戴好安全帽；使用的工具必须有安全保护绳，防止工具滑手脱落；梯子必须稳固，无油污，防止脚下打滑，站立不稳；吊装用的绳索无断丝、断股现象，保证其抗拉强度。

④ 起下作业过程中造成的人身伤害事故。这方面的事故在井下作业事故中占比较高，如油管、抽油杆桥倒塌造成人身伤害；下油管时油管后部撅起伤人；起油管时油管往滑道上放时滑落地下伤脚；起下过程中，滑车上下移动时，人员靠井口太近，来不及躲避高空落物，造成人员伤亡；上井架扶油管易发生伤手和坠落事故；管钳没有打牢或管钳跳牙，人员摔倒受伤；操作台上因有油水或冻冰使人员滑倒受伤；起下光杆时没有按操作规程操作，造成方卡子压手或胶皮闸门砸手；还有平地跌入坑内或池中，造成人员摔伤等。

对此要求井口操作人员要穿戴好保护用品，站井口时要后退一步，杜绝上井架扶油管，要做好防滑、防冻、防摔措施，不能盲目施工，要做到互相监督、互相提示、互相纠正违章行为。

⑤ 搬运设备、工具、配件、油管过程中的伤害事故。井下作业中设备搬运包括作业井架的转运，履带式作业机的拖运，野营房的搬运，地面锅炉、污油回收装置、污油池的装运，地面油管、抽油杆的吊运等。在此过程中一旦发生事故将会造成人身伤亡或设备损坏的后果，因此在搬运过程中要做好出车前的检查准备工作，使车辆保持完好状态；吊装时检查好吊装绳索有无断丝、断股、死扭现象，确保绳索的抗拉强度，检查好吊环处的焊接牢固情况，并采用四角吊装，同时要有专业人员指挥，吊臂下严禁站人；拖车行驶不能超过40km/h，并且不能急起(停)步、急转弯，停放要平稳，作业机上下拖车时要有专业人员指挥，并把作业机器固定在拖车上；5级以上大风时严禁搬运、吊装作业。

**(6) 井下作业事故预防与控制的管理措施**

总的来说，要杜绝或减少井下作业安全事故的发生，首先要落实好“八防”措施，即防井下落物、防井喷、防火、防井架倒塌、防冻、防顶、防漏、防滑。其次，要组织和协调好井下作业过程。井下作业过程可分前、中、后3个阶段来落实安全措施。

作业前，生产技术部门应依据地质和工程设计资料编写施工方案并按程序审核、审批；生产管理部门按照施工方案下达井下作业通知并协调组织相关作业单位进行道路、井场的勘察，在施工井场满足施工条件后完成现场交接；作业部或项目部依据施工方案，组织施工队伍平整井场、打基础；作业队根据施工方案准备设备、工具、材料及施工用液，并根据现场情况及施工方案进行风险识别，编制HSE作业计划书。具备作业条件后，作业部或项目部可组织、协调作业队进行搬迁；设备安装完成后，经分级验收合格后方可开工，同时要进行技术交底；一般井由作业部或项目部组织现场技术交底，重点井由技术主管部门组织技术交底。

作业过程中，作业队要按照设计和技术规范作业，要测量并记录入井钻杆(油管)、工具、修井液；要监视、测量、记录泵压、钻压、排量、修井液性能、负荷、扭矩、钻速、井口压力、入井工具、管柱等数据。另外，施工过程中如涉及其他关联方联合作业时，必须告知其作业风险并填写告知报告书，施工过程中做好配合协调。

作业结束后，作业队要清理井场并将井场、井口设备等交付采油队。

井下作业单位应结合HSE管理体系，削减风险，消除各种危害因素，保障人身、设备和环境健康安全，做到井下作业安全生产。在实施HSE管理体系时，应该根据具体的作业项目，分析其存在的危险因素，制定安全细则，并严格执行。井下作业的主要规程见表6-3。

**表6-3 井下作业主要规程**

| 序号 | 规程编号 | 规程名称 |
|---|---|---|
| 1 | SY 5727—2007 | 井下作业安全规程液压修井机立放 |
| 2 | SY/T 5325—2005 | 射孔施工及质量监控规范 |
| 3 | SY/T 5791—2007 | 井架作业规程 |
| 4 | SY/T 5836—1993 | 中深井压裂设计施工方法 |
| 5 | SY/T 5858—2004 | 石油工业动火作业安全规程 |
| 6 | SY/T 5981—2000 | 常规试油试采技术规程 |
| 7 | SY/T 6120—1995 | 油井井下作业防喷技术规程 |
| 8 | SY/T 6194—2003 | 油气井套管或油管用钢管 |
| 9 | SY/T 6277—2005 | 含硫油气田硫化氢监测与人身安全防护规程 |
| 10 | SY/T 6605—2004 | 石油钻、修井用吊具安全技术检验规范 |
| 11 | SY/T 6610—2005 | 含硫化氢油气井井下作业推荐做法 |

## 三、采油生产安全

采油生产是油气开发的重要阶段，需要进行采油、采气、注水、注蒸汽、井下作业等储多作业。这些作业大部分是野外分散作业，井筒、井口、计量间、原油联合站、污水处理厂等各个生产环节有机地联合在一起的，生产过程具有机械化、密闭化和连续化的特点，生产的介质是易燃易爆的石油和天然气，因此，具有极高的危险性。分析评价其生产过程固有的或潜在的风险，有针对性地采取安全管理和安全技术措施，削减风险，是降低生产事故率和事故损失，保证生产安全的必然要求。

### 1. 机械采油安全

把原油从井底采到地面上来的采油方式分为自喷采油与机械采油两类。

完全依靠地层能量将原油从井底举升到地面的采油方式，称为自喷采油。自喷采油一般应用在油田开采初期、地层能量很高的阶段。

随着原油的不断开发，地层能量逐渐消耗，一些油井逐渐丧失了自喷能力。同时，由于地层的地质特点，有一些油井一开始就不能自喷。为了保证原油的稳产、高产、提高采收率，对这些不能自喷的油井，就必须用机械采油方法开采。这种人为的通过各类机械从地面向地层礼充能量、采油出井的生产方式统称为机械采油，亦称人工举升采油。

游梁式抽油机是最常见的有杆泵机械采油设备。游梁式抽油机主要由游梁—连杆—曲柄机构、减速箱、动力设备和辅助装置等四大部分组成，结构如图 6-3 所示。

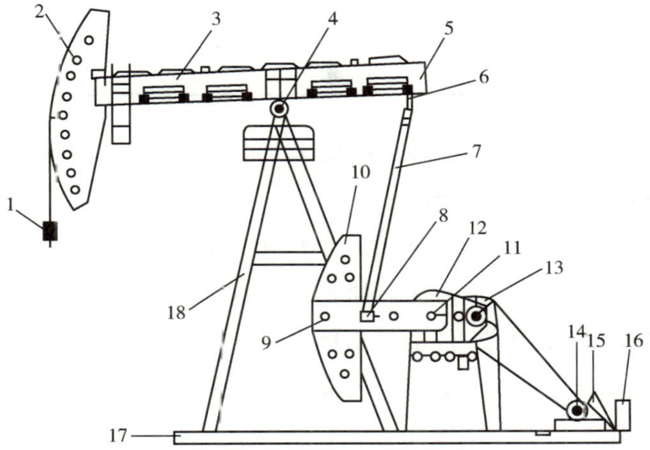


图 6-3　常规型游梁式抽油机结构示意图

1—悬绳器；2—“驴头”；3—游梁；4—中轴；5—尾轴；6—横梁；
7—连杆；8—曲柄轴；9—曲柄；10—平衡重；11—输出轴；12—减速箱；
13—大皮带轮；14—电动机；15—刹车；16—配电箱；17—底座；18—支架

游梁式抽油机工作原理：电动机的高速旋转运动经皮带和减速箱减速后，转变成曲柄的低速旋转运动，由曲柄、连杆、游梁后臂所构成的四连杆机构将曲柄的低速旋转运动转变成“驴头”的上下往复运动，挂在驴头上的悬绳器便带动抽油杆柱往复运动，从而将井中的液体抽汲举升至地面。

游梁式抽油机一般有两种状态，即运行状态和停止（维修）状态，最常发生的事故有机械伤害、物体打击、触电、高处坠落等4类，事故类型、发生部位、设备状态见表6-4。

**表6-4 游梁式抽油机的常见事故及其发生部位简表**

| 事故类型 | 发生部位 | 设备状态 |
|---|---|---|
| 机械伤害 | 平衡重 | 运行、维修 |
| | 皮带 | 运行 |
| | 悬绳器 | 运行 |
| | 刹车 | 维修 |
| 物体打击 | 减速箱 | 维修 |
| | 操作台 | 维修 |
| 触电 | 电机 | 运行 |
| | 电缆 | 运行、维修 |
| | 节电控制箱 | 维修 |
| 高处坠落 | 减速箱 | 维修 |
| | 操作台 | 维修 |
| | 攀梯 | 运行 |

生产过程中，游梁式抽油机的危险部位及其防范措施简要说明如下。

**（1）平衡重旋转危险及其防范措施**

采油井场职工和外部其他人员违章或误入平衡块旋转危险区时，可造成非死即伤的恶性事故。因此需要在平衡重旋转危险区域加装合格的安全防护网，还应该在抽油机减速箱底座中部喷涂“旋转部位，禁止靠近”的警示标志。没有条件加装安全防护网的游梁式抽油机，应禁止人员进入旋转危险区。确因工作需要进入的，应先停下抽油机、可靠刹车后，再进入旋转危险区工作。

**（2）皮带传动危险及其防范措施**

皮带轮和皮带是减速箱和电机之间的传动装置，当井场职工巡回检查和其他外部人员靠近、接触旋转的皮带轮或皮带时，易造成皮带挤手、皮带轮绞住工作服进而把人绞伤、女职工的头发被卷入皮带轮等伤亡事故。故应在抽油机皮带轮上加装防护罩，实现本质安全。对于没有装皮带轮防护罩的，要强化管理，禁止人员靠近；必须进入时，应先停下抽油机、可靠刹车后，可进入。另外，应设置“当心皮带挤伤”的安全警示标志。

**(3) 悬绳器危险及其防范措施**

游梁式抽油机工作时，悬绳器是不断上下往复运动的，人员在井口工作时或误到井口，易造成碰伤事故；维修时，悬绳器和光杆的突然断脱也易造成碰伤事故。对此，应教育采油井场工和其他人员不要随意靠近采油井口，同时在抽油机悬绳器上设置“当心碰头挤手”警示标志。在需要对悬绳器和光杆进行调整和维修时，要先停下抽油机、可靠刹车。

**(4) 刹车失灵危险及其防范措施**

在维修作业时，如果刹车失灵，抽油机或部件突然转动，易造成伤亡事故。故应定期按要求对抽油机的刹车系统进行检查，保持性能完好。

在对抽油机进行维修、调整、操作前，应先将刹车调试合格，方可进行其他作业。

**(5) 电机、电缆及控制箱漏电危险及其防范措施**

人员一旦接触绝缘损坏、绝缘能力降低或接线损坏的电机、控制箱以及老化、轧伤、碰损的电缆时，易发生触电事故。因此，采油井场所有的电气设备必须加装接地保护线，并定期检查电缆绝缘，一旦发现问题应及时更换或维修处理。同时要加强安全教育和管理，不要随意接触井场上的电气设备和线路。需要操作或维修电气设备和线路时，必须先停电，再由专业人员按章作业，其他人员严禁操作。在抽油机电气控制箱前门应喷涂“高压危险”和“启停机戴好绝缘手套”的安全警示标志，在电气控制箱门内面应设置“当心电弧，侧身操作”的安全警示标志。

**(6) 高处作业危险及其防范措施**

抽油机的攀梯、操作台、游梁及减速箱顶部的高度均在 2m 以上，在其上进行维修作业属于高处作业，应该按照高处作业安全技术规程进行操作。另外，在抽油机的攀梯处应设置“先停机，后攀登”“登高系好安全带”等安全警示标志。

综上所述，需要按照以下四点认真防范，以避免抽油机伤害事故。

① 针对游梁式抽油机在运行和维修作业过程中存在的危险，应首先采取技术防护措施，使设备达到本质安全，防止事故发生。

② 在技术防护措施尚不完备的抽油机危险区域进行作业时，必须先停下抽油机、刹好刹车，才能进入危险区域作业。

③ 加装安全警示牌，提醒人员并禁止外部的其他人员进入危险区域。

④ 提高干部职工的安全意识与认真执行操作规程的意识，严格执行操作规程。

**(7) 其他采油方法的危险控制**

至于其他采油方法，由于所用设备的结构原理、工艺过程和作业要求不同，重要危险源和危险部位也各不相同，每一种采油方法都有其自身的风险特点，需要具体分析其危险因素、制定并实施切实可行的安全技术措施，以达到安全生产的目的。

例如，潜油电泵采油最重要的危险源是高电压和大电流，容易造成触电事故。因此，在启动电泵前要认真检查，保证控制柜、变压器、接线盒与井口采油树都有可靠的接地，其接地线横截面积应不小于 $16mm^2$；要定期检查电缆和电气设备的绝缘保护情况，保证绝缘良好；启动过程中要注意观察，设备正常运行 30min 后操作人员方可离开现场；停机前要记录停机原因、油压、套压、电流和电压等参数；在危险部位要加装"高压危险"等安全警示标志。

又如气举采油重要危险源是高压气体，易发生高压设备物理爆炸、高压管线刺漏、高压管线固定失效后的管线扭摆运动等意外情况，导致爆炸和机械伤害事故。因此，要特别注意检查高压管线是否连接牢靠、密封良好，高压管线与地面是否牢固锚定。另外，气举阀调试工房应具备良好的通风条件。安全工程师可针对具体的压缩系统、高压管网系统，分析其主要危险因素，有针对性地制定安全细则。

最后，在维修作业过程中如果涉及动火作业，必须严格执行油气场所动火作业安全规程。

### 2. 高压注水采油安全

注水开发，就是通常说的二次采油，是油田开发的一种十分重要的开采方式，是补充地层能量、改善渗流特性，维持油田长期高产稳产的有效方法。

注水是通过注水井将高压水注入地层，从而保持或增大地层压力，提高采油速度和采收率的一种油田开发措施。注水生产过程中，由于存在水的高压、注水水泵的大功率、大电流，因此，容易发生高压水刺漏、水力冲击所导致的机械伤害，高压电所导致的触电伤害等事故，必须采取安全技术措施，确保安全。

注水泵站的主要危险源为高压水和高压电，高压水集中在注水泵和注水管线上，高压电集中在注水泵电机、电缆以及控制柜等部位。

例如，常用的 3ZB-12/42 柱塞式注水泵的配套电机功率一般为 160kW，其排出口压力最高可达到 42MPa，相当于 $1cm^2$ 大小的面积需要承受 420kg 的重物，压力非常高，管线一旦破损，刺漏喷出的水柱不仅破坏力巨大，而且容易造成管线固定失效、巨大的反作用力会使管线随意摆动，很容易造成人员伤害事故。

图 6-4　某注水泵站管线布置图

再如，离心式注水泵的压力虽然没有柱塞式的那么高，在 15MPa 上下，属于高压范围，且其电机功率非常大，常用的 DF280-160 型离心式注水泵的电机功率可达到 2200kW（2990hp），这种大功率电机使用 6kV 或 10kV 的高压电源，其工作电流可达 220A 以上，如果绝缘失效或接地不良等原因致使人接触，就会发生触电事故。

图 6-4 为某注水泵站管线布置图。注水泵站常见的伤害事故有触电和机械伤害。

注水泵站发生机械伤害事故的本质原因是机械能或高压水压力势能的意外释放，主要有三个方面：

① 由于设备本身的动能突然释放，造成人员伤亡或设备损坏。如高速运转的电机部件因故障突然飞出、工作人员身体部位不小心接触运动部件等。

② 由于压力势能的突然释放，造成人员伤亡或设备损坏。如高压管线突然发生刺漏，高压水猛然冲向旁边的工作人员就可能造成伤害事故。

③ 由于意外释放的势能转换成动能而导致人员伤亡。如高压管线突然发生断裂，高压水冲出的同时带动管线摆动造成周围人员伤亡；或者高压水冲出致使旁边的设备或工具运动造成人员伤害。

容易发生机械伤害事故的危险部位有高压管线、出口闸门、皮带传动部分、泵体柱塞部分和安全阀等。

以安全阀为例，导致其发生机械伤害事故的原因、作业场合及其风险预防控制措施，主要有：

① 安全阀过期老化或失灵。当管线内压力升高时，安全阀不能正常动作，容易导致高压超压而损坏设备和管线，同时易出现高压水伤人。

② 安全阀额定压力与生产实际要求不符合，额定压力过高，则易造成管线憋压、法兰渗漏、管线穿孔等情况，导致高压水伤人；额定压力过低，则易造成安全阀经常开启，影响正常生产。

③ 维修作业前没有有效放空，导致阀内及其相连管线中的高压水突然刺出，造成伤害。

④ 安全阀存在质量问题，造成设备、人身伤害。

因此，为了减少或预防事故的发生，在生产过程中应使用额定压力合适，质量合格的安全阀；同时要定期对安全阀进行校检，发现问题及时更换。

注水泵站其他危险部位发生机械伤害事故的原因、作业场合及其风险预防控制措施，不再一一说明，简要分析见表 6-5。

**表 6-5　注水泵站机械伤害事故分析**

| 部位 | 事故原因 | 预防措施 |
| --- | --- | --- |
| 高压管线 | （1）管线腐蚀穿孔；<br>（2）倒错流程，造成泵出口憋压；<br>（3）施工不慎造成管线损坏；<br>（4）维修闸门时，没有停泵放空；<br>（5）下游关闭阀门前没有提前通知，造成憋压；<br>（6）更换仪表时没有关闭上一级阀门或放空未净 | （1）按时巡回检查，发现管线有穿孔迹象时及时汇报、处理；<br>（2）倒流程时确认无误后再操作；<br>（3）加强生产组织管理，生产内容变更时及时与关联单位联系；<br>（4）施工作业前，落实管网分布情况；<br>（5）严禁带压维修作业 |

续表

| 部位 | 事故原因 | 预防措施 |
|---|---|---|
| 出口阀门 | （1）保养不到位，闸门锈蚀，遇高压时丝杠弹出伤人；<br>（2）闸门质量不过关，使用时损坏伤人；<br>（3）闸门检查不及时，开关失灵，造成憋压，损坏设备，影响生产 | （1）使用新闸门前，保证质量过关，耐压符合标准，灵活好用；<br>（2）定期对各闸门进行保养、防腐；<br>（3）定期检查活动闸门，防止闸门失灵；<br>（4）开关闸门时，人应站在闸门一侧，防止丝杠弹出伤人 |
| 皮带传动部分 | （1）大皮带轮固定螺丝松动脱落，造成设备损坏及伤人事故；<br>（2）注水泵由于泵体震动防护罩固定螺丝松动脱落，易造成设备损坏；<br>（3）电机轴损坏，造成设备损坏及伤人事故 | （1）按时巡检，及时发现大皮带轮及防护罩固定螺丝松动情况，及时紧固；<br>（2）定期对注水泵维护保养，发现电机轴承损坏及时更换；<br>（3）劳保穿戴整齐，女工应注意佩戴安全帽 |
| 泵体柱塞部分 | （1）柱塞连杆卡环松动，零件飞出伤人；<br>（2）柱塞泵盘根漏失量大，造成齿轮箱进水，机油变质，损坏齿轮；<br>（3）油封漏油造成齿轮箱缺油，温度升高，损坏设备 | （1）加装防护网，定期检查柱塞卡环，发现松动及时紧固，发现损坏及时更换；<br>（2）定期润滑保养，检查机油质量、液位；<br>（3）按时巡检，检查盘根漏失量，及时调整、紧固 |
| 安全阀 | （1）安全阀过期老化、失灵，压力升高损坏设备、管线，易出现高压伤人；<br>（2）安全阀额定压力过高，造成管线憋压、法兰渗漏、管线穿孔等；额定压力过低，造成安全阀经常开启，影响正常生产；<br>（3）安全阀存在质量问题，造成设备、人身伤害；<br>（4）维修作业前没有放空 | （1）使用额定压力合适、质量合格的安全阀；<br>（2）定期对安全阀进行校验，发现问题及时更换；<br>（3）维修作业前有效防控 |

注水泵站发生触电伤害事故的主要原因有：

① 电气设备、电缆绝缘失效或接地不良，人员一旦靠近触电；

② 在电气设备维修作业时，电路突然接通，导致工作人员触电；

③ 在设备运行期间，需要带电作业时，必要的防护用品失效导致触电。

容易造成触电事故的危险部位主要有电机、电缆和电气控制装置。

为了预防触电事故的发生，在作业时应该做好以下几点：电气控制柜、接电箱等强电部位要由专人负责，控制柜前后应有绝缘隔板，电气的维护应由电工进行，两人上岗，监护操作，电气开关上要有明确的开关指示牌，保持电气设备不受潮湿，带电作业时应佩戴绝缘手套和穿绝缘工鞋等。

注水泵站发生触电事故的部位、事故原因和相应的预防措施见表 6-6。

**表 6-6 注水泵站触电事故分析**

| 部位 | 事故原因 | 预防措施 |
| --- | --- | --- |
| 电机电缆 | （1）注水泵电机电缆老化、损伤、碰损等产生漏电危险，易造成触电；<br>（2）漏电电缆接触地面，造成跨步电压触电危险；<br>（3）密封胶泥填充不到位，造成电缆漏电；<br>（4）电机没有良好接地或接地线损坏，造成触电 | （1）应按时检查电机电缆、接地、胶泥密封等部位，发现电缆漏电应及时处理；<br>（2）加强安全用电教育和用电管理，员工不要随便接触电缆和其他电气设备；需要操作或维修电气设备和线路时，必须穿戴防护用品，先停电，再由持操作证的电工进行作业，其他人员严禁操作 |
| 控制装置 | （1）电源开关处绝缘老化、破损漏电，造成触电；<br>（2）地面没有放置绝缘胶皮，造成触电；<br>（3）启停泵没有穿戴防护用品，潮湿天气没有穿绝缘胶鞋，造成触电 | （1）定期检查电源开关处绝缘密封情况；<br>（2）地面铺放绝缘胶皮，启停泵时站在胶皮上；<br>（3）正确操作，潮湿天气必须穿戴好防护用品 |

注水泵站的强噪声也是一个重要的危险源。长期在强噪声环境中工作容易导致耳聋、耳鸣等职业病。应采取有效措施控制泵房的噪声，防止噪声危害，保障职工身体健康。

另外，注水泵站安全不仅与站内的设备有关，还与站外埋在地下的管网有关。油田注水要过注水管线分配、输送，注水管网要承受 13MPa 以上的高压，而且管线又大部分埋入地下，长期受到管内水和外部土壤的作用而腐蚀，给注水管网的长期安全运行带来了困难。所以，为了保证高压注水管网的安全运行，需要定期对其进行防腐层监测、腐蚀检测和安全评价，必要时进行维修作业，保证管网安全。

针对具体的注水设备、高压管网系统和注水工艺，可按照有关技术规程，分析和制定更有针对性的安全细则。

### 3. 热力采油安全

针对热力采油生产过程的工艺特点，围绕容易发生的烫伤、物理爆炸、火灾爆炸、机械伤害等事故类型，可以采用事故树（FTA）、预先危险性分析（PHA）或故障类型、影响和危险度分析（FMECA）等方法分析研究，按照安全系统工程的原理，从安全技术教育、生产设备和生产设施的安全管理、作业过程安全监控等方面着手，设计安全技术措施，预防或解决生产过程中的安全问题，实现系统安全和设备本质安全。

**（1）安全技术教育措施**

热力采油安全技术教育包括一般安全技术教育和专业安全技术教育。

一般安全技术教育是使热采工人熟悉热力采油最基本的安全技术知识，以便在热力采油过程中达到安全生产的目的。教育的主要内容包括：

① 热力采油主要设备(热采锅炉)的构造、原理、性能和操作技术；

② 热力采油生产过程中配套设备的安全使用常识；

③ 热力采油防火、防爆、防烫伤知识；

④ 防火防爆设备使用知识；

⑤ 个人防火防爆防烫伤劳动防护用品、用具的使用、保管方法；

⑥ 发生火灾、爆炸、井喷事故后的抢险防护知识等。

专业安全技术教育是根据热力采油生产特点和需要而进行的专门的、深入的安全技术教育。其主要内容有：

① 热力采油主要设备(热采锅炉)安全技术；

② 热采锅炉自动保护系统安全技术；

③ 热采锅炉水质处理系统技术要求；

④ 热采锅炉搬运、安装、调试安全技术要求；

⑤ 热采锅炉安全操作要求；

⑥ 热力采油生产过程中的工艺安全技术；

⑦ 热力采油井下作业安全操作规程与热力采油安全规章制度；

⑧ 热力采油过程中防止井喷的安全措施和井喷后的安全处理措施；

⑨ 热采过程中其他事故的安全预防和安全处理技能；

⑩ 热力采油过程中重要生产部位和主要危险点源检查及防范知识等。

**(2) 热采设备的安全技术措施**

在做好对热采职工安全技术教育的同时，必须落实好热采锅炉等热采设备的安全技术措施。热采锅炉是压力容器，属于特种设备，其安全技术参数的选取及运行、使用，可参考 TSG 01—2014《特种设备安全技术规范制定导则》制定具体的锅炉运行安全管理细则，应该特别注意以下几点。

① 热采锅炉安全技术参数和相应的保护措施要点。

热采锅炉出口压力一般为高压，为保证热采锅炉不发生超压事故，锅炉设计中必须采取保护措施：一是，在锅炉出口设置超压报警开关，当锅炉出口压力达到设定值时，压力开关动作使锅炉自动停炉报警，这是首要的超压保护措施。超压报警开关要求每季度校验 1 次，确保动作准确、灵活。二是，在锅炉出口设置蒸汽安全阀，其作用是在压力开关失灵时，安全阀超压诉启、泄压，避免事故。安全阀的动作压力整定值要准确设定。三是，在柱塞泵出口安装安全阀，其作用是保护柱塞泵及锅炉，避免发生超压爆炸事故。

锅炉的工作温度一般高于 300℃，锅炉需要设计温度高停炉报警装置，当蒸汽温度高于保护设定值时，联锁动作，停炉保护。蒸汽温度测量仪表及报警装置的整定值一般要求每季度校验1次。

由于水质的变化，蒸汽干度会随之变化。在带有微机控制的热采锅炉上，一般会设有蒸汽干度报警保护装置，当蒸汽干度超限时，自动停炉。一般锅炉则采用化验分析蒸汽干度的方法来实施人工监督、控制。

锅炉一般有气、油两种燃料供给方式。为保证锅炉安全燃烧，一般设有下列安全保护措施：燃料压力低，自动停炉报警；燃油温度低于设定温度，自动停炉报警；雾化压力低于设定压力，自动停炉报警；熄火自动停炉报警；鼓风压力低于设定值，自动停炉报警等。

② 热采锅炉搬运与安装的安全要求要点。

热采锅炉属于超高、超宽、超长设备，搬运过程中必须捆绑牢靠，悬挂明显的超高、超宽、超长标志，运移时必须有专人负责清除行车障碍，时速不得超过45km/h。

橇座式热采锅炉的安装要严格按照制造厂家提出的安装要求施工，基础稳固、水平；拖车式热采锅炉在安装过程中要求场地平整、地面夯实。安装就位后，其前后支撑基础牢固稳定，调整水平，使拖车轮胎不得受力，手刹车必须刹死；水、电、气的安装要符合要求，交叉处要有足够的安全距离，且要便于操作人员工作；平台、梯子安装必须符合安全技术要求，排污系统要最大限度地减少对环境的污染；设备必须有良好的接地。

③ 热采锅炉水质处理系统的主要技术要求。

热采锅炉对水质处理系统有较高的技术要求，水质指标不合格，会对锅炉和管道系统有不良影响，也会对地层（油层）造成污染，其水质指标应满足有关的技术要求。

④ 热采锅炉自动保护系统安全技术要求。

热采锅炉自动保护系统包括电气和运行状态监控两部分，用于满足系统运行要求、保护设备安全。热采锅炉的监控技术和监控系统近年来发展和变化迅速，应针对具体的系统，做好维护、检修、校验、测试等工作，保证监控系统可靠运行。

为了保证安全保护系统的灵敏可靠，每个季度应该认真全面检查1次自动保护系统各整定值的准确性，并做好记录。

⑤ 热采锅炉的安全操作要求要点。

热采锅炉属于高温高压锅炉，其安全操作规程必须符合国家强制标准；其运行和操作必须遵守安全操作规程安全部门必须定期进行监察，其监察执行《压力容器安全技术监察规程》。

**（3）地面注汽管线的主要安全技术措施**

地面注汽管线及高压管网系统均属于特种设备，其安全技术参数的选取及运行、使用，可参考特种设备安全技术规范制定具体的注汽管线安全管理细则，其要点如下：

① 地面注汽管线分固定管线与活动管线两种，有额定工作压力和工作温度限定要求；

② 无缝钢管选材要符合标准，焊缝要100%探伤，管线施工完要进行水压试验，稳压5min以上不渗不漏，方可投入使用；

③ 对地面注汽管线每使用 1 年要测厚 1 次，地面截止阀要定期检查保养；

④ 管线连接部位每隔 50m 要加 1 个热补偿器，过路处固定管线要有龙门架，活动管线要加保护，避免车压；

⑤ 管线穿过低凹处或水塘时，必须架空，严禁管线浸没在水中；

⑥ 注汽前先要对管线扫线预热，检查是否有堵塞及渗漏，检查固定管线的支架处有无移动、活动管线连接处有无松动；

⑦ 注汽停炉后，要关掉送汽、进汽及井口阀门，打开放空阀门，排空管线内的余压和余水，拆除活动注汽管线；

⑧ 冬季要防止冻坏管线。

**（4）作业过程安全技术措施要点**

热力采油作业从施工安装到生产运行及设备的正常停用、故障维修等作业过程中，容易出现意外或危险情况，常见的主要有井喷、漏失、管线冻结（堵卡）、突然停电（水、气）、烫伤等。及时采取有效措施、处理好这些意外，可有效降低事故概率，减小意外损失。

① 漏失的安全处理措施。

注汽过程中，固定管线、活动管线、注汽管柱、热采井口和套管等都可能因腐蚀、冲刷（蚀）、材质缺陷、施工缺陷、外力冲击等原因而产生刺漏，甚至爆裂而出现严重漏失。出现险情后，首先要停注卸压，然后依具体情况处理，切忌带压处理。

如发现供水、供气管线漏失，要先停炉、关闭进口阀门、管线放空，然后处理漏失点。如果需要电气焊作业，则按动火规章处理。天然气管线在焊接前要进行惰气吹扫、置换，经测定天然气浓度合格后，方可在安全范围内动火。

② 管线冻结（堵卡）的安全处理措施。

注汽过程中，地面和井下注汽管线、热采井口、封隔器等部位易发生冻结（堵卡）故障。造成堵卡的原因主要有注汽管线冻结、封隔器堵卡和热采井口（阀门）卡死等三个方面。

注汽管线冻结时，一般需要先停炉或低压运行，然后分段融化解冻。

阀门卡死则需要停注、待温度下降后更换阀门，更换阀门前要做好防喷准备。

封隔器堵卡需要停注、待温度下降后，再行修井。

③ 突然停电（水、气）的安全处理。

锅炉给水如果突然停止，锅炉应自动报警停炉，启动鼓风机降低炉膛温度，降至正常温度后停止鼓风。

锅炉用天然气突然停止或天然气压力低于正常运行要求，锅炉自动报警停炉，启动供水泵，用冷水冷却炉管及炉膛，温度降至正常温度，停止供水。

锅炉设备用电突然停止时，锅炉供水、鼓风等都将停止，这时应手动关闭供气阀门，缓慢打开排放阀，控制锅炉压力在 7MPa 左右，让其自然降温。

④ 防烫伤安全措施。

注汽井口和注汽管线的温度高达250℃以上，必须采取防烫伤措施。

凡注汽管线高温部分，必须采取严格的保温隔热措施；在热注井口装卸压力表、未放空整改注汽管线、开关井口阀门等操作时，必须戴耐高温手套；试井工在热注井测试时，必须穿戴耐高温的工鞋、工衣、手套及防护眼镜；热注井所用防喷管及其配件必须耐高温高压，保证丝扣严密不漏；操作人员放空管线时，开阀门要慢，以防高温蒸汽伤人；锅炉的紧急放空管线应垂直地面3m左右，放空口要避开高压电线；管线接箍不应布置在高压电线下面，以免漏汽引起断电停产。

以上为一般性安全措施，对具体的生产井场而言，由于环境条件、设备设施、工艺流程不同，需要按照SY/T 6354—2022《稠油注汽热力开采安全技术规程》的要求，结合相应的工艺过程和装置设备，具体分析其危险因素，制定安全细则，并严格执行。

另外，对新工艺、新技术和新设备的试验、试用生产或作业过程，例如SAGD这样的开发超稠油的前沿技术，其生产工艺尚处于探索、改进阶段，有许多不确定因素，要加强安全技术研究。针对新技术、新工艺、新设备可能存在的安全隐患和安全问题，可以采用预先危险性分析、危险和可操作性研究等方法，分析其危险因素，剖析可能发生的事故类型及其发生部位、发生场合(时间)、主要致因，针对特定的设备和特定的工艺，设计安全技术措施，提出安全管理办法，制定和落实切实可行的安全细则，从而保证它们在试验、试用过程中的安全。

## 四、油气长输管道安全

### 1. 油气长输管道危险性分析

**(1) 储运介质危险有害因素**

原油是从油田开采出来未经加工或经初步加工的石油，是一种有黏性而呈黑褐色的易燃液体，主要由C、H、O、S、N等5种元素组成。其中C含量占85%~87%，H含量占11%~14%，两者合计占96%~98%，碳氢比(C/H)为6.5左右。C和H以不同的数量和方式排列，构成不同的碳氢化合物，简称“烃”。

**(2) 储运工艺危险有害因素辨识**

长输管道不仅距离长、输送压力高、工艺复杂、介质量大，而且输送的介质具有易燃、易爆危险性。在设计、施工、运行管理过程中，可能存在设计不合理、施工质量问题、腐蚀、疲劳、管道水击等因素，会造成输油泵、压缩机、储罐、阀门、仪器仪表、管线等设备设施及连接部位泄漏而引起火灾、爆炸事故。

① 设计不合理。长输管道系统的设计是确保工程安全的第一步，也是十分重要的一步，设计质量的好坏对工程质量有着直接的影响。设计不合理主要表现在：工艺流程、设备布置不合理；系统工艺计算不正确；管道强度计算不准确；材料选材、设备选型不合理；

防腐蚀设计不合理；管线布置、柔性考虑不周；结构设计不合理；防雷、防静电设计缺陷等。

② 施工质量问题。管道施工质量的好坏不仅与管道的使用寿命、系统运行经济效益息息相关，而且直接关系到管道的运行安全。施工质量问题主要表现在：管道施工队伍技术水平低、管理失控；强力组装；焊接缺陷；补口、补伤质量问题；管沟、管架质量问题；检验控制问题等。

③ 腐蚀失效。腐蚀失效是在役长输管道主要失效形式之一。腐蚀既有可能大面积减薄管道的壁厚，导致过度变形或爆破，也有可能导致管道穿孔，引发漏油、漏气事故。

④ 管道水击。当带压管道中的阀门突然开启、关闭或泵组因故突然停止工作或泵的输出不稳时，使流体流速急剧变化，造成管道内的压强发生大幅度交替升降，压强变化以一定的速度向上游或下游传播，在边界上发生反射，并伴有液体锤击的声音，这种现象叫水击。水击会引起压强升高，可达管道压强的几十倍或数百倍。另外，水击还会使管内出现负压。压强的大幅波动，可导致管道系统强烈振动，产生噪声，造成阀门破坏、管件接头破裂、断开，甚至造成管道炸裂等重大事故。

⑤ 疲劳失效。管道、设备等设施在交变应力作用下发生的破坏现象称为疲劳破坏。

### 2. 油气长输管道抢修作业安全

油气长输管道维修作业是消除管道运行缺陷、提高管输效率、延长管道设备生命周期的技术措施。按照维修作业的背景条件，可分为正常维修和管道抢修。正常维修是依据管道运营和工艺技术的要求，在管道停止输送介质的条件下，按预先安排的维修计划，对管道及管输设备施行的作业。管道抢修则是指在管道运行过程中，因管道或管输设备出现异常状况、必须紧急处理，以防止事故发生或减轻事故损失时，而对管道及管输设备施行的作业。

油气长输管道维修作业与一般机电设备维修作业相比，由于作业环境存在油气这种易燃易爆介质，其作业过程除具有一般维修作业共同的作业风险外，其最大的特点是易发生火灾爆炸事故。主动采取防火防爆措施，是保证维修作业安全的关键。

#### （1）油气长输管道抢修作业安全

输油、输气管道事故主要为管道穿孔、破裂、蜡堵、凝管和伴随上述事故引起的泄漏、火灾及爆炸事故，因此，应配备相应规模的抢修队伍及抢修机具。常用的抢修机具和器材有管线封堵设备、堵漏补板、堵漏剖分套筒、各种管卡，氧乙炔切割设备、电焊机、发电机组、管道切割机、内外对口器、吊装机具、必要的车辆及消防器材和检测仪器等。

对这些设备要定期进行维护保养，保证各种设备灵活好用。对各种抢修器材，要根据抢修队伍所管辖的管道管径大小配备相应的型号，其数量要能满足抢修的需要。同时，还要严格按照动火程序和抢修方案，对管道进行抢修。

① 停输抢修程序。管道的停输抢修用于管道出现破裂、断裂造成管内介质大量外泄时

的抢修和管道出现堵塞事故时的抢修。停输抢修应遵循下述程序进行。当输油泵站（或压气站）值班人员或巡线人员发现管道破裂或断裂时，应及时通知值班领导及管理调度部门，由调度部门下令管道停输并通知抢修队伍赶赴事故地点。同时调度部门应立即向上级调度部门汇报，并请求其协调管道上下游各有关企业的供油和用油。

② 管道抢修队接到抢修命令后应立即赶赴事故现场。在事故现场应根据事故严重程度制定事故现场防护措施，设立警戒区，防止闲杂人员进入事故现场。

③ 确定管道封堵点，在该点周围进行油气浓度测定，制定动火措施，并按动火程序审批后进行线封堵业。

④ 管线封堵成功后，在油气浓度检测合格的前提下，完成管道的修补或更换管段的工作。

⑤ 清理事故现场的油污，恢复地貌。

**（2）不停输抢修程序**

对于管道的微小泄漏、小裂缝等事故可以采用不停输抢修作业。同时对于管输介质物性不允许停输的管道事故，也必须采用不停输抢修。

不停输抢修程序和停输抢修程序基本相同，只是在封堵设备的选用上必须采用不停输型管道封堵设备。对于管道的微小泄漏，也可以采用修补法直接进行管道的抢修作业。值得注意的是，对不停输管道的抢修作业，在抢修前应查明事故点所在站段的纵断面高程、管道动态压力、流速及管道壁厚。

**（3）抢修安全操作注意事项**

油气管道的抢修是在可能接触油气状态下进行的施工作业。在安全上除应注意一般管道施工中的安全问题外，还应注意以下几点。

① 抢修人员必须穿戴合适的劳保用品，特别是在带油（气）作业场合，作业人员不得穿有任何化纤织物（包括内衣裤），以防产生静电火花引起事故。

② 抢修队伍到达抢修现场后，应迅速查明油（气）泄漏情况，根据泄漏介质类别、泄漏量的大小、事故地点的风速及风向确定抢修现场的警戒范围。在该范围内，应避免一切闲杂人员进入。同时，在未探明油气扩散区内油气浓度以前，一切可能产生火花的设备、车辆一律不应进入警戒区。

③ 在对管道进行施焊作业前，必须进行焊点周围可燃气体浓度的测定和作业动火安全可靠性的鉴定。确定无爆炸危险后方可进行管道施焊作业。在施焊过程中，应对焊点周围可能出现的泄漏进行跟踪检查和连续检测，发现异常情况及时停止施焊，待危险因素排除后方可重新进行施焊作业。

④ 抢修时作业坑应按要求开挖，坑的两侧必须设有阶梯式上下安全通道，坑的边坡坡度应根据土壤情况采用合适的坡比，以防出现坍塌事故。

⑤ 抢修封堵作业时，若需要更换封堵隔离段的管线，应注意落实好“清”和“堵”措施。

⑥ 抢修时应配备足够的消防器材。如石棉被、干粉灭火机、泡沫灭火机和消防车辆等。

⑦ 抢修设备应严格按照设备的操作规程使用，防止因设备操作使用不当而使抢修失败的现象发生。

### 3. 长输管道动火作业安全

动火作业是对作业过程中会产生明火的一系列作业的统称，例如电气焊(割)作业。

**（1）动火作业火灾爆炸事故成因分析**

长距离输油、输气管道具有管径大，管线长，工作压力高，连续运行，输送介质具有易燃易爆等特点，在动火抢修和流程改造时，就容易发生事故，其最主要的原因有以下几方面。

① 违章操作多。在管道动火时，因违章动火引发的事故是最多的。包括不按规定操作，不熟悉动火管理规定，或存在侥幸心理，不办动火手续，不采取措施清除可燃物，在不备灭火器材、无人在现场监护的情况下盲目动火等。

② 动火票制度执行不力。动火票制度是专门针对动火作业的管理措施和安全规定。在实际动火作业时不办理动火票，或擅自将动火等级降低执行等都属于制度执行不力。作业现场安全管理中，动火票制度执行不力而引发火灾事故的次数，仅次于违章作业而引发的。

③ 作业监督不到位。监督和管理是一体的，主要针对领导和技术层。在动火现场，应按照动火等级派人在现场监督和管理。另外，包括应急救援预案在内的一些安全措施等，都需要专业人员在现场指挥。一旦发生事故，可以及时启动救援预案，尽最大可能减少事故。反之，指挥不当，或根本没有采取正确的救援措施等，都会导致事故的扩大化，从而造成严重后果。

④ 安全意识差。监督管理做到位，员工技术成熟，做到这些还不能完全保证动火作业的顺利完成。其中，操作人员和管理人员的安全意识也很重要，这主要体现在一个企业的教育宣传和企业文化上。做事严格，一丝不苟，不放过任何差错，严谨的态度才能确保生产安全进行。如果上至管理层，下至员工都态度散漫，做事马马虎虎，不把安全二字时刻放在心中的话，就算监督再严格也总会有漏洞，终有一天会造成无法挽回的事故。

**（2）动火级别**

根据动火部位爆炸危险区域的危险程度及影响范围和单位的管理权限，长输管道动火作业分为以下三级。

① 一级动火作业：系指在 273mm 及以上管径的输油气管道干线和输油气站场管道上的动火和在 500m 以上运行原油储罐及其附件上的动火作业。

② 二级动火作业：系指在 273mm 以下管径的输油气管道和 500m 以下运行原油储罐及附件上的动火作业，以及输油站内设备及管道上采取置换或清洗、吹扫等措施动火。

③ 三级动火作业：系指在输油站等生产区域内非油气工艺系统的动火和输油站等生产

区域内除一、二级动火作业以外的其他动火作业。

**（3）动火审批**

动火作业前，由施工单位负责办理并填写《工业动火申请报告书》，按审批权限上报审查，批准后方可动火。

① 一级动火。由二级单位(公司、厂、处)主管生产的领导负责组织施工动火，并和生产单位的设计、技术、生产、安全、公安(消防)人员深入现场调查，协商，制定动火措施。由施工动火单位写出动火申请报告书，经二级主管生产的领导或总工程师审查批准后上报。消防部门由油田公安处消防支队队长审批；管理局由负责生产和技术的副局长审批；并加盖相应单位的行政印章，到局安全技术处备案。

② 二级动火。由施工动火单位组织有关人员现场调查、协商、制定动火措施，填写工业动火报告书，由二级单位(公司、厂、处)安全技术部门、公司(消防)部门审查，二级单位主管领导或总工程师批准。

③ 三级工业动火。由施工单位填写工业动火报告书，制定工业动火措施；动火单位主管领导审查后，由二级单位安全技术部门审查批准。

**（4）动火前、后的检查**

所有准备工作完成后，应进行动火前的最后全面检查，确认各种安全措施到位后方能动火。准备动火时，施工管理人员应认真检查易燃物的清理情况，主要从以下几方面进行。

① 通过管线扫线排出口的排出物判断清理程度。

② 用可燃气体检测仪器检查动火点周围和管线内可燃气体的浓度。

动火结束后，也应全面检查后方能离开。

### 4. 油气长输管道动火作业安全措施

**（1）输油管道动火作业安全措施**

在动火施工操作前及操作过程中应注意落实以下安全措施。

① 在动火前必须清理干净施工现场周围的污油，对埋地管道的施工动火，还要根据实际情况预先挖好操作坑。

② 在割管机切割过程中，要用冷却水对刀具进行连续冷却，防止产生切削火花和局部高温。

③ 在动火作业过程中，监护人员应注意观察现场，每隔 5～10min 要用可燃气体报警器检测焊口及周边环境，观察有无可燃气体泄漏，如遇异常立即停止动火。

④ 流程控制阀要有专人监护，不允许在动火期间切换流程。

⑤ 在对站内输油管道施焊前，应对动火管道的对地电阻进行测试，电阻值 $R<100\Omega$。接地线与动火管道采用卡点固定法固定。

⑥ 特种作业人员(焊工)在动火时，应穿戴防火服，佩戴防护面具；在修口作业(修整管道的端口，以使焊口对接准确)时，身体应避开管口，以防发生烧伤事故。

⑦ 严禁在管段上用铁器敲打和碰撞，防止隔离墙震裂失效。

⑧ 动火施工的管道堆砌隔离墙后，应一次完成动火作业。

⑨ 应准备好充足的氮气，氮气掩护压力不低于0.1MPa，并应有专人负责，及时更换氮气瓶。更换氮气瓶时应停止动火，再次动火前应对焊口及周边环境重新进行可燃气体检测。

**（2）输气管道动火作业安全措施**

输气管道在动火施工操作前及操作过程中应注意落实以下安全措施。

① 泄压放空时，天然气放空应先点火后开气，放空位置设置在动火点下风向。当采用多点放空时，处于低洼处的设备管道先放完，高处的放空点后放完，放空点距离动火点不小于30m。

② 吹扫置换时，动火管线、设备的置换，只能用蒸汽、氮气等惰性气体，不能用空气。用蒸汽吹扫置换时，加热吹扫流速不大于5m/s，应不间断补充蒸汽，防止因负压（蒸汽冷凝成水造成负压）吸入空气形成爆炸性混合气体。气体检测点严格按动火方案执行，无缺项、漏项，气体检测置换数据记录清晰。可燃气体浓度低于爆炸下限的10%（体积分数），方为合格。

③ 切断时，与动火点相连的工艺管线、排污管线、电气仪表等全部断开。断开处可能因移动、滑动、坠落而造成搭接的，应采取固定措施。动火方案要求关断的阀门应上锁挂牌，防止误动。为防止静电、杂散电流，法兰卡开处用阻燃材料（石棉板或橡胶板）进行有效隔离，固定可靠。

④ 隔离时，隔离设施选用不燃或难燃材料；隔离措施到位，能防止动火作业环境天然气、凝析油等危险物质的流动、扩散，及气割、电焊作业时火花、焊渣的飞溅；涉及储罐区动火，拟实施动火作业的储罐要与相邻储罐进行有效隔离。

⑤ 封堵时，已断开的工艺管线封堵可靠；距离动火点30m内所有的漏斗、排水口、各类井口、排气管、管道、地沟等封严盖实；油气储罐液压安全阀、机械呼吸阀、量油孔、透光孔、空气泡沫产生器及腐蚀穿孔等封堵措施可靠；工艺管线动火点两侧防止物料泄漏的封堵措施可靠；同一罐区内的排水渠、地面管带空隙、防火堤工艺管线穿孔等部位封堵可靠；采用惰性气体封堵时，动火点如在管道容器下凹处，应采用比可燃气体重的惰性气体；动火点如在管道容器上凸处，应采用比可燃气体轻的惰性气体；采用胶球封堵时，胶球与动火点之间保持3~5m的距离；采用膨润土封堵时，管道内压力不得超过30kPa。管道内的有效填充长度不少于3倍管径，最短不少于300mm。已封堵的管段不得人为捶击；采用干冰封堵时，管道管径不大于250mm，封堵长度不小于300mm，与动火点的距离不小于600mm。

总之，输油输气管道的施工动火危险性虽然较大，但只要以科学、严谨的态度对待，方法得当、措施到位，就能确保动火施工全过程的安全。

# 第三节 作业环境本质安全

## 一、作业环境对人体安全行为的影响

### 1. 作业环境及安全影响

**（1）作业环境的含义**

作业环境是指人在生产活动中所处的自然环境和社会环境。自然环境主要包括微气候、光、色彩、噪声、振动、加速度、超重、失重、异常气压、电离辐射以及非电离辐射等物理因素。社会环境主要包括群体协作、人际关系、安全文化、风俗传统等文化因素。

**（2）作业环境的影响**

自然环境和社会环境都会对人的身心和安全产生影响。不良的作业环境，会对人的身心产生不良影响，引发作业者的不安全行为，造成作业失误甚至酿成事故。因此，建设良好的作业环境，尽可能消除不良环境对作业者的心理机能和心理状态的干扰，保护作业者的健康与安全，是安全作业中一个重要的问题。

**（3）作业环境中的微气候**

作业环境中的气候称作微气候，它包括作业环境的温度、湿度、气流速度（风速）和热辐射。微气候对人体与环境之间的热交换具有重要作用，是决定人的作业效能、安全和健康的重要因素。

### 2. 微气候对人体的影响

**（1）温度对人体的影响**

作业环境中的温度不仅取决于大气温度，还受太阳辐射和作业场所中热源（如冶炼炉、化学反应锅和人体等）的影响。作业环境中的温度过高或过低都会对人的身心造成一定的影响。

① 高温对人体的影响。人在高温环境下，出汗量增加，水盐代谢加快，进而导致血输出量增加，脉搏加速，胃液酸度下降，消化液分泌量减少，使消化吸收能力受到抑制；此外，高温环境还对中枢神经具有抑制作用，使大脑皮层兴奋过程减弱，影响注意力、记忆力和思维，进而在心理上使人产生烦躁情绪。中暑和热衰竭是高温作业中的易发病。

② 低温对人体的影响。人在低温环境下，体表温度降低，皮肤、血管收缩，流至体表的血流量下降甚至完全停滞，引发组织冻结，造成局部冻伤；低温环境引起人体全身过冷，导致皮肤苍白、脉搏和呼吸减弱、血压下降以及血量、白细胞和血小板减少，凝血时间延长，影响手的精细运动灵巧度和双手的协调动作。长时间暴露于 10℃ 以下，手的操作效率就会明显降低；此外，还会导致神经兴奋与传导能力减弱，出现痛觉迟钝和嗜睡状态，进

而在心理上使人产生紧张、不安情绪。

**（2）湿度对人体的影响**

工作环境中的湿度取决于工作环境中水分蒸发和蒸汽释放，它以空气的相对湿度表示。人们规定相对湿度在80%以上为高气湿，低于30%为低气湿。空气的相对湿度通过影响人与环境之间的热交换，进而影响人体的温热感。在高温环境中，如果相对湿度超过50%，人的汗液蒸发功能就会显著降低，感觉闷热；如果相对湿度低于30%，就会使人呼吸道黏膜干燥，感觉不舒适。在低温环境中，如果湿度过高，空气水分会从人体吸收部分热量，人会感觉阴冷。长期的低温高湿环境，容易使人产生关节疼痛等疾病。

**（3）气流对人体的影响**

工作环境中的气流速度不仅受外界风力的影响，还受室内外温差的影响。室内外温差越大，产生的气体对流速度就越大。气流速度主要影响人体与环境之间的热交换以及人对空气的清新感。

**（4）辐射对人体的影响**

工作环境中的热辐射主要指红外线及一部分可见光。太阳及工作环境中的各种热源均能产生大量热辐射。当周围物体表面温度超过人体表面温度时，周围物体表面会向人体辐射散热，称为正辐射。相反，当周围物体表面温度低于人体表面温度时，人体表面则向周围物体辐射散热，称为负辐射。正辐射有利于人体吸热取暖，负辐射有利于人体散热降温，但在寒冷季节负辐射容易使人受凉、感冒。

应该强调的是组成微气候的各个物理要素对人体的影响是综合的。例如，湿度升高所带来的影响可由风速的增大来抵消。

### 3. 微气候与安全设计

**（1）微气候与安全**

不适微气候造成的心理状态不佳，会使人责任感和生产积极性受到消极影响。另外，不适微气候造成的体能下降也会使人工作力不从心。研究表明，最佳的工作环境温度是20℃左右，这时作业效率最高，出错率最低；当环境温度低于15℃或高于25℃时，人的思维和体力就开始受到影响，出现作业效率下降、出错率增大的现象；当气温高于30℃时，心理状态开始恶化，如开始烦闷、心慌意乱；当气温达到50℃时，人体一般只能忍受1h左右。环境温度对作业效率和相对差错率的影响如图6-5所示。

**（2）微气候环境的优化设计**

① 高温环境作业的优化设计，主要从技术、保健和生产组织三方面进行。

- 技术措施。技术措施主要有隔热、散热和排热等措施。隔热主要通过合理设计工艺流程和屏蔽热源来实现；散热主要通过降低湿度和增加气流速度来实现；排热主要通过换气和释放冷气来实现。

- 保健措施。合理供给饮料和补充营养。高温作业者大量出汗，应及时补充适当的水

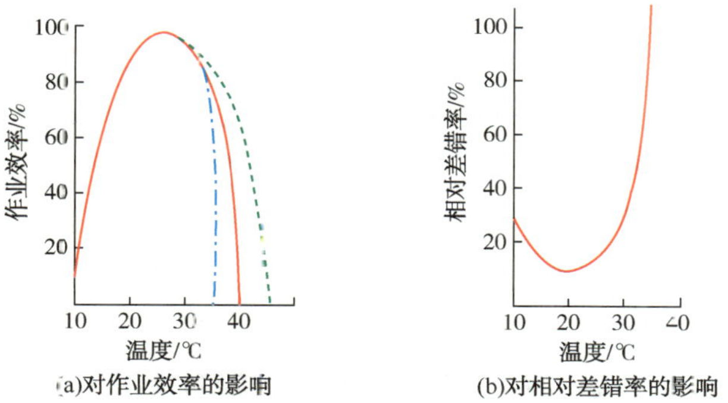


图 6-5 环境温度对作业效率和相对差错率的影响

分与盐分，以免引起脱水或水盐代谢紊乱。合理使用劳保用品。高温作业的工人，应穿戴耐热、导热系数小、透气性好的工作服。人的热适应能力有较大差别，患有心血管器质性病变、高血压、溃疡等的人不宜高温作业。因此，就业前应该进行职工适应性检查。

- 生产组织措施。应合理安排工作负荷。在高温环境下作业，工人不得不放慢作业速度或增加休息次数来维持肌体热平衡。因此，应科学合理地安排生产和休息的时间，并通过技术措施，尽量减少高温条件下作业者的体能消耗。还需合理安排休息场所。作业者在高温作业时身体积热，需要适时离开高温环境进行休息，恢复热平衡机能。为高温作业者提供的休息室中的气流速度不能过高，温度不能过低，否则会破坏皮肤的汗腺机能。温度在 20~30℃时最适于高温环境作业下身体积热后的休息。对于新上岗或重新从事高温作业者，应给予一定的适应时间，使其逐步适应高温环境。此外，工作环境涂着冷色，会给作业者带来清凉的感觉，能起到心理降温作用。心理降温常见的方法还有：做深呼吸，想象美好的事物等。

② 低温环境作业的优化设计。低温环境作业的优化设计可以从技术、防护和提高工作负荷三方面进行。

- 技术方面。主要是做好采暖和保暖工作。
- 个体防护。低温环境中，作业者应该穿热阻值大、吸汗性好、透气性强的御寒服装。
- 提高工作负荷。提高工作负荷可以使作业者降低寒冷感，但应该注意及时补充高热值的饮料、食物，并进行工间休息。此外，工作环境涂着暖色，会给作业者带来温暖的心理感觉。

## 二、噪声与振动环境对人体安全行为的影响

### 1. 噪声环境对人体的影响

噪声是指由各种不同频率和不同声压级的声音杂乱组合而成的声音。在现代生产生活中，噪声是严重危害人体身心健康的三大危害之一。

**（1）噪声对生理的影响**

噪声能够对正常语言进行遮蔽，影响人的听觉和对危险信号的觉察；噪声还会引起脉搏加速、心律不齐、血压升高、供血减少以及毛细血管收缩，引起新陈代谢的破坏和血液成分的改变。长期处于强噪声环境中，会使胃的正常活动受到影响，导致胃肠炎和胃溃疡发病概率升高。90dB 以上的噪声可以造成植物性神经系统功能紊乱、血压不稳、肠胃功能紊乱等。此外，噪声还影响人的视觉功能，造成视力下降，蓝绿色视野增大，红色视野减小。

**（2）噪声对心理的影响**

噪声影响人的情绪，使人紧张、烦躁、生气、多疑和易怒，更加具有侵犯性。噪声会干扰、分散人的注意力，意外的强噪声会惊扰人的注意，使正在进行的活动和思路瞬间停止。高声压级噪声使大脑皮层兴奋和抑制失调，脑功能紊乱，对心理产生压制，改变血压，导致烦躁、幻觉等。

**（3）噪声对安全生产的影响**

噪声不但影响作业效率，同时也影响工作质量和安全。

① 对于脑力劳动、需要高度技巧、精力高度集中的工作，噪声会影响人的注意力和思路，引起差错、降低作业效率；而对单调的工作，中等强度的噪声却像一只闹钟，反而会产生有益的效果。

② 对于需要经过学习后才能从事的工作，噪声将会降低工作质量；对于不需要集中精力进行的工作，人会对中等噪声级的环境产生适应，但要保持原有的生产能力，需消耗较多的精力，从而会加速疲劳。

③ 强噪声环境能够遮蔽危险报警信号和交通运行信号，易诱发事故。

### 2. 噪声作业环境优化设计

**（1）噪声源的控制**

消除与降低噪声首先应选择低噪声的设备，选用噪声小的材料，或通过改善生产工艺，改进机械产品设计，合理设计传动装置等方式，使噪声源产生的噪声强度减小。另外，封闭噪声源或调整噪声源方向也是消除噪声的有效途径。封闭噪声源一般利用隔声材料、隔声间、隔声罩将产生噪声的机器密封起来；调整噪声源方向一般将噪声出口指向天空或旷野。

**（2）噪声传播的控制**

① 全面考虑工厂的总体布局，将噪声车间设置在远离行政办公场所与居民区处，并在车间周围建隔声墙、防护林、草坪，在建筑物内墙、天花板、地面等处装上吸声材料。

② 控制噪声传播的途径主要有隔声、吸声、消声、隔振与阻尼隔振。

隔声就是利用隔声性能良好的墙、门、窗、罩等，把噪声源与周围环境隔绝起来，也可以把需要保持安静的场所与周围环境隔绝起来，例如建立隔音操作间、休息室等。

吸声就是利用玻璃棉、矿渣棉等多孔材料做成一定结构，安装在室内墙壁或吊在天花板上，吸收室内的反射波，或安装在消声器或管道内壁上，增加噪声的衰减量。

消声就是在产生噪声的设备上安装消声器，消除机械气流噪声。

隔振与阻尼隔振就是在机械设备下面安装减振器或减振材料，以减少或阻止振动传到地面。常用的减振器有弹簧类、橡胶类、软木、毡板、空气弹簧和油压减振器等。阻尼隔振就是用阻尼材料涂刷在薄板的表面，以减弱薄板的振动，降低噪声辐射。常用沥青、塑料、橡胶等高分子材料做阻尼材料。

**（3）个人防护与音乐调节**

护耳器是个体防护噪声的常用工具，种类有耳塞、防声棉、耳罩、帽盔等。与噪声相反，音乐能够减轻作业者的精神紧张，缓解单调感和精神疲劳，提高作业效率和生产安全。1921 年美国的盖特伍德（E. L. Gatewood）曾经成功利用音乐提高了建筑工人的制图作业效率。第二次世界大战时期，为了提高作业效率，还产生了背景音乐和产业音乐。

### 3. 振动环境对人体的影响

振动是指物体沿直线或弧线经过某一平衡位置的往复运动。由于振动干扰视觉，影响手部的动作，精力也难以集中，从而造成操作速度下降、作业效率降低，诱发事故。

**（1）振动对生理的影响**

振动影响人的视觉认知能力、信息处理能力、操作能力和运动协调能力。长期接触强烈的振动，人的循环系统、消化系统、神经系统、血液循环系统、呼吸系统、新陈代谢系统会受到不同程度的影响，出现晕眩、呕吐、恶心、平衡失调等现象。强烈振动能造成骨骼、肌肉、关节和韧带损伤，当振动频率和内脏的固有频率接近时，还会造成内脏损伤。

**（2）振动对心理的影响**

对刚超过感觉阈值的振动，人们一般感觉不到不舒适，多数人是可容忍的；当振动强度大到一定程度时，人就感到不舒适，这时并没有产生对生理上的影响；振动强度进一步增加，超过疲劳阈值时，人的精力、注意力、作业效率都会受到影响，一般振动停止后，这些影响可以消除；振动的强度继续增加，超过危险阈值时，不仅会对心理、生理产生影响，还会导致病理性的损伤和病变。

**（3）振动对人体的影响**

由于振动干扰视觉，影响手的动作，精力也难以集中，因而会造成操作速度下降、作业效率降低，诱发事故。

### 4. 振动作业环境优化设计

很多情况下，振动是不能完全消除或避免的，对振动的防护主要是如何减少和避免振动对作业者的危害。采取的措施主要有：

① 技术措施。通过改进工艺设备、操作方法以及改进作业工具和加装减振器等措施，可以减轻振动的强度。

② 组织管理措施。制定科学合理的劳动制度，适当安排工间休息，实施人员轮流作业等措施，可以减少振动对人体的伤害。

③ 保健措施。合理使用劳动防护用品。防振的劳动防护用品主要是防护垫。此外还要实施作业前体检和定期体检，并做好振动病的早期防治。

## 三、光与照明环境对人体安全行为的影响

### 1. 照明对人体的影响

**（1）照明对生理的影响**

照明对眼睛影响最大。光照适宜，能提高近视力和远视力；光照条件差，会导致视觉效率下降，引起视疲劳，甚至会造成眼的各种折光缺陷或提早老花。光照太强，会造成视野内亮度过高或对比度过大，刺眼而不舒服。这种刺眼或耀眼的强光叫眩光，眩光会使视觉模糊，也会减弱物体与背景间的对比，导致视疲劳。光照很强，会对眼睛造成伤害。例如直视激光，会造成黄斑灼伤。

照明还会影响人的中枢系统和肌体活动。光照适宜，视觉活动过程开始兴奋，高级神经系统的活动和整个肌体的活动也因兴奋而得到加强；光照不足，视觉活动过程开始减慢，整个神经中枢系统和肌体活动也将受到抑制。长期在低质量光环境下工作，不仅会引起眼睛局部疲劳，也会引起全身疲劳。

**（2）照明对心理的影响**

照明影响人的情绪。明亮的环境使人心情愉快，阴暗的环境使人压抑，光照度太强或有眩光会使人烦躁、厌烦、紧张。

光照条件差还容易引起认知错误，降低人的观察力，使人辨识困难，产生疲劳与正确辨识之间的动机斗争，造成犹豫和反应迟缓，对人的意志和兴趣产生消极影响，导致人产生挫折感，影响思维能力和想象力，并影响记忆力。

**（3）照明对安全的影响**

在作业过程中，80%以上的信息是由视觉得到的，良好的光环境能减轻视疲劳，减少工作失误，提高生产安全。事故的数量与工作环境的照明条件有密切的关系。事故统计资料表明，事故产生的原因是多方面的，但光照不足是重要的影响因素。光照不足引起的视力下降、视觉损伤和视疲劳，常常导致作业效率的降低和事故的发生。相反，光照适宜可以减轻视疲劳，有助于提高工作兴趣、工作速度和精确度，减少差错率，不仅有助于提高手工劳动作业效率，而且也有助于提高脑力劳动作业效率。但光照度过强或有眩光时，会破坏暗适应，产生视觉后像，引起视觉机能的降低，使作业效率显著降低。

### 2. 照明环境优化设计

工作环境的照明要符合安全生产的要求，要达到眼睛舒适和视觉优良的效果，就必须保证光照度适宜、照明均匀、稳定、亮度对比适当等要求。

① 适宜的照度，避免眩光。照度是表示被照物体明亮程度的物理量，是指被照面单位面积上的光通量。照度不足、照度过大或有眩光，都会引起视疲劳，影响作业效率和生产安全。

② 照明的均匀性。照明的均匀性是指在视野内的亮度对比及其在视野分布的情况。如果工作表面亮度很不均匀，当眼睛从一个表面移到另一个表面时会发生视适应，使视力出现短暂的下降，影响作业效率和安全生产。

③ 照明的稳定性。照明的稳定性指光源不产生频闪。照明的稳定性直接影响照明的质量，人在明暗频闪的环境中工作，会发生视适应，若频繁地出现这种情况，就会产生视疲劳，影响作业效率，甚至诱发事故。为此，在需要频繁改变亮度的场所，应采用缓和照明，避免光亮度的急剧变化。

④ 光色效果和光源选择。光色包括色表和显色性。色表就是光源所呈现的颜色，光的显色性就是光源的光照射到物体上所显现的颜色。例如，日光照射下各色物体都显示真色，而在低压钠灯照射下，蓝布要发生颜色失真，显现黑色。显色性除了与光源的光谱成分有关外，还与照明的强度有关。在弱的照明条件下，暖色调接近红色，冷色调接近绿蓝色。在微光下，除天蓝色外，其他颜色很难分辨。在照明设计中，应该最大限度选择自然光，选择人工光源时，其光谱成分应尽量接近自然光。

⑤ 亮度的对比分布。在视野内存在不同亮度，且亮度有一定的反差时，就容易分辨前后、深浅、高低和远近，会使人感觉舒适，动作活跃，能够提高作业效率。但如果只是工作面明亮而周围较暗时，动作会变得稳定、缓慢。如果四周很昏暗，就会引起不愉快的感觉，导致作业效率下降。

### 3. 色彩对人体的影响

#### （1）色彩的三元素鉴别

为了鉴别和分析色彩的变化，人们提出了色调、明度和彩度三要素作为鉴别色彩的标准。

① 色调是一定波长的光在视觉上的表现，即红、橙、黄、绿、青、蓝、紫的色感。

② 明度是指颜色的亮暗程度，即颜色的明暗与深浅。例如，红色就有紫红、深红、浅红等深浅之别；再如，在红、橙、黄、绿、青、蓝、紫中，蓝和紫的明度最低，红和绿明度中等，而黄色明度最高。在非彩色中，白色明度最高，黑色明度最低。

③ 彩度又叫纯度，是指某种颜色含该色量的饱和程度。波长越单一，颜色就越纯和鲜艳。当某一种颜色达到饱和，而又无白色、灰色或黑色渗入时，即呈纯色；若有黑、灰色渗入，即过饱和色；若有白色渗入，即未饱和色。标准色的彩度最高（其中红色最高，绿色稍低，其他颜色居中），白、灰、黑的彩度最低（为零）。

#### （2）色彩对生理的影响

颜色的生理作用主要表现在对视疲劳的影响上。就引起视疲劳而言，蓝、紫色的影响最深，红、橙色次之，黄绿、绿蓝、绿、淡青等颜色引起的视力疲劳最小。颜色的生理作用还表现在眼睛对不同色光有不同的敏感性上，其中眼睛对黄色最敏感，故常用黄色作警戒色。此外，颜色对人的生理机能也有影响。如红色会使人的各种器官机能兴奋和不稳定，有促使血压升高及脉搏加快的作用。而蓝色则会使人的各种器官机能稳定，起降低血压及减缓脉搏的作用。黄红颜色有增加食欲的作用。绿黄色及紫色在心理上起中性作用。

**（3）色彩对心理的影响**

工作环境和生活环境的色彩对人的心理有着重要影响，不同的颜色对人的心理有不同的影响。常见颜色的心理效应见表 6–7。

**表 6–7 色彩的心理效应**

| 色彩 | 心理效应 |
| --- | --- |
| 红色 | 是一种较具刺激性的颜色，给人以大胆、强烈的感觉，使人产生热烈、活泼的情绪。但不宜接触过多，过久凝视大红颜色，不仅会影响视力，而且会产生头晕目眩之感。 |
| 黄色 | 帝王服饰和宫殿常用此色，能给人以高贵、娇媚的印象，可刺激神经系统和消化系统，可使人们感到光明和喜悦，有助于提高逻辑思维的能力。如果大量使用金黄色，容易出现不稳定感，引起行为上的任意性。因此黄色最好与其他颜色搭配用于家居装饰 |
| 绿色 | 森林的主调，富有生机，可以使人想到新生、青春、健康和永恒，也是公平、安静、智能、谦逊的象征，它有助于消化和镇静，促进身体平衡，对好动者和身心受压者极有益。自然的绿色对于克服晕厥疲劳和消极情绪有一定的作用 |
| 蓝色 | 最易使人联想到碧蓝的大海，使人联想到深沉、远大、悠久、理智和理想。蓝色是一种极其冷静的颜色，但从消极方面看，也容易激起忧郁、贫寒、冷淡等感情。它还能缓解紧张情绪，缓解头痛、发烧、失眠等症状，有利于调节体内平衡，使人感到幽雅、宁静 |
| 橙色 | 能产生活力、促进食欲，有助于钙的吸收。因此，可用于餐厅等场所，但彩度不宜过高，否则，可能使人过于兴奋，出现情绪不良的后果 |
| 紫色 | 对运动神经系统、淋巴系统和心脏系统有抑制作用，可以维持体内的钾平衡，并使人有安全感 |
| 橙蓝色 | 有助于肌肉松弛，减少出血，还可减轻身体对于痛感的敏感性 |

### 4. 色彩环境优化设计

**（1）美好色彩设计的效果**

营造良好的色彩环境，可以改变人对工作环境的印象，能达到以下效果：

① 增加明亮程度，提高照明效果；

② 标志明确，识别迅速；

③ 改变人的情绪和注意力，减少差错率，提高作业效率和生产安全；

④ 使人感到心情舒畅，减轻疲劳；

⑤ 改变人对工作环境的温度感；

⑥ 使工作场所变得清新、洁净，增加环境的安静感。

**（2）工作环境的恰当用色**

颜色的选用应考虑颜色的生理和心理效应以及工作环境的用途和性质。

① 色调。首先，色调的选择必须结合工作环境的特点和性质，选择暖色还是冷色应考虑如何恰当地改变人们对温度、宽窄、大小、情绪、安全、舒适、疲劳等的心态，以及某些影响生理过程的需要；其次，色调不能单调，否则容易引起单调感，加速视疲劳；最后，色调组合要有对比感，并能产生协调、渐变的效果。上方应设置较明亮的颜色，下方应设置稍暗的颜色。反之，会产生头重脚轻的负重感。

② 明度。任何工作环境都要有合适的明度。明度不能太高和太强烈。

③ 彩度。彩度不能太高，否则将给人以强烈的刺激，令人感到不安，并分散注意力。除警戒色外，在设计时，一般都要避免使用彩度高的色彩。

**（3）机器设备和工作面用色**

机器设备的主要部件、辅助部件、控制器、显示器的色彩应按规范的要求配色。为了防止误操作，主要部件、可动部分和特别需要注意的地方也应涂以特殊色彩。具体应注意：

① 设备、工作台面的配色应该与其功能相适应。一般工业设备外表和外壳应采用黄绿、翠绿、浅灰和驼色等色。

② 设备、工作台面的配色应该与环境色彩协调一致。

③ 危险与警示要醒目。例如，消防设施大多用彩度较大的红色。

④ 控制器、显示器和关键部位的配色要不同于背景用色，以利识读。按钮、开关等均应使用不同的色彩编码，例如，绿色按钮表示“启动”，红色按钮表示“停止”等。

⑤ 加工物件与机器、工作台面间的配色和亮度必须有显著的差异，形成色彩对比，加强视觉识别能力。若加工物件色彩鲜明，机器则配灰色；若加工物件色彩暗淡，机器则配鲜明色彩。

**（4）安全标志用色与技术标志用色**

用色彩传递安全信息，能够使人们迅速发现和分辨安全标志，因而早已为世界各国所采用。国家标准规定安全色为红、黄、蓝、绿四色，相应的对比色为非彩色。色彩可以从心理上减轻人们对环境污染因素的不良感受。例如，选择彩度高、明度低的色彩(如红色、青紫色)可在某种程度上减轻人对空气中毒物和粉尘污染的不良感觉。安全色和对比色见表6–8。

**表6–8 安全色与对比色**

| 安全色 | 含义 | 对比色 |
|---|---|---|
| 红色 | 停止、禁止、高度危险 | 白色 |
| 黄色 | 警示、注意、小心行为 | 黑色 |
| 蓝色 | 指令、必须遵守的规定 | 白色 |
| 绿色 | 指示、安全状态、正常通行 | 白色 |

# 第四节 长北环境安全管理

## 一、长北气田生态治理方案

### 1. 总体目标

生态环境治理的总体目标为通过本方案的实施，建立矿区开采生态环境恢复治理补偿长效机制，减缓或避免矿产资源开发对生态环境的影响或破坏，维持生态系统平衡，依据《石油天然气开采业污染防治技术政策》《矿山生态环境保护与污染防治技术政策》《矿山生态环境保护与恢复治理方案(规划)编制规范(试行)》《榆林市石油天然气开采污染防治技术规定》，结合长北气田地面工程建设已产生的生态问题及方案实施期内生态环境预测情况，有针对性地提出本方案目标与指标。

**(1) 生态环境保护与恢复治理**

通过生态环境现状调查及预测分析，本方案实施期内长北气田应完成的生态环境保护与恢复治理任务。主要包括：

① 保护矿区生态系统的完整性，严格控制 C10 井场建设工程对当地野生动植物的影响，维护区域原有生物多样性水平。

② 完成对气田现有所有地面设施施工临时占地的土地复垦工作，并对新建 C10 井场及配套输气管线造成的破坏进行治理；减小水土流失对生态环境的影响。

**(2) 污染防治**

方案服务期内污染防治内容包括对新建设施施工期的污染防治与现有设施的污染防治内容，结合规范要求与气田实际，具体内容见表 6-9。

表 6-9 方案服务期内污染防治控制内容

| 项目 | | 规范要求 | 气田生产现状 | 服务期内控制指标 |
|---|---|---|---|---|
| 钻井期 | 废水 | 钻井液循环率达到 95%以上 | 钻井液全部循环使用 | 循环率 100% |
| | | 钻井过程产生的废水应回用 | 钻井废水全部回用 | 回用率 100% |
| | | 压裂放喷返排入罐率应达到 100% | 酸化残液、压裂残液全部进罐回收利用 | 压裂放喷返排入罐率 100% |
| | 固体废物 | 试油(气)后应立即封闭废弃钻井液贮池 | 完井后即刻对泥浆池开展无害化处理流程 | — |
| | | 钻井岩屑、泥沙必须全部进入沉沙池，不得在井场随意堆放 | 全部存入泥浆池 | 处置率 100% |

续表

| 项目 | | 规范要求 | 气田生产现状 | 服务期内控制指标 |
|---|---|---|---|---|
| 运营期 | 废气 | 鼓励采用二氧化硫尾气处理技术，提高脱硫效率 | 气田产气中基本不含硫成分 | — |
| | 废水 | 工业废水回用率达到90%以上 | 工业废水100%回注 | — |
| | | 采出水应处理满足标准后回注 | 采出水100%回注 | 处理达标率100% |
| | 固体废物 | 固体废物应按照《国家危险废物名录》和危险废物鉴别标准识别，根据识别结果资源化利用或无害化处置，固体废物资源化及无害化处理处置率达到100% | 固体废物处置率100% | — |
| | | 固体废物收集、储存、处理处置设施应按照标准要求采取防渗措施 | 危废储存场及一般固废储存场均采取防渗措施 | — |

**（3）资源综合利用**

根据现场调查结果，依据气田环评文件及相关政策要求，要求气田生产废水回用率达到100%，现CPF生产废水回注已达到目标值。通过上述三个方面的分析，制定出本方案实施期内的生态环境治理总体目标及具体指标，主要包括污染防治与生态恢复两方面，方案实施后，扰动土地复垦率应达到100%，详见表6-10。

**表6-10　生态环境恢复治理总体目标**

| | 分区 | 环境要素 | 环境目标 |
|---|---|---|---|
| 生态恢复 | 井场区 | 气田施工占地复垦 | C7井场施工临时占地复垦绿化，面积1.05hm$^2$ |
| | | | C23井场施工临时占地复垦绿化，面积1.02hm$^2$ |
| | | 新建井场占地生态恢复 | C10井场泥浆池占地填埋后复垦，面积0.36hm$^2$，施工场地复垦，面积0.8hm$^2$，合计1.16hm$^2$ |
| | 管线区 | 现有环境问题治理 | C7至干管段管线临时占地复垦绿化，总面积5.6hm$^2$ |
| | | | C21～C23段管线临时占地复垦绿化，总面积12hm$^2$ |
| | | 新建管线复垦绿化 | 干管至C10段管线临时占地绿化，总面积3hm$^2$ |
| 污染防治 | 钻井施工 | 钻井液循环率 | 100% |
| | | 钻井废水回用率 | 100% |
| | | 压裂放喷返排入罐率 | 100% |
| | | 含油污泥处置率 | 100% |
| | | 钻井岩屑泥沙处置率 | 100% |
| | 气田运行 | 工业废水回用率 | 100% |
| | | 采出水回注率 | 达标回注，回注率100% |
| | | 固体废物处置率 | 100% |
| | | 危险废物处置率 | 危废转移联单制，安全储存及处置率100% |
| | | “三废”排放率 | 达标排放率100% |

### 2. 阶段目标与指标

根据《陕西省矿产资源开发生态环境治理方案编制规范》，并结合分区生态环境影响预测分析结果，提出方案实施期各分区年度指标和目标，见表 6-11。

井场区：C10 井场施工期实施临时防护，完井后，完成泥浆池无害固化处理后进行覆土复垦，面积 0.36hm²，并对剩余临时占地进行绿化，面积 0.8hm²；C7 与 C23 井场实施原有井场临时占地及新增临时取土场绿化，面积 2.07hm²。

站场区：C7 至干管段管线两侧临时占地绿化面积 5.6hm²；C21～C23 段管线两侧临时占地绿化面积 12hm²；干管至 C10 段管线两侧临时占地绿化面积 3hm²。

**表 6-11　方案服务期内生态环境治理年度指标**

| 分区 | | 项目 | 总治理目标 | | 2014 年 | 2015 年 | 2016 年 | 2017 年 | 2018 年 |
|---|---|---|---|---|---|---|---|---|---|
| 生态治理 | 井场区 | C7 井场 | 面积/hm² | 1.05 | 1.05 | 养护 | 养护 | 养护 | — |
| | | C10 井场 | 面积/hm² | 1.16 | — | — | 1.16 | 养护 | 养护 |
| | | C23 井场 | 面积/hm² | 1.02 | — | 1.02 | 养护 | 养护 | 养护 |
| | 管线区 | 干管至 C7 段 | 面积/hm² | 5.6 | 5.6 | 养护 | 养护 | 养护 | — |
| | | C21～C23 段 | 面积/hm² | 12 | — | 12 | 养护 | 养护 | 养护 |
| | | 干管至 C10 | 面积/hm² | 3 | — | 3 | 养护 | 养护 | 养护 |
| 污染防治 | 井场区 | C10 井场 | 钻井液循环率/% | 100 | — | — | — | — | — |
| | | | 钻井废水回用率/% | 100 | — | — | — | — | — |
| | | | 压裂放喷返入罐率/% | 100 | — | — | — | — | — |
| | | | 含油污泥处置率/% | 100 | — | — | — | — | — |
| | | | 岩屑泥沙处置率/% | 100 | — | — | — | — | — |
| | 站场区 | CPF | 工业废水回用率/% | 100 | | | | | |
| | | | 采出水回注率/% | 100 | | | | | |
| | | | 固体废物处置率/% | 100 | | | | | |
| | | | 危险废物处置率/% | 100 | | | | | |
| | | | “三废”排放率/% | 100 | | | | | |

## 二、生态环境治理任务

### 1. 总体方案设计

本次治理方案整体设计见表 6-12。

表 6-12 生态环境治理整体方案

| 分区 | | 位置 | 主要生态环境治理措施 | |
| --- | --- | --- | --- | --- |
| 现有环境问题治理 | | 干线至 C7 | 生物措施 | 栽植沙蒿绿化 |
| | | C21～C23 段管线 | 工程措施 | 管道下沟后覆土 |
| | | | 生物措施 | 草方格固沙、播撒草种 |
| 临时占地复垦 | | C7 井场 | 生物措施 | 泥浆池占地播撒草种，施工临时占地植树绿化 |
| | | C23 井场 | 工程措施 | 泥浆池覆土、临时取土场场地硬化 |
| | | | 生物措施 | 草方格固沙、施工临时占地植树绿化 |
| 新增生态破坏治理 | 井场区 | C10 井场 | 工程措施 | 泥浆池复垦 |
| | | | 生物措施 | 泥浆池占地种植灌丛，剩余临时占地植树绿化 |
| | 管线区 | 干管至 C10 段管线 | 工程措施 | 管道下沟后覆土 |
| | | | 生物措施 | 栽植沙柳、沙蒿绿化 |
| 污染防治 | | CPF | 工程措施 | 废水处理回注、固体废弃物处置 |
| | | C10 | 工程措施 | 施工废水处理、施工固废处置、泥浆池固化 |
| 资源回收利用 | | 水资源保护 | 工程措施 | 生产废水处理后回注 |
| | | 资源回收 | 工程措施 | 甲醇、凝析油分离 |
| 气田生态环境监测 | | | 管理措施 | 设管理工作小组进行工程监管，组织技术人员对方案实施进行生态监测 |

### 2. 典型生态治理工程设计

以下以井场区为例。

**（1）C10 井场**

① 施工临时挡护。场地地面清基及泥浆池开挖产生沙土应集中堆放，并采取拦挡等防护措施，以用于后期土地整治与土地复垦。用土工布袋装土，压覆在堆土坡脚，共三层，堆高 4m，堆压占地面积 1630m$^2$。

② 泥浆池覆土。泥浆池固化后利用前期开挖沙土进行填埋，填埋厚度≥50cm，共填埋面积 3600m$^2$。

③ 绿化设计。参考现有已复垦泥浆池绿化方案，由于 C10 井场所在区域原有植被以灌草丛为主，本着“宜灌则灌”方针，复垦场地绿化方向也尽量恢复原有植被类型。

④ 泥浆池覆土栽植：在覆土后种植沙柳、沙蒿灌丛，种植前进行穴状整地，穴内客土，栽植株行距为 1.5m×1m，栽植穴规格为 60cm×60cm×100cm。栽植时先沿行距画好行定位线，然后再沿行定位线按株距确定株定位点。在各株定位点挖坑种植。行与行之间坑口呈“品”字型排列。沙柳树苗采用一年生苗，苗高不低于 80cm，且顶芽饱满，无病虫危害和机械损伤。沙柳应于秋季种植，栽植时应将种苗全部覆沙以防冬季低温，来年 4 月略为施水即可抽芽。

⑤ 沙蒿采用撒播的方式进行种植，播种标准按照 20kg/hm$^2$计。撒播可于春季雨季前，沙柳抽芽后施水时同步进行，为提高种子成活率，撒播可选择种子和细土互掺的方法进行，即将种子与潮湿细沙或细土按照 1∶3 比例混合均匀后播下。

⑥ 施工临时占地。原有施工设备占地绿化与现有井场相同，种植樟子松林，樟子松选用二年生苗，带土球下坑。苗高不低于 120cm，且无病虫危害和机械损伤。种植前进行穴状整地，穴内客土，栽植株行距为 2m×2m，栽植穴规格为 80cm×80cm×80cm。

**（2）C7 井场**

C7 井场已于 2014 年上半年完井，泥浆池固化处置及覆土填埋工作也已完成，计划于 2014 年下半年开展占地整治工作。方案服务期内主要工程仅为原有占地的绿化工程。

① 泥浆池绿化设计。C7 井场周边植被以沙蒿－沙柳灌丛为主，参考植被分布相似的 C15 井场绿化措施，覆土后全部复垦为沙蒿草地，种植前进行沟状整地，沟内客土，行距 1.5m，于早春雨季前按 1m 穴距播种，播种标准 35kg/hm$^2$，为提高种子成活率，可选择种子和潮湿细沙以 1∶3 比例互掺揉粒的方法播种。

② 施工临时占地绿化设计参考 C15 井场绿化，采用种植樟子松林方式进行，樟子松选用二年生苗。苗高不低于 120cm，且顶芽饱满，无病虫危害和机械损伤。种植前进行穴状整地，穴内客土，栽植株行距为 2m×2m，栽植穴规格为 80cm×80cm×80cm。

**（3）C23 井场**

C23 井场预计于 2015 年初完井，同年开展占地治理工作。

① 泥浆池覆土。由于 C23 井场前期开挖表土已用于其他井场场地治理，且井场位置偏远，交通运输不便，鉴于场地周边有大量裸露未固定沙丘，方案建议可在裸露沙丘就地取土用于泥浆池填埋，覆土厚度≥50cm，共填埋面积 3600m$^2$。

② 临时取土场地治理。泥浆池覆土预计需土方约 2990m$^3$，按照挖沙深度 3.5m 估算则需挖损沙丘面积约 850m$^2$，挖损后沙丘应用机械碾实，并设置草方格固沙，参考 C21 井场边坡沙丘治理措施，草方格规格为 25cm×18cm 菱形方格，采用柴草布格。施工方法为：先画出方格主带线，然后将整理好的柴草（截段长度 20～30cm）沿线均匀铺 3～5cm 厚，再用锹将柴草压入沙中 10～15cm，确保柴草露出地面>10cm，最后用沙扶直形成低矮的柴草沙障，格内播撒草种。如柴草不足时可自当地村民收购沙柳秸秆代替。

③ 绿化设计。C23 井场周边植被以低矮丛生沙蒿为主，参考植被分布相似的 C21 井场绿化措施，覆土后全部复垦为沙蒿草地，种植前进行沟状整地，沟内客土，行距 1.5m，于早春雨季前按 1m 穴距播种，播种标准 35kg/hm$^2$，为提高种子成活率，可选择种子和潮湿细沙以 1∶3 比例互掺揉粒的方法播种。

④ 施工临时占地。参考 C21 井场绿化，采用种植樟子松林方式进行，樟子松选用两年生苗。苗高不低于 120cm，且顶芽饱满，无病虫危害和机械损伤。种植前进行穴状整地，穴内客土，栽植株行距为 2m×2m，栽植穴规格为 80cm×80cm×80cm。

**（4）管线区**

① C21～C23 段管线：C21～C23 段管线全长约 8km，2014 年下半年敷设完成并对沿线管沟覆土填埋，2015 年春季开展全线绿化工作，由于沿线多为半固定沙丘，不利于植被生长，方案建议植被恢复以草方格固沙配合播撒草种为主，参考植被立地条件相似的 C19 至主干管段管线恢复方案，草方格规格为 60cm×60cm 菱形方格，采用柴草布格，格内播撒沙蒿草种。播种标准 20kg/hm$^2$。

② 干管至 C7 段管线：干管至 C7 段管线全程 3.7km，截至现场调查时已全部下沟填埋，于 2014 年下半年开展全线绿化，管线沿线以沙蒿草地为主，方案建议采用播撒沙蒿草种方式恢复植被，播种标准 35kg/hm$^2$。

③ 干管至 C10 段管线：C10 至主干管段管线长约 2km，于 2016 年开工敷设并与 C10 站场同步投用，由于管线沿线以沙柳灌丛为主，出于保护下层管道与尽量恢复原有植被两方面考虑，方案建议采用管沟上部播撒草种、临时占地栽植灌木的复垦方案。管道开挖时应预先堆存原有表土以备倒用，下沟填埋后覆土高出两侧地表 5～10cm，并播撒沙蒿、沙打旺草种，播种标准 35kg/hm$^2$；两侧临时占地于当年秋季进行穴状整地并栽植一年生沙柳种苗，栽植株行距为 1.5m×1.5m，栽植穴规格为 60cm×60cm×100cm。

### 3. 环境污染治理措施

**（1）中央处理厂**

中央处理厂主要污染控制对象与防治措施见表 6-13。

**表 6-13 中央处理厂主要环境污染防治措施一览表**

| 项目 | 名称 | 治理措施 | 数量 | 规模 | 控制目标 |
|---|---|---|---|---|---|
| 废气 | 导热油炉烟气 | 排气筒 | 1 根 | 12m | 达标排放 |
| | 甲醇再生尾气 | 尾气水封罐 | 1 座 | 120m$^3$ | 监控点达标 |
| | 无组织废气 | 设备密封，加强巡护检修 | | | |
| 废水 | 生产维修污水 | 生产废水处理系统 | 1 套 | 240m$^3$/d | 达标回注 |
| | | 回注水罐 | 1 座 | 1000m$^3$ | |
| | 生活污水 | 地埋式污水处理装置 | 1 套 | 72m$^3$/d | 罐车运至榆林市污水处理厂再行处理 |
| 固废 | 含油废物 | 危险废物临时储存场 | 1 座 | 密闭场地，面积 240m$^2$，地面防渗 | 交由陕西新天地公司运往陕西省危险废物处理处置中心，处置率 100% |
| | 石棉废物 | | | | |
| | 废碱 | | | | |
| | 化学品盛装桶 | | | | |
| | 生活垃圾 | 生活垃圾箱 | 20 个 | — | 交榆阳区环卫部门清运，处置率 100% |
| 噪声 | 设备机械噪声 | 选用低噪声设备，采取厂房隔声、减震、消声等措施 | | | 厂界达标排放 |

**（2）丛式井场**

井场在施工期以及运营期的主要污染防治措施见表 6-14。

**表 6-14 丛式井场主要环境污染防治措施一览表**

| 污染控制对象 | | 污染因子 | 治理措施 | 控制目标 |
|---|---|---|---|---|
| 废气 | 钻井放空气 | $SO_2$、$NO_2$ | 火炬燃烧 | 厂界无组织达标 |
| 废水 | 施工期废水 | SS、COD | 排入泥浆池，完井后经预处理送锦界工业污水处理厂 | 不外排 |
| | 施工期生活污水 | SS、COD | 化粪池收集，外运处置 | 不外排 |
| 噪声 | 厂界噪声 | Leq(A) | 采取低噪设备、消声等措施 | 厂界达标 |
| 固废 | 泥浆（水基）和钻屑 | 一般固废 | 泥浆池收集、填埋处置 | 处置率 100% |
| | 生活垃圾 | 一般固废 | 市政收集，填埋处理 | 处置率 100% |

## 4. 资源综合利用措施

CPF 生产废水全部经处理后回注，年回注量约 25000$m^3$；分离甲醇 3000t、凝析油 10615t，有效减少了污染物排放；此外，停产检修时管道和厂区内设施产生放空天然气共约 $3.11\times10^6m^3$，其中约 $2.1\times10^6m^3$天然气用于厂区导热油炉加热，剩余 $1.01\times10^6m^3$通过火炬放空燃烧，回用率>65%。属清洁生产先进水平。

## 5. 生物多样性保护

**（1）人工栽培物种选择**

为减少人工引入物种对本地原始植被的影响，参考气田现有地面设施土地复垦经验，方案推荐采用本地广布的适生树种进行后期的生态恢复与重建工作。结合榆林市周边苗圃种苗种植情况，方案推荐选用树种如下：

① 灌木：推荐选用沙柳与樟子松，沙柳生长迅速，枝叶茂密，根系繁大，具有极强的防风固沙能力，是中国沙荒地区造林面积最大的树种之一，并有较高的经济价值；樟子松因其具有耐寒、耐旱及抗逆性强等特性，近年来被广泛用于毛乌素沙漠固沙造林中，气田现有井场施工临时占地全部选用樟子松营林，据现场调查，林带生长良好，成活率较高。

② 草种：参考现有井场复垦经验，推荐选用沙蒿与沙打旺作为复垦初期播撒草种，沙蒿为当地广布草种，茎多数丛生，阻沙作用好，为优良的固沙植物，属沙生群落演替初期的先锋植物，适宜用于固定、半固定沙丘地带的植被恢复；沙打旺具有抗旱、抗寒、抗风沙、耐瘠薄等特性，能生长在多种类型的气候、土壤环境下，其根系发达，水土保持效果较好，且豆科作物能够通过根瘤提高土壤肥力，改善土壤耕性，能够为后期植被演替提供营养保障。

**（2）宣传教育**

气田建设与开采时应加大对生态环境保护、对自然资源和对生物多样性保护的宣传力度，增强职工与周边群众的保护意识。让人们了解保护自然、保护濒危物种的重要性，增强人们保护珍稀濒危物种的意识，使保护生态成为公民的自觉行动，同时应加大对破坏植物资源及生存环境者的处罚和制裁，严禁乱砍滥伐，严禁捕猎当地野生动物。

## 三、长北防雷检测

根据《陕西省气象条例》第二十四条规定，各级气象主管机构负责本行政区域雷电灾害防御的组织管理工作，长北相关部门组织开展雷电灾害的科学技术研究、监测、预警、鉴定，会同有关部门指导防雷电装置的检测工作。

### 1. 项目主要内容

按照属地检测原则需由专业检测机构每年定期对长北作业分公司 28 座井丛（C1、C2、C3、C4、C5、C6、C7、C8、C9、C10、C12、C14、C15、C17、C18、C19、C20、C21、C23、C24、C25、C26、C33、C36、C38、C41、C46）、3 座清管站（C21 井丛清管站、南清管站、小纪汗清管站）、1 座天然气处理厂（CPF）、4 座集气站（榆总站、榆一站、榆二战、榆三站）、1 座 GS2 集气站、4 口水源井（1#-4#水源井）、2 座注水站（陕 213 注水站、长 3 注水站）、新建车房、北营地、榆林前指基地建筑物等生产生活现场的防雷防静电接地系统进行检测，以便及时发现接地故障，确保防雷防静电设施正常运行。

### 2. 工作区域

28 座井丛（C1、C2、C3、C4、C5、C6、C7、C8、C9、C10、C12、C14、C15、C17、C18、C19、C20、C21、C23、C24、C25、C26、C33、C36、C38、C41、C46）、3 座清管站（C21 井丛清管站、南清管站、小纪汗清管站）、1 座天然气处理厂（CPF）、5 座集气站（榆总站、榆一站、榆二站、榆三站、GS2 集气站）、4 口水源井（1#~4#水源井）、2 座注水站（陕 213 注水站、长 3 注水站）、北营地、榆林前指基地建筑物。

### 3. 项目实施

全年检测 2 次，上、下半年各一次，2022 年上半年完成检测 6270 点，下半年完成检测 6403 点，全年共计 12673 个一类检测点，发现防雷电隐患 50 项，目前已整改完毕并复检，均符合国家现行防雷规范要求和质量标准，并由榆林市气象局出具了《榆林市防雷电装置检测报告》。

其检验测试标准或规程应符合 GB 50057—2010《建筑物防雷设计规范》、GB/T 21431—2015《建筑物防雷装置检测技术规范》、GB 50058—2014《爆炸和火灾危险环境电力装置设计规范》、GB 50160—2008《石油化工企业设计防火标准》、GB 50183《石油天然气工程设计防火规范》、GB 50253—2014《输油管道工程设计规范》、GB 12158—2006《防止静电事故通用导则》等标准。

## 四、长北电力线改造

### 1. 长北井丛配电系统双电源供电

长北井丛配电系统双电源供电在每年雷雨，大风季，由于变压器高压线遭雷击，高压跌落保险被雷击掉相，缺相运行，造成井丛电源进线电压异常，供电回路接触器不能正常工作，导致井丛配电室供电不正常，严重影响井丛正常生产。

长北井丛C1、C2、C3、C4、C5、C6、C7、C8、C9、C10、C12、C14、C15、C17、C18、C19、C21、C23采用双电源北1#电源、北2#电源、南1#电源、南2#电源10kV高压电由CPF配电室经架空高压线路接至各井丛1#、2#10kV/0.4kV变压器，经变压器降压至400V接到井丛各配电室供电。正常情况时，为方便管理，监控，单号井丛设定选择由南1#电源、北1#电源作为主电源供电，同时南2#电源、北2#电源作为备用供电电源。双号井丛设定选择由南2#电源、北2#电源作为主电源供电，同时南1#电源、北1#电源作为备用供电电源。经过各井丛1#、2#变压器降压后通过各自控制回路上的交流接触器的吸合，最终将电送到井丛配电室，提供生产的正常供电。在主供电线路异常(主要是指主电源高压线路检修，隔离的情况下)才能通过控制回路的自动控制将供电从主电源供电通过交流接触器切换到备用电源供电，保证井丛供电正常。通过现场的运用，供电交流接触器的控制回路中的保护只设置了短路保护，过载保护，没有缺相保护，欠电压保护，由于交流接触器控制回路保护上的缺陷，不完善，交流接触器控制回路中的工作电压在缺相，低电压时不能及时断开交流接触器，交流接触器继续在工作电压异常情况下工作，导致交流接触器烧毁。在雷雨季节，大风季节，因井丛高压线路遭雷击，接地短路，高压跌落保险烧毁或掉相，变压器缺相运行，控制回路电压异常，主电源接触器烧毁，备用供电电源没有投用，井丛供电缺相，电压过低，烧毁电气设备，不能正常生产，为了保证井丛供电电气值班人员连夜，加班加点处理井丛供电异常情况，增加了员工的劳动强度，人工费用，夜间行车的安全风险，在这些年供电生产的运行中，累计烧毁交流接触器55台左右，电源进线回路使用的交流接触器品牌为ABB，价格高，每台接触器价格4500元左右，累计损失及大量的人工费用30多万元；因井丛停电累计造成产量损失约$200\times10^4m^3$，严重影响正常生产。

### 2. 解决井丛双电源供电异常的方法

#### (1) 增加井丛双电源供电控制回路的保护功能

由于井丛双电源供电的交流接触器在它的供电电压异常时工作，才导致接触器被烧毁，井丛供电异常，这就要确保交流接触器的工作电压在它的允许范围内，对交流接触器的控制回路工作电源采取保护装置，确保交流接触器控制回路的工作电压在它的工作范围内，井丛配电柜使用的是ABB成套配电柜，通过网上查找、选型、对比、筛选，我们采取在交流接触器的控制回路上加装品牌为ABB的三相电压监视器。

#### (2) 三相电压监视器在控制回路中的工作原理

在交流接触器控制回路中，将三相电压监视器的常开触点串联到交流接触器的控制回路中。当电压正常，三相电压监视器工作时，常开触点闭合，接通交流接触器控制回路，交流接触器正常工作，主电源投用。当电压异常，电压超过三相电压监视器的工作电压时，三相电压监视器停止工作，闭合触点断开，切断交流接触器的控制回路，使交流接触器停止工作，同时，备用供电电源通过自动控制投入运行，不仅保证了在主电源供电异常的情况下，井丛双电源供电交流接触器不被烧毁，而且，井丛用电能安全地切换到备用供电电源，保证正常生产。

### 3. 改造后的效果

**（1）性能完好**

改造完成后，增加的三相电压监视器安装位置足够，几乎不占用控制柜的空间，不影响原有配电柜的整体安全性能及周边电气元件的散热情况，配电柜里面毛气元件的性能完好。

**（2）起到保护作用**

改造完成后，通过后期使用，三相电压监视器工作正常。在高压线路发生高压跌落保险掉相，缺相运行时，低压端的控制回路中的三相电压监视器能及时起到保护作用，能够及时停止工作，将井丛双电源供电主电交流接触器控制回路切断，使交流接触器停止工作，保护交流接触器不被烧毁，同时投用备用电源给井丛供电，保证了井丛配电系统供电正常，正常生产。通过对控制回路的改造，达到了小投入、小改造、大产出的效果，解决了电气供电回路存在的安全风险，井丛供电异常的情况。

**（3）节约操作费用**

改造完成后，通过使用，没有再发生交流接触器因缺相而烧毁或供电不正常烧毁电气设备的现象，避免了购买更换交流接触器，更换人工费用，节约了生产成本。每年因高压线路高压跌落保险被雷击，掉落而烧毁的交流接触器 5 台左右，总共节约材料费用约为 2.5 万元，避免了夜间井丛供电异常抢修时的安全风险，同时彻底消除了因停电造成产量损失的风险，有力保障了天然气生产正常运行。

### 4. 增压装置电机故障失效分析及改进

长北天然气合作开发区块生产现场地处榆林市榆阳区芹河乡，建有一座天然气处理厂，厂内增压压缩机(Booster Compressor 以下均简称 BC)单元是 CPF(中央处理厂)二期工程。BC 主要针对井口压力下降后的原料气进行增压，是提高天然气产量的重要关键设备，在安装试运验收后，由于设备运行时间短加之保养间隔时间过长，发现 4 个室外空冷机组中 12 台电机有 10 台电机出现启动时过电流跳闸故障现象，导致设备无法运行，影响整套设备的备用功能及增加维护维修费用。

### 5. BC 空冷冷却系统风机运行存在的问题

BC 室外 4 个空冷机组由 12 台 37kW 电机组成。因为整套机组在建设初期就已经安装调试完成，由于当时地层压力较高，暂不需要 BC(增压压缩机)启动运行。空冷冷却系统长期处于备用状态，在后期维护保养周期内发现 4 个室外空冷机组的 12 台电机中有 10 台电机出现启动时过电流跳闸故障。检查发现是设计选型时电机采用 V6 安装方式(B3 电机轴朝上垂直安装)。电机和皮带轮均采用立式向上安装，而皮带轮与电机之间是用一个锥套紧缩联结在电机轴端，而锥套径向上有一个宽约 3mm 的贯穿开口，如图 6-6 所示。

图 6-6 冷却风扇皮带轮结构示意图

由于 4 个空冷机组安装在室外，榆林地区雨水又多，导致下雨天气时雨水从锥套开口处流到电机轴上，进而顺轴流到轴封处，轴封主体材料是橡胶，由于昼夜温差大冷热不均，而且空气中氮氧化合物（BC 燃气发动机尾气）含量相对较多，长时间放置后，电机轴封大多出现唇口有小裂纹，骨架变脆，外缘收缩出现老化等现象，导致其密封效果大大降低。“轴封”达不到完全密封的要求，导致雨水从安装在皮带轮与电机轴之间锥套的“胀紧套缝隙”流进电机内部，而被水长期浸泡的电机轴承严重锈蚀，定子绕组漆包线漆皮脱落造成定子绕组的匝间和相间短路，从而电机损坏无法启动。实际情况如图 6-7 所示。

图 6-7 电机解体内部锈蚀烧毁实物图

### 6. 通过采用锥套加盖板解决电机进水隐患

通过对皮带轮轮毂外缘结构尺寸分析发现，通常电机和风扇的皮带轮在安装找平紧固后，可以做到电机皮带轮轮毂锥套与电机轴的顶端面齐平或略高于电机轴顶端面，而锥套两个光孔和皮带轮轮毂孔是由螺栓联结紧固的，BC 这一批电机锥套上正好预留有三个等分同心圆的拆卸孔（见图 6-8）。

设想在拆卸孔上安装一个面积略大于皮带轮轮毂外缘的盖板，盖板是密闭完整的，当雨水落下，由于有盖板遮挡，电机运行时雨水就被离心力甩到远处，就不会落到锥套开口处顺轴流到电机内部。即便是静止时，由于锥套轮毂和电机轴已经紧密联结成一体，加之有盖板完全覆盖且盖板外沿大于轮

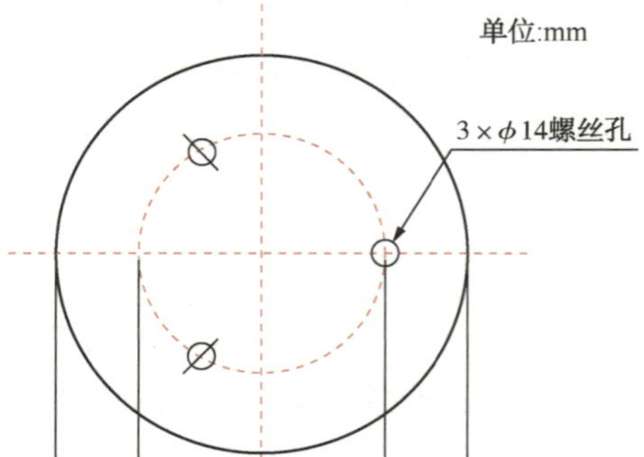


图 6-8 皮带轮轮毂外缘尺寸图

毂外缘，水只能沿盖板外沿垂直落下，水就只能落到电机轴承压盖圆弧面下沿。轴封远离雨水，可使电机轴封处无水进入电机内部，则电机能安全运行。

通过测量皮带轮轮毂外缘尺寸，考虑到防锈蚀确定制作一个不锈钢材质的盖板安装到皮带轮轮毂和锥套上。这种制作，盖板与电机轴同心，径向上质点均匀，径向离心力均等，12kg 的皮带轮上增加 0.2kg，对于 37kW 的电机负荷可以忽略不计。电机皮带轮和风机皮带轮完成找平紧固后，装卸孔安装盖板时，在螺栓头下缠绕生料带以防止雨水沿螺纹渗漏到锥套。与此同时电机轴承外轴封上再涂抹一些钙基防水的二硫化钼润滑脂，防止轴封氧化，减缓老化，阻止水分通过。

## 五、长北井丛围墙标准化

按照绿色矿山验收的要求，长北作业分公司 2021—2022 年分别对 C14、C15、C2、C17、C20、C21 井丛进行了标准化施工作业。施工内容主要涵盖了井丛围墙粉刷、标准色带涂刷、勒脚涂刷、围墙防盗刺更换、破损硬化地面维修、花砖维修更换、石子更换等。

通过井丛标准化施工，营造了干净整洁的工作环境，激发了作业人员的工作热情，规范作业人员的行为模式，提高安全标准作业意识，营造蓬勃向上的氛围，展示企业的活力，加深对企业精神的认识。

根据《油田地面工程视觉形象设计规范》《石油化工管道安全标志色管理规范》等相关规范，长北在中央处理厂、井丛等区域设立安全标语标识牌，实施安全目视化管理。

### 1. 中央处理厂部分

**（1）管线标识制作要求**

① 三通、设备进出口或不同区域边界处的管道宜标识文字和箭头。

② 当管道表面为大红色时，标识文字和箭头宜为白色，色号 SJ-22；管道表面为其他颜色时，标识文字和箭头应为大红色，色号 SJ-01。

③ 标识文字的内容宜为管道名称或介质名称。

④ 标识箭头应指向介质流向。

**（2）容器标识**

① 制作包括位号及中文名称。

② 材质采用贝迪品牌材质，割字转移到容器上。

**（3）消火栓箱标识**

文字图案采用 3M、7 年级工程反光膜割字黏贴，除正面外，箱体两侧贴竖版“消火栓”文字。

### 2. 井丛部分

**（1）进站须知**

① 进站须知牌应设置于中型、大型及特大型厂站主大门外道路一侧，标明进站须知事项。

② 进站须知牌面板底色应为白色，色号 SJ-22；文字应为大红色，色号 SJ-01；安全承包责任人和联系电话应为黑色，色号 SJ-19。

③ 进站须知牌面板宜采用铝合金镀锌板制作，宜设置 50mm×50mm 不锈钢边框；立柱宜采用 80mm×80mm 不锈钢方钢管；顶部宜采用 25mm×25mm 不锈钢方钢管装饰。

④ 面板底色、HSE 标志及文字可喷涂氟碳漆或户外防 UV 油墨丝印。

**（2）救命规则**

① 牌面板底色应为白色，色号 SJ-22；文字应为黑色和红色，色号 SJ-19 和色号SJ-01。

② 牌面板宜采用铝合金镀锌板制作，宜设置 50mm×50mm 不锈钢边框；立柱宜采用 80mm×80mm 不锈钢方钢管；顶部宜采用 25mm×25mm 不锈钢方钢管装饰。

③ 面板底色、平面图及文字可喷涂氟碳漆或户外防 UV 油墨丝印。

**（3）井丛名称牌**

① 按照美观协调的原则可对字体大小、位置及间距进行适当调整。

② 名称牌宜采用哑光不锈钢板制作，厚度不宜小于 2mm，底色应为不锈钢本色。

③ 宝石花与中国石油横式组合标识、厂站名称可喷涂氟碳漆或反光膜割字。

④ 名称牌背部宜设置加固件，可采用螺栓与墙面连接。

### 3. 长北现场标识牌(图 6-9)

图 6-9　长北现场标识牌示例

# 第七章

# 本质安全文化建设

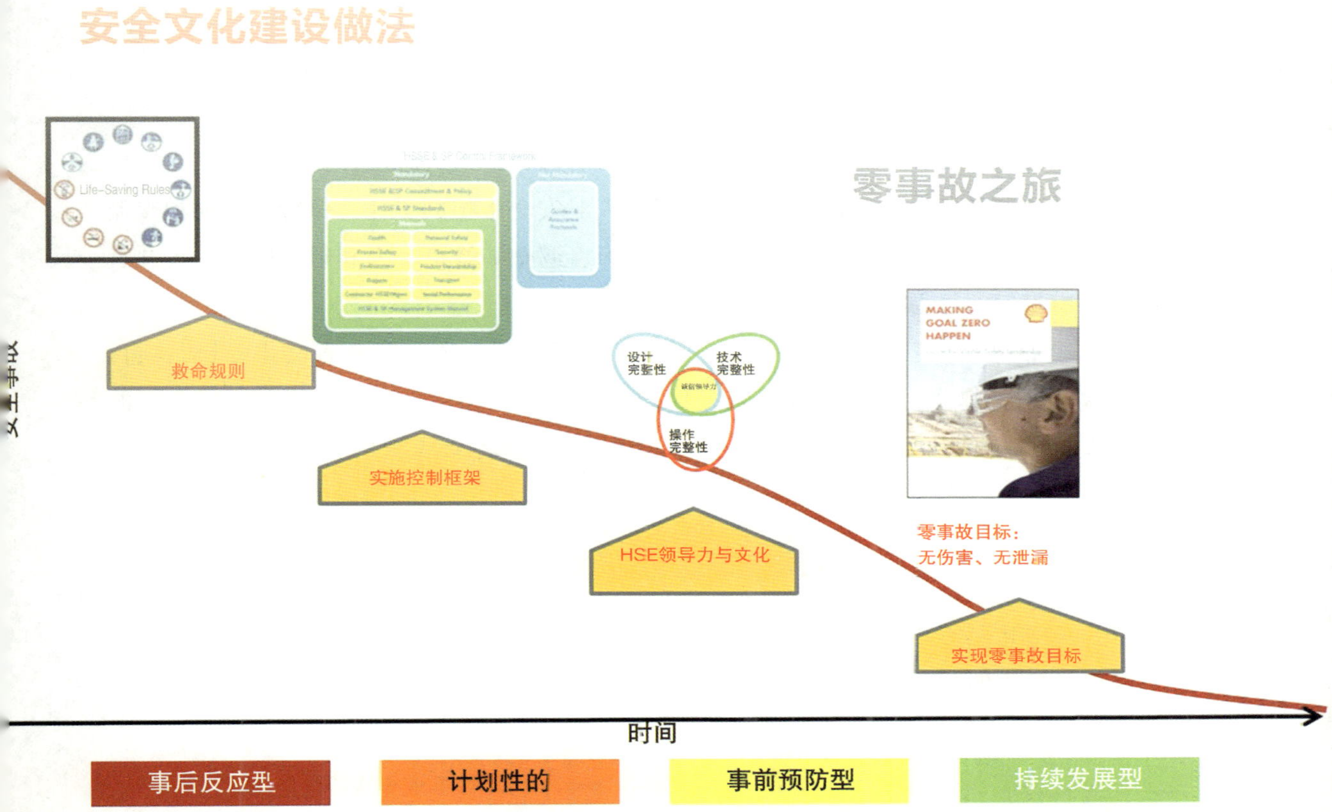

# 第一节　安全文化与安全领导力

安全文化是由一个组织的各层次、各群体中的每一个人所长期保持的，对员工安全和公众安全的价值及优先性的认识。它通过对人们的价值观、理念、目标、态度等深层次的人文因素的强化，利用培训、宣贯、指导、安全领导力、激励、不断地回顾反省、群体氛围创建等手段，不断提高人员的安全素质，改进并强化其安全意识，主动从失误的教训中努力学习、调整和修正个人和组织的行为，并且对坚持这些有价值的行为模式进行奖励以强化和固化并逐步内化。

在长北项目的工艺安全生产技术条件都比较先进完善的基础上，长北作业分公司领导层深知安全文化传播是通过强有力的领导力来影响整个团队，再由团队的每个部门、每个成员共同努力，最终形成良好的安全文化氛围；通过不断满足员工在HSE方面精神和物质的需求，从而触动其价值观和信心，并主动关心和参与HSE活动；安全领导力和安全文化的塑造是整个队伍安全凝聚力、共性安全行为、确保安全“零”目标实现的保障，秉承壳牌“遵守(遵守法律法规、规章制度、程序要求)，尊重(尊重我们的邻居、互相尊重)、干预(因关爱而干预)”的黄金法则(行为准则)，并结合中国石油实际情况，形成了长北特色的安全领导力及安全文化，即“因干预而关爱关心，因关爱关心而干预”的安全文化。

## 一、安全文化定义

安全文化是指由一个组织的各层次、各群体中的每一个人所长期保持的，对员工安全和公众安全的价值及优先性的认识。它涉及每个人对安全承担的责任，保持、加强和交流对安全关注的行动，主动从失误的教训中努力学习、调整和修正个人和组织的行为，并且从坚持这些有价值的行为模式中获得奖励等方面的程度。

一年安全靠运气，三年安全靠侥幸，五年安全靠管理，十年安全靠文化。长北项目安全文化植根于壳牌公司，其主要特点是保护人、爱护人、关心人、尊重人，使生产的价值与人的自身价值达到和谐统一，使员工以服从为主转变成为内心自发遵守的一种文化。

## 二、长北项目安全文化建设现状

建立安全文化其实并不是想象中那么复杂，壳牌公司在安全文化建设中给出一个非常简单、清晰和实用的“黄金法则”。

**（1）遵守所有的法律法规和安全制度（Comply）**

员工应知道应用在工作现场的法律、法规、标准和管理程序以及其重要性，同时，管理层要知道为什么有人会违反这些规定以及如何克服这些问题。

**（2）干涉所有不安全行为（Intervene）**

如果发现有不安全的行为或违反安全规章制度的情况，或者对安全措施没有把握时，任何人都有责任进行干预，立即干涉制止那些不安全的行为。

**（3）尊重我们的邻居（Respect）**

要以正确的方式从事工作并保持与各方面的沟通，才能得到当地人的信任。长北项目安全文化在打造人的本质安全和物的本质安全集中体现在：丰富安全物质文化、健全安全制度文化、提升安全精神文化、倡导安全价值及行为文化等四个方面。

## 三、安全物质文化

安全物质文化包括在生产、生活中保护员工身心健康与安全的工具、设备、原料、仪器及安全防护用品、饮食、住宿等方方面面。长北项目依托壳牌的资源，在安全物质文化建设上，做到了规范、高标准、全方位。

（1）项目设计采用了壳牌公司的 DEP 标准，使生产装置、设备和工艺在设计时就达到了本质安全；

（2）项目设计过程中反复进行操作危害性（HAZOP）论证，优化工艺和生产装置，确保其达到了本质安全；

（3）项目施工时高标准、规范的个人防护用品配备，保护员工的人身安全；

（4）生产作业场所高效、灵敏的监测仪器和快速、联动的切断装置，确保在生产装置故障时不伤及员工；

（5）先进、齐全、有效的应急和逃生器材，给予员工双重保护；

（6）安全舒适的车辆配置，保证员工的出行安全；

（7）高标准的餐饮、住宿，保护员工的身心健康。

安全物质文化是整个安全文化的硬件设施，是实现本质安全的基础。在整个安全文化大厦的建设中，首先要打好安全物质文化这个基础。实现安全物质文化所要具备的条件：

（1）先进的安全理念是关键。以壳牌的 HSE 理念应用于长北项目建设，使建设高标准的硬件设施得以实现。

（2）雄厚的资金是保障。壳牌公司在 HSE 方面舍得花钱，使硬件建设处于一个较高的水平。

（3）先进的科技是支持。22 份评估报告以及 HSE 经验丰富的外方专家参与长北项目设计，为项目科学、严谨和人性化的设计提供了支持。

## 第二节　安全制度文化

保障安全要靠法律、靠制度、靠规章，只有严格遵守各项法律法规和规章制度，才能从根本上保障安全。制度的制定，必须切合实际，对员工有较强的指导作用，使员工认可并遵守，才能起到规范人的安全行为的作用。

壳牌公司具备完整、规范的 HSE 文件体系，大到工程建设，小到办公旅行，都有 HSE 控制程序。齐全、丰富的管理程序，使规范管理成为可能，同时也为实现文化管理奠定了基础。此外，除这些制度和程序外，长北项目还专门制定了切实可行的规章和准则，为有效规范人的行为，提供了依据。

（1）签订安全任务和目标(Task and Target)，明确每个人的安全职责；

（2）建立 HSE 场地守则；

（3）建立 HSE 工作准则；

（4）编制生产操作的 HSE 例卷(HSE Case)。

制度不是一经制定就一成不变的，如何制定实际、有效的制度，壳牌公司给出了一个“安全三角形”的模式。

（1）好的制度会引导安全的行为；

（2）出现新的不安全行为，必须对制度进行好的设计和维护；

（3）好的设计和维护会制定出好的制度；

（4）好的制度又会引导安全的行为。

## 第三节　安全精神文化

安全精神文化是员工通过外部客观世界和自身内心世界对安全的认识能力与辨识结果的体现，是企业员工在长期实践中形成的心理和思维的产物。

安全精神文化包括安全思想、安全意识，安全心理、心态与环境、企业安全形象、安全科技水平、安全氛围等。

长北项目对人的本质安全引导的方式是：实施“心与意”管理，通过加大沟通的力度，增加对员工的信任和责任，让员工安全心理、心态和意识从病态的、被动的、计算的，上升到主动的、创生的参与各种安全活动和管理。主要采取了平等、尊重、信任、参与、分享五种方法以及沟通、竞争、激励和宣传四种手段。

## 一、五种方法

运用平等、尊重、信任、参与和分享五种方法，充分体现企业对员工的保护、爱护、关心和尊重，增强员工的信任度和忠诚度，实现员工自身价值与安全生产价值的和谐统一，才能实现员工“我会安全”的目标。

（1）平等：在安全面前，人人都是 HSE 领导，即使管理层违反了规定，员工也有权制止。要做到平等，领导的承诺是核心，给员工授权是关键，有效的奖励是手段，畅通的报告系统是支持。

（2）尊重：即使最底层的员工违反了规定，管理层也会尊重对方，以一种关爱的心态，耐心地给员工讲解，并帮助违章员工找出解决问题的措施。尊重对方就等于尊重自己，训斥和谩骂只会增加员工内心的抵触。

（3）信任：充分信任自己的员工，使员工的精神得到极大的鼓舞，并严格要求自己及身边的同事，积极地参与安全管理或生产。同时，充分的信任，能让员工的安全心态从被动的、计算的上升到主动的、创生的。

（4）参与：管理层亲自参与各种关键性安全活动，及时解决出现的问题，并注重与一般员工在安全理念上的交流，让员工感到安全是与每个人都息息相关的，促使员工自觉遵守安全规章。

（5）分享：长北项目的网络给广大员工提供了分享安全经验，发表自己建议和观点，学习安全知识和管理的平台。员工亲自参与和感受安全文化氛围，会激发员工“我会安全”的激情，进一步加深对安全的认识。

## 二、四种手段

充分应用沟通、竞争、激励和宣传四种手段，触动员工的自信心和荣誉感，激发他们的上进心，主动参与安全工作，实现“自我管理”的目标。

（1）沟通：发现安全问题后及时的沟通，有利于问题的解决，同时也给员工一个说话的权利。及时、有效的沟通会使员工懂得安全不是对他们的生产行为进行约束，而是对他们人身的关怀和体贴。沟通的过程是“尊重、关心和爱护”员工的过程，能激励员工安全生产的态度和敬业精神。

（2）竞争：欲望是人积极向上，追求美好的内在动力。当只有一个人去追求美好事物时，则不会全力投入，当一群人去追求时，则每个人都会全力以赴。长北项目高度重视这种竞争的力量，将竞争手段引入各种安全活动中，激励每个员工争做安全带头人。

（3）激励：给积极、主动参与安全活动，表现突出的员工及时奖励，会使员工的身心得到极大的愉悦和满足，激发员工更大的热情。同时，表扬、奖励一个单位或一个人，会激励和鼓舞一大片的人。经常性的奖励，并把奖励落实到员工，会营造一种以安全为荣的氛围，但要注意奖励的公平性和重奖的负面影响。

（4）宣传：通过宣传 HSE 常识以及好的或错误的做法，可以提高员工的安全知识和技能，并影响员工的行为，同时，大量的事故宣传，能对员工的内心世界起到强烈的震撼作用，从而积极地改变自己。长北项目通过小卡片、挂图、海报、多媒体等宣传方式，起到了很好的作用。

# 第四节　安全行为及价值文化

价值观制约着人在安全生产活动中的一切选择、一切愿望以及行为、方法和目标。无论是员工的个人行为还是企业的安全生产活动，都是在价值观的支配下进行的。当通过违章或冒险能获取较大的价值时，不正确的价值观就直接导致了不安全行为的产生。

## 一、针对违章的类型建立安全行为模型

壳牌公司通过对大量事故的分析发现，导致事故的三个最主要的原因是：①不遵守规定；②不能识别危险；③没有良好的监督。因此，根据人的行为及意识和心态划分，违章类型大致分为两种类型：①羊和狼（表 7-1）；②致命的鸡尾酒（表 7-2）。

表 7-1　行为决定的羊和狼

| | |
|---|---|
| 羊 | 小心谨慎，服从管理，遵守规章制度，能识别风险，不做违章的事 |
| 披着狼皮的羊 | 表面上对规章制度不屑一顾，散布违章的好处，但自己作业时，小心谨慎，遵规守纪 |
| 披着羊皮的狼 | 表面上遵规守纪，重视安全，如果完成工作有困难时，就开始冒险作业 |
| 狼 | 根本不服从管理，也不愿学习规章或不能识别危险，你说你的，我做我的 |

表 7-2　意识和心态导致的致命的鸡尾酒

| | |
|---|---|
| 期　望 | 上次作业为完成任务，不得已违章，现在条件没有变化，所以认为再次违章，依然能够完成工作 |
| 力　量 | 感觉自己有足够的能力和经验，不用遵守规定和程序就能完成任务 |
| 机　会 | 急于把握出现的机会，但在作业时，忽视了周围环境带来的更大危险，或在这种机会下出现新的危险 |
| 计　划 | 计划不够细致，员工开始作业时，发现缺乏必要的条件或资源，无法严格按照计划开展工作，只能走捷径违章完成任务 |

## 二、安全工作模型

针对违章类型，壳牌公司的“心与意”的管理给出一个简单、实用的安全工作模型，如

图 7-1 所示。

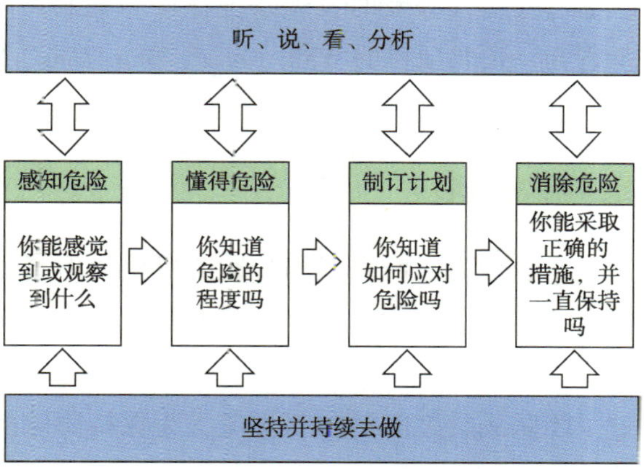


图 7-1　安全工作模型

在这个安全模型上，壳牌公司开发出了多个风险控制工具，其中，在长北项目应用的“工作任务危险分析”(JHA)、“工具箱会议”和“后退 5×5”就是最典型的实例。

## 三、注重 HSE 培训

培训可以培养员工良好的安全意识，改变对安全的价值观，会让员工的行为从“狼”逐步转化成“羊”。长北项目的培训主要体现在：

(1) 具有一套完整、固定、针对性强的培训教材，最主要是简单、实用，员工容易掌握；

(2) 根据岗位、职责的不同，以及在生产活动中承担的安全责任的差异，分层次地进行各种专项培训；

(3) 每隔一定的时间，就重新开始同一课程的培训，以巩固授课内容；

(4) 培训强调实际操作和学生与老师的互动，结束前布置课题现场演练；

(5) 项目设立专项资金，帮助承包商进行 HSE 培训。

## 四、开展有效的监督和检查

即使员工已经受到良好的培训，也不可能一直保持安全的行为，这是人的天性所决定的。为了减少这种无意识失误，积极提醒对方的不安全行为，是控制失误最有效的手段。

(1) 建立全方位的监督体系：构建了六方面的监督网络，多角度地进行 HSE 监督，从甲方到监理再到承包商，均有权利制止不安全的行为。同时，赋予了现场施工人员监督发言权，为及时纠正任何人的不安全行为提供了保障。

(2) 实施 ACT 管理：一张小小的卡片在长北项目上起到了巨大的作用，卡片本身不能说明什么，关键是 ACT 的管理使员工积极参与到纠正违章的活动中来。及时叫停，与对方交谈，并赢得对方的赞同是 ACT 的核心。目前，长北项目共收到 34469 张 ACT 卡。

（3）开展安全检查：通过安全检查及时发现系统存在的漏洞，并采取纠正措施，恢复物的本质安全和人的安全行为。长北项目的 Walk About、Stop Tour、Dos and Don'ts和 Hazard Hurt 等多种形式的安全检查，为保持员工的安全行为起到了积极的作用。

### 五、树立员工正确的价值观

员工的意识和心态会左右着行为，而意识和心态的变化是由员工看待事物的价值观所决定的，正确的价值观决定了正确的行为。管理层只有深入了解员工的价值取向，树立员工正确的价值观，才能实现员工的本质安全。

（1）团队建设：增进了团队成员之间的相互交流，为保持团队的凝聚力和积极向上的态势而改变自己，乐于服从组织提出的号召。

（2）安全活动：经常性地开展一些带有激励或目标性质的安全活动，会营造浓厚的安全氛围，让员工感受到安全就在身边，并为实现这个目标而积极改变自己。

（3）培训：培训不仅要提高员工的安全技能，更主要的是给员工一个真、善、美的判断能力和容易接受的安全理念、安全行为规范及其道德标准，这样才能有效地树立正确的安全价值观。

（4）奖励：奖励会激励一大片的员工，但奖励目的不是给某个员工发个奖品，而是让所有员工知道为什么获得了奖励，经常性的奖励会正确引导员工安全价值观，因此，长北项目在奖励时说得最多的是“知道你为什么获奖了吗”。

（5）沟通和交流：给员工创造一个能发表自己认识和见解的平台，并能从他人那吸收好的做法和经验，弥补自身的不足或更正自己错误的认识，从而逐步形成正确的安全价值观。

## 第五节 安全文化抓手

以 ACT 作为工具抓手，开展全员参与“干预”，建立“因关爱而干预”的安全文化，建立有感领导。

通过使用 ACT（事故控制卡）（图 7-2），无论风险作业活动还是操作，或日常的工作中，全员使用 ACT 卡，从人员的工作位置、劳保、工具设备使用、物料装卸、现场保洁、环境影响、程序许可遵守、设备设施不安全状态等方面系统地观察，对发现的不安全行为不安全状态开展沟通交流干预和报告，及时降低行为安全风险和将报告上来的不安全状态及时处置，从导致事故发生的不安全行为不安全状态入手开始管理，结合定期对未遂事件和小的工艺安全事件的趋势分析，管小管早，互相主动干预，改变行为，强化价值观。

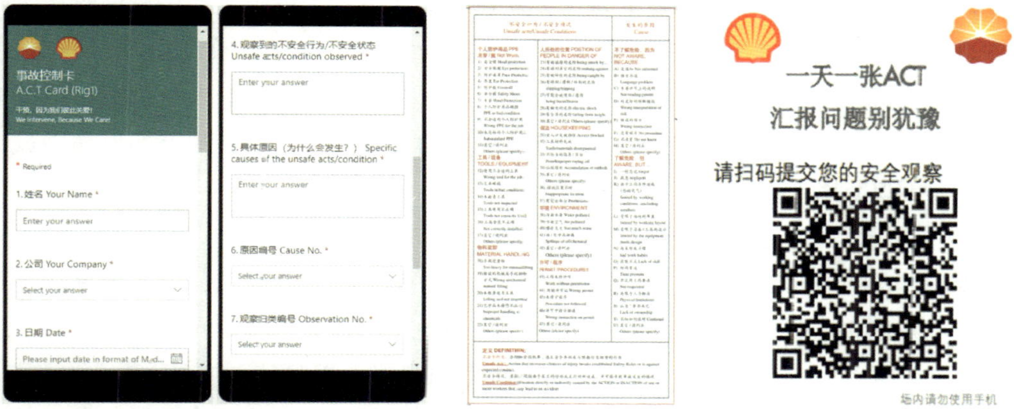


图 7-2　ACT(事故控制卡)

(1) 管理层到现场后应用 ACT 沟通交流技巧与员工开展边走边谈(Walk talk)，交流安全的看法，然后才开始谈到直线业务，工程技术等。

(2) 将 ACT 观察报告及参与作为安全管理中事故预防的先导性指标(Leading indicator)，定期分析，寻找共性问题，突出问题并预警，管小管早，主动预防；同时通过报告的梳理，查看人员参与情况、分析共性行为改变状况，找出改进的机会、并据此推优评先，强化安全行为和理念及价值观。

(3) 在员工同级中使用 ACT(事故控制卡)创造互相对观察到的不安全行为进行积极主动干预的氛围。

(4) 奖励激励最佳报告，强化员工积极参与的行为，形成良好的“我们关爱，我们干预”的实现“零目标”的安全文化氛围。

## 第六节　安全领导力

一线主管是企业运作中最重要的岗位之一，因为他们会直接接触具体工作地点，管理着员工，他们不仅仅对生产目标负责，大部分职责落在提升员工的安全作业行为上，帮助提高一线员工对安全行为重要性的认识是一线主管的角色与责任，有效的一线安全领导力有助于减少事故，对于如何履行好这样的职责，一线安全领导力课程从 6 个模块开展领导力培训，通过课堂培训与案例互动，并安排教练进行辅导，将培训知识转换成实际的工作能力，引导大家得到“零”目标。一线安全领导力的 6 个模块：①认识行为动因；②评估风险；③保持沟通；④选择不同方式；⑤帮助员工；⑥管理违章。

### 一、认识行为的动因

展开分析讨论监管力度不够造成事故的行为表现有哪些？

如：①工作的速度比安全性要重要；②发现了潜在危险，不干预；③培训新员工时未提及安全要求；④容忍违规；⑤没有配备 PPE；⑥没有吸取事故教训、没有分享教训；⑦责备而非分析原因、改进；⑧无法识别潜在危险；⑨分配工作时，未与员工讨论潜在危险；⑩在团队会议上很少提到安全；⑪没有认可好的安全行为；⑫不知道如何激励员工安全作业；⑬不追究因走捷径或违规的“成功案例”。

### 1. 成为一名优秀的安全领导的特征、职责

主管需具备特殊而复杂的技能。一个挑战是要快速了解监管对象；另一个挑战是取得他们的尊重并建立自信。主管需要不时充当下列角色：沟通者、辅导员、啦啦队长、组织者、讲师、倾听者、专家、裁判、老板、管理员、独断者、警察。

一线主管的整体职责有两方面，一方面是通过他人达成安全的工作，另一方面是成为安全行为的楷模。简而言之，主管的职责是保证让其他人安全完成工作。就实现目标而言，主管岗位至关重要，因此主管要了解公司的价值、目标、发展重点和计划。主管要对团队的表现负责，负责开发团队的技能和知识，激发团队热情。就安全而言，主管要每天管理工作中出现的风险，以身作则。主管还需花时间与团队成员待在一起。对于认为没有足够时间，监管不到位说法的解决办法：①检视日常安排，看你的时间管理是否有效。②与经理商量。得知你在工作上追求完美，他会非常赏识你。就像帮团队移除工作障碍是你的职责一样，经理也应该帮你解决困难。③向能找出时间执行监管任务的主管请教。

### 2. 有效的安全领导力的特征

（1）他们积极调查工作中的危险。

（2）他们预先规划，预防不安全行为。

（3）他们发掘了如何激励员工安全作业。

（4）他们在每次团队会议上均提到安全问题。

（5）他们在干不安全事件时，对员工进行辅导。

（6）他们“言行一致”。如他们会向员工展示自己也会参与工地日常安全活动，而非推给安全部门，仅仅让员工穿戴安全设备，不跨越安全界限。

（7）他们会核实每名员工是否了解自己应该承担的责任，并就安全表现给予相应奖励。

### 3. 安全领导力的职责

（1）认识驱使行为产生的因素，可做到合理、持续的干预。

（2）评估风险，计划预防。

（3）提供清晰的标准和指令——保持沟通安全事项。

（4）分派有能力的人承担相应的工作，用合适的方式发展员工。

（5）创造激励氛围，帮助员工达到主动安全工作。

（6）管理违章行为。

也就是在"通往零事故目标之路"上的六项安全领导职责。知道了主管的安全责任和安全目的地。做法总体遵循 PDCA 循环。

## 二、主管的六项安全领导职责

### 1. 了解行为驱动力产生的因素，做到合理、持续的干预

主管需要认识行为驱动力，从而采取合理连贯的干预措施。了解行为影响安全的方式（影响决定的因素）和如何利用这些知识来对存在潜在危险的情况进行干预。

工作场所的流程和系统一般配有大量安保措施，但由于人为失误，事故仍有发生，在石油行业中，80%～90%的事故是由不安全行为造成的，因此我们要重点改变可能导致事故的不安全行为。影响行为模式的因素（如图 7-3）。

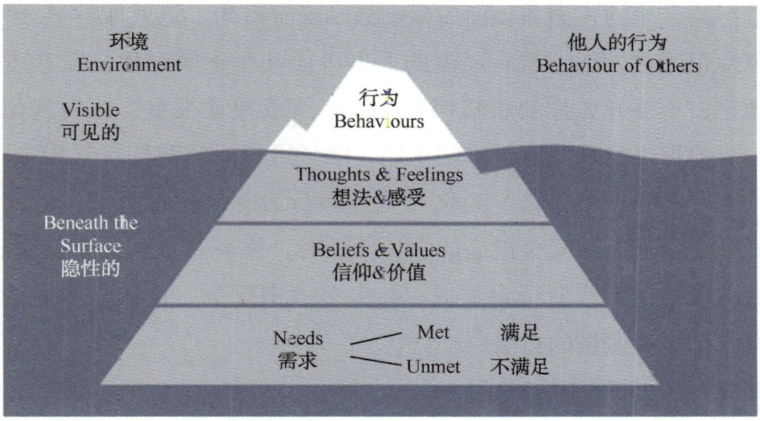


图 7-3 影响行为模式的因素（行为模式冰山理论模型）

从（图 7-3）可以看出，虽然行为是最明显的事情，但它们只是冰山一角。

（1）态度和公司文化可影响行为。

（2）文化如 HSE 文化阶梯所述，包括信仰，价值观和行为规范。

（3）文化是我们的工作环境，也是决定行为的一个重要因素。例如，如果某甲看到某乙打破了规则却没有承担任何后果，那么他也可能打破该规则。

（4）同一团队的人往往有同样的表现。

（5）如果让团队中具有影响力的员工担当安全行为模范，其他人可能会效仿。

（6）行为的安全等级是检验态度和公司文化实力的一个指标。

遵守 HSE 规则的过程中，也就形成了一套行事方式；了解"态度和文化会影响行为"对成为一个优秀主管的安全领导有非常大的帮助，了解人们行事的原因可帮你作出恰当的回应和公平待人，进而使你更了解你展现出来的态度和行为准则，以及这些态度和行为如何影响你的团队。作为主管，需要了解行为分析的 ABC 模型。

以一个不戴安全帽和手套的不安全行为作为例子(如图 7-4)，讲解 ABC 模型。

| 前提Antecedent | 行为Behaviour | 后果Consequence |
| --- | --- | --- |
| A | B | C |
| 没有提供 | 没有佩戴安全帽或手套 | 受伤 |
| 匆忙 | | 受到处罚 |
| 没有人佩戴 | | 节省时间 |
| 没有经过培训 | | 舒服 |
| 工作压力 | | |
| 脏 | | |
| 感觉不需要 | | |

图 7-4　不戴安全帽和手套的不安全行为

这个模型可用于分析常见的行为控制因素，它从另一个角度观察这些因素对行为的影响。主管可通过行为产生的正面和负面后果来鼓励安全行为。这就像学习 A-B-C 字母表那样简单。许多风险很难被发现，没有经验的工人可能甚至不知道他们正在看的是什么，更不要说如何管理它；不要光凭你的眼睛识别危险，虽然视觉很重要，但其他感官同样可以感知许多危险。听力可以发现身后驶来的车辆；嗅觉可以提醒我们空气中危险气体的存在；不寻常的振动，也可能是一个警告。当你发现危险行为时，你有责任进行干预，因为你的角色是把工作安排给其他人并安全地完成它。干预时，你需要找到一个安全和妥善的方法；干预时，你有机会促使他人改变行为习惯。在大多数情况下，这依靠沟通的技巧。干预和辅导过程中，有几个需要遵循的指引。

(1) 从远处观察(除非马上会有危险)。

(2) 在行为发生后越快给反馈越好。

(3) 介绍你自己并说明为什么要干预他/她。

(4) 问他/她有什么危险(让员工说出他/她的观点)。

(5) 讨论不安全的行为以及为什么它不安全。

(6) 与员工讨论如何做才是安全的行为。

(7) 与员工达成一致如何做才更安全，并让员工复述，确认他/她的理解正确。

远距离观察以便进行监管，从容采取相应措施(除非存在可对人或环境造成直接威胁的危险)；行为发生后，尽早提供反馈意见，尤其是建设性的批评。

(1) 介绍自己并说明阻止他/她的原因。

(2) 询问出现了什么危险(聆听员工的观点)。

(3) 就不安全行为及其不安全的原因展开讨论，落实到点，谈谈你看到的不安全行为。致力于可予改变的行为。

(4) 请他人就解决方案提供意见，同时也加入你的想法。

(5) 就员工有待改进之处达成一致，然后让他/她进行重述，判断他/她的理解程度。

### 2. 为了确保工作场所的安全性，主管必须评估风险，并做好应对准备

风险管理流程可帮助长北作业分公司员工识别工作中的危险、评估其严重程度并找出化解和恢复措施来保护人们的安全。由于主管与“工作活动”的距离最近，所以在风险管理中发挥着至关重要的作用，对于评估应对风险，员工应具备下列能力：定义风险和风险管理；列出风险管理的四个部分；讲解在评估工作场所的风险时如何使用危险类目来识别危险；描述如何评估风险大小；描述在开始作业前如何找到合适的化解方法；运用风险管理流程来提升工作场所的安全程度；当管理风险时，识别与工作活动相关的危险，评估其发生的概率和严重程度，找到化解和恢复措施，保护工作人员的安全。

### 3. 提供清晰的标准和指令——保持沟通安全事项

主管沟通时的注意事项：①沟通交流时要注意身体语言；②避免使用“引导”词或短语；③让团队知道你对信息的困惑；④对他人的观点表现出开放的态度；⑤不要因为别人的观点与你的不一致就否定别人。

沟通时要对团队讲述如何得到正确的安全相关信息资料，最好例举说明如何准确地传达信息，并确认传达了正确的信息和如何以一种表明你相信的方式传达信息，同时要考虑到哪些信息是关键的，哪些信息不被用到，注意不要丢失掉关键的安全信息和检查有无丢失。

### 4. 选择不同的方式

分派有能力的人承担相应的工作，用合适的方式发展员工。

主管的领导力风格要素，主要在于你：如何做决策；帮助激励人们；沟通；为任务选择人员；教练/发展人员；与人相处；言行一致。对于不同技能和意愿的人员，采用不同的领导力方式(如图 7-5)。

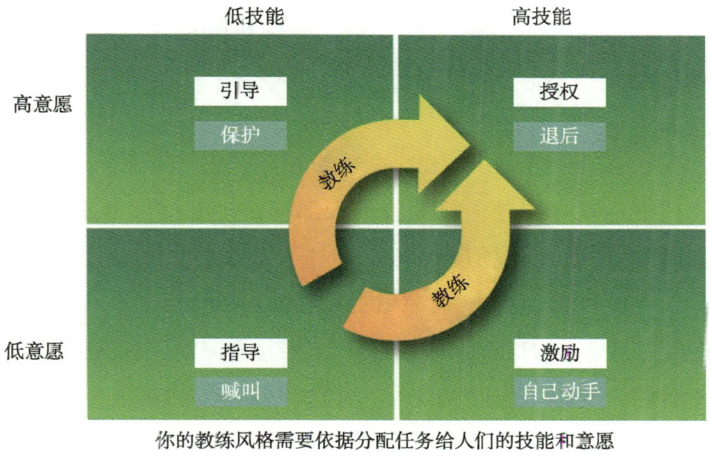


图 7-5 领导风格

区分这四种风格，根据情况确定合适的风格，确定你常用的风格，列出这四种风格的典型缺陷，以便你可以避免这些缺陷。作为主管，通过你对不同意愿/技能人员的管理风格，唤起你团队的共情，创建一个持续安全的工作环境，反过来持续安全的工作行为（如图 7-6）。

我们通过意图衡量自己，但别人通过我们的行为来衡量我们。

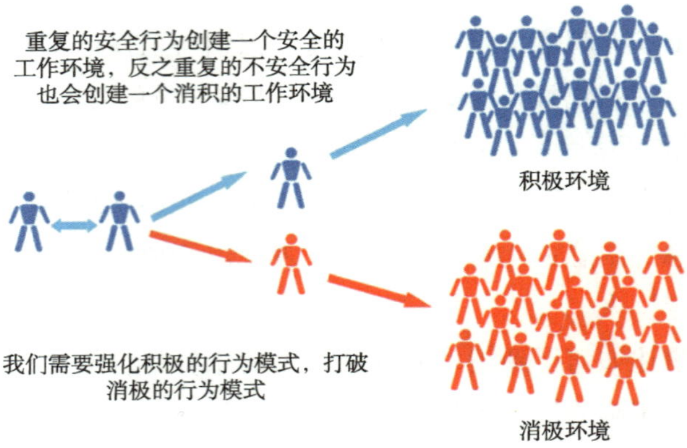


图 7-6 安全的工作行为

### 5. 创造激励氛围，帮助员工达到主动安全工作

作为主管创造一个激励的环境，做到：①从你开始；②将员工的目标与公司目标保持一致；③了解员工的激励因素，利用现有政策和系统使之盛行。主管要利用每一个机会不断创造和维持激励环境，利用下列机会作为激励的时间和地点：①现场访问；②工具箱会议/工作叫停会议；③一对一会议；④每日工作计划回顾；⑤工作前安全介绍；⑥其他。

### 6. 管理违章

对于疏忽失误过失等违章的管理见第五章。常规和情景下违章以及鲁莽和基于个人利益的违章管理见表 5-2。

## 三、领导带头践行引领

长北作业分公司中外双方领导，管理技术干部等多年来持续带头遵守 HSSE 要求，树立 HSSE 榜样，定期和四不两直在现场进行 HSE 检查，表扬好的 HSSE 行为，立即纠正不安全行为，在年度预算、年度目标、考核项目和工作计划中包括 HSE，定期召开 HSSE 会议，工作重视质量、进度、成本和 HSE 是同等的，当发生冲突时，HSSE 第一，从上到下做起，管理人员带头参加培训，安排工作时将安全（风险评估）考虑在先，讨论方案时将工程和安全同等讨论，年度举行长北作业分公司承包商总经理大会，领导的带头践行，在整个长北分公司形成了包含承包商在内的浓厚的安全文化氛围。

## 四、定期回顾持续改进

有了工具、方法，思想意识价值观的改变、转变，领导带头等安全文化建设，但实践做得怎么样、效果到什么程度、什么情况，长北作业分公司定期回顾，评审、找差距，持续提升、改进。

取得的效果：长北作业公司领导及管理层，严格践行程序要求做法，综合将程序要求、公司理念、价值观等在实际工作中以身作则体现并引领，注重日常工作中的“小事”，如坐车系安全带、上下楼梯手扶栏杆等。注重工艺安全基本原则的践行，特别注重沟通交流，随时随地提醒影响员工的安全行为和安全价值观。奖励激励员工的积极主动干预行为，长期持续的影响引领和践行。在实践中，我们也看到员工即使在没有管理层在场的情况下自觉践行，如到井站看到用红色隔离带围起来的地方，都不会跨越红线进去；看到员工在进入场站时主动整理端正自己的劳保用品穿戴，主动地干预提醒同事不安全的行为，在行为上从“要我安全”向“我要安全”转变，已经从安全文化阶梯的主动向内生的第四、第五阶段转变。

长北作业分公司通过设立的安全环境，安全氛围，心与意，ACT，领导践行，全员参与等，已经形成了“干预”的安全文化并自觉形成了习惯。领导干部到现场前，都会自觉地检查自己的劳保穿戴是否齐备，是否符合要求，走到有红色隔离带隔离打围的地方，从不会主动抬起隔离带就向里走。同时“陌生”的人员一走进长北作业分公司，人员的安全意识都会不由自主地提高，安全行为“从众”形成，并在保持长北作业分公司长期的零目标安全业绩中和员工能力提升中起到了非常重要的作用，逐步形成自发自愿主动干预的安全文化。

# 参考文献


[1] 杨泗霖. 防火防爆技术[M]. 北京：中国劳动社会保障出版社，2007.

[2] 殷红. 石油化工企业电气设备防爆管理与改进——评《石油化工防火防爆技术》[J]. 热带作物学报，2021，42(03)：986.

[3] 李秀刚. 油气站场多危险源个人风险评价技术研究[J]. 油气田地面工程，2022，41(09)：91-97.

[4] 王起全. 重大危险源安全评估[M]. 北京：气象出版社，2010.

[5] 张乃禄，郑林科. 安全心理学[M]. 西安：西安电子科技大学出版社，2014.

[6] 栗继祖. 安全心理学[M]. 北京：中国劳动社会保障出版社，2007.

[7] 罗云，展宝卫，彭吉银. 企业本质安全：理论·模式·方法·范例[M]. 北京：化学工业出版社，2018.

[8] 杨江宇，饶明久，李相坤，等. 油田企业安全生产管理现状及对策研究[J]. 石化技术，2022，29(05)：207-208.

[9] 刘鹏程，黄旭，蔡亮. 大型油库本质安全设计与管理技术探讨[J]. 石油和化工设备，2022，25(12)：155-157.

[10] 孙德胜，柏进. 浅析石油化工装置本质安全设计[J]. 东方企业文化，2013(09)：79.

[11] 张贤贵. 浅析企业安全管控核心——本质安全[J]. 现代职业安全，2019(09)：67-69.

[12] 江永红. 企业作业人员的本质安全理念的培养与提升[C]//浙江省安全工程学会，浙江省公安厅高速公路交通警察总队，浙江省安全工程学会. 事故预防与灾害防治的理论与实践. 化学工业出版社，2019：124-127.

[13] 汪跃龙，薛朝妹. 石油安全工程[M]. 西安：西北工业大学出版社，2015.

[14] 殷树根，巴特，熊新民，等. 油田开展整治“低老坏”活动，提高人机环境本质安全[J]. 企业导报，2015，285(05)：122-123.

[15] 卢群辉. 浅析油田设备本质安全风险管控[J]. 石油化工安全环保技术，2015，31(05)：51-53，3.

[16] 何佰毅. 构造引发的地质灾害对油气管道安全的影响及其防控措施研究[J]. 科技视界，2015，132(09)：264-265.